Hanns Cornelissen

Der Faktor Gott

Hanns Cornelissen

Der Faktor Gott

Ernstfall oder Unfall des Denkens?

Herder Freiburg · Basel · Wien

Die Deutsche Bibliothek – CIP-Einheitsaufnahme

Cornelissen, Hanns :
Der Faktor Gott – Ernstfall oder Unfall des Denkens? /
Hanns Cornelissen. – Freiburg im Breisgau ; Basel ;
Wien : Herder, 1999
ISBN 3-451-26904-X

Einbandgestaltung: Finken & Bumiller, Stuttgart
Cover-Photo © Tony Stone
Satz: SatzWeise, Trier
Gesetzt in der Scala und Gill Sans
Druck und Bindung: Freiburger Graphische Betriebe 1999
ISBN 3-451-26904-X

Vorwort

»Was wäre dann sonst
der Mühe wert zu begreifen,
wenn Gott unbegreiflich ist?«
Hegel

Warum ist der Kopf rund? Antwort: Damit das Denken auch mal die Richtung wechseln kann (F. Picabia). Einmal in eine ganz andere Richtung zu denken, weg vom Gewohnten – wäre das nicht einen Versuch wert? Wie langweilig ist es, immer dasselbe denken zu müssen! Wie kümmerlich ist ein Leben, das sich nur auf den kleinen Ausschnitt des mit den Händen Greifbaren beschränkt, ohne einmal den Gedanken zu wagen, das sich jenseits davon eine unvorstellbare Wirklichkeit eröffnet, zu der man den Zugang suchen kann. »Für eine Maus ist Käse eben Käse; deshalb klappt es mit den Mausefallen«, hat ein amerikanischer Philosoph gescherzt. Für den einen ist es die Falle der alltäglichen Geschäftigkeit, für den anderen ist es die Falle des Zeitgeistes, die ihn daran hindert, die altbekannte Alltagswelt hinter sich zu lassen und sich auf die Suche nach einem wirklich großen Gedanken zu machen.

Der größte aller Gedanken ist seit Menschengedenken der Gedanke des Einen, aus dem das Viele hervorgeht. Dieses Eine nennen Menschen seit langem Gott. In ihm treffen sich alle Linien des Lebens und des Denkens. Vom Gedanken des Einen ausgehend, läßt sich eine innere Gegenwelt aufbauen, die dem Sog der immer schneller werdenden Rotation unserer modernen Lebenswelt eine Kraft entgegensetzt, die das innere Gleichgewicht zu wahren hilft. Für diesen Preis lohnt es sich, dem Denken einmal freien Lauf zu lassen.

Freilich scheint in unserer Epoche die Frage nach Gott aus

der Mode gekommen zu sein. Die Hoffnung vieler Menschen ist nicht mehr auf die Ewigkeit gerichtet, sondern eher auf die rechtzeitige Auszahlung ihrer Lebensversicherung. Die Warenwelt hat ihre Köder ausgelegt, und man orientiert sich als belieferungswürdiges Mängelwesen an den Versprechungen der Konsumgesellschaft, in der gewonnen hat, wer mit dem meisten Spielzeug stirbt. Hier erscheint die Welt als Labyrinth und das Leben als eine Rutschbahn ins Nichts. Vielleicht schaut man mal schnell im esoterischen Supermarkt vorbei und füllt sich sein Einkaufskörbchen mit Proviant für die Abfahrt, vornehmlich mit irrationalen Sonderangeboten.

Doch wächst auch wieder die Zahl derjenigen, denen das Leben als nicht ausreichend gewürdigt erscheint, wenn es als schrilles Abfallprodukt eines in sich sinnlosen und vergänglichen Zufallsgenerators verstanden wird, die ihrem Denken keine Konsumschranken auferlegen, die bereit sind, den Faktor Gott mindestens so ernst zu nehmen wie die samstäglichen Lottozahlen.

Das vorliegende Buch fragt nach Gott jenseits der ausgetretenen Trampelpfade. In Dialogform wird zunächst einmal die jeweilige Fragestellung unterhaltsam, aber präzise ausgebreitet, um dann in den nachfolgenden Kapiteln vertieft zu werden. Es werden dabei die Möglichkeiten des Denkens genutzt, die sich heute aus der Vielfalt philosophischer und wissenschaftlicher Erkenntnisse ergeben, ohne die Lesenden zu überfordern oder zu langweilen.

Es soll sich erweisen, daß die christliche Deutung des Ganzen, von dem unsere Welt ein Teil ist, das Bedürfnis nach rationaler Deutung dieser Welt befriedigen kann, sofern man bereit ist, sich auf ungewohnte Überlegungen einzulassen. Es soll dabei nicht gezeigt werden, daß jeder Vernünftige an Gott glauben muß, wohl aber, daß kein Vernünftiger behaupten kann, der Glaube an Gott sei unvernünftig. Es wird sich herausstellen, daß die christliche Religion viel moderner sein kann als die Ansichten ihrer Kritiker, die vielfach noch in den Kategorien vergangener Grabenkämpfe steckengeblieben sind.

Keineswegs soll der falsche Eindruck erweckt werden, daß der Weg zu Gott von einer rationalen Zwangsläufigkeit geleitet werde wie etwa die korrekte Erledigung einer mathematischen Aufgabe. Die christliche Religion ist selbstverständlich mehr als ein rationales Konzept. Genausowenig wie die Beschäftigung mit den Konstruktionsprinzipien einer Partitur das Erlebnis von Musik ersetzten kann, genausowenig kann rationales Nachdenken an die Stelle der persönlichen Erfahrung Gottes treten. Religion ist gelebte Auseinandersetzung mit dem Absoluten. Auch davon soll auf den folgenden Seiten die Rede sein.

Was also bietet dieses Buch? Inventur des Denkens und Ordnung im Kopf – eigentlich ein beachtenswertes Angebot für Menschen, die bereit sind, einen wirklich großen Gedanken zuzulassen und konsequent zu Ende zu denken.

Inhalt

Erster Dialog

Sokrates: Verehrter Helvetius, was ich dich schon immer einmal fragen wollte: Wie hältst du es mit der Religion?

Helvetius: Verehrter Sokrates, ich hatte Gott sei Dank diese Illusion nie nötig.

Sokrates: Du bist als kritischer Geist bekannt. Du läßt dich nicht von schwachen Argumenten aufs Kreuz legen. Deshalb bin ich sicher, daß du etwas Besseres als Religion gefunden hast, um die Welt gründlich zu verstehen. Mich würde interessieren, was das ist.

Helvetius: Die Antwort ist einfach. Die menschliche Vernunft findet alles, was sie braucht, in der Wissenschaft.

Sokrates: Aber die besten Köpfe der Geistesgeschichte haben sich immer auch mit religiösen Fragen beschäftigt.

Helvetius: Und was ist das Ergebnis? Nur unbewiesene Behauptungen und absurder Kram.

Sokrates: Sind denn die Stützen unserer abendländischen Kultur nicht auf den Fundamenten der antiken und der christlichen Religion errichtet worden? Was dabei herausgekommen ist, kann sich doch sehen lassen.

Helvetius: Aber nur, weil die Wissenschaft der Religion rechtzeitig die Wurst vom Brot genommen hat. Seitdem ist die Religion am Verhungern.

Sokrates: Die meisten bedeutenden Wissenschaftler und Philosophen in den letzten zweitausend Jahren waren Christen.

Helvetius: Was sie über unsere Welt wissenschaftlich herausgefunden haben, ist anzuerkennen. Was sie über Religion dachten, war ihre Privatangelegenheit, und auf die können wir heute verzichten.

Sokrates: Kann die Wissenschaft der menschlichen Seele ein Obdach geben, so wie es die Religion tut?

Helvetius: Warum nicht? Sie gibt dir eine Wahrheit, auf die du bauen kannst.

Sokrates: Das tut die Religion auch.

Helvetius: Indem sie Dinge behauptet, die sie nicht beweisen kann. Ich kann mich doch nur auf etwas verlassen, wenn es absolut sicher ist. Die Christen kommen mir wie Leute vor, die in einem völlig leeren und dunklen Raum eine schwarze Katze suchen und dann behaupten, sie hätten sie gefunden. Nur wenn man sie sehen will, ist sie mal wieder abgehauen.

Sokrates: Und wissenschaftliche Beweise sind absolut hieb- und stichfest?

Helvetius: Wir fliegen auf den Mond und kommen dort punktgenau zur exakten Zeit an dem gewünschten Ort an. Was willst du mehr?

Sokrates: Wahrheit und Erfolg müssen nicht immer zusammengehen. Ein Arzt, der eine völlig falsche Vorstellung von einer Krankheit hat, kann trotzdem Heilerfolge haben.

Helvetius: Wenn du herzkrank bist, bekommst du einfach ein neues Herz. Meinst du, das würde klappen, wenn die Wissenschaft nur heiße Luft ablassen würde? Eine Herz-Jesu-Meditation würde mit Sicherheit nichts bringen.

Sokrates: Ich sehe, du bist ein aufrichtiger Verfechter der Wahrheit, und die Wissenschaft ist der Religion weit überlegen. Ich habe jetzt ich noch einige Fragen, und ich bin sicher, daß du sie zu meiner vollen Zufriedenheit beantworten kannst.

Helvetius: Wenn du so ironisch anfängst, ohne mich.

Sokrates: Ich frage dich ganz ernst: Gibt es nach modernem wissenschaftlichen Selbstverständnis ein Wissen, das unbezweifelbar wahr ist?

Helvetius: Na ja ...

Sokrates: Kannst du das etwas näher erläutern?

Helvetius: Wenn ich in einem Segelboot den Atlantik überquere, sagt mir mein Satellitennavigator, wo ich ziemlich genau bin. Und das kann ich absolut glauben.

Sokrates: Du bringst wieder ein Beispiel aus der angewandten Technik. Ich stelle dir jetzt eine exakte Frage: Kann ich wissen, wo ein bestimmtes Elektron ist und mit welcher Geschwindigkeit es sich wohin bewegt?

Helvetius: Nein, das kann ich nicht wissen. Ich kann nur wissen, wo es mit einer gewissen Wahrscheinlichkeit ist.

Sokrates: Aber du sagtest doch eben, daß die Wissenschaft über sichere Erkenntnisse verfügt. Ist diese Ungenauigkeit nur im atomaren Bereich oder auch in anderen Bereichen anzutreffen?

Helvetius: Wenn ich von zuverlässigen Erkenntnissen sprach, war damit ein Niveau gemeint, das im Alltag ausreicht. Da die Wissenschaft mit Hypothesen und Modellen arbeitet, hat sie es streng genommen nur mit begründeten Vermutungen zu tun.

Sokrates: Was vermutet denn die Wissenschaft beispielsweise über die Entstehung des Universums?

Helvetius: Am Anfang gab es komprimierte Energie, die infolge einer Art Explosion Raum und Zeit schuf und darin das Universum plazierte, das sich heute noch immer wie ein Luftballon ausdehnt.

Sokrates: Da gab es also Energie ohne Raum? Wo soll die dann gewesen sein?

Helvetius: Du stellst Fragen!

Sokrates: Und dann passierte der Urknall? Wie kann etwas passieren, wenn es keine Zeit gibt?

Helvetius: Ich merke schon, du willst da irgendwo den Faktor Gott unterbringen. Das kannst du vergessen. Die Wissenschaft braucht diese Hypothese nicht. Der Urknall ist auf eine zufällige Selbstverursachung zurückzuführen.

Sokrates: Wie ist es mit dem Menschen? Ist er auch ein Ergebnis des Zufalls?

Helvetius: Selbstverständlich, so wie die ganze Evolution.

Sokrates: Wenn ich gestorben bin, was wird dann aus mir?

Helvetius: Biomüll, vielleicht sogar Sondermüll. Das hängt davon ab, wieviele Tabletten du geschluckt hast. Manch einer verunreinigt ganz schön das Grundwasser. Aber eigentlich verbietet es uns die Pietät, darüber zu reden.

Sokrates: Welchen Sinn hat denn dann mein Leben, wenn ich nichts weiter bin als eine umweltbelastende Leiche auf Urlaub?

Helvetius: Wenn dir das Leben Spaß macht, stellst du solche Fragen nicht.

Sokrates: Mit dem Spaß ist es wie mit einer Seifenblase. Sie spiegelt von allen Seiten die schönsten Farben. Aber plötzlich platzt sie, und es bleibt nur ein Fleck auf dem Teppich übrig.

Helvetius: Du mußt ja nicht gleich depressiv werden, weil der alte Glaube an die Unsterblichkeit der Seele erledigt ist. Es ist halt alles Materie, sonst nichts.

Sokrates: Was ist der Sinn des menschlichen Lebens, wenn nichts bleibt?

Helvetius: Deine wichtigste Aufgabe, so lehrt die Biologie, ist die Weitergabe deiner Gene.

Sokrates: Was soll dann einer auf der Welt, der keine Kinder hat?

Helvetius: Dann muß er sich eine andere Aufgabe suchen. Der Mensch muß sich seinen Sinn im Leben immer selbst geben. Wo sollte er ihn denn sonst herbekommen? Das Universum als ganzes hat keinen Sinn. Es existiert, das ist alles.

Sokrates: Münchhausen zieht sich also an den eigenen Haaren aus dem sinnlosen Schlamassel.

Helvetius: Jeder Mensch sucht sich irgendwelche Ziele, die er in seinem Leben erreichen will. Die Verfolgung dieser Ziele kann ihn zufrieden und glücklich machen.

Sokrates: Und wenn er die Ziele erreicht hat?

Helvetius: Dann kann er mit sich zufrieden sein und sich neue suchen. So einfach ist das mit dem Sinn des Lebens.

Sokrates: So einfach ist das. Aber es handelt sich doch beim näheren Hinschauen nur um einen subjektiven Sinn. Wieso gibt sich ein wissenschaftlich denkender Mensch mit einem subjektiven Konstrukt zufrieden? Ist das nicht eine Illusion?

Helvetius: Eine Illusion, die das Leben erleichtert.

Sokrates: Hast du nicht vorhin gesagt, daß du keine Illusionen brauchst? Was mache ich übrigens, wenn ich meine Ziele durch einen Schicksalsschlag oder wegen Krankheit oder Alter nicht verwirklichen kann? Muß ich dann ohne Sinn leben? Wäre es nicht einfacher, wenn es so etwas wie einen übergeordneten kosmischen Sinn des menschlichen Lebens gäbe? Diesen Sinn könnte man nie verlieren.

Helvetius: Das sind Träumereien an französischen Kaminen.

Sokrates: Wenn es einen Gott gibt, gibt es auch einen unvergänglichen Sinn.

Helvetius: Da es aber keinen Gott gibt, müssen wir uns so behelfen.

Und da es keinen übergeordneten Sinn gibt, haben wir uns viel Arbeit erspart, denn dann brauchen wir auch keinen zu suchen.

Sokrates: Wie sieht es dann mit der Begründung der Moral aus? Wenn es keinen Gott gibt, ist dann alles erlaubt?

Helvetius: So eine Quatsch. Moral gibt es doch auch, wenn es keinen Gott gibt.

Sokrates: Jetzt bin ich aber gespannt, wie du die Moral begründest.

Helvetius: Zum Beispiel mit der Idee der Humanität.

Sokrates: Dann kannst du mir bestimmt verraten, wieviel diese Idee wiegt und aus welchen Molekülen sie zusammengesetzt ist. Außerdem interessiert mich schon immer, wie hoch der Natriumgehalt von »Einigkeit und Recht und Freiheit« ist. Denn deiner Meinung nach ist ja alles Materie.

Helvetius: Die Wissenschaft hat halt noch nicht alles aufgeklärt. Aber das wird noch kommen. Bis dahin müssen wir den Mut zur Inkonsequenz haben.

Sokrates: Wir sollten besser den Mut haben, noch einmal ganz von vorne anzufangen. Ich schlage vor, daß wir das ganze Problem mit der Vernunft, der Religion und der Wissenschaft noch einmal gründlich durchdenken. Vielleicht stoßen wir auf völlig neue Einsichten.

Helvetius: Du glaubst doch nicht, daß wir den modernen wissenschaftlichen Erkenntnissen auch nur eine einzige neue hinzufügen können. Damit kannst du aufhören, bevor du angefangen hast.

Sokrates: Ich fange an aufzuhören. Ich glaube aber, daß du deinen Behauptungen selbst nicht traust, wenn du dich vor der Denkarbeit drückst. Du weißt doch, es gibt nichts Vernünftigeres auf der Welt als eine vernünftige Diskussion. Das wäre doch die Anstrengung wert, oder nicht?

Helvetius: Na gut, wann hat man schon einmal die Gelegenheit, mit Sokrates, dem Vater aller Endlos-Frager, die Klinge zu kreuzen?

Sokrates: Bei Zeus oder seinem Nachfolger, die Endlosigkeit ist eine Form der Unendlichkeit, und die ist ein Eingang zur Religion. Ich freue mich auf das nächste Treffen.

Helvetius: Ich auch.

Selbstmord, das eigentliche Problem der Philosophie?

Über der Sinn des menschlichen Lebens / Das Ganze und der Sinn des einzelnen / Sinn und Vergänglichkeit / Sinn und Glück

Über den Sinn des menschlichen Lebens

Hat das Leben des Menschen einen Sinn? Oder ist sein Leben nur eine sinnlose Maske, hinter der sich das leere Nichts verbirgt? Kann etwas überhaupt sinnvoll sein, wenn es in der unausweichlichen Vernichtung endet? Vielleicht sind wir nur Zigeuner am Rande des Universums, das taub für unsere Musik und gleichgültig gegen unsere Hoffnungen, Leiden und Verbrechen ist. Irgendwie müssen wir unser Leben halt leben, auch wenn es nur das Ergebnis eines sinnlosen Zufalls ist, der uns in die Welt geworfen hat. Der Tod vernichtet am Ende alles, auch unser Lamentieren über unsere Vergänglichkeit. Spricht etwas dagegen, so zu reden?

Viele Menschen würden sich gegen die Vorstellung wehren, ihr Leben sei schon deshalb sinnlos, weil sie eines Tages zu Staub werden. Denn man kann, auch wenn das Leben vergänglich ist, so würden sie argumentieren, ein erfülltes Leben führen und seine Tage mit sinnvollen Dingen verbringen. Der Mensch kann sich seine Ziele und damit den Sinn seines Lebens selbst geben.

Die meisten Menschen würden zugestehen, daß z.B. Albert Schweitzer oder Mahatma Gandhi ein sinnvolles Leben geführt haben, unabhängig davon, ob wir, was sie taten, gutheißen oder nicht. So gesehen, führt eigentlich jeder Mensch, der sich mit vollem Engagement einer Aufgabe widmet, ein sinnvolles Leben. Jeder, der versucht, aus seinem Leben das Beste zu machen, hat ein Ziel vor Augen und somit einen Sinn in seinem Leben.

Was aber an dieser Argumentation auffällt, ist der subjektive Maßstab, der hier angelegt wird. Ob das Leben eines Menschen sinnvoll ist oder nicht, kann demzufolge nur er selber wissen. Wie aber würde die Antwort aussehen, wenn man das Leben von Adolf Eichmann betrachtete? Er hat mit Sicherheit subjektiv den Eindruck gehabt, daß die von ihm organisierte Vernichtung von Millionen von Menschen ihm ein sinnvolles Leben bescherte. Desgleichen ein Dr. Mengele, dessen Menschenversuche sein ganzes Engagement erforderten und ihn abends tief befriedigt einschlafen ließen. Kann man sagen, daß diese Männer ein sinnvolles Leben führten?

Bei diesem Gedanken sträuben sich wohl jedem die Haare. Denn anscheinend sind hier Maßstäbe berührt, die dem Zugriff des einzelnen Menschen entzogen sind. Der subjektive Eindruck, ein sinnvolles Leben zu führen, kann noch keine Gewähr dafür sein, daß dieser Eindruck auch stimmt. Vielmehr muß angenommen werden, daß auch Gesichtspunkte mit einfließen müssen, die das Subjekt transzendieren, also über es hinausführen. Es gilt deshalb die Frage nach dem Sinn des menschlichen Lebens als solchem zu stellen. Das ist aber die Frage nach Kriterien, die uns erlauben, das Leben Eichmanns oder Mengeles als den Sinn menschlichen Lebens verfehlend einzustufen.

Wie könnten diese Kriterien aussehen?

Der Mensch ist Teil eines größeren Ganzen, von dem die Welt ein Teil ist. Wenn wir das Verhältnis zwischen Teil und Ganzem bedenken, leuchtet ein, daß der Teil nur sinnvoll sein kann, wenn das Ganze sinnvoll ist. Sinn orientiert sich am Ganzen.

Das Verhältnis von Organ und Organismus kann uns als Gleichnis dienen. Das Ohr z. B. hat eine klar vorgegebene Aufgabe. Es bekommt seine Funktion vom Ganzen, dem Organismus her. Es hat Schallwellen aufzunehmen und als Informationen ans Gehirn weiterzugeben. Wenn es auf die Idee käme, seine Aufgabe darin zu sehen, Lichtwellen aufzunehmen, könnten Schwierigkeiten nicht ausgeschlossen werden.

Zwischen dem Funktionsbegriff und dem Sinnbegriff besteht jedoch ein Unterschied. Wenn sich ein Teil auf ein Ganzes bezieht, das innerhalb unserer Welt vorkommt, erfüllt er eine Funktion. Bezieht er sich auf das Ganze, von dem unsere Welt ein Teil ist, erfüllt er einen Sinn. Beispiel: Ein Angestellter kann in einer Firma eine wichtige Funktion bekleiden, und sein Leben dennoch als sinnlos erachten. Für das Überleben im Urwald kann eine Machete eine wichtige Funktion haben. Aber warum soll der Mensch überhaupt überleben? Wen oder was kümmert es, ob es Menschen gibt?

Ähnlich ist es mit dem Begriff der Nützlichkeit. Nützlichkeit dient immer nur der Verwirklichung einer unmittelbaren Absicht. Damit ist aber noch nicht gewährleistet, daß diese Absicht sinnvoll ist. Die Nützlichkeit endet, wenn die Absicht realisiert wurde. Der Sinn aber weist über sich hinaus auf eine Pyramide von Sinnzusammenhängen, deren oberster Stein der immerwährende Sinn des Ganzen ist, von dem die Welt ein Teil ist. Nützlichkeit kann durchaus existieren, wenn dieses Ganze sinnlos ist. Sinn setzt dagegen voraus, daß das Ganze sinnvoll ist. Beispiel: Wenn ein Sterbender in seiner letzten Stunde zu erkennen glaubt, daß das Leben und das Ganze, aus dem das Leben hervorgegangen ist, sinnlos sind, weil sie unter dem Strich nichts Bleibendes ermöglichen, für dieses magere Ergebnis aber viel Leid und Qual abverlangen, dann zweifelt er nicht nur am Sinn des Ganzen, sondern hebt nachträglich jeden Sinn in seinem Leben auf. Das bedeutet aber nicht, daß er daran zweifelt, daß die hohen Arztrechnungen für den Mediziner sehr nützlich sein können.

Das Ganze und der Sinn des einzelnen

Nur wenn das Ganze, von dem die Welt ein Teil ist, in sich sinnvoll ist, kann auch menschliches Leben sinnvoll sein, sofern es an diesem Sinn partizipiert. Das bedeutet, daß ein sinnvolles Leben immer eine irgendwie geartete Ausrichtung auf das Ganze voraussetzt und daß nur das Ganze für sich in Anspruch nehmen kann, in sich ohne Bezug auf ein anderes sinnvoll zu sein.

Deshalb kann auch das Leben keinen Sinn in sich haben. Es würde damit aus jedem Zusammenhang herausgenommen und würde nur den logischen Status eines Rülpsers haben. Wenn jemand ißt und behaglich rülpst, ist dies ein Zeichen, daß es ihm schmeckt und daß er sich wohlfühlt. Wenn jemand sagt, sein Leben habe seinen Sinn in sich, hat diese Aussage den gleichen logischen Status: Er fühlt sich wohl. Sein Leben schmeckt ihm. Diese Aussage würde von jedem Hund unterschrieben, sofern er einen Knochen in Aussicht hat. Von einer Aussage über das Leben als solches aber verlangt man mehr. Es muß in einen größeren Sinnzusammenhang gestellt werden. Und dieser Zusammenhang weist im Letzten auf den Sinn des Ganzen. Der Teil bezieht vom Ganzen seinen Sinn. Ist das Ganze sinnvoll, kann auch das Leben sinnvoll sein.

Viele Zeitgenossen gehen davon aus, daß die Welt Ergebnis eines sinnlosen Urknalls ist. Wenn das Ganze – hier reduziert auf die sinnlich wahrnehmbare Welt des Universums – sinnlos ist, erübrigt sich die Suche nach dem Sinn des Lebens. Nach dem Stand unseres Wissens sind wir jedoch nicht in der Lage, ein solches Urteil über das Ganze abzugeben. Das Ganze ist für uns bis heute eine unerkennbare Größe und wird es wahrscheinlich auch immer bleiben. Der Begriff »sinnlos« beschreibt daher eher unser intellektuelles Unvermögen als ein verantwortbares Urteil über das Ganze.

Die Naturwissenschaft lehnt es ab, mit anderen als Kausalbegriffen die Welt zu erfassen. Für sie stellt sich die Fragen nach dem Sinn des Ganzen nicht. Aber ist der Mensch mit seiner Sinnfrage als Ergebnis der Evolution nicht auch ein Teil der Natur? Sein ganzes Handeln steht unter dem Postulat: Sinn soll sein, Sinnlosigkeit soll nicht sein. Es gibt deshalb keinen Grund, die Kategorie des Sinnes aus der Beurteilung des Ganzen auszuschließen. Will der Mensch seinem Leben eine Bedeutung verleihen, kann er nicht auf eine Deutung des Ganzen, von dem sein Leben ein Teil ist, verzichten.

Wie kann also die Sinnfrage entschieden werden? Wenn sich objektive Klärung und subjektive Rätseleien und das Basteln von intellektuellen Hilfskonstruktionen verbieten, muß es noch einen anderen Zugang zum Ganzen geben. Das kann nur ein kulturelles Deutungssystem sein, das weder subjektiv noch objektiv ist, sondern sich aus der Geschichte, der Sprache, dem Denken und den Erfahrungen einer Kultur über Jahrtausende hinweg ableitet. Erst im Rahmen der abendländischen Kultur wurden vor dem Hintergrund der abendländischen Geistesgeschichte die Begriffe Subjekt und Objekt denkbar. Erst die Denkkategorien der europäischen Philosophiegeschichte stellen uns das Sinnproblem und eröffnen uns eine Antwort. Das Christentum hat sich seit zwei Jahrtausenden als das wesentliche Deutungssystem des Abendlandes etabliert. Es schafft das, wozu ein einzelner gar nicht fähig ist: einen Zugang zum Ganzen. Der Mensch kann diese Deutung annehmen oder verwerfen. Unzählige Menschen haben sich der christlichen Deutung des Ganzen angeschlossen. Später kamen Menschen aus anderen Kulturkreisen hinzu. Sie haben sich dazu ermächtigt gefühlt, weil diese Deutung bestimmten nachvollziehbaren existentiellen Erfahrungen entsprach. So wie der Wissenschaftler sich auf seine eigenen Experimente, aber genauso auf die Wissenschaft als kulturelles Deutungssystem und die Erfahrungen anderer Wissenschaftler in der Vergangenheit verläßt, ohne den Anspruch erheben zu können, eine endgültige objektive Wahrheit gefunden zu haben, so sieht der Christ die vorgegebene Deutung durch seine eigene Erfahrung bestätigt und weiß sie durch Erfahrungen maßgeblicher Menschen in der Vergangenheit bestärkt. Religion und Wissenschaft sind Methoden einer kulturabhängigen Welterschließung. Wir haben es hier mit einer Problemlösung zu tun, die die Kategorien »subjektiv« und »objektiv« hinter sich läßt und die Kultur als vermittelndes Drittes einsetzt.

Sinn und Vergänglichkeit

Nun kann weitergefragt werden: Welchen Anforderungen sollte der Sinn eines Lebens genügen, wenn angesichts des unausweichlichen Todes davon ausgegangen werden muß, daß der Tod alle Inhalte auslöscht? Aus der Sicht des Todes scheint jeder Inhalt so zu sein, als wäre er nie gewesen. Was blieb von Albert

Schweitzer, nachdem er und seine Patienten tot waren? Eine Idee vielleicht, ein Vorbild für Menschen, die ebenfalls im Grab landen. Was kümmert es einen Bettler, daß er nicht Edelmann gewesen ist, wenn er erst einmal begraben ist? Was macht das für einen Unterschied, wenn nach der Explosion der Sonne nichts von der Erde übrigbleibt? Oder wie Sartre es sagte: »*Wenn wir in Zukunft nichts sind, dann sind wir auch in der Gegenwart nichts.*« Leo Tolstoi schrieb in »Meine Beichte«: »*Früher oder später werden Krankheit und Tod über mich oder über diejenigen kommen, die ich liebe; nur Gestank und Würmer werden übrig bleiben. Früher oder später wird alles, was mich angeht, vergessen sein, und ich werde tot sein. Warum also weitere Mühen auf sich nehmen?*«

Albert Camus hat deshalb von der Absurdität des Lebens gesprochen. Was der Mensch im tiefsten Herzen wünscht – einen bleibenden Sinn – , kann ihm das Leben nach Ansicht Camus' nicht geben. Es bleibt dem Menschen nichts anderes als die Lebensweise des antiken Helden Sisyphos: Einen schweren Stein auf einen hohen Berg wuchten, obwohl er immer wieder nach unten rollt. Kein Wunder, daß Camus sein Buch über die Absurdität des Lebens mit dem Satz beginnt: »*Das eigentliche Problem der Philosophie ist der Selbstmord.*«

Der Gedanke kann kommen, daß sich das Leben eigentlich nicht lohnt. Tolstoi suchte deshalb nach einem Sinn, der unabhängig von Leben und Tod existiert, und fand ihn in der christlichen Religion. Er hatte das Verlangen nach einem Lebenssinn, der unvergänglich ist und die Reise ins Grab nicht mitmacht, einem Sinn, der unabhängig von aller Zeit existiert, in den guten und den schlechten Zeiten des Lebens verwirklicht werden kann und in dem das Leben aufgehoben ist im Sinne von beendet, emporgehoben und bewahrt.

Der Vorteil dabei ist, daß ein religiöser Sinn auch dann noch Bestand hat und Orientierung geben kann, wenn der Menschen sich einmal in der Talsohle des Lebens befindet und er aus eigener Kraft eine Verbindung seines Lebens zu einem übergeordneten Zusammenhang nicht mehr herstellen kann. In der Sprache der Religion: Gott hilft nicht immer am Leid vorbei, aber auf jeden Fall hindurch. Gott hält beim Menschen aus, auch wenn es nicht mehr zum Aushalten ist.

Der moderne Mensch lebt in der Regel ohne einen ihm bewußten tieferen Sinn. Schon die Frage nach objektiven Werten, die für alle verbindlich sind und nach denen er sein Leben beurteilen könnte, bringt ihn in Schwierigkeiten. Ein ewiger Sinn ist für ihn völlig außer Reichweite. Von dem Frankfurter Juristen Paul Tiedemann z. B. erschien 1993 ein Buch mit dem vielversprechenden Titel »Über den Sinn des Lebens«. Der Autor hatte sich nach einer existentiellen Krise die Mühe gemacht, die verschiedensten Wissenschaften auf die Frage hin abzuklopfen, ob sie ihm einen Hinweis auf einen letzten Lebenssinn geben könnten. Das Ergebnis war leider negativ. Er zog für sich daraus den Schluß, daß es nur eine Religion geben könne, die Religion des eigenen Selbst. Das Selbst ist zwar eine Substanz, die sich nicht fassen läßt, die sich aber sehr wohl leben und erleben läßt.

Der drohende Tod verleiht dieser Religion noch einen besonderen Kick, denn durch seine Unausweichlichkeit wird das eigene Leben als etwas besonders Wertvolles eingeschätzt. *»Wer den Tod nicht fürchtet, liebt sich nicht; wer ihn erträglich findet, dessen Zuneigung zu sich selbst ist lau. Nur wer den Tod absolut fürchtet, ihn abwehrt und haßt, nur wer sich der namenlosen Angst vor der Vernichtung stellt und sie nicht kleinredet, zeigt, daß er sich selbst wertvoll ist. Je größer die Angst vor dem Tod, desto größer die Liebe zu sich selbst.«*[1]

Es ist die Frage angebracht, ob uns eine solche Auffassung vom Leben weiterhilft. Denn sie formuliert nichts anderes als die Kraft, die als biologischer Überlebenstrieb jedem Lebewesen eingebaut ist. Die Frage ist jedoch vielmehr: Wie bekomme ich die abgeklärte Weisheit eines Sokrates, der im Angesicht des Todes mit seinen Freunden noch scherzen konnte? Wie kann ich die Gelassenheit eines Franziskus erreichen *»Sei willkommen, Bruder Tod«?*

Sokrates und Franziskus hatten eine klare Vorstellung vom Sinn des Ganzen, von dem die Welt ein Teil ist. Von diesem Fundament aus konnten sie leben und sterben, denn sie wußten, daß ihre Vergänglichkeit sie nicht von dem ewigen Sinn ihres Lebens und des Ganzen trennen konnte.

Was ist aber der Sinn des Ganzen? Die Philosophie hat über

viele Jahrhunderte versucht, diese Frage mit Hilfe der Vernunft für jedermann einsichtig und verbindlich zu beantworten. Eine Lösung, die der kritischen Vernunft standhält, hat sie nicht gefunden. Sie kann nur die Richtung weisen und Denkmittel zur Verfügung stellen, damit eine rational verantwortbare, aber letzten Endes durch eine Glaubensentscheidung zu erschließende Deutung der Wirklichkeit ermöglicht wird.

Der Philosoph Wittgenstein lehrt: *»Die Lösung des Rätsels des Lebens in Raum und Zeit liegt außerhalb von Raum und Zeit.«*[2] Der Sinn der Welt *»muß außerhalb ihrer liegen«*.[3] Zur Bezeichnung des Sinnes der Welt verwendet Wittgenstein den Ausdruck »Gott«. An einen Gott zu glauben heißt, die Frage nach dem Sinn des Lebens zu verstehen. An einen Gott zu glauben heißt zu sehen, daß es mit den Tatsachen in der Welt noch nicht abgetan ist. An einen Gott zu glauben heißt zu erkennen, daß das Leben einen Sinn hat. Wittgenstein versteht Gott als das Gesamt der Welt: *»Gott ist, wie sich alles verhält.«*[4] Das ist freilich undenkbar und unsagbar, es ist nur in einem mystischen Akt erfaßbar.

Die Vernunft kann nicht in das Innere Gottes eindringen. Wohl aber kann sie eine vernünftige Definition Gottes geben, die einem denkenden Menschen einleuchtet. Welche Eigenschaften dieser Gott hat, ist philosophisch unbeantwortbar. Das heißt aber nicht, daß wir auf eine Deutung Gottes verzichten müssen. Denn schließlich gibt es außer der Vernunft auch noch die existentielle Erfahrung, vermittels derer wir einen deutenden Bezug zur Wirklichkeit im Einzelnen und zur Wirklichkeit im Ganzen herstellen.

Sinn und Glück

Jeder Mensch strebt danach, glücklich zu sein. Das Recht auf Glück hat in der amerikanischen Demokratie sogar Verfassungsrang. Nur fällt es sehr schwer zu definieren, was das Glück eigentlich sei. Der Wiener Arzt Victor Frankl schreibt: *»Ich würde sagen, was der Mensch wirklich will, ist letzten Endes nicht das Glücklichsein an sich, sondern einen Grund zum*

Glücklichsein. Sobald nämlich ein Grund zum Glücklichsein gegeben ist, stellt sich das Glück, stellt sich die Lust von selber ein. Wovon der Mensch zutiefst und zuletzt durchdrungen ist, ist weder der Wille zur Macht noch der Wille zur Lust, sondern der Wille zum Sinn, denn der gibt einen Grund zum Glück und zur Lust. Beim Neurotiker wird dieses primäre Streben gleichsam abgebogen in ein direktes Streben nach Glück, in den Willen zur Lust. Anstatt daß die Lust das bleibt, was sie sein muß, wenn sie überhaupt zustandekommen soll, nämlich eine Wirkung (die Nebenwirkung erfüllten Sinns), wird sie nunmehr zum Ziel einer forcierten Intention. Die Lust wird zum alleinigen Inhalt und Gegenstand der Aufmerksamkeit. In dem Maße aber, in dem sich der neurotische Mensch um die Lust kümmert, verliert er den Grund zur Lust aus den Augen, und die Wirkung ›Lust‹ kann nicht mehr zustande kommen. Je mehr es einem um die Lust geht, um so mehr vergeht sie einem schon.«[5]

Nichts ist dem Menschen so unerträglich wie ein Leben ohne Aufgabe und ohne Sinn und Ziel. Umgekehrt kann natürlich auch gesagt werden, daß es schlechterdings nichts gibt, was den Menschen so sehr in den Stand versetzt, Schwierigkeiten zu überwinden, wie das Bewußtsein, einer Aufgabe zu dienen und einen Sinn zu verwirklichen. Schon Nietzsche sagte: »*Wer ein Warum zu leben hat, erträgt fast jedes Wie.*«

Victor Frankl beobachtete als junger Gefangener in einem KZ immer wieder, daß Menschen, die in ihrem Leben keinen Sinn mehr sahen, ohne Zukunft waren.[6] Nach Frankl kann das Leben einen Sinn unter allen Bedingungen und Umständen haben, und zwar dank der Möglichkeit, noch im Leiden einen Sinn zu finden. Dieser Sinn ist nicht erzeugbar, sondern er muß gefunden werden.

Je größer der Zusammenhang ist, in dem einer sein Leben sieht, desto größer ist seine Kraft, der Selbstaufgabe zu widerstehen. Der größte Zusammenhang, in dem man sein Leben eingeordnet sehen kann, ist der Sinn des Ganzen, von dem die Welt ein Teil ist. Wer den Sinn seines Lebens von dorther ableiten kann, hat das verläßlichste Fundament im Leben und im Sterben. Er kann auch beurteilen, ob das Leben Albert Schweitzers sinnvoll oder das des Adolf Eichmann den Sinn verfehlend war.

Der Jurist Tiedemann schreibt: »*Wer sich des Sinnes seines Lebens gewiß ist, kann sterben. An Beispielen wie Sokrates, Jesus und Bonhoeffer läßt sich das illustrieren. Wer einen Sinnverlust erlitten hat, kann dagegen überhaupt nicht sterben; er wird gestorben, er krepiert.*«[7]

Fassen wir zusammen:
- Der Mensch ist angewiesen auf Sinn.
- Sinn ist eine Kategorie, die das Verhältnis des Teils zum Ganzen beschreibt.
- In sich sinnvoll kann nur das Ganze sein, von dem die Welt ein Teil ist.
- Sinn kann man nicht selber machen, Sinn muß gefunden werden.
- Erst wenn ein Sinn des Lebens gefunden worden ist, läßt sich auch Leid und Vergänglichkeit ertragen.
- Je größer der Sinn ist, der in einem Leben erfüllt wird, desto größer ist das Glück, das daraus resultiert.
- Der größte Sinn, den ein Leben haben kann, ist der, mit dem Sinn des Ganzen, von dem die Welt ein Teil ist, beglückend übereinzustimmen.
- Der Sinn des Ganzen ist weder durch subjektives Dafürhalten, noch durch objektive Erkenntnis zu ergründen.
- Die christliche Religion bietet im Rahmen der abendländisch-christlichen Kultur eine Deutung des Ganzen an, die in zwei Jahrtausenden von unzähligen Menschen existentiell bekräftigt und auch von vielen Menschen anderer Kulturen angenommen wurde. Sie lädt auch den Menschen des wissenschaftlichen Zeitalters zum existentiellen und vernunftgeleiteten Nachvollzug ihrer Botschaft ein – wir kommen darauf zurück.

Zweiter Dialog

Helvetius: Sei gegrüßt, verehrter Sokrates, du bist ja ganz außer Atem.

Sokrates: Wenn du etwas langsamer laufen würdest, hätte ich dich schneller eingeholt, verehrter Helvetius.

Helvetius: Warum bleibst du stehen? Du hast wohl erfolglos über das Thema Gott nachgedacht, und jetzt ist die Batterie leer.

Sokrates: Mir scheint, es gibt auch noch andere Probleme.

Helvetius: Das will ich meinen.

Sokrates: Zum Beispiel folgendes: Ich entdecke dich etwa 200 Meter vor mir beim Spazierengehen. Und jetzt bin ich bei dir und habe dich sogar überholt. Wieso ist das möglich?

Helvetius: Ich muß zugeben, das ist wirklich ein bewegendes Problem.

Sokrates: Ich meine es ernst. Sieh mal, am Anfang hatte die Strekke zwischen dir und mir 200 Meter. Nach einiger Zeit waren es nur noch 100 Meter, dann 25 Meter, dann 5 Meter ...

Helvetius: Dann waren es noch 2 Meter, dann 1 Meter, und dann warst du bei mir.

Sokrates: Eben nicht! Denn man kann ja jede Strecke bis ins Unendliche verkleinern. Aus $\frac{1}{2}$ Meter wird $\frac{1}{4}$ Meter, daraus wird $\frac{1}{100}$ Meter, dann $\frac{1}{1000}$ Meter, $\frac{1}{100000}$ Meter und immer so weiter. Nie komme ich an den Punkt Null. Erst wenn ich den erreicht habe, bin ich bei dir. Da ich diesen Punkt nie erreichen kann, kann ich auch nie bei dir ankommen. Und erst recht nicht dich überholen.

Helvetius: Aber du hast mich doch überholt. Ich habe es mit eigenen Augen gesehen. Also, wo liegt da das Problem?

Sokrates: Denken und Wirklichkeit stimmen nicht immer überein.

Helvetius: Selbst wenn es so ist; man kann doch nicht alles hinterfragen. Wo käme man da hin! Wenn du dir ein Päckchen Zigaretten kaufst, zählst du die Zigaretten nach, bevor du sie bezahlst?

Sokrates: Ich bin Nichtraucher.

Helvetius: Und wenn du einen Wandkalender kaufst? Überprüfst du, ob alle 365 Kalenderblätter vorhanden sind?

Sokrates: Jetzt bin ich mit einer Frage an der Reihe: Du hast dein Auto im 4. Stock des Parkhauses abgestellt. Wenn du zurückkommst, steht es im 2. Stock. Wie verhältst du dich?

Helvetius: Ich gehe davon aus, daß ich in der Sendung »Versteckte Kamera« bin und suche den Kameramann. Was würdest du tun?

Sokrates: Ich würde mir viele Fragen stellen können. Ich könnte mich fragen, ob etwas mit meinem Gedächtnis nicht stimmt. Ich könnte versuchen, es zu überprüfen. Aber das ist nicht so einfach. Dann müßte ich einen Standpunkt außerhalb meines Gedächtnisses einnehmen und die Vergangenheit mit der Erinnerung, die ich jetzt von ihr habe, vergleichen. Das ist aber leider nicht möglich, denn ich kann mein Gedächtnis nicht verlassen.

Helvetius: Vielleicht solltest du mehr Nüsse essen, die verbessern bekanntlich die Gedächtnisleistung.

Sokrates: Du weichst den Fragen immer wieder aus, indem du dich auf den Standpunkt des naiven Alltagsrealisten zurückziehst. Aber so schaffst du dir keine Ordnung im Kopf. Und die brauchst du, wenn du über Gott nachdenken willst.

Helvetius: Aha, daher weht der Wind!

Sokrates: Wenn sich der Verdacht bestätigt, daß sich unser Denken und die Wirklichkeit, wie wir sie mit unseren Sinnen wahrnehmen, nicht decken, dann hat das doch erhebliche Folgen für unser Denken über die Welt, die Menschen und Gott. Dann könnte es ja sein, daß das im Kopf Gedachte mit der Realität wenig zu tun hat. Auf was soll man sich denn da noch verlassen?

Helvetius: Du bist ein Extremdenker.

Sokrates: Stell dir vor, du begegnest einem Mann, der von sich behauptet, er sei ein Rührei. Wie kannst du ihn widerlegen?

Helvetius: Ich gehe mit Messer und Gabel auf ihn los. Und da er sich wehren wird, habe ich ihn widerlegt.

Sokrates: Von wegen. Er ist vielleicht ein Rührei, das nicht gegessen werden will.

Helvetius: Dann kläre ich ihn darüber auf, wie hoch der Cholesteringehalt von Eiern ist und wie abträglich es der Gesundheit ist, Eiform anzunehmen.

Sokrates: Du greifst immer wieder auf die sinnlich wahrnehmbare Realität zurück, um Denkprobleme zu lösen.

Helvetius: So macht es die Naturwissenschaft auch. Sie hält sich an das, was jedermann wahrnehmen kann, und ist sehr erfolgreich damit.

Sokrates: Sie ist erfolgreich beim Ausklammern von Fragen, die die Vernunft dem Denken aufgibt. Schau dir die sinnlich wahrnehmbare Welt an. Die herrlichen Bäume dort drüben, die duftenden Blumen und der blaue Himmel. Aber sind diese Dinge wirklich real, oder sind es bloß Produkte unseres Gehirns?

Helvetius: Unser Gehirn ist daran mitbeteiligt. Die Farben sind in Wirklichkeit Lichtwellen in einem bestimmten Frequenzbereich. Unser Gehirn produziert daraus die bunten Bilder, die wir sehen.

Sokrates: Und die Wellen existieren außerhalb des Kopfes? Oder sind das auch nur Produkte unseres Gehirns?

Helvetius: Die Wellen gehören der von unserem Gehirn unabhängigen Außenwelt an.

Sokrates: Du willst also behaupten, es gäbe eine von uns unabhängige Realität?

Helvetius: Selbstverständlich. Alles andere wäre doch Unsinn.

Sokrates: Wenn du bereit bist, dein Gehirnschmalz anzustrengen, dann werden wir vielleicht auf äußerst denkwürdige Erkenntnisse stoßen.

Helvetius: Dann mal los!

Sokrates: Siehst du den Liegestuhl dort drüben vor der Haustür? Existiert er in Wirklichkeit, oder ist er eine Erfindung deines Gehirns?

Helvetius: Ich sehe ihn, und außerdem kann ich mich in ihn hineinsetzen. Also existiert er außerhalb meines Gehirns. Weitere Fragen?

Sokrates: Du beziehst dich auf deine Sinne. Du kannst ihn sehen, und du kannst ihn ertasten. Habe ich das richtig verstanden?

Helvetius: Du hast das richtig verstanden. Du kannst ja auch den Hausbesitzer fragen. Der wird den Stuhl bestätigen.

Sokrates: Aber der benutzt auch nur seine Sinne. Und daß es den Hausbesitzer gibt, weißt du auch nur, wenn du ihn gesehen hast.

Helvetius: Das gebe ich dir gerne zu. Aber was hast du gegen die Sinne? Willst du mir etwa unterstellen, daß ich unter Halluzinationen leide?

Sokrates: Ich will ja nur wissen, worauf du dein Urteil gründest, daß dort drüben ein Stuhl steht. Du siehst also den Stuhl und folgerst, daß er außerhalb des Sehvorganges existiert. Kannst du denn das Sehen sehen? Das müßtest du ja können, um sicher zu sein, daß auf der einen Seite dein Auge ist und auf der anderen Seite der Gegenstand.

Helvetius: Ich könnte das Auge beim Sehen röntgen.

Sokrates: Damit wäre nichts gewonnen. Denn das Röntgenbild kannst du nur beurteilen, wenn du es siehst. Und wo wäre da der Gegenstand? Wir sind also keinen Schritt weiter gekommen.

Helvetius: Wenn ein Arzt einen Sehfehler feststellen will, hat er doch auch Methoden, um den Fehler zu finden.

Sokrates: Das ist aber etwas völlig anderes. Der Arzt bleibt grundsätzlich in der Annahme, daß es außerhalb des Auges einen Stuhl gibt. Sein Problem ist: Warum sieht der Patient den Stuhl nicht so, wie wir ihn alle sehen? Sein Problem ist nicht: Gibt es außerhalb des Sehens etwas Gesehenes? Er bleibt also innerhalb des alltäglichen Erfahrungshorizontes.

Helvetius: Und unsere Frage geht wohl tiefer.

Sokrates: Sehr richtig. Wir untersuchen das Sehen an sich. Deshalb bleibt offen: Gibt es eine Möglichkeit, den Sehvorgang zu verlassen und von außen festzustellen, daß das Sehen und der Stuhl zwei verschiedene Dinge sind? Nur darf die Überprüfung von außen nicht wieder auf einem Sehvorgang beruhen, sonst müßte der auch von außen überprüft werden, und die Überprüfung müßte überprüft werden, und so weiter und so weiter bis ins Unendliche.

Helvetius: Eigentlich brauche ich gar keine Überprüfung. Ich weiß es ganz ungeprüft und unmittelbar, daß es diesen Stuhl in der Außenwelt gibt. Denn alles in der Welt hat eine Ursache. Ich schließe also aus dem Sinneseindruck »Stuhl«, daß die Ursache dieses Eindrucks ein wirklicher, von mir verschiedener Gegenstand ist.

Sokrates: Das klingt gut, hat aber einen Schönheitsfehler. Der Satz, daß alles einen Grund hat, ist ein Satz der Logik. Und die Logik entstammt deinem Kopf. Außerhalb deines Gehirns gibt es diesen Satz vielleicht gar nicht. Also wäre auch dieser Schluß nur eine Konstruktion deines Gehirns, und du bist nicht fähig, die Realität – in unserem Beispiel den Stuhl – als unabhängig von deinen Sinneswahrnehmungen zu beweisen. Es bleibt halt jeder Gegenstand abhängig von deinem Gehirn.

Helvetius: Und was folgt daraus? Ist die Welt einschließlich Stuhl nur eine Erfindung von mir? Die Welt, das bin ich!

Sokrates: Es hat Philosophen gegeben, die diesen Schluß gezogen haben.

Helvetius: Und wie ist es mit den Menschen, die ich liebe? Dann liebe ich mich ja nur selbst. Wenn ich diskutiere, dann diskutiere ich mit einer von mir konstruierten Person, die mich vielleicht auch noch widerlegen will.

Sokrates: Und wenn deine Frau stirbt, stirbst du mit.

Helvetius: Sag mal, verehrter Sokrates, sind das also die denkwürdigen Erkenntnisse, die du versprochen hast?

Sokrates: Ich will dir nur zeigen, warum noch kein Mensch schlüssig beweisen konnte, daß es eine von uns unabhängige Außenwelt gibt. Obwohl wir in unserem täglichen Leben diese Welt ohne Probleme voraussetzen.

Helvetius: Die Wirklichkeit als Glaubenssatz. Interessante Perspektive.

Sokrates: Umgekehrt, verehrter Helvetius. Die Wirklichkeit der Welt ist uns vollkommen außer Frage. Kein Mensch könnte sinnvoll handeln, wenn die Welt seine eigene Erfindung wäre. Außerdem hätte jeder seine Welt dann etwas angenehmer eingerichtet. Aber die Überlegung zeigt, daß wieder einmal Denken und Wirklichkeit nicht übereingestimmt haben.

Helvetius: Wenn du so radikal fragst, bleiben überhaupt keine Gewißheiten übrig. Jeder kann denken, was er will. Jeder hat recht. Das ist die ultimative Erkenntnis: Alles ist relativ, nichts ist gewiß.

Sokrates: Falsch. Der Satz »Alles ist relativ« soll doch selbst nicht relativ sein. Er soll doch absolut sicher sein. Sonst hätte die ganze Aussage keinen Sinn. Zumindest dieser eine Satz soll wahr sein. Also gibt es doch wahre Erkenntnis, und der Satz hat sich selbst widerlegt.

Helvetius: Aber ist das nicht die Konsequenz aus unserem Gespräch? Ich kann grundsätzlich alles in Frage stellen und lande am Ende im Irrenhaus.

Sokrates: Wieder falsch. Du kannst alles bezweifeln, eines aber nicht.

Helvetius: Jetzt bin ich aber gespannt.

Sokrates: Du kannst nicht bezweifeln, daß du zweifelst.

Helvetius: Ein schwaches Ergebnis.

Sokrates: Du mußt dir nur klar machen, was das bedeutet. Um zweifeln zu können, muß man existieren!

Helvetius: Der Beweis für meine Existenz? Na wenigstens etwas.

Sokrates: Der Beweis, daß deine Existenz von keiner Vernunft angezweifelt werden kann. Sie ist absolut gewiß.

Helvetius: Es gibt also doch absolute Erkenntnis.

Sokrates: Du existierst, und zwar jetzt.

Helvetius: Das mit dem Jetzt ist so eine Sache. Wenn man die Gegenwart fassen will, ist sie schon Vergangenheit. Die Gegenwart gibt es gar nicht. Wo sollte sie sein, wenn sie immer schon Vergangenheit ist, sobald ich »jetzt« sage?

Sokrates: Existenz und Gegenwart gehören zusammen. Sie können von der Vernunft nicht sinnvoll bezweifelt werden.

Helvetius: Meine Existenz und meine Gegenwart sind eine Insel der Gewißheit im unendlichen Meer der Zweifel. Einverstanden?

Sokrates: Sie sind ein Wunder und ein Geheimnis.

Helvetius: Das klingt mir zu religiös.

Sokrates: Sie sind analyse-resistente Phänomene.

Helvetius: Das klingt – trotz der vielen Fremdwörter – eindeutig besser. Sonst kommst du mir noch mit dem Argument »Da die Vernunft nicht verläßlich ist, hilft nur der Glaube«. Das wäre mir ein zu billiges Ergebnis. Schließlich gibt es ja noch die Wissenschaft.

Sokrates: Die sollten wir uns bei der nächsten Begegnung näher anschauen.

Helvetius: Aber erst läßt du mich meinen Spaziergang fortsetzen.

Sokrates: Gib mir 200 Meter Vorsprung. Mal sehen, was uns das beweist.

Helvetius: Das beweist nichts. Ich gehe nämlich in eine andere Richtung.

Sokrates: Alle Richtungen schneiden sich in mindestens einem Punkt. Wir sehen uns wieder.

Helvetius: Wir sehen uns wieder.

Auf der Suche nach dem Jenseits

Vernunft als Ergebnis der Evolution / Die Realität jenseits unserer Vernunft

Vernunft als Ergebnis der Evolution

Die Erfahrungswissenschaften lehren uns, daß die Welt nicht so ist, wie wir sie wahrnehmen. Ein Apfel z. B. ist weder süß noch rot, er enthält nur bestimmte Moleküle und reflektiert aus dem Farbspektrum eine bestimmte Wellenlänge. Die Apfeleigenschaften bekommt er erst durch unser Gehirn. Man könnte zum Beispiel die Frage stellen, ob es dunkel im Kosmos würde, wenn alle Gehirne verschwänden. Denn »hell« und »dunkel« sind nicht Eigenschaften der Welt, sondern Seherlebnisse: Wahrnehmungen, die entstehen, wenn elektromagnetische Wellen bestimmter Länge auf die Netzhaut von Augen fallen. Von dort aus werden sie weitergeleitet an die im Hinterkopf gelegene Großhirnrinde, die sogenannte »Sehrinde«. Was dort geschieht, wenn die Augenlinse einen Reiz aus der Außenwelt auf die Netzhaut wirft, den diese in eine Unzahl komplizierter Nervenimpulse zerlegt und an den Sehnerv weiterreicht, wird seit Jahrzehnten wissenschaftlich untersucht. Dort laufen dann eine Reihe von verschiedenen chemischen Prozesse ab, aus denen unser Seherlebnis hervorgeht. Die Art und Weise, in der die Sehrinde die ihr vom Sehnerv übermittelten elektrischen Impulse verarbeitet, hat mit der Ursache der Reize in der Außenwelt nicht mehr die geringste Ähnlichkeit. Die Verbindung gar, die zwischen den chemischen und elektrischen Vorgängen und dem optischen Erlebnis besteht, bleibt bis heute rätselhaft. Nirgendwo auf dem Weg zwischen Netzhaut und

Sehrinde wird es »hell«. »Hell« ist erst das Ergebnis eines Seherlebnisses im Kopf eines Menschen. Nur etwa 10% der Sinnesreize werden in unserem Gehirn verarbeitet. Was dabei herauskommt, ist unsere sinnliche Welt.

Eine Wellenlänge im Farbspektrum von 700 millionstel Millimeter hat mit dem Farberlebnis »Rot« genausowenig zu tun wie die Wellenlänge 400 millionstel Millimeter mit dem Farberlebnis »Blau«. Von einem fotografischen Abbild der Welt in unserem Gehirn kann also nicht im geringsten die Rede sein. Vielleicht ist es eher sinnvoll zu sagen, daß die Welt, wie wir sie mit den Sinnen wahrnehmen, eine Konstruktion unseres Gehirns ist.

Woher stammen die Kriterien, nach denen unser Gehirn die Welt konstruiert?

Warum passen die Kriterien zu der von unserem Gehirn unabhängigen Außenwelt, von der wir die Konstruktionsdaten in Form von Sinneseindrücken geliefert bekommen? Daß sie passen, sehen wir an den Erfolgen in Wissenschaft und Technik, aber genauso auch in unserem täglichen Überleben. Würden die Konstruktionen mit der wirklichen, von unserem Gehirn unabhängigen Welt im Widerspruch stehen, hätten wir keine Überlebenschance.

Wie steht es mit unserer Vernunft? Sie ist die Fähigkeit, von den Gegenständen abstrahieren und die dahinterstehenden Gesetzmäßigkeiten erkennen zu können. Sie ist die *software*, die die *hardware* Gehirn benötigt, um Fragen stellen und auch beantworten zu können. Auf der Alltagsebene oder auf der wissenschaftlichen Ebene liefert unsere Vernunft durchaus zufriedenstellende Ergebnisse. Erst wenn wir grundsätzlich werden und nach den letzten Prinzipien unserer Welt fragen, wenn wir über die Erfahrungswelt hinaus auf das Ganze, von dem die Erfahrungswelt nur eine Teilmenge ist, schließen wollen, kommt das Denken in Schwierigkeiten.

Woher stammen unsere Vernunftkategorien, und wie kommen sie in unseren Kopf? Konrad Lorenz hat sich darüber Gedanken gemacht und die Evolutionäre Erkenntnistheorie begründet. Er fragt: Wie kommt es, daß wir unzweifelhaft in der Lage sind, wenigstens ein Stück weit mit unserem Verstand in die Geheimnisse der Natur einzudringen? Wie ist es zu erklären, daß unsere Denkstrukturen mindestens teilweise auf die Strukturen der realen Welt »passen«? Die Erfahrungen des Alltags, die Technik der modernen Welt und die Ergebnisse der Wissenschaft zeigen, daß es praktikables Wissen gibt.

Die Antwort ist einfach. Wir sind ein Ergebnis der Evolution wie jedes Lebewesen auf unserer Erde. So wie sich die Lebensformen von den Einzellern bis zum *Homo sapiens* weiterentwickelt haben, so hat sich auch das Gehirn im Laufe der Jahrmillionen entwickelt. Die Strukturen unseres Gehirns und die Strukturen unseres Denkens sind das Produkt einer langen Anpassung an die Lebensumstände auf unserem Planeten. Konrad Lorenz schreibt: *»Schon die primitive Ausweichreaktion des Pantoffeltierchens, das, wenn es auf ein Hindernis gestoßen ist, erst zurück und dann in einer zufallsbestimmten anderen Richtung wieder vorwärts schwimmt, weiß etwas im buchstäblichen Sinne Objektives über die Außenwelt.«*[1] Sein Weltbild ist noch sehr primitiv, aber sein Wissen reicht aus, um zu überleben. Vom Pantoffeltierchen bis zu Einstein ist es aus evolutionärer Perspektive *»nur ein Schritt«*, wie Karl Popper feststellt. Durch Mutation und Anpassung entwickeln sich nicht nur die Lebewesen, sondern auch ihre »Weltbildapparate«.

Die Amöbe steht am Anfang, Einstein ist der Erbe einer über Jahrmilliarden hin fortgesetzten Verbesserung der Fähigkeiten zum Gewinn von Erkenntnissen über die Welt. Wenn man von der Amöbe ausgehend, einen Sprung von einer Milliarde von Jahren macht, dann landet man bei den Spinnentieren. Zu ihnen gehört die Zecke, deren Umwelt Jacob von Uexküll beschrieben hat.

Die weibliche Zecke ist zur Reifung ihrer befruchteten Eier darauf angewiesen, sich mit Säugetierblut vollzusaugen. Die Kenntnisse, die ihr genügen, um die durch diese Bedingung gestellte Aufgabe zu lösen, sind verblüffend einfach. Das Tier verfügt über einen diffusen Lichtsinn, der es veranlaßt, auf den Zweigen von Büschen in der Richtung zunehmender Helligkeit, also zur Zweigspitze zu klettern. Dort angelangt, verharrt die Zecke regungslos, notfalls über viele Jahre hinweg. Das, worauf sie wartet, ist der Geruch von Buttersäure, das einzige chemische Signal, das zu registrieren sie imstande ist. Trifft dieses Signal ein, läßt sie sich fallen. Sie hat gute Chancen, auf dem Körper eines Warmblüters zu landen. Sie bohrt sich in die Haut und saugt sich voll mit Blut. Damit hat sie alle Aufgaben gelöst, deren Erfüllung Vorbedingung des Überlebens ihrer Art ist.

Das damit so gut wie vollständig beschriebene »Weltbild« der Zecke ist zwar merkmalsarm, aber trotzdem »wahr«, was seine Information über die Welt betrifft. Die Evolution bringt im Ablauf ihrer Entwicklung »Weltbilder« hervor, deren Merkmalsreichtum mit jedem Schritt zunimmt. Alle für den Überlebenserfolg nicht notwendigen Strukturen bleiben außen vor. Auch das menschliche Gehirn ist – als das unbestreitbare körperliche Substrat unseres Weiterlebens – ein Produkt der Evolution. Auch unser Gehirn hat im Rahmen seines Denkens Strukturen entwickelt, die ihm das Überleben ermöglichen. Von der umfassenden Erkenntnis der Welt in philosophischer Hinsicht, so daß wir alle prinzipiellen Fragen widerspruchsfrei beantworten könnten, ist allerdings in unserem Weltbildapparat nicht die Rede. Lorenz spricht von angeborenen Hypothesen über die Welt, mit deren Hilfe wir uns in unserer Umgebung orientieren können. Diese Hypothesen sind insofern wahr, als wir durch sie als Art *Homo sapiens* bis jetzt überlebt haben. Streng genommen leben wir nicht in der Welt, sondern nur in dem Bild, das unsere Gehirne mit Hilfe dieser im Rahmen der Anpassung erworbenen Denk- und Erfahrungskategorien von ihr entwerfen. Hoimar von Ditfurth schreibt: *»Diese Tatsache nimmt uns die Möglichkeit, aus der Zweckmäßigkeit einer Anpassung den Schluß zu ziehen, sie gebe die Welt objektiv richtig (oder gar vollständig) wieder.«*[2]

So ist zum Beispiel im menschlichen Erbgut enthalten, daß wir die Welt als räumlich und zeitlich strukturiert erfahren.

Schon bevor wir zum ersten Mal die Augen aufschlagen, steht fest, daß unsere Welt diesen Charakter hat. Spätestens seit Einstein wissen wir aber, daß der Raum gekrümmt ist und die Zeit in Wirklichkeit andere Eigenschaften hat, als wir sie uns vorstellen. Die Relativitätstheorie lehrt, daß die Zeit nicht universell ist. Nehmen wir an, einer von zwei eineiigen Zwillingen starte in einer Rakete, fahre mit annähernder Lichtgeschwindigkeit bis zum Sirius und kehre auf die Erde zurück. Er wird feststellen, daß er nach Aussagen der Datumsuhr, die er mitgenommen hat, nach Aussagen der Zahl seiner Falten und grauen Haare und gemäß seinem subjektiven Eindruck vom verstrichenen Zeitraum um Jahre jünger ist als sein Zwillingsbruder.

Hier ist es gewissermaßen mit Hilfe einer Supertheorie und ihrer wissenschaftlichen Überprüfung gelungen, den konkreten Nachweis zu liefern, daß die von uns erlebte Welt nicht identisch ist mit der hypothetisch vorauszusetzenden »objektiven Realität«. Diese Tatsache zeigt aber auch, daß die menschliche Vernunft befähigt ist, den Anpassungsrahmen zu sprengen und über Bereiche Aussagen machen zu können, die ihr im Verlaufe der biologischen Anpassung in der Evolution gar nicht zugänglich waren. Das bedeutet: Wenn auch die Vernunft des Menschen ein Ergebnis der Evolution ist, so ist ihr Gehalt die Evolution überschreitend. Den Gehalt der Vernunft nennen wir Geist. Wir kennen das aus vielen Bereichen, daß die Vernunft Eigenschaften besitzt, die sie aus bloßer Anpassung nicht besitzen kann. Man denke an die logischen Axiome:

Die Gültigkeit z. B. des Satzes vom zureichenden Grund (»keine Tatsache kann wahr oder wirklich und kein Urteil richtig sein ohne zureichenden Grund«) ist nicht aus der Erfahrung ableitbar. Dieser Satz hat eine Gültigkeit, die immer bestand und immer bestehen wird. Aus der Erfahrung läßt sich jedoch nichts ableiten (deduzieren), was eine immerwährende Gültigkeit hat (siehe zum Thema »Wissenschaftstheorie« S. 106). Darüber hinaus landet eine solche Ableitung in einem logischen Dilemma: Vorausgesetzt wird auf der einen Seite die Erfahrungswelt, auf der anderen Seite das die Erfahrung machende Gehirn. Beide stehen in einem Verhältnis von Ursache und Wirkung. Damit wird die Gültigkeit dessen vorausgesetzt, was erst durch die Ableitung ausgewiesen werden soll. Mit anderen Worten: Wie auch immer die logischen Axiome im Laufe der Evolution entstanden sein mögen, ihre Gültigkeit gehört einer anderen Ebene an.

Die Vernunft ist also fähig, in bestimmten Inhalten die Abhängigkeit von der Außenwelt so weit zu übersteigen, daß davon ausgegangen werden muß, daß sie an einer immateriellen geistigen Dimension teilhat. Der Satz, daß die Winkel in einem Rechteck 180 Grad betragen, gilt immer und galt schon, als noch kein menschliches Gehirn an die Welt angepaßt war. Die Wahrheit dieses Satzes ist zeitlos. Sie existiert in einer zeitlosen Dimension des Geistigen, an der die Vernunft teilhat. Wir müssen deshalb sehr genau unterscheiden zwischen der durch die Evolution hervorgebrachten Vernunft und ihrer Fähigkeit, an der Dimension zeitloser Wahrheiten teilzuhaben.

Die Realität jenseits unserer Vernunft

Zurück zur Evolutionären Erkenntnistheorie: Die Ameise hat Informationen über die Welt, die objektiv richtig sind, sonst hätte ihre Art nicht überleben können. Dennoch können wir mit Recht behaupten, daß sie von der Welt so gut wie nichts weiß. Der Affe, der keine realistische Vorstellung von dem Ast hatte, nach dem er sprang, wäre bald ein toter Affe gewesen und hätte nicht der Vorfahr der heutigen Primaten sein können. Diese Vorstellung vom Ast ist seine Form von verläßlichem Wissen. Von einer übergeordneten Welt versteht er nichts. Er hat keine Ahnung von Shakespeare oder Goethe und weiß noch nicht einmal, wie man einen Rasierapparat bedient. Seine Welt ist begrenzt, so wie auch unsere Welt begrenzt ist. Kanitscheider schließt daraus, daß auch der menschliche Denkapparat kein ausreichend hohes Organisationsniveau besitzt, um tatsächlich in alle Komplexitätsgrade des Universums einzusteigen.[3] Erkenntnistheorie, Evolutionstheorie und moderne Physik haben uns die Entdeckung ermöglicht, daß die Welt, in der wir leben, nur ein winziger Ausschnitt der wirklichen Welt ist, ein Ausschnitt zudem, der die wahrscheinlich objektiv existierende Welt nur höchst unvollkommen repräsentiert. Die Zecke hat ihre kleine Wahrheit von der Welt, der Mensch hat eine etwas größere Wahrheit erhascht. Ditfurth stellt über Einstein fest: »*Gemessen an der Distanz, die alle irdi-*

sche Kreatur heute noch immer von der Wahrheit der Welt trennt, schrumpft auch er bis zur Bedeutungslosigkeit.«[4]

Zu den Wahrheiten, die die Wissenschaft bis heute an den Tag gebracht hat, gehört eben auch der aufsehenerregende Befund, daß der Umfang der realen Welt den Horizont der uns zu Gebote stehenden Erkenntnis *»quantitativ und qualitativ um unvorstellbare Dimensionen überschreiten muß«.*[5]

Seit altersher wird der Bereich, der unser Wissen übersteigt, das Jenseits genannt. Es gibt eine Realität jenseits unserer Vernunft. Und das ist auch die Erklärung, warum unsere Vernunft und ihre Strukturen sich immer wieder »verknoten«. Sie sind nicht gemacht zur Erkenntnis des Jenseits. Zwar wird die Grenze zu ihm immer weiter verschoben, ja man kann sagen, das Denken entwickelt sich auf das Jenseits zu, trotzdem bleibt es letztlich unerreichbar.

Der größere Teil der Wirklichkeit befindet sich jenseits unserer Erkenntnismöglichkeiten. Die Realität ist für uns wie ein Meer, von dessen Strand wir ein paar Quadratmeter vermessen haben. Auf diesem kleinen Fleckchen Erde kennen wir uns ganz gut aus. Darüber hinaus haben wir aber auch noch Zugang zur Realität der geistigen Dimension. Auch dort ist uns jedoch nur ein kleiner Bereich zugänglich. Deshalb gehört auch dieser Teil der Wirklichkeit zum Jenseits. Wir können daher von einem materiellen und einem geistigen Jenseits sprechen.

Wie begrenzt unser Zugang zum geistigen Jenseits ist, zeigt die Philosophie. Wenn wir nämlich über die sinnlich gegebene Welt hinausfragen nach dem Ganzen oder nach dem Prinzipiellen, gerät unser Denken ins Stocken. Vor allem bei der Gottesfrage ist mit Schwierigkeiten zu rechnen. Das zeigen die Gottesbeweise, die mit sehr viel geistiger Finesse ausgearbeitet wurden, aber mit der gleichen Finesse auch angezweifelt werden konnten.

Wenn wir am Ende dieser Überlegungen fragen, wie die evolutionäre Vernunft ihren Zugang zur Dimension des Geistigen bekommt, ist die Philosophie an der Reihe. Die naturwissenschaftliche Erkenntnistheorie kann darauf keine Antwort geben, denn sie ist für das Materielle zuständig, nicht für das

Immaterielle. Die Philosophie aber hat große Schwierigkeiten, sich auf eine befriedigende Art und Weise aus der Affäre zu ziehen, denn sie verknotet sich sehr schnell bei metaphysischen Fragestellungen. So hat sie auf diese Fragen viele Antworten gegeben, von denen jedoch keine überzeugt. Ungeachtet dessen sind diese Fragen sinnvoll und notwendig und werden gestellt werden, bis es eines Tages eine befriedigende Lösung gibt.

Fassen wir zusammen:
- Unsere Welt, wie wir sie wahrnehmen, ist eine Konstruktion unseres Gehirns, deren Konstruktionsmaterial aus den Sinnen stammt.
- Die Konstruktionsprinzipien entstanden in einem langen Anpassungsprozeß im Laufe der Evolution.
- Sie *software* des Gehirns, unsere Vernunft, ist ebenfalls ein Anpassungsprodukt der Evolution.
- Die Vernunft hat darüber hinaus teil an der *immateriellen* Dimension des Geistes, der die Ergebnisse der evolutionären Anpassung übersteigt (transzendiert).
- Es gibt ein *materielles* Jenseits, denn der Umfang der Wirklichkeit übersteigt beim Menschen genauso wie bei der Zecke bei weitem das Bild, das sie sich von der Welt machen.
- Es gibt auch ein geistiges Jenseits, denn unsere Einsicht in die immaterielle Dimension des Geistes ist begrenzt.

Annäherung an den Gottesbegriff

Die Bodenlosigkeit der Vernunft / »Wie ist es, eine Fledermaus zu sein?« / Gott als das Unergründliche

Die Bodenlosigkeit der Vernunft

Die Vorstellung einer sich in Evolutionsschritten entwickelnden Welt zieht die Konsequenz nach sich, daß auch unser Gehirn ein Ergebnis dieser Entwicklung ist. Das wiederum bedeutet, daß die Welt, in der wir uns vorfinden, nicht so in sich geschlossen sein kann, wie sie sich in unserem Erleben und Erfahren präsentiert. Sie ist nur ein relativ winziger Ausschnitt aus einer sehr viel größeren Wirklichkeit, die den Horizont des uns Vorstellbaren prinzipiell überschreitet. Aus diesen Gegebenheiten schließt Hoimar von Ditfurth folgerichtig, *»daß es transzendente Wirklichkeiten geben muß, die nicht weniger real sind als der von uns erlebte Weltausschnitt.«*[6] Der uns von der Evolution zur Verfügung gestellte Denkapparat hat jedoch eine Besonderheit, die ihn von allen anderen Denkapparaten unterscheidet: Er kann über seine natürliche Beschränkung hinausdenken. So hat Einstein mit Hilfe mathematischer Formeln errechnen können, daß Raum und Zeit eine andere Qualität haben müssen, als wir das aus unserer natürlichen Anschauung erschließen. Der Physiker und Rektor der Mainzer Universität Hans Rohrbach erklärte in seiner Abschlußrede 1967: *»Die Mathematik ist kein Produkt der menschlichen Vernunft, sondern sozusagen klüger als die menschliche Vernunft.«*[7]

Was will er damit sagen?

In der Atomphysik erschließen mathematische Formeln einen Bereich, der über unsere natürlichen Denkkategorien hinausweist. Physiker sind sogar auf der Suche nach der TOE (theory over everything) und verlassen damit ganz deutlich den natürlichen und engen Rahmen unseres Weltbildapparates.

»Klüger als die menschliche Vernunft« kann nur heißen, klüger als die Natur es zum Überleben vorgesehen hat. Damit wird auf den bemerkenswerten Umstand verwiesen, daß diese Vernunft sich selbst, die Bedingungen ihres Zustandekommens und ihre Grenzen erkennen kann, ja diese Grenzen sogar zu übersteigen befähigt ist. Sie ist also nicht von den natürlichen Entstehenszusammenhängen abhängig, sondern kann sich frei wie ein Vogel über diese Zusammenhänge erheben und sie erkennen. Die Vernunft des Menschen läßt sich also nicht begrenzen auf das, was die Natur aus ihr gemacht hat, denn sie hat teil an der zeitlosen Dimension des Geistes. Die Zecke findet ihre Grenze sehr schnell, sie weiß nichts vom Blutkreislauf der Hunde. Sie weiß noch nicht einmal, daß sie es nicht weiß. Der Polizeihund weiß nichts von der internationalen Drogenmafia, und er weiß nicht mal, daß er es nicht weiß. Mit anderen Worten: Für diese Denkapparate gibt es eine klare Grenze. Nur wissen sie nichts von dieser Grenze. Denn diese entsteht erst, wenn die Vernunft weiter fragt und wissen will, wie es wirklich ist mit den Dingen ihrer Welt. Hier beginnt der eigentümlich menschliche Bereich der menschlichen Denkfähigkeit. Sie weiß um sich selbst, und sie weiß um ihre Grenzen. Wer aber eine Grenze weiß, ist damit auch schon über die Grenze gestiegen, denn er weiß, daß es dahinter weitergeht. Die Evolutionäre Erkenntnistheorie ist selbst eine schöne Bestätigung dieser Erkenntnis. Sie zeigt, wie die Vernunft entstanden ist, wo ihre Grenzen liegen und daß es jenseits dieser Grenzen eine Realität gibt, die erforscht werden will und soll. Die Vernunft weiß aber auch, daß es für sie jenseits dieser Grenze sehr schwer ist, Fuß zu fassen.

Sobald sich das Gehirn über Dinge Gedanken macht, die nicht dem unmittelbaren Überleben dienen, gerät es Schwierigkeiten. Das bedeutet nicht, daß der Mensch sich nur über die Beherrschung des Alltags Gedanken machen soll. Denn die Vernunft hat es auch mit Fragen zu tun, in denen es über die sinnliche Welt hinaus ums Prinzipielle und ums Ganze geht. Aber das bedeutet, daß wir bei allen philosophischen Fragen damit rechnen müssen, daß unsere Vernunft nicht zu den gewünschten Leistungen imstande ist. Man wird bei kritischer Betrachtung der menschlichen Vernunftleistungen in diesem Bereich der Vernunft eine gewisse Bodenlosigkeit nicht absprechen können.

Die griechischen Denker waren schon sehr früh auf Knoten in der Vernunft gestoßen und nannten diese Phänomene »Paradoxien«. Wenn zum Beispiel jemand sagt: »Ich lüge«, dann spüren wir sofort, wie uns die Bretter unter den Füßen weggezogen werden. Denn wenn er wirklich lügt, ist diese Behauptung richtig und keine Lüge. Dann aber ist der Satz falsch und eine Lüge. Wenn er gelogen ist, dann ist er jedoch wieder richtig, denn er behauptet ja, daß er lügt.

Oder jemand schreibt auf ein Blatt Papier: »Diser Satz enthält trei Fehler.« Wenn man den Satz liest, ist die erste Reaktion: »Nicht doch – er enthält zwei Fehler. Wer ihn geschrieben hat, kann nicht zählen.« Man kann aber auch denken: »Oh, der Satz macht also doch einen dritten Fehler – nämlich insofern, als er seine Fehler falsch zählt.« Ein oder zwei Sekunden später klickt es dann im Kopf, wenn man realisiert, daß, so gesehen, der Satz seine Fehler richtig gezählt hat und demnach nicht falsch ist, also nur zwei Fehler enthält, und ... aber ... einen Augenblick mal. He! Hm ... Es dauert nicht lange, dann ist man das Durcheinander müde und springt aus dem Paradox wieder heraus.

Wenn offensichtlich unser Denken so anfällig ist für unauflösbare Widersprüche, dann ist es auch kein Wunder, daß eine so simple Selbstverständlichkeit wie die Existenz einer von uns unabhängigen Außenwelt nicht schlüssig bewiesen werden kann. Kant nennt dies einen Skandal der Vernunft, die moderne Wissenschaftstheorie formuliert mit Karl Popper kühler: Die Außenwelt ist eine Arbeitshypothese für die Naturwissenschaft.

Penfield illustriert diese Tatsache mit der Idee des Retortengehirns, dem von einem Experimentator durch Manipulation seiner Neuronen eine Welt simuliert wird. »*Wie können Sie aus der Erfahrung Ihrer Sinneswahrnehmungen schließen, daß Sie kein*

Gehirn in einer Retorte sind? Sie können es nicht! Die Frage übersteigt den Bereich der Beweisbarkeit.«[8] Schließlich könnten ja alle Beweise nur Ergebnis der Simulation sein. Daraus folgt: Der hypothetische Charakter der Außenwelt ist nicht aufhebbar.

Immer wieder scheitern wir an der Instanz Gehirn. Wenn jetzt einer die Geduld verliert, und wissen will, ob diese Instanz Gehirn vielleicht selbst bloß Produkt eines Gehirnes ist, zeigt sich wieder die Bodenlosigkeit der Vernunft.

Denn wenn die gesamte sinnliche Welt ein Produkt unseres Gehirns ist, was ist dann mit dem Gehirn selbst, diesem blumenkohlförmigen Ding, das ja Teil der sinnlichen Welt ist? Wenn es selbst bloß Produkt ist, kann es nicht Instanz sein.

Der Philosoph Hans Albert hat gezeigt[9], warum das Denken, das auf grundsätzliche, die Sinnenwelt übersteigende Wahrheiten zielt, immer ins Leere greifen muß. Mit sinnlich-empirischen Erkenntnissen kommt man da nicht weiter. Empirie erklärt nur den Bereich des Empirischen. Der darüber hinausgehende Forschungsbereich zielt in Richtung Metaphysik. Will man dort eine These sicher begründen, muß man sie zurückführen auf Behauptungen, die sicher und zuverlässig sind und aus denen die These logisch folgt. Wer z. B. behauptet, es gäbe keinen Gott, wird die These wahrscheinlich damit begründen, daß alles Geschehen im Universum nach naturwissenschaftlich erkennbaren Gesetzen abläuft ohne nachweisbaren Einfluß eines übergeordneten geistigen Wesens. Er setzt in der Regel voraus, daß die Welt nur aus Materie besteht, und daß man beim Durchforsten der Welt auf der Suche nach Gott nichts anderes als Materie und ihre Gesetze findet. Diese Voraussetzung kann aber selbst wieder auf ihre Gründe befragt werden. Wie begründet sich die Behauptung, alle Dinge im Universum seien materiell? Es müssen also wieder neue Voraussetzungen angenommen werden und so weiter und so weiter. Nie kommt man zu einem schlüssigen Beweis, das Denken versandet in einem, wie Albert formuliert, unendlichen Regreß.

Am Ende jedes Begründungsversuches kommt eigentlich nur das heraus, was am Anfang in ihn hineingesteckt wurde. Wie bei einer Häckselmaschine im Garten. Wenn ich oben

Löwenzahn eingebe, kommt unten Löwenzahn in leicht verändertem Zustand heraus. Sollte unten Popcorn herauskommen, dann ist irgend etwas gravierend falsch gelaufen. So kann in einer ausschließlich materiellen Welt kein Platz für einen immateriellen Gott sein. Denn schon in der Annahme einer ausschließlich materiellen Welt ist die Nicht-Existenz Gottes mitenthalten. Das Denken läuft ins Leere, weil es nur auswickelt, was in den Grundannahmen eingewickelt ist. Oder es läuft ins Leere, weil es etwas als gültig voraussetzt, dessen Gültigkeit aber wieder in Frage gestellt werden kann.

Immanuel Kant hat in seiner »Kritik der reinen Vernunft« einmal vorgeführt, wie ein philosophischer Beweis aus reinen Begriffen ins Leere greift. Er stellt die These auf: *»Die Welt hat einen Anfang in der Zeit und ist dem Raum nach auch in Grenzen eingeschlossen.«* Es folgt ein lückenloser logischer Beweis dieser These, die jedem Mitdenkenden ein für allemal klarmachen kann, daß die These stimmt. Aber auf der gegenüberliegenden Buchseite stellt er die entgegengesetzte These auf: *»Die Welt hat keinen Anfang und keine Grenzen im Raum, sondern ist, sowohl in Ansehung der Zeit als auch des Raumes unendlich.«*[10] Wieder folgt ein lückenloser Beweis, und wieder ist jeder Mitdenkende überzeugt, daß der Satz stimmt.

In der europäischen Geistesgeschichte hat sich gezeigt, daß alle Versuche, ein Welterklärungssystem zu etablieren, das frei von Widersprüchen ist, nicht durchführbar waren. Die dem Denken innewohnenden Widersprüche haben das System früher oder später zum Einsturz gebracht. Viele Menschen in diesem Jahrhundert haben deshalb kein Vertrauen mehr in die Philosophie und wenden sich der Naturwissenschaft zu, die verspricht, zuverlässige Antworten geben zu können. Ob sie ihr Versprechen halten kann, soll später untersucht werden.

»Wie ist es, eine Fledermaus zu sein?«

Die meisten Fehler im Denken entstehen, wenn man sich vorher nicht das Denken selbst kritisch angeschaut hat. Jeder, der einen dicken Baum zu fällen hat, überlegt sich, welche Säge er am besten benutzt. Wenn er es mit der Laubsäge versucht, kommt er nicht weit. So muß man auch das Werkzeug Vernunft von vielen Seiten betrachten und sich fragen, ob es für die vorgesehene Aufgabe taugt. In der Philosophie nennt man die Disziplin, die über die Leistungsfähigkeit der Vernunft und ihrer Begriffe nachdenkt, Erkenntnistheorie. Etwas Erkenntnistheorie ist unumgänglich für jeden, der sich über die wichtigste Frage des Menschen ein eigenes Bild machen will: Was ist das Ganze, von dem die Welt ein Teil ist, und in welchem Verhältnis steht der Mensch zu ihm?

Als Einstieg in die Erkenntnisproblematik soll uns eine Frage des amerikanischen Philosophen Thomas Nagel dienen. Er schrieb einen Aufsatz mit der Überschrift: Wie ist es, eine Fledermaus zu sein? Die Frage müßte eigentlich leicht zu beantworten sein, denn wir haben die Lebensweise dieser Tiere recht gut erforscht. Wir wissen z. B., daß Fledermäuse die äußere Welt in erster Linie mit Hilfe von Ultraschall oder Echolot-Ortung wahrnehmen. Ihre Gehirne sind so konstruiert, daß sie die ausgeschickten Impulse und das resultierende Echo zueinander in Beziehung setzen und auf diesem Weg die Gegenstände ihrer Lebenswelt unterscheiden können. Sie erkennen teilweise die gleichen Gegenstände wie wir auch, trotzdem müssen wir davon ausgehen, daß ihre Erkenntnisse in keiner Weise dem gleichen, was wir erfahren und geistig verarbeiten können. Hier liegt aber genau das Problem, sich vorzustellen, wie der Versuch ist, eine Fledermaus zu sein. Letztlich ist es nutzlos, sich in eine Fledermaus hineinzudenken, in Gedanken mit Häuten an den Armen in der Dämmerung umherzufliegen und mit dem Mund Insekten zu schnappen.

Das würde nur zeigen, wie es für mich wäre, wenn ich mich benähme wie eine Fledermaus. Wir wollen aber wissen, wie es ist, eine Fledermaus zu sein.

Thomas Nagel schließt daraus, daß wir die Existenz von Tatsachen anerkennen müssen, die wir nie ergründen können.

Was beweist dieses einfache Beispiel? Es gibt Dinge, die sich aus einem ganz einfachen Grund für uns verschließen: Weil wir sie von außen betrachten müssen. Alles, was uns in irgendeiner Form gegenübertritt, erscheint in der Form eines Dinges, das zu mir in eine Beziehung tritt, das ich aber selbst nicht bin. Anders ausgedrückt: Erkennen ist ein Verhältnis zwischen einem Subjekt, das erkennt, und einem Objekt, das erkannt wird. Wenn ich über irgendeinen Gegenstand nachdenke, wird er mir zum Objekt des Denkens. Wenn ich irgendeinen Gegenstand erforsche, wird er mir zum Objekt meiner Forschung.

Damit ich erkennen kann, muß irgend etwas die Weise eines Objekts angenommen haben. Die Welt spaltet sich somit für das menschliche Denken und Erkennen in Subjektsein und Objektsein auf.

Unser Denken ist daran gebunden, sich auf Gegenstände zu beziehen und alles, worauf es sich bezieht, zu Gegenständen zu machen.

Der Philosoph Karl Jaspers schreibt in seinem Alterswerk »Von der Wahrheit«: »*Urphänomen unseres Bewußtseins ist, daß ich (das Subjekt) auf einen Gegenstand (das Objekt), ihn meinend, gerichtet bin ... Dieses unzurückführbare Urphänomen ist zwar das alltäglichste, darum aber nicht weniger rätselvoll.*«[11]

Wenn also alles Erkennen sich innerhalb dieser Subjekt-Objekt-Spaltung abspielt, dann hat das eine prinzipielle Folge: Wir können niemals wissen, wie ein Objekt ist, wenn es nicht in einem Verhältnis zum Subjekt steht. Wenn es also kein Objekt mehr ist, ist es auch für uns unerkennbar.

Macht ein Baum, der im Wald umfällt, ein Geräusch, wenn niemand da ist, der das Geräusch hören kann? Im alltäglichen Denken würden wir sagen, selbstverständlich. Aber streng und exakt gedacht, müssen wir zugeben, daß wir es nicht wissen. Denn jede Überprüfung des Sachverhaltes würde bedeuten, daß der Baum zum Objekt für ein überprüfendes Subjekt würde. Er stände damit sofort innerhalb der Subjekt-Objekt-Spaltung des Wissens.

Deshalb ergibt sich als Grundsatz des Bewußtseins: Alles, was uns in unserer Welt gegenübertritt, muß unserem Bewußtsein als Objekt gegenübertreten. Die Welt spaltet sich auf in Subjekt und Objekt. Alle Eigenschaften eines Gegenstandes sind für uns nur im Rahmen der Subjekt-Objekt-Spaltung erkennbar. Wie etwas außerhalb dieser Beziehung ist, ist für uns schlechterdings unerkennbar.

Wir müssen also unterscheiden zwischen einem Ding-für-uns und dem Ding-an-sich. Das Ding-an-sich, wie es Kant nannte, liegt jenseits der unüberschreitbaren Grenze der menschlichen Vernunft. Wir wissen demzufolge nicht und können auch prinzipiell nicht wissen, ob der fallende Baum ein Geräusch macht, wenn wir kein Ohr dafür haben – ja streng genommen können wir nicht einmal wissen, ob es ihn überhaupt gibt.

Das bedeutet freilich, daß sich »hinter« jedem Objekt ein Bereich des Unbegreiflichen eröffnet. Trotz allem Wissen, das wir über die Dinge haben, nistet tief in ihnen ein Geheimnis, das uns prinzipiell unzugänglich ist. Bedauerlicherweise ist dieser Bereich die eigentliche Wahrheit der Dinge, denn nur darin sind die Objekte so, wie sie für sich oder besser an sich sind. In der Beziehung zum Subjekt muß jedes Objekt eine Bedingung eingehen. Wir schneiden es gewissermaßen aus dem Weltganzen heraus und stellen es in eine Relation zu uns. Wir erkennen also nur seine bedingte Wahrheit, nicht seine absolute.

Im Nachdenken über die Subjekt-Objekt-Relation widerfährt uns das, was wir auch in der Geschichte der Philosophie immer wieder erleben mußten: Wir stoßen auf das Unergründliche. Die Welt tritt uns entgegen aus dem Raum des Unergründlichen und verschwindet wieder darin. Und wir mit. Wem wäre nicht z. B. bei der Begegnung mit dem Tode eine Ahnung aufgegangen, daß es Abgründe gibt, die nicht zu überbrücken sind? Und nicht, weil ein Mangel an Intelligenz zu beklagen wäre, sondern weil sich der Tod bzw. die Auflösung eines Lebens in Nichts der gedanklichen Bewältigung entzieht.

Wir leben auf dünnem Eis. Das lehrt uns die Philosophie. Wer tiefer und grundsätzlicher fragt, wie Sokrates in Athen das historisch vorexerzierte, stößt überall auf Abgründe und auf Fragezeichen. Daß uns die Wissenschaft da auch nicht weiterhelfen kann, wird in einem späteren Kapitel die Behandlung der Wissenschaftstheorie zeigen.

Gott als das Unergründliche

Unser Wissen ist eine kleine Insel auf dem Meer des Unergründlichen. Aber selbst im Wissen ist ein Rest des Unergründlichen geblieben. Denn ist es nicht ein Wunder, daß man unser physikalisches Wissen über die Welt in einer Formel auf einer halben Seite Papier unterbringen kann? So sieht es jedenfalls der Physiker Carl Friedrich von Weizsäcker.[12]

Der Biochemiker und Nobelpreisträger Manfred Eigen schreibt: »*Der Göttinger Physiker Robert Richard Pohl pflegte in seinen Vorlesungen nach Klarlegung eines Sachverhaltes zu sagen: ›Und darüber kann man sich gar nicht genug wundern.‹ Er meinte nicht etwa den Umstand, daß ein gerade ausgeführtes Experiment gelungen war ... Das Eindrucksvolle war, daß er den Satz aussprach, nachdem alles aufgeklärt schien, nachdem man gerade glaubte, sich nicht mehr wundern zu müssen.*

Ist das ›Sichwundern‹ nicht die Quelle aller Erkenntnis? Zuerst stehen wir staunend und hilflos zugleich vor dem Unbegreiflichen. Neugier und Wissensdrang wachsen, je tiefer wir in das geheimnisvolle Dunkel eindringen und je mehr Tatsachen erhellt werden ... Aber bedeutet das notgedrungen auch das Ende des Wunders? ... Das Erkennen von Zusammenhängen bringt nach wie vor keine Antwort auf die von Leibniz gestellte Frage: ›Warum etwas ist und nicht nichts ist.‹«[13]

Grundsätzlich gesehen ist der Stoff, aus dem unsere Welt gemacht ist, das Unergründliche. In der Tradition nennen wir das Unergründliche »Gott«. Gott ist nicht nur unergründlich, sondern er ist das Unergründliche selbst. Er ist das *mysterium entis*, das Geheimnis des Seins. Die Welt geht aus Gott hervor und verschwindet auch wieder in Gott. Und wir verschwinden mit.

Der Gedanke von der Unergründlichkeit Gottes ist in der Tradition der negativen Theologie von Denkern wie z. B. Dionysius Areopagita, Johannes vom Kreuz, Meister Eckart und Jakob Böhme gedacht worden. Der bekannteste ist zweifellos Nikolaus Cusanus. In seinem Werk »Die gelehrte Unwissenheit« schreibt er: »*Zu dem unbegreiflichen Gott gelangt man durch dieses Wissen des Nichtwissens.*«[14]

Das heißt aber auch, daß diese Definition Gottes als das Unergründliche inhaltlich nicht aufgefüllt werden kann. Wir können nicht mit Hilfe der Vernunft herausfinden, welche Qualitäten bzw. Eigenschaften Gott hat. Jedenfalls kann uns die Philosophie darüber keine Auskunft geben. Wer mehr darüber wissen will, muß sich an die Religion wenden, die sich auf Grund von existentiellen Erfahrungen an eine Deutung Gottes heranwagt.

Der Nachteil der philosophischen Definition ist, daß wir Gott vom Menschen und seiner begrenzten Vernunft her verstehen. Das Negative unserer Erkenntnisfähigkeit wird das Datum, von dem wir unsere Gottesdefinition ableiten. »Nichtwissen« im Sinne des Nikolaus Cusanus bedeutet aber zweierlei: Verzicht auf eine inhaltliche Aussage, kein Verzicht auf eine formale Aussage. Würden wir selbst auf eine formale Aussage verzichten, könnte Gott für uns überhaupt kein Thema sein, denn dann wüßten wir nicht, was wir mit dem Begriff »Gott« überhaupt meinen.

Der nächste Schritt soll deshalb der Versuch sein, Gott von Gott her formal zu verstehen. Das bedeutet nicht, daß wir damit hinter die gemachte Erkenntnis zurückfallen, daß die Vernunft über den Bereich jenseits der Erfahrung keine inhaltliche Aussage machen kann. Wollten wir Gottes Existenz und seine Qualitäten beweisen im Sinne einer für jeden zwingenden Beweisführung, dann stände dieser Versuch im Widerspruch zu der dargestellten Beschränktheit der Vernunft und wäre in sich unglaubwürdig. Wir werden also diesen Widerspruch ausschließen müssen und trotzdem versuchen, zu einer sinnvollen Aussage über Gott zu kommen.

Einstieg in Gott

Das Ganze ist mehr als das physikalische Universum / Eintauchen in das Geheimnis des Seins / Aus Physikern werden Mystiker

Das Ganze ist mehr als das physikalische Universum

Viele Menschen wagen es nicht, über die natürlichen Grenzen ihrer von der Evolution entwickelten Weltbildapparate hinaus weiterzufragen. Sie bleiben lieber innerhalb der Dimension des Praktikablen und Alltäglichen. Aber die menschliche Vernunft hat noch eine andere Dimension. Sie fragt, von den Einzelphänomenen dieser Welt ausgehend, nach dem Ganzen der Welt. Wenn wir mit Hegel der Ansicht sind, daß nur das Ganze das Wahre ist, geht es der Vernunft letztlich um die Wahrheit. Nicht nur um eine Teilwahrheit, sondern um die absolute Wahrheit. Nach den Ergebnissen der Philosophiegeschichte und der Erkenntnistheorie zu urteilen, ist die absolute Wahrheit dem Menschen für immer verschlossen. Wie es Platon schon in seinem Höhlengleichnis verdeutlicht hat, erkennt der Mensch gewissermaßen nur die Schatten, nicht aber die Wahrheit der Dinge.

Der moderne Mensch neigt dazu, das Problem dadurch zu umgehen, daß er einen naturwissenschaftlichen Begriff des Ganzen vorzieht. Das Ganze ist dann das Ergebnis von Naturgesetzen. Das Ganze ließe sich dann begreifen als das mit Observatorien und Satelliten naturwissenschaftlich erforschbare Universum. Wie verhält es sich aber mit den Naturgesetzen? Galten diese Gesetze schon, als das Universum noch nicht bestand? Wenn dieses Gesetze noch nicht galten, wie soll dann das Universum entstanden sein? Galt der Grundsatz, daß jede

Wirkung auch eine Ursache haben muß, schon vor der Entstehung des Universums? Wenn ja, dann ist das Ganze mehr als das naturwissenschaftlich Erkennbare. Naturgesetze und logische Grundsätze regeln die physikalischen Vorgänge, sind aber selbst nicht physikalisch. Also gehört auch Nicht-Physikalisches wie z. B. die Dimension zeitunabhängiger Geltung zum Ganzen. Demzufolge ist das Ganze mehr als das physikalische Universum. Wenn wir vom Ganzen reden, ist demnach das physikalische Universum nur ein Teilaspekt.

Die Philosophie gibt sich mit Teilaspekten nicht zufrieden. Sie wird sich zwar vor Spekulationen über das wahre Ganze hüten, denn sie hat gelernt, daß wir inhaltlich nichts über das Ganze aussagen können. Glücklicherweise bleibt uns aber noch ein anderer Weg, das Ganze zu denken. Wir brauchen nur die Einsichten der Erkenntnistheorie über die Struktur der menschlichen Erkenntnis weiterzuverfolgen. Wer hat den Mut, hier anzusetzen und weiterzufragen?

Der moderne Philosoph Karl Jaspers hat in der Nachfolge Kants dessen These von der Beschränktheit der Vernunft übernommen und trotzdem weitergedacht, mit folgendem Ergebnis:

Wir waren davon ausgegangen, daß alles menschliche Erkennen in der Relation von einem Subjekt zu einem Objekt besteht. Also muß jeder erkennbare Gegenstand in diese Relation eintreten. Es war auch die Rede von einer Subjekt-Objekt-Spaltung. Wenn man sich auf diese Beschreibung einläßt, weiß man auch, warum man über das Ganze nichts aussagen kann: Weil es nicht in diese Spaltung eintritt, sondern Voraussetzung der Spaltung ist. Das Weltganze muß als Voraussetzung existieren, damit einzelne Gegenstände möglich sind. Aber eines weiß man: Es gibt das Ganze. Es ist die unvorstellbare Einheit der Wirklichkeit, die sich in unserer Erkenntnis immer nur in Form von Subjekten und Objekten aufspaltet und zeigt. Und noch etwas weiß man: Das Ganze kann nicht Subjekt sein, und es kann nicht Objekt sein. Es kann nur das sein, was Subjekt und Objekt umgreift. Dieses Umgreifende ist die Totalität alles Seienden in einer Art und Weise, die wir uns inhaltlich nicht mehr vorstellen können. Denn alles Vorgestellte wird in die Subjekt-Objekt-Spaltung hereingezogen und somit zum Objekt gemacht.

Mit anderen Worten: Aus der Struktur der Erkenntnis ergibt sich, daß das Umgreifende, das die Voraussetzung aller Subjekte und aller Objekte ist, selbst nicht Objekt werden kann, aber trotzdem existiert. Denn ohne das Umgreifende gäbe es nichts. Und es gäbe auch nichts zu erkennen. Dieses Umgreifende nennt die Philosophie seit alters her Gott.

Der hier vollzogene Gedankengang ist für Karl Jaspers die »philosophische Grundoperation«. Aus der Subjekt-Objekt-Relation ergibt sich: »*Alles, was mir gegenständlich wird ... umschließt uns gleichsam in einem Horizont unseres Wissens. Doch wohin wir auch kommen, der Horizont geht mit.*«

Was den Subjekt-Objekt-Horizont überschreitet, das Umgreifende, »*ist also das, was sich immer nur ankündigt – im gegenständlich Gegenwärtigen und in den Horizonten –, das aber nie Gegenstand und Horizont wird. Es ist das, was nicht selbst, sondern worin uns alles andere vorkommt.*«

Daraus folgt: »*Wir dürfen keinen Gegenstand als das Umgreifende mehr vor uns haben, wenn wir im Umgreifenden den Grund von allem suchen.*«[15]

In der Tradition wird das Umgreifende Gott genannt. Das Umgreifende ist das Sein schlechthin, das allem Sein, dem Subjekt-Sein und dem Objekt-Sein als Umfassendes zugrundeliegt.

Das Umgreifende ist das, was die Objektwelt trägt und aus dem die Objekte hervorgehen. Nicht nur irgendwann am Beginn der Schöpfung, sondern jeden Augenblick, da wir das Umgreifende, das immer jenseits von Subjekt und Objekt steht, im Akt der Erkenntnis transformieren und in die Subjekt-Objekt-Spaltung hereinziehen. Aus ihm haben Subjekt und Objekt ihre gemeinsame Herkunft. Es erscheint aber auch als das, was in Form von Objekten in die Subjekt-Objekt-Relation eingeht. Es muß dann natürlich seinen Charakter als Umgreifendes aufgeben und sich in erkennbare Dinge verwandeln.

Gott begegnet uns demzufolge in allen Dingen, ohne daß wir seiner in den Dingen habhaft werden könnten. Er offenbart sich in der Welt und entzieht sich zugleich. Gott ist das Sein, von dem alles Seiende seine Existenz hat.

Man kann mit Kant die Objektwelt »Welt der Erscheinung« nennen. Logischerweise gibt es dann auch etwas, das in der Erscheinung erscheint. Kant nennt es »das Erscheinende«. Das Erscheinende steht hinter der Erscheinung, es ist ihr Grund und ihre Ursache. In unseren Worten: Es ist das Umgreifende, es ist Gott. Gott erscheint also indirekt in der Welt, er ist der Grund und die Substanz aller Erscheinungen, ohne selbst direkt Erscheinung zu werden. Die Definition Gottes als der die Subjekt-Objekt-Spaltung Umgreifende wird somit nicht mehr vom Erkenntnisvermögen des Menschen abgeleitet, sondern von der Wirklichkeit unserer Welt.

Wir haben hiermit eine Gottesdefinition gefunden, die auf alle inhaltliche Spekulationen verzichtet, und haben statt dessen eine formale Definition herausgearbeitet, die einsichtig ist und der christlichen Tradition entspricht. Wir haben nicht versucht, das Unergründliche zu ergründen oder ihm mit Hilfe metaphysischer Überlegungen eine inhaltliche Struktur zu entwinden. Diese rationale Definition ermöglicht uns jedoch, auf nachvollziehbare Art und Weise von Gott zu reden.

Damit hat sich aus philosophischer, d. h. vernunftgeleiteter Überlegung gezeigt: Die Frage, ob es einen Gott gibt oder nicht, ist eigentlich sinnlos. Es ist auch sinnlos zu fragen, ob es das Ganze oder besser das Umgreifende gibt. Nichts ist so sicher wie dessen Existenz. Denn wenn es Objekte gibt, gibt es auch das Umgreifende. Also: Wenn es Objekte gibt – und wer wollte das bezweifeln – gibt es auch Gott. (Ob der Begriff »Existenz« in jeder Hinsicht angemessen auf Gott angewendet werden kann – siehe S. 296). Da wir Gott aber nicht in die Subjekt-Objekt-Spaltung hineinzwängen können, können wir über ihn auch keine weiteren Aussagen machen. Er bleibt für unser Wissen ein Grenzbegriff und ein Geheimnis.

Es muß jedoch darauf hingewiesen werden, daß dieser Gott der Gott der Vernunft und der Philosophie ist. Um diese Definition mit »Leben« zu füllen, bedarf es der Religion. Die christliche Religion wagt es, auch inhaltliche Aussagen über Gott zu machen. Davon soll später die Rede sein.

Gott als Umgreifendes ist ein Gottesbegriff, oder wie der Philosoph Georg Scherer sagt, eine Dimension, *»die alles, was ist, betrifft und zugleich übertrifft. Auf sie müssen wir gestoßen sein, wenn irgendeine Rede von Gott oder Schöpfer nicht eine bloße Projektion des Menschen sein soll«.*[16]

Die Vorstellung von einem Gott, der wie ein riesiges Ding neben oder vor dem Universum besteht, ist so gesehen natürlich kindliche Rede. Viele Atheisten machen sich an einer solchen Vorstellung fest. Dann freilich ist es nicht mehr schwer, einen solchen Gott in Wohnungsnot zu bringen.

Der Begriff der Schöpfung bezeichnet das Ineinander und Auseinander von Objekt, Subjekt und Umgreifendem. Er hat nichts mehr mit der bildhaften Schöpfungstat in sechs Tagen oder der Abstammung der Menschen von Adam und Eva zu tun. Versteht man diese Bilder nicht als Bilder, sondern wörtlich, werden sie irreführend. Aber sie meinen grundsätzlich den gleichen philosophischen Sachverhalt.

Thomas von Aquin z. B. bevorzugt die bildliche Sprache. Das Licht in der Luft wird von der Sonne bewirkt, solange es hell ist. So ähnlich steht es mit der Schöpfung eines jeden Dinges: Solange es *»Dasein hat, solange muß Gott bei ihm gegenwärtig sein gemäß der Weise, auf welche es Sein hat«*. Es kann nur solange sein und bleiben, als Gott es in jedem Augenblick seiner Existenz in das Sein hält. Gott ist die Tiefendimension von allem, was ist. Er ist das Wunder aller Wunder, das Wunder, daß überhaupt etwas ist. Scherer: *»Gott ist also tief und intim auf dem Grund aller Dinge gegenwärtig.«*

Wolfhart Pannenberg warnt davor, Gott als ein Ding neben andere zu stellen. Schon die Vorstellung einer endlichen Welt impliziert, *»daß wir Endliches nicht denken können, ohne die Unendlichkeit mitzudenken«.*[17]

Das Umgreifende ist logischerweise unendlich. Mitten im Denken über unsere endliche Welt ist Gott immer schon anwesend.

So gesehen ist die Rede von Gott ähnlich einer stringenten mathematischen Überlegung. Wer die philosophische Grundoperation verstanden hat, kommt mit logischer Notwendigkeit beim Gottesbegriff an.

Halten wir fest:

1. Die Evolution hat den Geist des Menschen eingesperrt in dessen Weltbildapparat.
2. Der Geist vermag das Gefängnis zu überschreiten, beispielsweise in der mathematischen Physik oder in der philosophischen Metaphysik.
3. Die Subjekt-Objekt-Spaltung weist logisch auf ein Umgreifendes hin, das die Voraussetzung der Spaltung ist.
4. Dieses Umgreifende nennen wir mit der gesamten philosophischen Tradition »Gott«. Er offenbart sich in allen Dingen.
5. Gott ist. Mehr läßt sich über ihn philosophisch nicht sagen.

Ist mit diesen Überlegungen die Endstation erreicht? Viele Menschen wollen mehr über Gott wissen. Sie suchen ihn. Man braucht aber Gott nicht zu suchen. Wir stehen alle in dem, was uns umgreift.

Es ist eine Methodenfrage, wie ich mehr über Gott *aussagen* kann. Die wichtigste Methode war zu allen Zeiten und in allen Kulturen die Methode der Mystik.

Eintauchen in das Geheimnis des Seins

Bis jetzt ist unser Gottesbegriff noch ohne Gesicht, denn er ist ausschließlich philosophischer Natur. Es ist noch nicht der persönliche Gott, der liebende Gott der christlichen Religion. Will man diesem Gott begegnen, muß man sich in ihn versenken, so wie der Mystiker es tut.

Der Mystiker sucht die Einsamkeit. Er geht in der Tiefe seines Selbst vor Anker. Er verliert sich im Alleinsein, es wird ihm zum All-eins-sein.

Das griechische Wort »myein« bedeutet soviel wie »alle Sinne verschließen«. Wer den Sinnen folgt, landet bei den Objekten. Sonst nirgendwo. Voraussetzung des inneren Weges ist also die Abkehr von der Sinnenwelt.

»Ganz still muß man sitzen«, schreibt der Meditationsmeister Graf Dürckheim, *»ganz unbeweglich und, zur Mitte versam-*

melt, sich dem großen Atem des ›Es‹ überlassen. Dann steigt der Grund auf und verschlingt ganz von selbst das Ich sowie seinen Gegenstand. Beide hören auf, in sich selbst bestehende Formen zu sein. Die Einheit geht auf, entgrenzend und allübergreifend.«[18]

Die mystische Erfahrung ist etwas, das an Erfahrungen im Umgang mit Musik oder Schönheit erinnert. Auch da kann so etwas wie eine Entgrenzung stattfinden. Der Hörer wird, wie Schopenhauer es beschreibt, von der Musik in den Bereich eines unaussprechbaren Absoluten versetzt. Oder der Betrachter einer schönen Statue verliert sich im Anblick der ihn übermächtigenden Schönheit in einer Sphäre, die ihn glücklich macht, die sich aber der Greifbarkeit entzieht.

Der Mystiker versucht die Subjekt-Objekt-Spaltung zu überwinden, indem er die innere Einheit mit dem Ganzen herstellt. Dieser Weg des Bewußtseins des Mystikers aus dem »Abgrund der Dinge« zur unmittelbaren Erfahrung der göttlichen Realität als der ursprünglichen Einheit aller Dinge entzieht sich naturgemäß jeder Beschreibung, denn jedes Wort würde aus der Erfahrung etwas Objektives also Dinghaftes machen.

Ähnlich geht es jedem Menschen, wenn er die Zeitform der Gegenwart beschreiben will. Das Jetzt ist immer schon Vergangenheit, wenn er es festhalten und zu etwas Objektivem machen will. Das Jetzt entzieht sich der Beschreibung. Man kann es nur leben. Man kann nur in ihm sein, nicht über oder neben ihm. Nur im Jetzt ist gelebte Gegenwart, alles andere ist tote Vergangenheit.

So vollzieht sich die Erfahrung des Einsseins mit dem Umgreifenden nur in einer Gegenwart, die nicht mehr mitgeteilt werden kann. Soll darüber doch etwas ausgesagt werden, kann das nur in der Sprache der Bilder und Mythen geschehen.

Bei Meister Eckart hört sich das dann so an: *»Ich habe überstiegen alle Berge und all mein Vermögen bis an die dunkle Kraft des Vaters. Da hörte ich ohne Laut, da sah ich ohne Licht, da roch ich ohne Bewegung, da schmeckte ich das, was nicht war, da spürte ich das, was nicht bestand. Dann wurde mein Herz grundlos, meine Seele lieblos, mein Geist formlos und meine Natur wesenlos.«* Der Weg führte ihn *»bis an die dunkle Kraft des Vaters, wo alles Reden endet«.*[19]

Der moderne Mensch verfügt nicht mehr über diese Bildersprache. Doch auch er hat mystische Erfahrungen. Martin Buber zeigt, wie das moderne Bewußtsein diesen Weg geht: »*Die Seele, die sich ganz entspannt hat, das Getriebe zu sprengen und ihm zu entrinnen, diese ist es, die die Gnade der Einheit empfängt. Sie mag einem lieben Menschen begegnen oder der Landschaft eines Steinhaufens – an diesem Steinhaufen entzündet sich die Gnade, und die Seele erlebt nicht mehr ein Einzelnes, um das tausend andere Einzelne schwirren, nicht den Druck einer Hand oder den Anblick eines Felsen, sondern sie erlebt die Einheit der Welt: sich selbst. Alle ihre Kräfte spielen … , und mitten unter den Kräften lebt und strahlt der geliebte Mensch oder der geschaute Stein: sie erlebt die Einheit des Ich und in ihr die Einheit von Ich und Welt; nicht mehr einen Inhalt, sondern das, was unendlich mehr ist als aller Inhalt.*«

Das mystische Erleben bedeutet hier soviel wie Eintauchen in das Geheimnis des Seins. Das Geheimnis ist nicht zu verwechseln mit dem Rätsel, denn Rätsel lassen sich prinzipiell lösen. Das Seinsgeheimnis jedoch nicht. Es ist auch keine Herausforderung an den Intellekt wie zum Beispiel eine wissenschaftliche Frage oder ein logisches Paradox. Es ist vielmehr eine Seinssphäre, die das Fundament bildet, auf dem alles in der Welt sich erst aufbaut.

Es wäre ein Mißverständnis, wenn man davon ausginge, daß nur der geübte Mystiker, der vorschriftsmäßig die Haltung des Meditierenden einnimmt, die Erfahrung des mystischen Eintauchens in das Seinsmysterium machen könne. Viele Menschen haben auch schon mitten im Alltag erlebt, wie sich ihre Wahrnehmung der Welt verändert. Sie sehen sich plötzlich in einen anderen Sinnzusammenhang gestellt. Sie erleben ihre Umgebung auf einmal aus der Perspektive der Unendlichkeit. Das kann passieren wie beim Betrachten einer optischen Täuschung, bei der z. B. auf einmal das Bild im Kopf umspringt, so daß aus einer Blumenvase zwei Gesichter werden. Auf ähnliche Weise kann auch aus einem banalen Ding das Tor zu dem zugrundeliegenden Seinsgeheimnis werden.

Wer erfahren will, wie moderne Menschen über dieses Geheimnis reden können, sollte sich an die Väter der modernen Physik wenden.

Aus Physikern werden Mystiker

Bei Einstein heißt es: »*Das Schönste, das wir erleben können, ist das Geheimnisvolle. Es ist das Grundgefühl, das an der Wiege von wahrer Kunst und Wissenschaft steht. Wer es nicht kennt und sich nicht mehr wundern, nicht mehr staunen kann, der ist sozusagen tot. Das Wissen um die Existenz des für uns Undurchdringlichen, der Manifestation tiefster Vernunft und leuchtendster Schönheit, die unserer Vernunft nur in ihren primitivsten Formen zugänglich ist, dies Wissen und Fühlen macht wahre Religiosität aus.*«[20]

Der Nachfolger Werner Heisenbergs, der Leiter des Max-Planck-Instituts für Atom-Physik und Träger des alternativen Nobelpreises H.-P. Dürr, hat ein Buch unter dem Titel »Physik und Transzendenz« herausgegeben, in dem Aufsätze der wichtigsten Physiker dieses Jahrhunderts zum Thema Mystik vereint sind.

Im Folgenden einige Zitate der Nobelpreisträger:

Max Planck: »*Nichts hindert uns also, und unser nach einer einheitlichen Weltanschauung verlangender Erkenntnistrieb fordert es, die beiden überall wirksamen und doch geheimnisvollen Mächte, die Weltordnung der Naturwissenschaft und den Gott der Religion, miteinander zu identifizieren. Danach ist die Gottheit, die der religiöse Mensch mit seinen anschaulichen Symbolen sich nahezubringen sucht, wesensgleich mit der naturgesetzlichen Macht, von der dem forschenden Menschen die Sinnesempfindung bis zu einem gewissen Grade Kunde gibt.*«[21] »*Es ist der stetig fortgesetzte, nie erlahmende Kampf gegen Skeptizismus und gegen Dogmatik, gegen Unglaube und gegen Aberglaube, den Religion und Naturwissenschaft gemeinsam führen, und das richtungsweisende Losungswort in diesem Kampf lautet von jeher und in alle Zukunft: Hin zu Gott!*«[22]

Sir Arthur Eddington: »*Im mystischen Fühlen erfassen wir die Wahrheit von innen, und sie ist, wie sie sein soll, ein Teil von uns selbst.*«[23] »*Wir sind beschränkt auf die Kenntnis der physikalischen Welt und besitzen nur in dem isolierten Bewußtsein jedes einzelnen einen Berührungspunkt mit jenem Urgrund.*«[24]

Erwin Schrödinger: »*Nimm an, du sitzt in einer Hochalpenlandschaft auf einer Bank am Wege ... All das, was dein Auge sieht, ist – nach der bei uns gewöhnlichen Auffassung – mit geringen*

Veränderungen Jahrtausende lang vor dir dagewesen. Und ein Weilchen – nicht mehr lange – wirst du nicht mehr sein, und Wald, Fels und Himmel werden Jahrtausende nach dir noch unverändert dastehen. Was ist's, das dich plötzlich aus dem Nichts hervorgerufen, daß du dieses Schauspiel, das deiner nicht achtet, ein Weilchen genießen kannst? ... Vor hundert Jahren vielleicht saß ein anderer an dieser Stelle, blickte gleich dir, Andacht und Wehmut im Herzen, auf zu den verglühenden Firnen ... War es ein anderer? Warst du es nicht selbst? ... Welchen klar faßbaren, naturwissenschaftlichen Sinn soll denn dieses ›ein anderer‹ eigentlich haben? ... Unter solchem Anschauen und Denken kann es geschehen, daß urplötzlich die tiefe Berechtigung jener vedantischen Grundüberzeugung aufleuchtet: Unmöglich kann die Einheit, dieses Erkennen, Fühlen und Wollen, das du das deine nennst, vor nicht allzulanger Zeit in einem angebbaren Augenblick aus dem Nichts entsprungen sein; vielmehr ist dieses Erkennen, Fühlen und Wollen wesentlich ewig und unveränderlich und ist numerisch nur eines in allen Menschen, ja in fühlenden Wesen ... Du bist alles in allem.«[25]

Wolfgang Pauli: »*Ich glaube, daß es das Schicksal des Abendlandes ist, diese beiden Grundhaltungen, die kritisch rationale, verstehen wollende auf der einen Seite und die mystisch irrationale, das erlösende Einheitserlebnis suchende auf der anderen Seite, immer wieder in Verbindung miteinander zu bringen. In der Seele des Menschen werden immer beide Haltungen wohnen.*«[26]

Carl Friedrich von Weizsäcker: »*Die Anerkennung einer meditativen oder mystischen Erfahrung der Einheit ist nicht ein Ausweichen vor der Rationalität, sondern, wenn wir richtig argumentiert haben, eine Konsequenz des Verständnisses des Wesens der Rationalität.*«[27]

Werner Heisenberg: »*Aber ich habe keine Hemmung, die alten Fragen wieder aufzugreifen, so wie ich auch keine Hemmung habe, die traditionelle Sprache einer alten Religion zu verwenden.*«[28] »*Kannst du oder kann man der zentralen Ordnung der Dinge oder des Geschehens, an der ja nicht zu zweifeln ist, so unmittelbar gegenübertreten, mit ihr so unmittelbar in Verbindung treten, wie dies bei der Seele eines anderen Menschen möglich ist? Ich verwende hier ausdrücklich das so schwer deutbare Wort ›Seele‹, um nicht mißverstanden zu werden. Wenn du so fragst, würde ich mit Ja antwor-*

ten.«[29] *»Wir können etwa sagen, daß uns plötzlich die Verbindung mit einer anderen, höheren Welt in einer für das ganze Leben verpflichtenden Weise aufgegangen sei und zu uns gesprochen habe (Ich selbst würde hier zum Beispiel zuerst an die Nacht auf dem Söller der Ruine Pappenheim im Sommer 1920 denken); oder wir können es so ausdrücken, daß uns mit einem Male der Sinn unseres Lebens klargeworden sei … ›Wer je die Flamme umschritt, bleibe der Flamme Trabant‹ – dieses Bewußtsein der anderen, höheren Welt ist dabei etwas, das ganz unvermittelt, gewissermaßen von außen an uns herantritt, so daß wir gar nicht daran zweifeln können, daß eben eine andere Welt uns plötzlich gegenübersteht und uns fordert.«*[30]

Diese Beispiele sollen genügen. Sie zeigen, daß mystische Erfahrung bei den Besten der modernen Wissenschaftler eine selbstverständliche Größe war. Die meisten blieben nicht bei dem philosophischen Gottesbegriff, sondern verstanden Gott so, wie er im Rahmen der christlichen Tradition ausgelegt wurde und wird.

Ich bin das Loch im Käse

Die Philosophie der Zeigerableser / Die einzige Gewißheit: Ich bin / Der Kern der Zwiebel ist unzugänglich

Die Philosophie der Zeigerableser

Die Philosophie stellt die Frage nach dem Absoluten. Sie will die Vielheit der Dinge, aus denen unsere Welt besteht, auf einen Nenner bringen. Deshalb fragt sie nach dem Wesen des Ganzen, von dem unsere Welt ein Teil ist. Ähnlich wie die Physik, die nach der Weltformel sucht, aus der alle physikalischen Erscheinungen ableitbar sind.

Die europäische Philosophie hat im Laufe ihrer Geschichte viele Antworten gegeben. Sie erklärte das Absolute als Geist (Platon), als Wille (Schopenhauer), als Seele (Giordano Bruno), als Ich (Fichte), als Materie (Helvetius) oder als Geschichte (Marx), um nur einige zu nennen. Immer wurde ein Teilaspekt unserer Welt zur Grundlage des Ganzen erklärt. Da das Ganze nicht identisch ist mit einem Teil von sich, gab es immer wieder Schwierigkeiten mit den verschiedenen Lösungsversuchen. Dabei stellte es sich heraus, daß das Ganze mehr ist als die Summe seiner Teile oder daß ein wichtiger Teilaspekt der Welt in der jeweiligen Definition des Ganzen nicht unterzubringen war. Das Ergebnis war, daß sich keine Antwort durchsetzen konnte, weil sich stets neue Widersprüche und Ungereimtheiten ergaben.

Viele Menschen verzweifelten deshalb an der Philosophie. Vor allem viele Philosophen selbst. So vergrub sich beispielsweise der bedeutende Denker Hans Blumenberg in seine Bücher, arbeitete nur noch nachts, gab keine Interviews mehr und verbot die Veröffentlichung aller Photos von seiner Person.

Als er Anfang 1996 starb, hatte er in unermüdlicher Arbeit der Welt verkündet, daß alle »Erzählungen« ihren Wert verloren haben, daß es keine philosophische oder religiöse Wahrheit für den Menschen gibt und daß der Mensch lernen muß, in Resignation zu sterben. Nihilismus und Verzweiflung als letzte Erkenntnis. Leider ist diese Denkweise heute weit verbreitet.

Aber nicht jeder wollte diese Entwicklung mitmachen. Der ein oder andere versuchte, mit einem Trick die Philosophie zu retten. So Rudolph Carnap. Statt anzuerkennen, daß die Welt aus dem umfassenden Geheimnis des Umgreifenden, Gott genannt, hervorgeht, nannte er die ganze Frage nach dem Absoluten ein Scheinproblem. Es sei besser, sich mit solchen Fragen erst gar nicht zu befassen. Vielmehr müsse sich die Philosophie auf das beschränken, was mit den Sinnen wahrzunehmen sei. Denn nur das sei verläßlich, meßbar und sachhaltig. *»Alles, was jenseits des Sachhaltigen liegt, muß unbedingt als sinnlos angesehen werden.«*[31] Was allein zählt, ist das, was sich vermessen läßt.

Carnap vertritt also eine Philosophie, in der das Zeigerablesen an einem Meßinstrument die einzig vertretbare Methode zur Beantwortung philosophischer Fragen darstellt. Mit gemessenen Zahlen läßt sich die Wirklichkeit ergründen. Läßt sie sich wirklich?

Man stelle sich vor, letzte Nacht, als alle schliefen, sei alles im Universum doppelt so groß geworden. Natürlich auch die Zollstöcke, die Meßlatten und auch der vielbeschworene Platin-Iridium-Barren in Paris, die letzte Grundlage des metrischen Systems. Die Umlaufbahnen der Elektronen hätten sich vergrößert so wie auch die Umlaufbahn des Mondes. Das Schlafzimmer hätte sich in der Größe verdoppelt, aber auch das Bild an der Wand. Mein Kopf wäre größer und der Abstand zum Bild wäre größer. Ergebnis: Ich würde die Vergrößerung nicht merken. Ich würde überhaupt keine Vergrößerung bemerken und Rudolf Carnap auch nicht. Wir könnten beide – doppelt so groß – in London spazieren gehen und auf den größer gewordenen Big Ben schauen. Im Nebel wäre er genauso verschwommen zu sehen wie vorher, denn die Nebeltröpfchen hätten sich vergrößert und zerstreuten die verdoppelten Photonen genauso wie vor der nächtlichen Verdoppelung. Trotzdem würde Carnap weiterhin behaupten, daß seine Messungen die Wirklichkeit ausreichend beschreiben und ergründen. Was eben nur zeigt, daß Messungen allein kein ausreichender Schlüssel zur Wirklichkeit sind. (Dieses von dem Physiker J. H. Poincaré angestellte Gedankenexperiment ist bis heute Gegenstand unentschiedener Debatten.)

So clever Carnaps Standpunkt auch sein möge, Carnap hat mit einem weiteren schweren Problem zu kämpfen, das sich aus seinem Denken ergibt. Dabei sind nicht etwa die Grundsätze der Erziehung seiner Kinder gemeint, – die ja in diesem Zusammenhang auch recht interessant wären – , sondern ein noch viel schwierigeres Problem: Er selbst als ein seiner selbst bewußtes Wesen, als ein ganz spezielles Ich kann in der von ihm definierten Welt überhaupt nicht vorkommen.

Was damit gemeint ist, kann uns am besten Augustinus sagen, der sich besonders intensiv mit der Frage »Wer bin ich eigentlich?« herumschlug.

Wie ging er vor? Er beschrieb sein Aussehen, sein Innenleben, seine Fähigkeiten. Heute würde man dazu Begriffe aus der Physiologie, der Psychologie und der Soziologie bemühen. Aber solche Worte, meinte Augustinus, sind leicht gesagt. Denn immer bin ich es, der etwas über sich denkt. Damit bin ich logischerweise immer mehr als das, was ich über mich denke. Denn ich habe mich ja geteilt. Einmal bin ich das, was ich über mich denke, also der Denkinhalt. Und dann bin ich derjenige, der diesen Inhalt denkt. Der Denkinhalt ist eine Sache, das aktive Denken dieses Inhalts ist keine Sache. Einmal bin ich Objekt, über das ich nachdenke, einmal bin ich Subjekt, das über sich denkt. Der Denkinhalt, den ich über mich denke, ist unvollständig und erfaßt mich deshalb nicht ausreichend. Ich bin immer mehr als das, was ich über mich denke. Und da es Rudolph Carnap genauso ergeht, könnte er sich selbst auch nicht ausreichend vermessen.

Die einzige Gewißheit: Ich bin

So stürzt mich das Nachdenken über mich in tiefe Zweifel. Denke ich falsch? Träume ich? Bin ich nur ein Hirngespinst?

Eines steht fest: Ich bin mir absolut sicher, daß es mich gibt. Ich weiß nur nicht, wie ich das denken soll.

Augustinus hilft weiter: »*Wer möchte jedoch zweifeln, daß er lebe, sich erinnere, einsehe, wolle, denke, wisse und urteile? Auch wenn man nämlich zweifelt, sieht man ein, daß man zweifelt ... Wenn also jemand an allem anderen zweifelt, an diesem darf er nicht zweifeln. Wenn es das Ich nicht gäbe, könnte es überhaupt über nichts zweifeln. Der Zweifel also beweist durch sich selbst die Wahrheit: Ich bin, wenn ich zweifle. Denn der Zweifel ist nur möglich, wenn ich bin.*«[32]

Augustinus hat im vierten Jahrhundert den berühmten Gedanken Descartes' aus dem 17. Jahrhundert vorweggenommen: Cogito, ergo sum. Ich kann an allem zweifeln, nur nicht an der Tatsache, daß ich zweifle.

Aus dem Zweifel, gewissermaßen auf einem Umweg, habe ich im Denken das ergründet, was ich eigentlich immer schon wußte: Ich bin, und das mit absoluter Sicherheit.

Wenn ich mir oder einem anderen Menschen auf direktem Wege schlüssig beweisen wollte, daß ich bin, könnte ich das nicht. Ich könnte Ohrfeigen austeilen. Aber vorher müßte ich beweisen, daß Sinneswahrnehmungen die Wahrheit verbürgen. Ohrfeigen können auch geträumt sein. Also müßte ich beweisen, daß sie nicht geträumt sind. Und da fängt die ganze Schwierigkeit wieder von vorne an. Wollte ich mit Hilfe logischer Schlüsse oder abstrakter Beweisgänge meine Existenz beweisen, müßte ich erst deren Wahrheit nachweisen und käme nie an ein Ende.

Augustinus hat also deutlich gemacht: Ich habe eine Selbstgewißheit, die nicht beweisbar ist, die aber tief in mir gründet und auf die ich mich absolut verlassen kann. Ich bin, und nichts in der Welt ist sicherer als dieses Faktum. Es taucht hier ein Absolutes auf, das ohne Beweis gültig ist allein aus innerer Evidenz und innerer Erfahrung. Es handelt sich hier um eine Erfahrung, die dem Denken vorausgeht. Bevor ich denke, weiß ich, daß ich bin. Ich weiß dies aus eigenem Ursprung, und es ist mir das Gewisseste überhaupt. Diese Erfahrung muß gegen die durchschnittliche, normale und alltägliche Erfahrung der Dinge außerhalb von mir abgehoben werden. Sie stellt eine Letztinstanz dar, hinter die nicht mehr zurückgegangen werden kann, die aber alle anderen Erfahrungen erst ermöglicht.

Der Kern der Zwiebel ist unzugänglich

Das Subjekt kann niemals vollständig zum Objekt gemacht werden. Immer entzieht sich ein Teil des Subjektes und widersteht der Verdinglichung, der Objektivierung. Ich bin mir deshalb anders als alle Gegenstände auf der Welt gegeben. Ich bleibe mir im letzten immer ein Geheimnis, das ich nicht lüften kann. Und ein anderer erst recht nicht. Denn für ihn wäre ich ja auch immer nur ein Objekt. So wie das Auge, das viele Objekte sehen kann. Nur sich selbst kann es nicht sehen. Das Auge im Spiegel oder auf einem Foto ist nicht das sehende Auge, sondern nur das objektivierte Bild des Auges, nicht der Vorgang des Sehens selbst. Dem Auge geht es wie dem Menschen. Beide können sich nicht vollständig zu einem Objekt ihrer Betrachtung machen. Es bleibt ein Loch übrig, in dem sich das Wichtigste versteckt.

Daraus folgt: Ich bin umgeben von einer Welt, die mir im Umgang und in der Betrachtung immer nur ein Objekt ist im Rahmen der Subjekt-Objekt-Spaltung des menschlichen Erkennens. Ich selbst bin aber mehr als ein Objekt. Ich bin das Loch im Käse. Der Käse ist sehr einfach zu definieren und zu begreifen. Nur das Loch nicht. Ist das Loch bloß Nicht-Käse? Mein Sahnepudding ist auch Nicht-Käse, aber deshalb noch lange kein Loch. Ist das Loch bloß Luft? In meiner Lunge ist auch Luft, aber hoffentlich kein Loch. Ist das Loch ein Nichts? Dann wäre es das erste Nichts, das es gibt. Also was ist das Loch im Käse?

Wir haben hier dieselbe Schwierigkeit wie bei der Gewißheit meines Daseins. Beide lassen sich nicht ausreichend als Objekt beschreiben.

Die moderne Existenzphilosophie hat aus dieser Erkenntnis die Konsequenzen gezogen. Der Mensch besteht wie eine Zwiebel aus vielen Schalen. Diese können von den verschiedenen Wissenschaften beschrieben werden. Die Tiefenpsychologie untersucht das Ich mit den Modellvorstellungen Über-Ich, Ich und Unbewußtes, die Soziologie beschreibt das prägende Milieu, die Genetik die vererbten Voraussetzungen usw. Der Kern der Zwiebel ist aber niemandem zugänglich, auch dem Menschen selbst nicht. Es ist der geheimnisvolle Ursprung, aus dem jeder Mensch mit jeder Sekunde neu hervorgeht. Dieser Ursprung wird in der Existenzphilosophie »Existenz« genannt.

Existenz bedeutet nicht bloßes Vorhandensein, sondern ist ein Kategorie, die den Objekten gegenübergestellt wird. Mit den Worten von Karl Jaspers: *»Existenz ist, was nie Objekt wird, Ursprung, aus dem ich denke und handle.« – »Existenz ist das, was ich nur sein, nicht sehen oder wissen kann.«*[33]

Existenz ist kein Ding in der Welt, wenn man unter Welt die uns umgebenden Objekte versteht. Existenz ist der menschlichen Vernunft ein Bereich, den sie im Denken nicht einholen kann und der ihr »unvordenklich« bleibt. Vernunft greift auf der Suche nach Existenz ins Leere. Existenz entzieht sich dem Denken, das alles, was es in seine Fänge bekommt, zu einem objektiven Ding macht. So wie der Mensch seinen Schatten nicht einholen kann, so kann das Denken die Existenz des Denkenden nicht einholen. Aus der Sicht des objektiven Denkens ist Existenz ein Nichts, aus der Sicht des lebendigen Menschen ist Existenz die absolut unbezweifelbare Wurzel, aus der sein Dasein von Sekunde zu Sekunde sprießt.

Martin Heidegger hat wie kein anderer darauf hingewiesen, daß Existenz ein Begriff ist, der mit der absoluten Gegenwart des je-meinigen Seins zusammenfällt. Ich existiere immer im Jetzt. Jedoch ist diese Jetzt-Zeit meinem Denken genauso entzogen wie die Existenz selbst. Will ich das Jetzt fassen, muß ich es objektivieren. Und schon hat es seinen Charakter verloren und ist Vergangenheit geworden. Die existentielle Zeit ist deshalb zu unterscheiden von der gemessenen Zeit, in der sich die Dingwelt befindet.

Man kann die Existenzphilosophie den Versuch nennen, die Tiefendimension des Menschen, die in objektiven wissenschaftlichen Begriffen nicht ausreichend beschrieben werden kann, mit Hilfe mystischer Begriffe wiederzugewinnen.

Existenz ist, mit den Worten Tiedemanns, *»als tiefster Personkern diesem selbst ein Geheimnis und wird dies immer bleiben. Denn nur als Geheimnis bleibt es unverfügbarer Urgrund aller Verfügbarkeit, zielloser Grund allen Zielstrebens, zweckloser Sinn aller Zwecke und Mittel, letzter Rückbezug (religio) all dessen, was unseren realen Lebensvollzügen Sinn verleiht.«*[34]

Versteht man unter Religion seinem eigentlichen Wortsinne nach den Rückbezug auf das Absolute, so ist mit der Freilegung des Existenzbegriffes ein Einstieg in die religiöse Dimension vollzogen. Ich erfahre mich selbst als Geheimnis, das ich rational nicht ergründen kann, sondern nur in absoluter Gegenwart zeitlich erfahren und vollziehen kann, darin aber absolut gewiß.

Als Moses im brennenden Dornbusch Gott begegnete und dessen Namen wissen wollte, antwortete dieser: *»Ehje ascher ehje.«* – »Ich bin, der ich bin.« Das Sein Gottes und die Existenz des Menschen sind in dieser Hinsicht von gleicher Art. Gott ist kein Ding. Deshalb ist er mit Hilfe objektivierender Begriffe nicht zu fassen, so wenig wie Existenz zu fassen ist. Dietrich Bonhoeffer hat das einmal so ausgedrückt: Ein Gott, den es wie ein Ding gibt, gibt es nicht. Gott und Existenz sind von rational unergründbarer Absolutheit, und darin sind sie sich gleich. Sind sie auch aufeinander bezogen?

Jeder Mensch weiß, wie die Zeitlichkeit und damit auch die Vergänglichkeit im Innersten der menschlichen Existenz anwesend ist. Tief in mir weiß ich, daß ich mich nicht mir selbst verdanke, daß ich Geschöpf bin mit allem Grund zur Verwunderung, daß ich existiere.

So wie die Blume aus den Wurzeln, die ihr nicht direkt zugänglich sind, zur Sonne wächst, so wächst der Mensch aus dem Geheimnis seiner Existenz dem umfassenden Seinsgeheimnis Gottes entgegen.

Zwischen diesen beiden Polen Existenz und Gott liegt die Weite der objektiven Welt, die Ansammlung der Dinge und des

Verdinglichten. Dazwischen liegen auch die Gedanken, die ich über mich anstelle, ohne mich ergründen zu können. Denn wie ein Brunnen, der nicht leer zu schöpfen ist, werde ich von einem Wasser gespeist, das aus noch tieferen Seinsschichten stammt. Die Urquelle allen Wassers ist das Umgreifende, das Seinsgeheimnis, in dem alles gründet und das nicht auszudenken ist: Gott.

Der existenzphilosophische Ansatz läßt sich aber noch weiter führen. Wir hatten festgestellt, daß das Vorhandensein einer vom Menschen unabhängigen Außenwelt rational nicht beweisbar ist. Die moderne Wissenschaftstheorie geht deshalb davon aus, daß diese unabhängige Außenwelt bloß den logischen Status einer Hypothese haben kann.

Heidegger hat versucht, in »Sein und Zeit«[35] herauszuarbeiten, daß die mich umgebende Welt und die mit mir lebenden Menschen eine genauso ursprüngliche Realität sind wie die unmittelbare Erfahrung meiner Existenz. Auch wenn mir die Vernunft Schwierigkeiten machen will, weiß ich und bin ich mir unmittelbar gewiß, daß ich nicht allein auf der Welt bin.

Was haben die Überlegungen erbracht?

1. Aus unmittelbarer Erfahrung weiß der Mensch, daß er vorhanden ist, obwohl er diese Tatsache logisch nicht beweisen kann.
2. Jeder Mensch bleibt sich selbst ein Geheimnis; er kann sich nie vollständig erfassen.
3. Das Geheimnis der Existenz steht dem Geheimnis Gottes gegenüber. Zwischen diesen beiden Polen erstrecken sich das tägliche Leben und die Welt der Dinge.

Dritter Dialog

Helvetius: Sei gegrüßt, verehrter Sokrates!

Sokrates: Guten Tag!

Helvetius: Was machst du für ein Gesicht? Ärger mit Xanthippe? Warum mußtest du auch heiraten? Ist die Ehe nicht der unüberlegte Versuch, zu zweit wenigstens halb so glücklich zu werden, wie man allein gewesen ist?

Sokrates: Laß meine Xanthippe aus dem Spiel. Es gibt auch noch andere Wunderlichkeiten auf der Welt.

Helvetius: Dann bin ich aber gespannt, was noch wunderlicher ist als die Frauen.

Sokrates: Die Freunde zum Beispiel.

Helvetius: Du meinst also die Menschen, die dieselben Leute nicht mögen wie du.

Sokrates: Unter Freundschaft verstehe ich noch etwas mehr.

Helvetius: Also schieß los! Was ist der Grund für deine miese Laune?

Sokrates: Hast du schon mal etwas von Alkibiades gehört?

Helvetius: Natürlich, der schönste Knabe aus Athen.

Sokrates: Ich habe ihn gestern abend seit Jahren zum erstenmal wiedergesehen. Wir sind gute Freunde gewesen. Und jetzt schaut er mich nicht einmal mehr an.

Helvetius: Gab es Ärger zwischen euch?

Sokrates: Niemals. Er ist damals von Athen weggezogen, und seitdem habe ich nichts mehr von ihm gehört.

Helvetius: Hast du ihn angesprochen?

Sokrates: Nein, ich habe ihn ja kaum mehr erkannt, so sehr hat er sich in den Jahren verändert.

Helvetius: Du hast dich ebenfalls verändert. Vielleicht hat er dich auch nicht erkannt.

Sokrates: Wahrscheinlich hast du recht. Und was kann der Philosoph daraus lernen?

Helvetius: Sich keine jungen Freunde zu suchen.

Sokrates: Quatsch, das ist völlig unphilosophisch. Fragen wir lieber mal, warum er mich nicht wiedererkannt hat.

Helvetius: Weil du heute ein anderer bist als vor vielen Jahren.

Sokrates: Alles verändert sich und bleibt doch das gleiche.

Helvetius: Das klingt paradox.

Sokrates: Ist es auch. Jeder Mensch verändert sich von Augenblick zu Augenblick. In den paar Minuten unseres Gespräches hat sich z. B. unsere Mundhöhle verändert. Es haben sich unzählige Bakterien gebildet, von denen es vorher viele noch nie gab. Und alle sieben Jahre sind die Zellen deines Körpers abgestorben und rundum neu ersetzt worden. Schau dir ein Jugendbild an. Du hast dich total verändert und bist doch immer noch derselbe.

Helvetius: Aber ich habe doch so viel dazugelernt, daß ich nicht mehr mit früher zu vergleichen bin.

Sokrates: Bist du deshalb ein anderer? Warum gehst du dann nicht zur Bank und klärst sie auf, daß du mit dem Kreditnehmer von früher nichts mehr zu tun hast?

Helvetius: Vielleicht sollte ich das tun.

Sokrates: Aber dann wärst du nicht nur deine Schulden los – vorausgesetzt die Bank würde darauf eingehen –, sondern auch deine Freunde.

Helvetius: Wieso denn das?

Sokrates: Wie soll man einen Menschen lieben, wenn er heute absolut nicht mehr identisch ist mit dem, was er früher einmal war. Also bleibt es dabei: Wenn man sagt, ich verändere mich, muß bei aller Veränderung etwas identisch bleiben, das die Grundlage der Veränderung ist.

Helvetius: Das klingt logisch. Und wie nennt man das, was identisch bleibt?

Sokrates: Die einen nennen es die Seele, die anderen das Selbst.

Helvetius: Also hätte Alkibiades dich wiedererkennen können.

Sokrates: Freundschaft zielt nicht auf den Körper, sondern auf die Seele des anderen. Und die hätte er erkennen können, das ist richtig.

Helvetius: Auch wenn wir jetzt wissen, was wir unter der Seele des Menschen zu verstehen haben, sind damit noch nicht alle Fragen beantwortet.

Sokrates: Dann laß uns weiter denken.

Helvetius: Wie sollte Alkibiades deine Seele erkennen? Er nahm nur deinen Körper, deine Augen, deine Mimik, deine Stimme und deine Bewegungen wahr. Und das sind alles bloß physikalische Vorgänge. Wo ist da die Seele?

Sokrates: Einem Menschen, der sich vor Schmerzen windet, eilst du doch sofort zu Hilfe. Du bemitleidest ihn. Du sprichst ihm Trost zu. Obwohl seine Schreie auch nur physikalische Vorgänge sind. Von Mitleid erfaßt, weißt du, daß du einen Menschen mit Körper und Seele vor dir hast. Das Mitleid scheint etwas sehr Unbegreifliches zu sein. Du leidest an den Schmerzen eines anderen. Du spürst etwas Menschliches in einem physikalischen Vorgang. Du spürst die Seele.

Helvetius: Spüren ist kein exaktes Wort. Sagen wir lieber, du schließt von dir auf den anderen. Wenn du Schmerzen hast, schreist du auch. Also handelt es sich hier um einen logischen Schluß. Was ist daran unbegreiflich?

Sokrates: Spüren ist mehr als ein logischer Schluß. Außerdem wäre das nur ein Analogieschluß von meinen Erfahrungen mit meinen Schmerzen auf einen anderen Körper, von dem ich annehme, daß er mir ähnlich ist. Analogieschlüsse sind bekanntlich die unsichersten Schlüsse, die es gibt.

Helvetius: Aber sie reichen aus.

Sokrates: Sie reichen nicht aus, wenn deine Hilfe für dich gefährlich werden kann. Kein Mensch rennt in ein brennendes Haus, um einen Menschen zu retten, wenn er bloß aufgrund eines unsicheren logischen Schlusses glaubt, daß hinter dem Hilferuf ein Mensch mit Körper und Seele steckt. Es muß da noch einen anderen Zugang zur Seele eines Menschen geben.

Helvetius: Und wo wäre der?

Sokrates: Irgendwo in der Tiefe unserer Seelen sind wir alle miteinander verwandt. Vielleicht wurzeln wir alle im gleichen unergründlichen Geheimnis.

Helvetius: Das klingt mir zu religiös. Wie hältst du es denn mit mir? Habe ich eine Seele? Es könnte ja sein, daß ich ein Roboter bin und auf alle Antworten programmiert. Du hast es nur noch nicht gespürt.

Sokrates: Dann stelle ich dir einfach ein paar Fragen.

Helvetius: Schieß los!

Sokrates: Was macht eigentlich dein Arm? Du trugst vor einigen Wochen einen Verband.

Helvetius: Mein Arm ist wieder in Ordnung.

Sokrates: Woher weißt du, daß es dein Arm ist?

Helvetius: Er hängt an meinem Körper.

Sokrates: Und woher weißt du, daß das dein Körper ist?

Helvetius: Weil ich diesen Körper habe. Er steht unter meiner Kontrolle. Ich kann über ihn nach Belieben verfügen. Er ist sogar mein rechtlich verbürgtes Eigentum, denn ich kann ihn für die Zeit nach meinem Tode an ein medizinisches Institut übertragen.

Sokrates: Wenn du sagst, daß du diesen Körper *hast*, dann bist du doch etwas anderes als dieser Körper.

Helvetius: Das muß ich zugeben.

Sokrates: Dann könntest du ja, wenn es eines Tages medizinisch möglich ist, deinen Körper gegen einen anderen eintauschen.

Helvetius: Meinen Körper vielleicht, nicht aber mein Gehirn.

Sokrates: Soll das heißen, du bist ein Gehirn? Du bist so ein weiches, blumenkohlförmiges Ding?

Helvetius: Zumindest bin ich nicht ich ohne dieses Gehirn.

Sokrates: Das ist eine ungenau Antwort. Ich frage dich: *Hast* du ein Gehirn, oder *bist* du ein Gehirn?

Helvetius: Schwierige Frage.

Sokrates: Wenn du antwortest, daß du ein Gehirn *hast*, frage ich dich: Wer ist das Du, das ein Gehirn hat? Vielleicht läßt sich ja auch eines Tages das Gehirn verpflanzen. Würdest du es gegen ein anderes eintauschen? Wenn du antwortest, daß du ein Gehirn *bist*, frage ich dich: Wirst du im Falle der Verpflanzung deines Gehirns mitverpflanzt?

Helvetius: Das sind Wortspielereien.

Sokrates: Das sind Überlegungen, die zeigen, daß zu dem Gehirn oder zu dem Körper immer noch etwas anderes hinzukommt, was sich Du bzw. Ich nennt. Und das muß logischerweise von

Körper und Gehirn verschieden sein. Nennen wir es die Seele oder das Selbst.

Helvetius: Bin ich nun ein Roboter oder nicht?

Sokrates: Das spielt jetzt keine Rolle mehr. Wenn du wirklich ein Roboter bist und dich mit deinen Antworten nicht von einem Menschen unterscheidest, dann mußt du genauso eine Seele haben.

Helvetius: Das erspart mir die Arbeit, dich über meine Identität aufklären zu müssen.

Sokrates: Ich würde das zwar nicht für ganz unwichtig halten, aber viel wichtiger ist doch das Ergebnis unserer Überlegung.

Helvetius: Es scheint notwendig zu sein, so etwas wie einen letzten logischen Bezugspunkt anzunehmen, auf den ich mich beziehe, wenn ich von mir rede. Und dieser Bezugspunkt müßte gedacht werden als etwas total Verschiedenes von dem, was ich von außen für einen Beobachter bin.

Sokrates: So ist es. Jeder Mensch hat diesen Bezugspunkt in sich, auch wenn er ihn nicht direkt fassen kann. Es ist seine Seele.

Helvetius: Von dort aus hat er einen direkten Zugang zu dem Bezugspunkt im anderen Menschen? Ist deshalb Mitleid möglich? Es handelte sich hier um eine unmittelbare Gewißheit, über die ich nicht lange nachdenken müßte. Und die Frage, ob hinter der äußeren Fassade eines Menschen eine Seele steckt, wäre dann im Grunde müßig.

Sokrates: Ich glaube, sie ist wichtig. Ohne sie gibt es keine Ordnung im Kopf.

Helvetius: Du hast mir gezeigt, daß Freundschaft wirklich etwas Wunderliches ist.

Sokrates: Dann wird es dich nicht wundern, wenn ich mich jetzt auf die Socken mache. Vielleicht treffe ich heute abend wieder Alkibiades, und es wird Zeit, daß ich mal mit ihm rede.

Helvetius: Ein Freund ist einer, der dich durchschaut und trotzdem nicht enttäuscht ist. Grüß ihn von mir.

Darwins Roboter lügen sich durchs Leben

Der Mensch als offenes System / Krieg der Gene / Selbstwiderspruch eines einseitig soziobiologischen Menschenbildes

Der Mensch als offenes System

Wenn der Frosch auf dem Blatt einer Wasserrose sitzt und fleißig Ausschau hält nach Fliegen und ähnlichem Getier, könnte man den Eindruck haben, er sei ein subtil genießender Beobachter einer sonnendurchtränkten Wasseridylle. Aber dem ist nicht so. Er sieht nichts von der geschwungenen Brücke über den Teich und auch nichts von den blühenden Oleander- und Hortensiensträuchern. Er sieht nämlich nur das, was sich bewegt. Sein Auge ist so konstruiert, daß ihm das Unbewegliche verschlossen bleibt. Er sieht den flatternden Schmetterling, aber nicht die Blüte, auf der dieser sich niederläßt.

Ähnlich ergeht es uns Menschen. Wir erkennen nur das, was uns Objekt unseres Denkens oder Wahrnehmens ist. Uns selbst erkennen wir nur, insofern wir uns objektivieren können. »Erkenne dich selbst!« heißt es über dem Eingang des Tempels zu Delphi. Aber dieser Prozeß der Selbsterkenntnis ist nie abgeschlossen, denn immer bleibt ein Teil von mir schon aus logischen Gründen unerkennbar. Jede Selbsterkenntnis setzt ein Ich, das erkannt wird, und ein Ich, das erkennt, voraus. Das erkennende Ich sorgt dafür, daß ich immer mehr bin, als ich von mir weiß. Ich stelle so etwas wie ein offenes System dar, über das ein abschließendes Urteil nicht möglich ist.

Wollte jemand zum Beispiel wissen, ob seine Meinungen und Anschauungen über Politik oder Gesellschaft in sich widerspruchsfrei sind, hat er eine unlösbare Aufgabe vor sich.

Die Computerwissenschaftler Larry Stockmeyer und Albert Meyer haben aufgezeigt, daß die logische Überprüfung von allein 558 Sätzen einen Computer benötigte, der die Größe des gesamten Universums haben muß. Wenn nämlich jeder Satz in jede mögliche logische Teilmenge zerlegt wird und mit allen möglichen Schlußfolgerungen, Syllogismen und Kettenschlüssen verglichen und auf einen Widerspruch hin untersucht wird, haben wir Teilmengen in der Größenordnung von 10^{168}. Selbst der mathematisch idealste Computer von der Größe des Universums wäre mit der Überprüfung von 559 Sätzen überfordert, wenn er alle logischen Schlußfolgerungen aus den Behauptungssätzen auf Widerspruchsfreiheit prüfen wollte. Schon eine bescheidene Liste von 100 Aussagen hat eine astronomisch große Zahl von Teilmengen. Um eine 101. Aussage aufnehmen zu können, muß sie gegen mehr als 10^{30} einzelne Teilmengen der Liste überprüft werden.[1]

Wir sehen also: Schon im Bereich der persönlichen Meinungen ist der Mensch ein nicht abschließbares System, das sich für jeden Beobachter in Richtung Unendlichkeit öffnet. Meinungen sind aber nur ein vergleichsweise sekundärer Aspekt der menschlichen Individualität. Andere Aspekte zeigen die gleiche Bodenlosigkeit und Unergründlichkeit. Dabei haben wir wie der Frosch nur einen Teil der Realität erkannt.

Selbstbeobachtung und erst recht Fremdbeobachtung ähneln der Situation eines Kinobesuches. Man starrt auf die Leinwand, versucht den Film zu verstehen, aber der Projektor in der »black box« des Vorführraumes bleibt dem Besucher verschlossen.

Aus diesen Überlegungen folgt, daß die wissenschaftliche Frage nach dem Wesen des Menschen immer eine unabschließbare Aufgabe bleibt. Der Mensch ist immer mehr als Chemie, Psychologie, Medizin, Biologie oder Soziologie über ihn herausbekommen können.

Karl Jaspers schreibt: »*Der Mensch als Ganzes wird nie Gegenstand der Erkenntnis. Es gibt kein System des Menschseins. In welcher Ganzheit wir auch immer den Menschen zu fassen meinen, er selbst ist uns entschlüpft. Alle Erkenntnis vom Menschen geschieht in partikularen Aspekten, zeigt jedesmal eine Wirklichkeit, aber nicht die Wirklichkeit. Der Mensch ist immer mehr, als er von sich weiß und wissen kann und als irgendein anderer von ihm weiß.«*[2]

Viele wissenschaftliche Disziplinen haben trotzdem versucht, eine systematische Antwort zu geben. Sie haben wichtige Aspekte freigelegt, haben neue Einsichten vermittelt und segensreiche Hilfestellungen geben können. Nur das Wesen des Menschen ist im Netz ihrer Begriffe nicht gefunden worden.

Krieg der Gene

Es soll nun am Beispiel der modernen Soziobiologie (sie befaßt sich mit dem Sozialverhalten der Tiere und überträgt diese Erkenntnisse auf das Verhalten des Menschen) veranschaulicht werden, in welche Schwierigkeiten eine wissenschaftliche Aussage gerät, wenn sie Teilaspekte des Menschen unkritisch mit dem Menschen als Ganzes identifiziert:

Wir beobachten unter Tieren viele Formen der Kooperation und der gegenseitigen Hilfe, vom Eichelhäher, der die Vogelwelt vor einem Spaziergänger warnt, über die lebenslänglich partnertreue Dreizehenmöwe bis hin zur selbstaufopfernden Brutpflege einer Arbeiterin im Ameisenstaat, die auf eigene Nachkommen verzichtet und sich dem Wohlergehen anderer Ameisen widmet. Jedoch gibt es im Tierreich auch weniger altruistische Verhaltensformen.

So töten beispielsweise Löwen bei »Inbesitznahme« eines Weibchens deren Junge. Um diese widersprüchlichen Formen des Verhaltens zu erklären, führt die Soziobiologie das Prinzip des Eigennutzes und des Eigenvorteils ein. Eigennutz erklärt, warum der Löwe seine jungen Artgenossen tötet. Ihm geht es nicht um die Erhaltung der Art, sondern um die Weitergabe der eigenen Gene.[3] Die letzte Elementareinheit des biologischen Verhaltens ist das »egoistische Gen«. Es zählt also nicht das Individuum, sondern das genetische Programm, dessen Weitergabe oberstes Ziel aller Lebewesen ist. Wenn bestimmte Ameisen auf Nachkommenschaft verzichten, dann steht das nur auf den ersten Blick im Widerspruch zum Prinzip Eigennutz. Die Kosten-Nutzen-Berechnung eines selbstlosen Verhaltens durch die Soziobiologie zeigt, daß eine Arbeiterin im Ameisenstaat ihre Gene wesentlich erfolgreicher ausbreiten kann, wenn sie, statt in eigene Kinder, in die Kinder ihrer Schwester, mit der sie eine hohe genetische Übereinstimmung hat, investiert. Mit Hilfe mathematischer Formeln läßt sich die genetische Verwandtschaft und die beste Vermehrungsstrategie von in Sozialverbänden lebenden Tieren errechnen – immer vorausgesetzt, daß der oberste Zweck aller Lebewesen die Weitergabe ihrer individuellen Gene ist. Soziales oder altruistisches Verhalten ist dabei in Wahrheit nur ein Kunstgriff der Gene, das Lebewesen nur ein Haufen von Molekülen zur Weitergabe genetischer Information.

Richard Dawkins hat in der letzten Zeit in weltweit erfolgreichen Büchern diese Konstruktionen der Soziobiologie auf den Menschen übertragen. Descartes hat bekanntlich im 17. Jahrhundert den Menschen als eine Maschine betrachtet, die von einem System von »Rohrpostleitungen« und »Flaschenzügen« durchsetzt ist. Hitze am Fuß wird durch die Röhren ans Gehirn gemeldet und in der Zirbeldrüse als Schmerz erkannt. Alles am Menschen ist hier mechanisch erklärbar.

Richard Dawkins steht ganz in dieser deterministischen Tradition. Für ihn ist der Mensch eine Überlebensmaschine egoistischer Gene, die seinen Organismus inklusive Verhalten und Funktionsweise konstruiert haben zwecks Weitergabe der »Keimbahnen« an zukünftige Generationen. *»Wir sind Überlebensmaschinen – Roboter, blind programmiert zur Erhaltung der selbstsüchtigen Moleküle, die Gene genannt werden«*, wie Dawkins es ausdrückt.[4] Wie erfolgreiche Chicago-Gangster haben unsere Gene in einer Welt rücksichtslosen Existenzkampfes überlebt. Bis jetzt haben sie sich als »fit for survival« erwiesen, was sich darin erweist, daß keiner unserer Vorfahren im zeugungsunfähigen Kindesalter gestorben ist. Dieser Erfolg ist einzig darauf zurückzuführen, daß Gene keine Rücksicht nehmen auf Interessen anderer Überlebensmaschinen. Wenn es zu kooperativem oder sogar altruistischem Handeln kommt, steckt dahinter immer eine kluge Strategie der Vorteilssuche.

Kein Mensch handelt demnach wirklich gut, denn das Überlebensinteresse der Gene steht jenseits von Gut und Böse. Statt dessen gängelt uns die Natur geschickt über Lustmechanismen wie Begierden, Verlangen, Vergnügen und Befriedigung. Mit diesen Geschenken wartet sie auf, um uns noch sklavischer ihren Interessen dienstbar zu machen.

Das bedeutet nun aber nicht, daß es in der Menschenwelt wie im Dschungel zugehen müßte. Wir beobachten ja viele Menschen, die für ihre Kinder alles, für ihre Verwandten vieles und für andere Menschen gar nichts zu tun bereit sind. Da aber jeder Mensch Verwandte hat, wird er immer irgendwo Hilfe oder Unterstützung finden, denn wer einem »Blutsbruder« hilft, hilft den verwandten Genen, die mit den eigenen teilweise identisch sind.

Auch die Basis der Freundschaft ist in dieser Sicht der Dinge die reine Vorteilssuche. Die »geistige Verwandtschaft« zwischen Freunden ist an die Bedingung geknüpft, Hilfe und Unterstützung, sei es in Form von Ideen und Erfahrungen, sei es in Form von Vertrauen und Freude, zu erhalten, damit die Gene sich wohlfühlen. So gesehen, sind *echte* Nächstenliebe und *bedingungsloser* Altruismus ein idealistischer Wunschtraum. Falls sich aus egoistischer Überlebensstrategie so etwas wie ein Gruppenwohl ergibt, ist dies bloß als Abfallprodukt zu werten ohne eigentlich moralischen Wert. Hilfe nicht um der Moral willen, Gerechtigkeit nicht um des Wertes Gerechtigkeit willen, sondern alles um der eigenen Vorteile willen. Über die Gesellschaft, über die »Moral« und das Recht bahnt sich das egoistische Gen seinen Weg, mit dieser Methode gelangt es zum maximalen Ausbreitungserfolg. Die moralischen Wertesysteme von Philosophie und Religion sind demzufolge als Modelle für das Verhalten anderer, nicht aber für das Verhalten der eigenen Person entwickelt worden.

Deshalb entsteht unter den Mitgliedern einer Gemeinschaft das Bemühen, seinem Nächsten so glaubhaft als irgend möglich vorzugaukeln, selbst edel, hilfreich und gut zu sein. Soziobiologisch betrachtet, spielen daher die Täuschung und der Betrug eine kaum zu unterschätzende Rolle. Jeder versucht moralischer zu sein, als er in Wirklichkeit ist, jeder täuscht und betrügt den anderen. Auf diese Weise wird eine schier endlose Spirale in Gang gesetzt: Man versucht zu betrügen, und man versucht, Betrug zu entlarven. Dawkins vermutet sogar, daß sich das vergrößerte Gehirn des Menschen als ein Ergebnis immer ausgefallenerer Betrügereien und immer scharfsinnigeren Entlarvens von Betrug herausgebildet hat. Und manchmal kann es vorteilhaft sein, sich selbst etwas vorzugaukeln, schließlich lügt niemand besser denn der, der sich selbst belügt.

Die Gene entwarfen die Architektur unseres Gehirns, sie formen die kulturschaffende Vernunft und diktieren die Regeln, nach denen diese Vernunft die Kultur gestaltet. Wenn auch hier der Vernunft etwas Freiheit gewährt wird, so steht sie doch unter dem Diktat der Gene. Falls sie nämlich von dieser Freiheit einen Gebrauch macht, der dem Ausbreitungserfolg der Gene nachteilig ist, wird sie von der natürlichen Selektion ausgemerzt, und wenn es sein muß, die ganze Kultur mit ihr.

So betrachtet, ist es dann verständlich, wenn in vielen Kulturen die Kindestötung oder die Abtreibung weit verbreitet sind und im öffentlichen Bewußtsein keine Aufregung erzeugen. Denn für bestimmte Menschengruppen ist von einer bestimmten Kinderzahl an ein zusätzliches Kind keine sinnvolle Investition mehr, wenn dadurch das Überleben der vorhandenen kleinen Genträger erschwert wird. Aus der Sicht der Soziobiologie erweist sich Kindestötung tatsächlich als ökonomische Fortpflanzungsstrategie, was aber nicht bedeutet, daß irgendein Soziobiologe diese Strategie gutheißen würde.

Überhaupt muß daraufhin gewiesen werden, daß die Soziobiologie nicht den Verzicht auf Moral predigt. Sie will nur erklären, nicht fordern. Zur Begründung einer Moral ist sie nicht imstande.

Wenn sie etwa das Verhältnis zwischen Mann und Frau als einen »ewigen Krieg der Geschlechter« beschreibt, in dem Mann und Frau versuchen, sich auf Kosten des anderen fortzupflanzen, so soll damit nicht der Zerfall der Familie sanktioniert werden. Man versucht zu erklären, daß und warum ein Mann von seinen Genen zur Untreue getrieben wird: Die Frau ist sich der Verwandtschaft mit ihren eigenen Kindern immer gewiß. Ein Mann weiß nie mit Sicherheit, ob ihm das Kind nicht untergeschoben wird. Um sicher zu gehen, wird er sich nebenbei noch andere Partnerinnen suchen, damit er den Forderungen seiner Gene an ihn entspricht. Deshalb schickt er in seinem Leben 200 bis 500 Millionen Spermien ins Rennen und könnte damit die Frauen eines ganzen Kontinents begatten. Die Frau kann sich mit »nur« 400 Eizellen zufrieden geben, denn sie hat im Kampf um die Weitergabe ihrer Gene die größere Gewißheit. Sie weiß, daß ihr Kind ihre Gene besitzt.

Als anschauliches Beispiel für ein bedauerliches Männerschicksal seien die männlichen Honigsbienen, die Drohnen, genannt. Wird einem Drohnen nämlich das seltene Glück zuteil, der willigen Königin auf ihrem Begattungsflug beiwohnen zu dürfen, dann sprengt er sich just in dem Moment, wo sie ihn zu empfangen bereit ist, buchstäblich selbst in die Luft: Er explodiert, katapultiert dabei seine eigenen Geschlechtsorgane in die ihren und verhilft seinen Genen auf diese Weise zu einem optimalen Ausbreitungserfolg. Man sieht, zu welchen Verzweiflungstaten hier die männliche Rolle verpflichtet.

Wer nun fragt, was dieses Weltenpanorama sich ewig fortpflanzender Gene für einen Sinn haben soll, muß enttäuscht werden. Weder um Sinn noch um Leid oder um Glück scheren sich Gene – sie scheren sich um überhaupt nichts. Manchem geht es gut in dieser Welt, manchem geht es schlecht, darin ist kein Sinn und keine Gerechtigkeit zu finden. *»Das Universum, das wir beobachten, hat genau die Eigenschaften, mit denen man rechnet, wenn dahinter kein Plan, keine Absicht, kein Gut oder Böse steht, nichts außer blinder, erbarmungsloser Gleichgültigkeit.«*[5]

Selbstwiderspruch eines einseitig soziobiologischen Menschenbildes

Wie wir an den Überlegungen Richard Dawkins' sehen, stellt die strikte Anwendung darwinistischer Vorstellungen vom »survival of the fittest« für manche Erscheinungsformen menschlichen Lebens plausible Erklärungen bereit. Aber ist damit das Wesen des Menschen ausreichend beschrieben worden?

In einem Interview der Zeitschrift Focus wird Richard Dawkins gefragt, ob nicht der genetische Egoismus angesichts der modernen Welt mit ihren apokalyptischen Gefahren ein schlechter Ratgeber sei und ob nicht die Relativierung eigener Ansprüche Voraussetzung für das Leben aller sei.

Focus: *Sie meinen, der Mensch könnte die Gesetze der Evolution überwinden?*

Dawkins: *Ja, auf eine eingeschränkte, für uns jedoch wichtige Weise. Wir sind zwar darwinistische Wesen, aber wir können in die Zukunft blicken. Wir können uns fragen, in welcher Gesellschaft wir leben wollen. Es ist eine Gesellschaft, in der die Regeln beachtet werden, welche das in einem Land auch sein mögen. Ich denke, das ist etwas Einmaliges, etwas Antidarwinistisches, etwas, das bei keinem anderen Lebewesen jemals beobachtet wurde.*[6]

Damit hat Dawkins selbst den Schwachpunkt seiner Argumentation aufgezeigt. Denn entweder sind wir Sklaven unserer Gene, oder wir besitzen ihnen gegenüber die Freiheit, Verhaltensweisen an den Tag zu legen, die das Überleben der gesamten Biosphäre unserer Erde ermöglichen.

Die alte Idee, daß ein Huhn nur dazu da ist, um Eier für die Erzeugung eines anderen Huhns zu produzieren, ist eine etwas lächerliche Idee, wenn sie auf das Huhn angewandt wird, und ist noch absurder, wenn man sie auf den Menschen ausweitet. Das Prinzip Eigennutz erklärt, wie man zugeben wird, vieles – aber eben nichts alles. Oder will man tatsächlich behaupten, ein Rembrandt-Gemälde oder eine Beethoven-Symphonie seien nur Produkte des Egoismus der Gene?

Noch absurder wird diese Theorie, wenn man sie auf sich selbst anwendet. Dann ist sie das Produkt einer besonderen englischen Überlebensmaschine vom Typ Richard Dawkins, deren egoistische Gene ihren Selektionsvorteil durch Aufstellen dieser Theorie suchen. Um die anderen zu täuschen, behauptet diese Maschine, ihre Theorie sei wahr. (Welche Interessen damit verfolgt werden sollen, bleibt nur zu vermuten.) Aber da jede andere Überlebensmaschine mit dem gleichen Recht eine gegensätzliche Theorie aufstellen kann, muß das

Recht des Stärkeren entscheiden. (Das erklärt auch, weshalb die Soziobiologie unter Rassisten und Brutalo-Kapitalisten so beliebt ist.) Für den Fall, daß Dawkins selbst seine Theorie für wahr hält, ist er Opfer einer besonderen Leistung geworden. Denn niemand täuscht besser als derjenige, der sich selbst zu täuschen vermag.

Wer etwas davon erhalten will, was man die Würde des Menschen nennt, kann dieses Menschenbild, wenn es mehr sein soll als ein amüsanter Aspekt unserer Naturbasis, nur ablehnen. Roboter haben keine Würde.

Das Christentum spricht anders vom Menschen. Als Ebenbild Gottes ist er im letzten unergründlich wie Gott selbst und für einen Wissenschaftler immer ein offenes System.

Der barmherzige Samariter und die Liebe Gottes

Der Dirigent auf der Bühne / Streitpunkt Willensfreiheit / Wie sind altruistische Handlungen zu verstehen? / Perspektivwechsel

Der Dirigent auf der Bühne

Gott und die menschliche Seele, das ist der Stoff, aus dem die christliche Religion gemacht ist. Im Laufe der Jahrhunderte hat dieser Stoff viele Gesichter angenommen, wurde in verschiedene philosophische, kulturelle und soziale Formen gegossen und hat diese Formen auch wieder gesprengt. Die zentralen Gedanken und die fundamentalen Erfahrungen stehen jenseits ihrer historischen Verdinglichungen. So wie auch die Seele des Menschen nach christlicher Auffassung sich jeder Verdinglichung entzieht. Der Christ kann sagen: Mich gibt es nicht wie ein Ding. Und Gott gibt es auch nicht wie ein Ding. Diese Erkenntnis ist so alt wie die europäische Geistesgeschichte, denn sie ist die Quintessenz allen Nachdenkens über Gott und den Menschen.

Erst wenn die Vernunft sich borniert gibt und Gott zu einem Superding neben oder über der Welt macht, hat der Atheismus einen Angriffspunkt. Wenn aus Gott eine Art Uhrmacher gemacht wird, der über seine Welt-Uhr wacht, um im Bedarfsfall einzugreifen, kann man leicht zu der Überzeugung kommen, daß die Uhr auch ohne Uhrmacher läuft. Der nächste Schritt ist dann die Abschaffung einer Religion, die sich mit Überflüssigem beschäftigt.

Die meisten modernen Gottesleugner stehen in dieser Tradition des Deismus, wie man den Glauben an den Uhrmachergott aus dem 18. Jahrhundert nennt. Es soll auch Christen geben, die sich auf den sinnlosen Versuch einlassen, dieses Denkmodell zu retten. So berichtet Richard Dawkins von einem Pfarrer, der durch eine biologische Überlegung in der Betrachtung von Fortpflanzungstricks bei bestimmten Orchideenarten zur Religion gekommen sei.[7] Dawkins zeigt, daß diese Tricks zum normalen Instrumentarium der Evolution gehören. Also könne man auf den Gottesgedanken restlos verzichten. Doch das ist Philosophie auf Schulbubenniveau, was darauf hindeutet, daß oftmals gebildete Leute keinen Zugang mehr haben zu den grundlegenden Gedankengängen unserer Geistesgeschichte.

In der modernen Welt hat die Verdinglichung des Menschen vor keinem Bereich halt gemacht. Vor allem die Wissenschaft hat diese Entwicklung vorangetrieben. Sie objektiviert, analysiert und zerlegt den Menschen in seine objektivierbaren Teile. Wenn sie dann behauptet, daß der Mensch nichts anderes sei als die Summe dieser Teile, dann hat sie nicht nur einen schweren erkenntnistheoretischen Fehler gemacht, sondern widerspricht auch der elementaren Selbsterfahrung des Menschen. Wissenschaft, die über ihren Geltungsanspruch vernünftig nachgedacht hat, wird diesen Fehler niemals begehen. (siehe Kapitel über Wissenschaftstheorie S. 106)

In einer buddhistischen Meditationsübung soll einem Meditierenden verdeutlicht werden, daß der Mensch prinzipiell keine Seele hat, weshalb es auch keinen Sinn macht, einen anderen Menschen zu hassen. In einem Gedankenexperiment wird der Meditierende aufgefordert, sich vorzustellen, wie die Innereien eines verhaßten Individuums auf einem Fließband vorbeilaufen. Hasse ich die Leber? Nein. Hasse ich den Dickdarm? Nein. Hasse ich vielleicht das Rückenmark? Auch nicht. Also, was hasse ich dann? Nichts, denn es gibt nichts zu hassen.

So sinnvoll diese Übung fraglos ist, als Christ kann man auch mit einer ganz anderen Fragestellung vor dem Fließband stehen. Liebe ich die Galle? Nein. Liebe ich den Zwölffingerdarm? Nein. Liebe ich vielleicht das Nierenbecken? Auch nicht. Was also liebe ich dann? Das, was die Einzelteile umgreift und mehr ist als die Summe aller Teile: die Seele als Repräsentanten des ganzen Menschen.

Was für einen Betrachter äußerlich von einem Menschen erkennbar ist, ist immer nur ein Aspekt, und sei er noch so grundlegend. Eduard Spranger hat das Innenleben des Menschen einmal mit einer Opernaufführung verglichen. Da werden die verschiedensten Rollen gespielt, da kommen die verschiedensten Instrumente zum Einsatz, und die verschiedensten Kostüme sind zu bewundern. Es leuchtet aber auch ein, daß jemand da sein muß, der das Ganze dirigiert. Er muß das Stichwort des Auftretens kennen, er muß jeder Stimme das Zeichen zum Einsatz geben. Er ist es auch, der, wenn alles gutgegangen ist, sich vor dem Publikum verneigen darf. Ohne einen Dirigenten ist nur Chaos auf der Bühne zu erwarten. Anders als im Theater ist der Dirigent im Menschen aber für den Betrachter unsichtbar.[8]

So ist die Seele die letzte Einheit, die die verschiedensten Vorgänge im Bewußtsein eines Menschen umgreift und sie erst einem Menschen zuordnet, damit er sich selbst darin wiederfinden kann.

Kant hat die Frage gestellt, wie es zu erklären ist, daß Gedanken, die in meinem Kopf ablaufen und die wahrscheinlich Naturvorgänge chemischer Art sind, zu Gedanken werden, die ich denke und in denen ich mich wiederfinde.

Er kommt zu dem Ergebnis, daß man eine letzte Einheit im Bewußtsein annehmen muß, die nicht chemischer Art ist und auf die bezogen aus chemischen Vorgängen erst meine Vernunft wird. Jeder Gedanke müßte eigentlich mit dem Zusatz »Ich denke« versehen werden. Damit wird er zu diesem letzten Bezugspunkt im Bewußtsein (den Kant »transzendentale Apperzeption« nennt) in Relation gestellt. Ohne diesen Bezugspunkt können Naturvorgänge nicht zu Gedanken werden, die *ich* denke und nicht irgendein Denkapparat.

Wir sehen, daß auch im Denken der Seelenbegriff eine Rolle spielt. Er läßt uns verstehen, wie aus unpersönlichen Naturvorgängen die Personperspektive entsteht, wie aus »es denkt« ein »ich denke« und wie aus »es lebt« ein »ich lebe« werden.

Das zeigt, daß der christliche Seelenbegriff eine höchst rationale Basis hat.

Streitpunkt Willensfreiheit

Wer den Menschen, seine Seele oder sein Bewußtsein verdinglicht, kommt in philosophische Schwierigkeiten. Denn wenn der Mensch allein den Gesetzen der Natur unterworfen und ausgeschlossen wird, daß er darüber hinaus auch noch in einer Transzendenz wurzelt, muß sich die Frage nach der Willensfreiheit und der moralischen Verantwortung in besonderem Maße stellen. Alle Naturdinge unterliegen den Gesetzen der Kausalität. Wenn auch ich der Kausalität unterliege, dann kann ich mich nicht mehr entscheiden, ob ich heute abend einen Spaziergang mache oder ins Theater gehe. Das wäre so, als wolle das Wasser sagen: Ich kann heute hohe Wellen schlagen, ich kann aber auch verdampfen oder mich zu Eis verfestigen. Kausalität heißt: Alles hängt von vorhergehenden Ursachen ab, die festlegen, was als Wirkungen folgt.

Der Mörder könnte dem Richter erklären, daß seine Handlung mit Notwendigkeit z. B. aus seiner genetischen Ausstattung oder dem einprogrammierten Gehirnablauf folgte so wie der Donner dem Blitz. Schuld wäre dann die Einrichtung der Welt oder der Natur, die Menschen ohne Möglichkeit einer Gegenwehr zu Mördern werden läßt. Der Mensch wird so zum Automaten degradiert, der nur das ausführt, wozu ihn die Natur von außen oder von innen nötigt.

Mit anderen Worten: Wer also behauptet, alle Handlungen von Personen seien durch physikalische oder psychologische Gesetze festgelegt (determiniert), handelt sich ein schwerwiegendes Problem ein. Er behauptet nämlich gleichzeitig, daß der Mensch unfrei und für die Folgen seiner Taten nicht verantwortlich sei. Um jemanden verantwortlich zu machen, bedarf es der Feststellung, daß diese Person die Handlung frei tat, also auch hätte unterlassen können. Wer einen Mörder vor Gericht stellen will und gleichzeitig behauptet, der Mensch habe keinen freien Willen, handelt genauso unsinnig wie der Ankläger zu Bern, der 1454 die Blutegel wegen unerlaubter Gefährdung der Bevölkerung und die Glocken wegen Läutens für die Ketzer bestraft sehen wollte.

Besagter Theoretiker müßte weiter behaupten, daß die

Gleichheit vor dem Gesetz eine Illusion sei, da ja jeder Mensch von der Natur anders ausgestattet sei. Die daraus entstehende Ungerechtigkeit kann er jedoch nicht beklagen, denn in einer Welt, die bloß von Naturgesetzen gelenkt wird, hat der Begriff Gerechtigkeit keinen Sinn.

Dabei ist das Problem der Willensfreiheit sehr einfach zu lösen, wenn der christliche Seelenbegriff berücksichtigt wird. Kant lehrte, daß der Mensch zwei verschiedenen Welten angehört: der Objektwelt und der moralischen Welt. Als Naturwesen sei er den Naturgesetzen unterworfen, als moralisches Wesen sei er frei und verantwortlich. Die menschliche Wirklichkeit schließt dann diese beiden Sätze ein:

1. Die meisten Ereignisse der Welt stehen unter Regeln, derart, daß auf A mit Notwendigkeit B folgt (Objektwelt).
2. Einige Ereignisse der Welt sind aufgrund regelunabhängiger und autonomer Entscheidungen (Selbstdetermination) eingetreten (moralische Welt).

Der Determinist sagt: Was immer ich tun werde, im Augenblick des Handelns geht es mir wie einem Automaten – ich kann nicht anders.

Der Christ sagt: Hier stehe ich und kann auch immer noch anders.

Daß der betrunkene Raucher, der aus Unachtsamkeit ein Pulvermagazin in die Luft jagt, oder der Drogenabhängige, der ein Verbrechen begeht, kein Gegenargument sein können, liegt auf der Hand. Denn Freiheit schließt eingeschränkte Zurechnungsfähigkeit nicht aus.

Man braucht eigentlich nur dem Ratschlag Max Plancks zu folgen, bei der Frage nach der Willensfreiheit den zeitlichen Aspekt zu berücksichtigen, und der Nebel lichtet sich[9]: Wann immer ein Mensch gehandelt hat und er zeitlich rückwärts schauend die Handlungen vergegenwärtigt, macht er die Handlung zu einem Objekt der Betrachtung. Dann freilich unterliegt sie einer kausalen Folge von Einflüssen und Motiven, die die erfolgte Handlung als einzig mögliche erscheinen lassen. Die Handlung wird zu einem Naturding und ist insofern determiniert. Schaut der Mensch nicht zurück in die Vergangenheit, sondern in den lebendigen Augenblick seiner Gegenwart, ist die Handlung dagegen kein Naturvorgang mehr, sondern ein moralischer Akt und nach vorne offen und frei.

Wie wir aus vorhergehenden Überlegungen wissen, ist der Mensch, in seiner unmittelbaren Gegenwart lebend, mit dem Begriff der Existenz (Jaspers) oder des Selbst zu beschreiben. Denn er lebt aus der unmittelbaren Realität seiner Seele, die mit den Zeitformen der toten Vergangenheit nicht erfaßt werden kann. Daraus folgt: Insofern der Mensch nicht Objekt der Untersuchung, sondern in der Gegenwart handelnde Person ist, ist er frei und verantwortlich für seine Taten. Hans Sachsse schreibt: »*Indem wir uns selbst begreifen, greifen wir in unseren Lebensprozeß ein und schaffen Daten, die die Richtung des Flusses ändern. Das bedeutet aber, daß die Existenz immer der Reflexion voraus ist und daß die Reflexion nur Merkmale eines bereits überholten Zustandes zu fassen bekommt.*«[10]

Für den Existenzphilosophen Sartre ist der Mensch *verurteilt* zur Freiheit. Selbst wenn er nicht handeln wollte, wäre dies schon Ausdruck seiner Handlungsfreiheit. Und alle Handlungen werden getragen von einer Grundfreiheit, nämlich Ja oder Nein zu sagen zum Leben überhaupt durch die Möglichkeit des Freitodes.

Wir sehen, auch hier steht der Mensch wieder in einer Ähnlichkeit zu Gott, oder anders ausgedrückt: Das Charakteristikum des handelnden Menschen, nicht bloß Glied in einer Kausalkette zu sein, sondern auch den Anfang einer solchen Kette setzen zu können, wird in der religiösen Sprache in der Rede von der Ebenbildlichkeit des Menschen mit dem Schöpfer-Gott ausgedrückt.

Fassen wir das Gesagte nochmals in einem Beispiel zusammen: Stellen wir uns vor, in einem Raum steht ein Supercomputer mit exaktem Wissen um jedes einzelne Atom im Zimmer. Alle Gesetze der Physik, der Chemie und der Biologie sind in den Computer einprogrammiert, so daß er alles voraussagen kann, was im Raum geschieht. In dem Raum befindet sich zusätzlich eine Person X. Auch hier kennt der Computer jedes einzelne Atom, aus dem sie besteht. Kann der Computer eine Voraussage treffen, ob die Person in fünf Minuten einen Handstand machen wird? Was auch immer der Computer für eine

Voraussage macht, die Person kann sie auf dem Monitor ablesen und genau das Gegenteil tun.

Wie sind altruistische Handlungen zu verstehen?

Erst vor dem Hintergrund der so verstehbar gemachten Freiheit und Verantwortlichkeit des Menschen ist Raum geschaffen worden für die weitere Klärung der Frage des Moralischen.

Was ist also zu halten von der Behauptung Richard Dawkins', der Egoismus sei der Motor unserer Handlungen?

Die Alltagserfahrung lehrt uns, daß Menschen nicht gänzlich egoistisch, mitleidlos, grausam oder brutal sind. Sie können es sein und sind es auch oft, aber sie können auch großzügig, mitfühlend, freundlich und liebevoll sein, und auch das sind sie oft.

Viele von uns sind hilfsbereit nicht nur zu Familienmitgliedern, sondern auch zu Freunden, Bekannten und selbst Fremden; viele von uns wenden Geld, Zeit, Mühe und die eigene Gesundheit daran, um anderen Menschen, die sie nicht kennen und auch nie kennenlernen werden, in der Not zu helfen; und ein paar von uns werden im Zweifelsfall ihr Leben riskieren, um das Leben eines Nachbarn oder selbst eines Fremden zu retten.

Reinhard Löw schreibt: »*Wer jeden anderen von vornherein als Egoisten oder als Instrument ›egoistischer Gene‹ ansieht, wird die Erfahrung von Freundschaft nie machen, und wer Liebe nur als Bedürfnisbefriedigung versteht, hat das Glück der Liebe wohl nie erfahren.*«[11]

Für Leute wie Dawkins ist Mutter Theresa, die in Kalkutta den Sterbenden half, nur vorstellbar als eine, die sich dabei natürlich ihren himmlischen Lohn ausrechnete. Was bewegt aber dann einen Menschen, der nicht religiös ist und kein Ewiges Leben erwartet, in ein brennendes Haus zu stürzen, um ein fremdes Kind zu retten?

1982 gingen ein Foto und eine Geschichte um die Welt, die jeden Soziobiologen in Unruhe versetzten. Ein Mann, Mitte vierzig, Revisor bei einer Bank in Washington, war an einem späten Nachmittag auf dem Nachhauseweg. Er erreichte gerade die Brücke, die an der Vierzehnten Straße den Potomac überquert, als urplötzlich eine große Düsenmaschine aufdröhnte, mit ohrenbetäubendem Krach ins Blickfeld platzte, über die Brücke schoß und in einer Kaskade von Wasser, Wrackteilen und herumfliegenden Körpern in den eisigen Fluß stürzte. Von den 84 Menschen an Bord der Air Florida starben 79 sofort. Aber die Besatzung eines Rettungshubschraubers, der wenig später eintraf, sah drei Frauen und zwei Männer, die sich an ein im Wasser treibendes Wrackteil klammerten, und dicht daneben, wassertretend, einen weiteren Mann. Der fing das heruntergelassene Seil auf und gab es an die Frau neben ihm weiter. Als der Hubschrauber zurückkam, gab dieser Mann das Seil wieder an einen anderen Menschen weiter. Das wiederholte sich so oft, bis nur noch dieser wassertretende Mann zu retten war. Als der Hubschrauber diesmal zurückkam, war er im eiskalten Wasser verschwunden.[12]

Was hatte den 46jährigen Büromenschen Aarland Williams getrieben, ins Wasser zu springen und Hilfe zu leisten? Er war seit einiger Zeit geschieden, hatte sich erneut verliebt und war frisch verlobt. Was hatte er sich für einen Vorteil ausgerechnet, als er ins Wasser sprang? Selbstsüchtige, aggressive und brutale Handlungen sind oft leicht zu verstehen, denn dem, der so handelt, winkt ein lohnendes Ziel. Altruistische Handlungen aber scheinen oft ohne nachvollziehbaren Grund zu sein.

Und dabei sind solche extremen Verhaltensweisen nicht selten. In Amerika gibt es einen Zweig der Psychologie, der sich Altruismusforschung nennt und herausragende Bespiele altruistischen Verhaltens sammelt und analysiert. Die Definition des Altruismus lautet: ein Verhalten zum Vorteil anderer, das mit eigenen Opfern verbunden ist und ohne Erwartung einer Belohnung aus externen Quellen oder zumindest nicht primär aufgrund einer solchen Erwartung erfolgt.[13]

Was ging in den 63 posthum ausgezeichneten Vietnamkämpfern vor, als sie sich mit ihren Leibern auf gezündete Handgranaten warfen, um Kameraden zu schützen?

Unter den 7200 Personen, die die Carnegie Hero Fund Commission dafür auszeichnete, daß sie ihr Leben riskierten, um anderen Menschen das Leben zu retten, waren alle Persönlichkeitsmuster und Berufe vertreten. Was hat die breit angelegte Altruismusforschung herausgefunden?

Der renommierte Psychologe Morton Hunt schreibt nach jahrelangen Beobachtungen und Experimenten: *»Bis jetzt ist es schlicht und einfach unbekannt, was impulsive Helden dazu bringt, ihr Leben für fremde Menschen zu riskieren; die Forschung gibt dazu so gut wie nichts her.«*[14]

Haben wir erst einmal bemerkt, daß jemand Hilfe braucht, reagieren wir mit Betroffenheit – einem Gefühl, das von schwachem Unbehagen oder leichter Besorgnis bis zu tiefem Schmerz oder großer Beunruhigung gehen kann. Die Einfühlung und das Mitleid bewirken, daß sie uns fühlen lassen, was die andere Person fühlt. Dies ist ein rätselhafter Vorgang: Wie und warum sollte die Natur uns Empfindungen eingeben wie die, die ein verzweifelter oder in Not befindlicher Mensch hat – Empfindungen, die zur Notsituation dieses Menschen passen, nicht aber zu unseren eigenen? Unpassende Gefühle können dazu führen, daß wir gegen unsere eigenen Interessen handeln. Mitleid ist, mit Schopenhauer gesprochen, ein widernatürliches Gefühl.

Könnte man wie Gott die ganze Natur seit dem Tag der Schöpfung als gegenwärtig sehen, so würde nicht eine Unzahl von Einzelwesen erscheinen, sondern ein einziges, wachsendes Gebilde. So wie jedes Blatt am Baum über den Ast und den Stamm mit allen anderen Blättern verbunden ist, so sind wir von unserer natürlichen Herkunft her mit allen Lebewesen verwandt. Wie das Salz in den Tränen des Menschen an die Herkunft des Lebens aus dem Meer erinnert, so erinnert das Mitgefühl daran, daß wir, obgleich in der Vereinzelung lebend, doch alle Eines sind.

In der Sprache der Religion: Wir sind alle Kinder Gottes. In der Sprache der Philosophie: Unsere Seelen transzendieren unseren materiellen Körper und gründen im Unergründlichen, das eine Erscheinungsweise des Umgreifenden ist. Sie entstammen dem gleichen Ursprung. Sie erkennen sich gewissermaßen wieder als in der Welt verlorene Lichtfunken, die aus einem gemeinsamen großen Feuer stammen. Für den Christen ist dieses Feuer das Feuer der Liebe Gottes. Die Liebe Gottes ist die positive Macht (was das präzisiert bedeutet siehe Kap. »Die Gottesformel«), die die Welt ins Dasein gerufen hat, sie von Augenblick zu Augenblick weiter trägt und sich in allen guten Dingen und Entwicklungen innerhalb von Raum und Zeit manifestiert. Alles Gute hat teil (partizipiert) an dieser Liebe Gottes.

Der Mensch hat die Freiheit, sich dieser Liebe zu öffnen, die ihn als eine positive kosmische Energie durchströmen will, oder sich ihr zu verschließen, aus egoistischen Motiven diese Verbundenheit mit der Liebe Gottes und damit mit allem, was lebt, zu zerstören und insofern böse zu handeln. Alle Dinge sehen wir von außen, nur ein Ding kennen wir in seiner Innenansicht: uns. Und hier erkennen wir in der unbegreiflichen Gegenwart unserer Existenz eine Wirklichkeit, die uns hervorbringt, die wir aber nicht fassen können. Dieses Unergründliche ist, wie uns die Überlegungen über den Erkenntnisvorgang gelehrt haben, die Quelle, aus der die ganze Natur hervorgegangen ist. Körper und Seelen wurzeln in diesem Mysterium, das die Christen und nicht nur sie Gott nennen. Mit den Worten Christian Morgensterns: Der Mensch ist ein Kegel, dessen Spitze das Ich darstellt, dessen Tiefe aber in die Unendlichkeit des Alls reicht. So gesehen haben wir teil am Göttlichen, und das Göttliche wirkt in uns. Eine seiner Wirkungen ist der Altruismus, in der Sprache der Religion die Liebe.

Die Liebe Gottes wirkt im Handeln vieler Menschen, aber nicht alle altruistischen Menschen sind religiös. Es gibt zahllose Menschen, die sich von der Religion losgesagt haben, und die ein leuchtendes Vorbild für alle anderen sein können. Die Liebe Gottes will überall wirken. Religiöse Menschen haben da kein Privileg, denn sie berücksichtigen in ihrem Handeln keineswegs immer den Faktor Gott auf rechte Weise.

Perspektivenwechsel

Das christliche Verständnis von der Liebe Gottes korrespondiert mit der Deutung eines universalen anthropologischen Zusammenhangs, der zunächst unabhängig von jeder Religion ist. Der Christ vermag mit Hilfe dieses Verständnisses diesen Sachverhalt bewußt in sein Leben einbauen und durch spirituelle Übungen seelisch vertiefen.

Der Heilige Franziskus etwa predigte aus dieser Liebe Gottes den Tieren und sprach alle Geschöpfe mit »Bruder« an. Mehr noch: auch mit der unbelebten Natur verkehrte er geschwisterlich: »*Gelobt seist Du, Herr, durch Bruder Mond und die Sterne, durch Bruder Wind und Luft und Wolke und Wetter, gelobt seist Du, Herr, durch unsere Schwester, die Mutter Erde, die gütig und stark uns trägt und mancherlei Frucht bietet mit farbigen Blumen und Matten.*«[15] Meister Eckart schreibt: »*Wer eine Seele messen will, der soll sie nach Gott messen, denn der Grund Gottes und der Grund der Seele sind ein Wesen.*«[16] Und bei dem mittelalterlichen Mystiker Johannes Tauler heißt es: »*Weil Gott gut ist, darum sind wir; und alles, was die Geschöpfe an Gutem besitzen, das kommt von der wesenhaften Güte Gottes allein.*«[17]

Die Liebe in der Tiefe der menschlichen Seele steht jenseits aller Kosten-Nutzen-Kalkulationen und veranlaßt den Menschen bisweilen zu Handlungen, die er sich selbst nicht erklären kann und die bis zur Selbstaufopferung gehen können.

Bis ins Unbewußte reicht die Liebe Gottes, die, als Seinsmacht verstanden, den Menschen ergreift und bisweilen vergöttlicht. Das ist leicht verständlich, denn die menschliche Seele reicht bis tief hinab in das Geheimnis des Seins.

In der von Luther so verehrten »Theologia Deutsch« heißt es: Es gibt erleuchtete Menschen, »*die handhaben diese Dinge nicht wegen Lohn, denn sie wollen nichts erlangen und auch nichts begehren, daß ihnen etwas dafür werde, denn sie tun es allein aus Liebe, was sie tun.*«[18]

Ein Schriftgelehrter fragt Jesus: »Wer ist mein Nächster?« Jesus antwortet ihm mit dem Gleichnis vom barmherzigen Samariter: Ein Mensch war unter die Räuber gefallen und blieb halbtot auf der Straße liegen. Menschen, die zu seiner Volksgruppe gehörten und außer genetischer Verwandtschaft noch andere Gründe gehabt hätten, Beistand zu leisten, gehen achtlos vorbei. Ein Samariter, Angehöriger eines anderen Volkes, nahm ihn in eine Herberge und pflegte ihn.

Das Handeln des Samariters ist das Modell des normalen

Altruismus. Die Einzelwissenschaften können seine Voraussetzungen nur unzureichend ins Visier nehmen. Sie untersuchen die Phänomene im Detail und aus der Nähe. Will man sie in einem größeren Zusammenhang sehen, muß ein Perspektivenwechsel vorgenommen werden.

Nehmen wir an, wir sehen ein Video, das einen Ausschnitt von drei mal drei Zentimeter zeigt. Wir sehen einen hölzernen Hammer, der auf eine Saite schlägt und dabei Schallwellen in der Luft erzeugt. Wir würden wahrscheinlich dazu neigen, diesen Vorgang streng deterministisch zu beschreiben: Wir haben eine Ursache, den schlagenden Hammer, und eine Wirkung, die Schallwellen. Jetzt geht die Kamera etwas zurück, so daß der Bezugsrahmen größer wird, und wir sehen, daß der Hammer nur einer von achtundachtzig Hämmern eines Klaviers ist. Wir nehmen an, daß am Klavier ein Pianist sitzt, der spielen kann, was er möchte. Die Kamera geht noch weiter zurück, und wir erkennen, daß es ein automatisches Piano ist. Die Tasten werden nicht von einem Pianisten angeschlagen, sondern von einer Maschine. Das Ganze sieht wiederum deterministisch aus. Die Kamera geht noch weiter zurück, zeitlich wie räumlich, und wir sehen einen Komponisten, der ein Stück für das automatische Klavier komponiert.

Was soll damit gesagt werden?

Wenn ich am Einzelphänomen kleben bleibe, erkenne ich nur ein begrenztes Feld. Erst wenn ich Schritt für Schritt eine weitere Perspektive wähle, erkenne ich das Phänomen in seinem größeren Zusammenhang. Der empirische Psychologe wird die Seele in seinen Untersuchung nicht zu Gesicht bekommen. Ein anderer Naturwissenschaftler natürlich auch nicht. Er erklärt diesbezügliche Fragen einfach als analyse-resistent. Er kann nicht erklären, warum ein Mensch altruistisch bis zur Selbstaufopferung handelt und warum ich in der physikalischen Erscheinung eines anderen Körpers mit unmittelbarer Gewißheit die Seele eines anderen Menschen erkennen kann. Freiheit des Willens ist für ihn kein Thema, denn er kann die damit verbundenen Fragen auf der Ebene der Empirie nicht beantworten. Erst die Philosophie vermag sich dem Problem gebührend zu nähern. Sie erhellt das, was dem Menschen in seiner Lebenswelt unmittelbare Gewißheit ist. Jeder gesunde Mensch hat diese Gewißheiten, ohne sie beweisen zu können oder beweisen zu müssen. Die Philosophie erhellt darüber hinaus auch die Gewißheiten der Religion, indem sie aufzeigt, daß diese mit der fragenden Vernunft vereinbar (kompatibel) sind.

Freilich hat die Religion noch eine andere Wahrheitsdimension: Sie berichtet in ihren Symbolen von den Erfahrungen, die Menschen machen angesichts ihrer Abhängigkeit vom Ganzen und ihrer Verwiesenheit auf das Ganze, durch die Fragen nach dem Sinn des Lebens, der Schuld im Handeln, der Gewißheit des Todes und der Sehnsucht nach angstfreiem Glück. Über die diesbezüglichen Aussagen der religiösen Symbolik soll aber erst in einem späteren Kapitel nachgedacht werden.

Halten wir als Ergebnis der Überlegungen fest:

1. Die Seele ist der persönliche Bezugspunkt in einem Menschen, auf den die Bewußtseinsinhalte bezogen werden müssen, damit sie zu einer Einheit werden und im eigentlichen Sinne *seine* Bewußtseinsinhalte werden können.
2. Der christliche Seelenbegriff ermöglicht die freie und verantwortliche Existenz des Menschen.
3. Der Menschen ist als ein offenes System zu verstehen und von den Wissenschaften nur in Aspekten beschreibbar.
4. Altruistisches Handeln beweist, daß es Handlungsmotive gibt, die die Überlebensstrategien einer Person transzendieren.
5. In einer letzten Hinsicht sind alle Lebewesen verwandt. Mitgefühl und Mitleid weisen auf die gemeinsame Quelle allen Seins hin: Gott.
6. Wir sind nicht nur von dieser (materiellen) Welt. Deshalb verbindet die Menschen ein besonderes Band. Aus dieser Bindung aneinander entspringt das Mitleid: Was dir geschieht, geschieht auch mir.
7. In der altruistischen Handlungsweise des Menschen realisiert sich für die Christen ein Aspekt der Liebe Gottes, denn der Mensch hat teil an der Dimension des Göttlichen.

Vierter Dialog

Sokrates: Sei gegrüßt, verehrter Helvetius. Ich hatte in den letzten Tagen den Eindruck, daß du mir aus dem Weg gehst. Haben dich unsere Gespräche beunruhigt? Bist du über deine Ansichten zum Thema Religion ins Grübeln geraten?

Helvetius: Bis jetzt haben wir den wichtigsten Einwand gegen die Religion noch gar nicht besprochen.

Sokrates: Dann wird es aber Zeit. Trage deinen Einwand vor.

Helvetius: Stell dir eine Sonnenfinsternis vor. Wenn der Mond sich vor die Sonne schiebt, fangen religiöse Menschen an zu singen und zu beten. Der Astronom hat jedoch die Sonnenfinsternis schon vorher berechnet und kann genau sagen, wann die Sonne wieder scheint. Was soll also dieser religiöse Hokuspokus?

Sokrates: Jetzt bringst du aber Beispiele aus der Geschichte. Die Wissenschaft war auch nicht immer so klug wie heute.

Helvetius: Ich will damit sagen, daß wir in den Naturwissenschaften ein hervorragendes Mittel haben, um alle Fragen in unserer Welt zu beantworten.

Sokrates: Alle Fragen, die sich auf den materiellen Aspekt unserer Welt beziehen. Das ist richtig.

Helvetius: Da aber alles nur Materie ist und es nichts auf der Welt gibt, was nicht aus Atomen und Molekülen besteht, ist die Naturwissenschaft die einzige Institution, die zuverlässige Antworten geben kann.

Sokrates: Wenn du naturwissenschaftlich denkst, sind deine Ausführungen völlig logisch. Wenn ich von dem Axiom ausgehe, daß es nur Materielles gibt, kann ich nicht zu dem Ergebnis kommen, daß es etwas Nicht-Materielles geben kann. Wenn doch, dann habe ich einen methodischen Fehler gemacht. Aber wie wir ja schon in anderen Gesprächen herausgefunden haben, ist die naturwissenschaftliche Betrachtungsweise nicht die einzige, die möglich und nötig ist.

Helvetius: Es ist die einzige Betrachtungsweise, die uns dazu verhilft, die Natur in unserem Sinne zu beherrschen.

Sokrates: Herrschaftswissen ist etwas anderes als wahres Wissen. Aber bleiben wir mal bei deinen Axiomen. Wer erkennt denn eigentlich die Natur?

Helvetius: Das Gehirn des Wissenschaftlers.

Sokrates: Und dieses Gehirn ist selbst ein Produkt der Natur?

Helvetius: Ein Produkt der Evolution, was denn sonst?

Sokrates: Dann erkennt also die Natur mit Hilfe des Gehirns sich selbst. »Ich denke über die Natur nach« bedeutet dann soviel wie, es denkt etwas in der Natur über die Natur nach, und da es aber nichts anderes als Naturvorgänge gibt, denkt die Natur über sich selbst nach. Einverstanden?

Helvetius: Einverstanden.

Sokrates: Die Natur auf unserer Erde ist ja nur eine Erscheinungsform der Kräfte und Gesetze, die das Universum ausmachen.

Helvetius: Also denkt das Universum im Gehirn des Wissenschaftlers über sich selbst nach. Ob es nur auf der Erde denkt oder auch noch in Gehirnen auf anderen Sternen, wissen wir nicht.

Sokrates: Wenn wir über den Denkvorgang als solchen nachdenken, erkennen wir, daß jede Erkenntnis sich auf etwas bezieht, das dem Erkennenden als Objekt gegenübersteht. Das Universum spaltet sich bekanntlich (vgl. Seite 49) auf in Subjekte und Objekte. Die Subjekte müssen sich auf die Objekte beziehen, um dann – und nur dann! – irgendwelche Eigenschaften an den Objekten erkennen zu können. Alles Erkennen geschieht also innerhalb dieser Subjekt-Objekt-Spaltung.

Helvetius: Und welche Eigenschaften haben die Objekte außerhalb dieser Spaltung?

Sokrates: Das wissen wir nicht. Vielleicht gar keine.

Helvetius: Dann hat jedes Objekt nur bestimmte Eigenschaften, wenn es in diese Spaltung eingetreten ist. Um aber eintreten zu können, muß es doch vorher schon vorhanden sein

Sokrates: Es muß etwas geben, daß sich außerhalb dieser Spaltung befindet, unser Erkenntnisvermögen übersteigt und sich im Erkenntnisvorgang in Subjekt und Objekt aufspaltet.

Helvetius: Mit logischer Notwendigkeit.

Sokrates: Das, was außerhalb dieser Beziehung besteht und innerhalb dieser Beziehung als Subjekt und Objekt erscheint, nennen wir Gott.

Helvetius: Dann wäre ja das Universum als Objekt unserer Sinne und unserer Erkenntnis eine Erscheinungsform Gottes! Und mit Hilfe unseres Gehirns würde sich Gott selbst erkennen?

Sokrates: Nichts anderes zu denken wäre vernünftig. Das geschlossene System deiner Axiome bricht irgendwann auf, denn es hat einen wichtigen Faktor übersehen: Gott. Das ist bei allen geschlossenen Systemen der Fall. Du brauchst dich deshalb über das System der Naturwissenschaft nicht zu beunruhigen.

Helvetius: Ich bin sehr getröstet.

Sokrates: Betrachte Gott als einen unendlichen Informationspool oder als ein unendlich großes Buch mit verschlüsselten Informationen. Was die Wissenschaft versucht, ist die Entzifferung einzelner Seiten.

Helvetius: Sagen wir lieber einzelner Kapitel.

Sokrates: Seiten oder Kapitel sind Begriffe, die nur in einem endlich-begrenzten Buch einen Unterschied machen.

Helvetius: Mich verstimmt deine Absicht, die Leistung der Wissenschaft verkleinern zu wollen. Du wirst bestimmt auch noch behaupten, daß wir die entzifferten Seiten nicht verstehen können, weil wir den Zusammenhang der ganzen Geschichte nicht kennen.

Sokrates: Richtig. Wenn du eine Seite aus Shakespeares »Sturm« gelesen hast, hast du noch sehr wenig verstanden, wenn du sie nicht im Zusammenhang der Story siehst.

Helvetius: Mach die Augen auf! Die wissenschaftlich-technischen Errungenschaften zeigen jeden Tag, daß wir absolut sicheres Wissen haben.

Sokrates: Bleiben wir in unserem Bild. Wir können eigentlich erst dann absolut sicheres Wissen haben, wenn wir das Buch restlos gelesen haben. Erst dann wissen wir, in welchem Zusammenhang die einzelnen Seiten zur ganzen Story stehen. Vorher kann jede neue Entzifferung das schon Bekannte in einem völlig neuen Zusammenhang erscheinen lassen. Das Buch vollständig entziffern zu wollen, bedeutet so viel, wie das Meer mit einer Teetasse ausschöpfen zu wollen. Damit sind wir restlos überfordert. Obwohl unser heutiges Wissen phantastische Erfolge zeigt, beruht es doch nur auf erfolgreichem Raten.

Helvetius: Da siehst du es wieder. Immer diese Verkleinerung der wissenschaftlichen Leistungen.

Sokrates: Ich fürchte, du legst die falschen Maßstäbe an. Es geht nicht um die Bestätigung oder Verwerfung einer Leistung, sondern um die Überprüfung des Geltungsanspruches von Wissenschaft.

Helvetius: Ich glaube, wir reden zu abstrakt. Wir sollten das Thema von seiner konkreten Seite her aufrollen.

Sokrates: Ich bin ganz deiner Meinung. Machen wir ein Gedankenexperiment. Stell dir eine Lampe mit einem Kippschalter vor. Einmal auf den Knopf drücken: Die Lampe geht an. Wieder auf den Knopf drücken: Die Lampe geht aus. Ein Gespenst macht nun die Lampe $\frac{1}{2}$ Minute lang an, macht sie dann für $\frac{1}{4}$ Minute aus, macht sie dann wieder $\frac{1}{8}$ Minute an, knipst sie wieder $\frac{1}{16}$ Minute aus usw. Die Summe der unendlichen Reihe, um die es hier geht ($\frac{1}{2}+\frac{1}{4}+\frac{1}{8}+\frac{1}{16}$ ...) ist eins. Wenn also eine Minute verstrichen ist, hat unser Gespenst unendlich oft auf den Schalter gedrückt. Ist die Lampe nach einer Minute an oder aus?

Helvetius: Da kann man nur raten.

Sokrates: Du siehst, wo das Unendliche im Spiel ist, ist das mit der Gewißheit so eine Sache. Auch wenn die Mathematiker mit dem Unendlichen rechnen. Aber sie tricksen nur das Problem mit einem mathematischen Kniff aus.

Helvetius: Das ist mir immer noch zu abstrakt. Ich gebe dir ein besseres Beispiel. Wenn ich einen Stein in die Sonne lege, wird er warm. Die Wärme der Sonnenstrahlen ist die klar definierbare Ursache für die Wärme des Steines. Das nenne ich eine wissenschaftlich sichere Erklärung, denn Ursache und Wirkung sind klar erkannt.

Sokrates: Du meinst, die Sonnenstrahlen sind die Ursache, und die Erwärmung des Steins ist die Wirkung?

Helvetius: Mehr noch. Wenn ich einen Stein in die Sonnenstrahlen lege, muß er sich mit Notwendigkeit erwärmen. Diese Notwendigkeit erkannt zu haben macht die besondere Verläßlichkeit der physikalischen Erkenntnis aus.

Sokrates: Das ist ja interessant. Diese Notwendigkeit hätte ich gern mal gesehen.

Helvetius: Die ist nicht zu sehen.

Sokrates: Aber woher weißt du dann von ihr?

Helvetius: Die wird aus der Erfahrung geschlossen.

Sokrates: Das verstehe ich nicht.

Helvetius: Du kannst den Versuch so oft wiederholen, wie du willst. Immer das gleiche Ergebnis. Also muß hier doch wohl von Notwendigkeit gesprochen werden.

Sokrates: Falsch.

Helvetius: Wie, falsch?

Sokrates: Du schließt aus einer begrenzten Erfahrung auf etwas, das unbegrenzt gültig sein soll. Das ist logisch nicht statthaft. Du kannst streng genommen nur sagen, daß bisher bei allen Versuchen mit einem Stein in den Sonnenstrahlen diese Wirkungen zu beobachten waren. Du sprichst also immer über die Vergangenheit. Daß dieses Ergebnis sich morgen wiederholt, ist nur aus der Vergangenheit ableitbar und deshalb nur eine Sache der Wahrscheinlichkeit.

Helvetius: Aber einer sehr hohen Wahrscheinlichkeit.

Sokrates: Gemessen am Erfahrungsraum der Spezies Mensch über einige Jahrtausende, ja. Aber gemessen am Zeitraum des Universums, nein.

Helvetius: Das würde bedeuten, daß ein abschließendes Urteil gar nicht möglich wäre?

Sokrates: Genau so ist es. Naturgesetze drücken Regelmäßigkeiten aus, wie sie bisher in unserer Erfahrung erschienen sind. Und kein vernünftiger Wissenschaftstheoretiker würde etwas anderes sagen.

Helvetius: Das steht im Widerspruch zum gesunden Menschenverstand.

Sokrates: Hast du schon einmal den gesunden Menschenverstand gefragt, was er von der Relativitätstheorie hält?

Helvetius: Dann wären Naturgesetze gar nicht absolut gewiß?

Sokrates: Sie formulieren nur vergangene Erfahrungen. Und sie sind immer gefährdet, widerlegt zu werden.

Helvetius: Das mußt du näher erklären.

Sokrates: Nimm den Satz »Alle Raben sind schwarz«. Nehmen wir an, daß bis auf den heutigen Tag noch kein Mensch, vor allem kein Biologe, einem Vogel begegnet ist, der die Artmerkmale des Raben hat und nicht schwarz war. Dieser Satz hat also die Qualität einer gültigen wissenschaftlichen Erkenntnis.

Helvetius: Daraus läßt sich dann die Vorhersage ableiten, daß der Rabe, den morgen mein Nachbar fangen will, schwarz gefiedert ist.

Sokrates: Eine Vorhersage mit einer gewissen Wahrscheinlichkeit. Da der Ausgangssatz über die Raben nicht bewiesen ist, kann es keine Gewißheit geben.

Helvetius: Wieso ist dieser Satz nicht bewiesen?

Sokrates: Weil es einen endgültigen Beweis eines Erfahrungssatzes nicht geben kann. Man müßte alle bisherigen Erfahrungen mit Raben seit Menschengedenken und alle Orte auf der Welt überprüfen und könnte doch nicht sicher sein. Denn während wir hier reden, könnte ja irgendwo auf der Welt ein Rabe gesichtet werden, der vielleicht weiß ist. Millionen von Beobachtungen schwarzer Raben könnten einen einzigen weißen Raben nicht aufwiegen, um den Satz über die schwarzen Raben zu retten. Ein einziger weißer Rabe, und der Satz ist erledigt.

Helvetius: Ein einziges Teilchen im subatomaren Raum, das schneller ist als die Lichtgeschwindigkeit, könnte also die Einsteinsche Physik widerlegen?

Sokrates: Die Naturwissenschaft stellt Gesetze auf, die auf vergangenen Beobachtungen und Experimenten gründen. Sie arbeitet mit Modellen und Hypothesen, die jederzeit widerlegt werden können. Jede Widerlegung ist sogar erwünscht, denn sie bringt uns die Wahrheit etwas näher, auch wenn wir die Wahrheit nie in der Tasche haben. Alle Experimente oder alle Erfahrungen können deshalb eine Theorie nie beweisen, höchstens vorläufig bestätigen. Aber eine einzige widersprechende Erfahrung kann sie widerlegen.

Helvetius: Das wirft ein schwaches Licht auf die menschliche Erkenntnisfähigkeit.

Sokrates: Ich würde das nicht so sehen. Für irdische Verhältnisse sind wir nicht schlecht ausgerüstet. Denn wir haben ja vorhin erkannt, daß sich Gott in der Wissenschaft selbst erkennt. Obwohl ich nicht glaube, daß er das nötig hat, schenkt er uns dadurch das Vertrauen in den Fortschritt des Wissens.

Helvetius: Früher hat man Gott eher als Lückenbüßer verstanden. Wenn irgendwo die Wissenschaft nicht weiter wußte, war das gleich ein Beweis, daß Gott dahinter steckt.

Sokrates: Das ist kalter Kaffee von gestern. Die Schönheit einer mathematischen Gleichung, da ist Göttliches drin. Daß eine Maschine funktioniert, da ist auch Göttliches drin. Denn Gott ist nicht nur dadurch gekennzeichnet, daß er für unser Gehirn zu groß ist, sondern auch dadurch, daß die Welt mit allen Einzelteilen aus ihm hervorgegangen ist. In jedem Teil widerspiegelt sich die Freude, daß es von einem Universum umfangen wird. Es könnte ja auch nichts geben, kein Universum, kein Mensch, keine Wissenschaft. Und das wäre doch ganz schön beschissen. Oder?

Helvetius: Dieses Stichwort hättest du besser nicht gegeben. Ich habe schon seit Tagen so ein komisches Rumoren im Bauch. Mach es gut, verehrter Sokrates, die Natur drängt.

Sokrates: Das Universum, verehrter Helvetius, das Universum.

Helvetius: Laß uns hier einen Punkt machen.

Sokrates: Wieso? Gott ist in allem und darüber hinaus.

Das Problem der Religion mit dem Blitzableiter

Die Wahrheitsfrage im Lichte der Wissenschaftstheorie / Versöhnung von Wissenschaft und Religion

Die Wahrheitsfrage im Lichte der Wissenschaftstheorie

Ein Tief ist angesagt. Auf der abendlichen Wetterkarte im Fernsehen läßt sich seine Zugrichtung erkennen, und jeder Zuschauer weiß, daß er seinen Regenschirm nicht vergessen darf. Aus den Temperaturunterschieden der aufeinander treffenden Fronten kann der Moderator außerdem noch Gewitter und Sturm vorhersagen. Alles klar, der informierte Mensch stellt sich darauf ein. Lange ist es her, daß im Grollen des Himmels und in herabzuckenden Blitzen das Walten der Gottheit gesehen wurde. Die Meteorologie ist eine Wissenschaft geworden und hat den Himmel entzaubert. Wo früher seltsame Himmelserscheinungen mit Religion und Glauben in Verbindung gebracht wurden, ist heute wissenschaftliches Erkennen getreten. Und die Erfindung des Blitzableiters hat auch dem Dümmsten klargemacht, daß ein Blitz eine elektrische Entladung ist und sonst nichts. Aus dem Venedig des 19. Jahrhunderts wird berichtet, daß der Blitz den Turm der Markuskirche dreimal binnen 20 Jahren zerstören mußte, ehe sich der örtliche Klerus entschließen konnte, diese nützliche Erfindung zu installieren, um sich der dreisten Angriffe der Himmelsartillerie erwehren zu können. Damit war die Gottheit einer mächtigen Äußerungsmöglichkeit beraubt worden, sie vermochte nicht mehr in Form von Blitz und Donner mächtig zuzuschlagen.

Die Wissenschaft weiß, wie aus dem Grollen der Gottheit ein einfach zu beherrschendes Risiko wird. Ist dies nicht ein schönes Beispiel dafür, daß sich die Religion auf dem Rückzug befindet und der Wissenschaft das Feld überlassen muß? Wissen ersetzt den Glauben, wobei unter Glauben dann das Fürwahrhalten von unbewiesenen übernatürlichen Erklärungen verstanden wird.

Man könnte sich zufrieden geben und darauf warten, daß immer mehr Phänomene unserer Welt einer natürlichen Deutung zugänglich sind. Das Endziel ist dann ein Wissen über alles, die Gottesfrage wäre negativ geklärt. Die Religion müßte sich bis dahin immer weiter auf das noch nicht Geklärte zurückziehen, bis ihr eines Tages die Luft ausging und ihr Lückenbüßer-Gott keinen Wohnraum mehr hätte. Sie könnte vielleicht noch die Hoffnung hegen, daß immer etwas Unerklärliches übrig bleibt. Aber kann man von solch einem dünnen Fundament aus noch beanspruchen, dem Menschen etwas zu sagen zu haben?

Die Wissenschaft geht von Fakten aus. Das ist ihre Stärke. Sie stellt Verbindungen zwischen Fakten her: Wenn A, dann B, und sie handelt danach, daß man etwas weiß, *»wenn man den Grund erkennt, warum es so ist, und damit die Gewißheit hat, daß es nicht anders sein kann«*[1].

So entsteht unsere moderne Welt, in der die Religion nach Meinung vieler eigentlich keinen Platz mehr hat. Für die meisten Menschen ist damit das Thema erledigt. Was zählt, ist das Faktum. Schade. Denn das Thema fängt jetzt eigentlich erst an. Zumindest für diejenigen, die etwas mehr Ansprüche an die Vernunft stellen. Etwa mit den Fragen: Was ist ein Faktum? Der Regentropfen, der vom dunklen Himmel fällt?

Alle optischen Sinneseindrücke sind zunächst einmal Netzhauteindrücke. Sie vermitteln Bilder von Dingen. Sind Fakten Bilder?

Wenn der Stein in der Sonne liegt, wird er warm. Ist die Sonne die Ursache der Wärme im Stein? Wir wissen seit Immanuel Kant, daß »Ursache« eine Vorstellung ist, die nur in unserem Kopf existiert. Die Ursache ist nirgendwo zu sehen, wir denken sie bloß hinzu. Also ist das Faktum des von der Sonne erwärmten Steines ein Produkt aus Sinneswahrnehmung und interpretierender Gehirnleistung.

Nach Kant tragen wie eine ganze Reihe von solchen Interpretationen (Kategorien) im Kopf und stülpen sie auf das Chaos der Sinneseindrücke, damit daraus erst eine geordnete Welt entstehen kann. Wir tragen gewissermaßen eine Brille auf der Nase und können nur durch ihre strukturierten Gläser eine Struktur in der Welt erkennen. Dann ist aber ein Faktum etwas, das von unserem Bewußtsein eine Struktur erhalten hat. Und damit kehrt sich die Ausgangslage der Wissenschaft plötzlich um. Ein Faktum ist – wie es die lateinische Bedeutung des Wortes meint – etwas Gemachtes. Eine ganze Reihe von Kategorien und logischen Axiomen sind in unserem Kopf notwendig, um aus einem Netzhauteindruck einen Sinneseindruck zu machen.

Der Wissenschaftstheoretiker Hans Albert schreibt: *»Für das alltägliche Denken wird im allgemeinen der sogenannte ›naive Realismus‹ als charakteristisch angesehen, eine Auffassung, derzufolge die Wirklichkeit im großen und ganzen so beschaffen ist, wie sie uns in unserer Wahrnehmung erscheint. Die Sinnesqualitäten werden hier also zu Eigenschaften der Objekte erhoben ... Nun weiß man bekanntlich seit langem, daß Anschauungen dieser Art zu Ungereimtheiten und Widersprüchen führen, so daß es angebracht ist, sie zu revidieren und die in ihnen zum Ausdruck kommende Deutung der menschlichen Erkenntnis in Frage zu stellen.«*[2]

Sein Lehrer Karl Popper nennt diesen naiven Realismus die »Kübeltheorie des Geistes«. Derzufolge ist unser Geist ein Kübel, der am Anfang leer ist und in den durch unsere Sinne Material gelangt, das sich anhäuft und verdaut wird. Diese *»grundfalsche Theorie«* sei bei vielen Wissenschaftlern noch immer sehr lebendig, obwohl sie naiv und in allen ihren Formen unhaltbar ist.

Sie geht davon aus, daß Sinnesdaten passiv empfangen und im Kübel zu Wissen geordnet werden. Aber schon die Biologie zeigt uns, daß das Auge durch seine angeborenen Strukturen eine bestimmte Deutung der Lichteindrücke vornimmt. *»Es gibt kein Sinnesorgan, in das nicht antizipierende Theorien genetisch eingebaut wären.«*[3]

Beobachten ist somit kein passives Verhalten, wie wir es von der Fotokamera her kennen, sondern ein aktives Gestalten, das Ähnlichkeit mit der Arbeit eines Kunstmalers hat.

Aus der Wahrnehmungspsychologie wissen wir, daß das Gehirn Wahrnehmungsreize auf der Netzhaut ganz verschieden strukturieren kann. Das Auge wird als datenverarbeitendes System verstanden, das Gestalten in die Natur hineinprojiziert. So kommt es, daß die einen im Bereich der optischen Täuschungen in schwarzen Linien den Umriß einer Vase sehen, andere die Seitenansicht zweier Gesichter.

Wahrnehmung hat generell mehr mit Deuten zu tun als mit Empfangen, vergleichbar den Spielen aus der Kindheit, als wir in den Wolken Gestalten zu erkennen versuchten oder beim Zinngießen an Silvester in den Metallklumpen Objekte erkennen wollten, die mit unserer Zukunft in einer Beziehung stehen sollten.

Nach Popper ist jede Wahrnehmung oder Beobachtung schon *»theoriengetränkt«*[4]: durch die Kategorien in unserem Kopf zum Beispiel oder die Kategorien unserer Sprache, die ja unsere geistigen Aktivitäten mitstrukturieren. Wir sehen also, daß keine Rede davon sein kann, daß die Fakten als Ausgangspunkte der Wissenschaft fraglos vorausgesetzt werden können, da sie selbst voller Fragen sind. Und wir ersehen darüber hinaus, daß das Wirklichkeitsbild des naiven Realismus einfachhin falsch ist und aus gutem Grund heute von keinem Wissenschaftstheoretiker mehr vertreten wird.

Doch wie unsere Faktenwelt auch immer zustande kommt, sie ist und bleibt Ausgangspunkt der wissenschaftlichen Forschung. Die Wissenschaft ist gerade deshalb so erfolgreich, weil sie es versteht, bestimmte Fragen auszuklammern oder gar nicht erst zu stellen.

Zurück zur Meteorologie. Sie stellt eine Menge von Beobachtungen und Messungen zu Theorien und Hypothesen zusammen. Aber auch hier gilt: Es gibt keine Sicherheit für ihre Prognosen. Denn alle Beobachtungen sind in der Vergangenheit gemacht worden. Es gibt keine Garantie, daß sie in Zukunft wieder in derselben Form auftreten. Wohl aber gibt es eine gewisse Wahrscheinlichkeit. Die Wahrscheinlichkeit ist um so größer, je öfter die Beobachtungen in der Vergangenheit aufgetreten sind. Nichtsdestoweniger kann es zu Sinnesdaten sehr verschiedene Theorien geben, die sie zu einem Erklärungsmuster verbinden. Thomas S. Kuhn faßt zusammen: *»Wissenschaftstheoretiker haben wiederholt demonstriert, daß auf eine gegebene Sammlung von Daten immer mehr als eine theoretische Konstruktion paßt.«*[5]

Theorien verhalten sich zur Wirklichkeit wie der Schlüssel zum Schloß. Jeder Einbrecher weiß, daß zu einem Schloß immer mehrere verschiedene Schlüssel passen können und daß es sinnlos ist, nach dem »wahren« Schlüssel zu suchen. Deshalb ist Theorienvielfalt in der Wissenschaft nicht nur erlaubt, sondern auch erwünscht. *»Anything goes«* hieß die Parole, die Paul Feyerabend in den achtziger Jahren ausgab. Und genauso hält es auch der Kleingärtner, der lieber auf den Hundertjährigen Kalender oder auf den Flug der Schwalben vertraut als auf die Isobarenkarte in der Tageszeitung.

Nach Popper ist es nicht möglich, eine einmal aufgestellte Theorie vollständig zu verstehen, denn das würde bedeuten, daß man alle ihre logischen Folgerungen kennt. Dies stellt eine unendliche Aufgabe dar, zumal niemals ausgeschlossen sein kann, daß Situationen auftreten, in denen die Theorie an einem inneren Widerspruch, der dann erst klar wird, zusammenbrechen kann.[6]

Aber gerade diese Suche nach Widersprüchen fördert den wissenschaftlichen Fortschritt. So kennzeichnet es eine wissenschaftliche Theorie, daß sie offen ist für die Möglichkeit des Scheiterns. Theorien, die so formuliert sind, daß sie nicht widerlegt werden können, sind ihrem Wesen nach nicht wissenschaftlich.[7] Fehlerausmerzung anstelle dogmatischen Triumphes über vermeintlich sicheres Wissen ist also angesagt.

Nach Popper ist es unrealistisch, von der Wissenschaft Gewißheit zu verlangen. Sie ist nämlich ganz im Gegenteil grundsätzlich hypothetisch und fehlbar. Ihre Wahrheit kann weder durch Erfahrung noch durch geistige Anschauung sicher bewiesen werden, denn es gibt in der Wissenschaft keinen unfehlbaren Indikator für Wahrheit. Wohl aber können wir die Schwachstellen unserer Hypothesen kritisieren. Manchmal gelingt es uns, Fehler zu entdecken und zu beseitigen und dadurch die Theorien zu verbessern. Aber Wahrheit können sie niemals verbürgen, sie lassen uns bestenfalls auf eine schrittweise Annäherung an sie hoffen.

Wolfgang Stegmüller, der renommierteste Wissenschaftstheoretiker in Deutschland, vertritt sogar die Auffassung, daß der Wahrheitsbegriff gar nicht in die Wissenschaft gehört, sondern eher in die Theologie.[8]

Damit ist der Satz des Sokrates »*Ich weiß, daß ich nichts weiß*« in die moderne Wissenschaftstheorie zurückgekehrt.

Im Vorwort zu Poppers berühmtem Buch »Logik der Forschung« heißt es in der Einleitung: »*Unser Wissen ist ein kritisches Raten; ein Netz von Hypothesen, ein Gewebe von Vermutungen.*«[9] Für Popper bedeutet das: »*Ich möchte die Hoffnung aussprechen, daß die bescheidene sokratische Einsicht in unser Nichtwissen endlich wieder zum intellektuellen Gemeingut wird.*«[10]

Diese Auffassung von wissenschaftlicher Theorienbildung hat sich heute durchgesetzt. Nicht nur in der Wissenschaftstheorie, sondern auch in der praktischen Forschung. So schreibt der bekannte Biophysiker Bernulf Kanitscheider lapidar: »*Heute gilt die Idee einer sicheren Erkenntnis der Welt, selbst wenn es sich nur um die gröbsten Rahmenvorstellungen handelt, als gescheitert.*«[11]

Zurück zu unserer Wettervorhersage. Wer aufgrund der Lektüre moderner Wissenschaftstheorie bei angesagtem Regen seinen Regenschirm zu Hause läßt, ist schlecht beraten. Zwar wissen wir aus der Chaostheorie, daß schon der Flügelschlag eines Schmetterlings im brasilianischen Urwald die Ausgangsbedingungen für unser Wetter in Mitteleuropa verändern kann. Wir wissen auch, daß die treibende Kraft hinter allen atmosphärischen Bewegungen die Gravitation ist, eine Größe also, die bis heute physikalisch gesehen voller Rätsel ist. Trotzdem gilt: Auch wenn wir keine »wasserdichten« wissenschaftlichen Theorien haben, haben wir doch wenigstens relativ verläßliche Vorhersagen. Wissenschaft ist ein Instrument unseres Überlebenswillens in dieser Welt.[12] Sie kann nicht als Ersatz für Philosophie oder Theologie dienen. Carl Friedrich von Weizsäcker wird nicht müde darauf hinzuweisen, daß die Wissenschaft gerade deshalb so erfolgreich sein kann, weil sie bewußt bestimmte philosophische und theologische Fragen nicht stellt. Das heißt aber nicht, daß diese Fragen deshalb nicht gestellt werden dürfen.

Halten wir fest:

1. Die Vorstellung, Wissenschaft könne durch eindeutiges Wissen die Religion ersetzen, ist überholt.
2. Die Wissenschaft ist trotz ihrer Erfolge bescheiden geworden. Sie bietet Modelle und Hypothesen, mit denen man mehr oder weniger erfolgreich arbeiten kann, die aber widerlegbar bleiben.
3. Gerade diese Widerlegbarkeit macht den Status einer wissenschaftlichen Aussage aus. Nur so kann Fehlerausmerzung betrieben werden.

Versöhnung von Wissenschaft und Religion

Der klassische Gegensatz Wissenschaft contra Religion existiert heute nicht mehr. Die Wissenschaft selbst hat ihn aufgehoben, indem sie sich in ihrem Selbstverständnis und ihrem Geltungsanspruch verändert hat. Aber auch die Religion hat sich verändert. Sie macht heute keine Aussagen mehr über Gegenstandsbereiche, die außerhalb ihres Fragebereiches liegen. Und der geht nicht in die Breite der Dingwelt, sondern in die Tiefe des Grundsätzlichen und in die Weite des Umfassenden.

Die Probleme der Religion mit dem Blitzableiter stammen aus einer anderen Zeit. Die Wissenschaft hat dazu beigetragen, daß die Religion gereinigt wurde und ihren eigentlichen Geltungsbereich besser zu erkennen vermochte. Namhafte Wissenschaftler attestieren heute sogar der katholischen Kirche, daß die Reaktion des Papstes auf die Thesen Galileis aus heutiger Sicht völlig richtig war. Die Thesen des Kopernikus hatten Druckerlaubnis erhalten, weil sie als Hypothesen formuliert waren. Galilei wollte aber keine Hypothesen formulieren, sondern absolute Wahrheiten behaupten. Und das in einer Zeit, als die Ptolemäische Hypothese viele Himmelserscheinungen besser erklären konnte.[13] Aus heutiger Sicht vertrat damals die katholische Kirche, obwohl sie in falschen kosmologischen Vorstellungen ihrer Zeit gefangen war, die modernere Wissenschaftskonzeption.

Bei aller Fehlbarkeit wissenschaftlicher Theorien und bei aller Fragwürdigkeit des naiven Realismus, der für viele Menschen auch heute noch selbstverständlich ist, muß doch festgehalten werden: Auch wenn die wahre Wirklichkeit die Wissenschaft unendlich übersteigt, so gibt es doch einen Berührungspunkt zwischen beiden. Diesen Berührungspunkt herausfinden zu können, beweist die Würde der menschlichen Vernunft, die an der Würde des göttlichen Geistes teilhat.

Gott ist nicht der Lückenbüßer für die weißen Flecken auf der Landkarte des Wissens. Auch nicht für die ungelösten Rätsel der Wissenschaft, die vielleicht eines Tages gelöst werden können. Gott ist vielmehr das Seinsgeheimnis, das Unergründliche, dessen Auflösung prinzipiell unmöglich ist. Gott ist das Umgreifende, aus dem der Geist hervorgeht, der sich in allem Seienden manifestiert. Albert Einstein hat darüber nachgedacht wie nur wenige Wissenschaftler vor ihm. Sein Ergebnis ist eindeutig: »*Je weniger Kenntnis der Forscher besitzt, um so ferner fühlt er sich von Gott. Je größer aber sein Wissen ist, um so mehr nähert er sich ihm.*«[14]

Einsteins Religiosität gründet im Staunen über die Harmonie der Naturgesetzlichkeit, in der sich eine so überlegene Vernunft offenbart, daß alles Sinnvolle unseres menschlichen Denkens und Anordnens dagegen ein gänzlich nichtiger Abglanz ist: »*Sie finden es merkwürdig, daß ich die Begreiflichkeit der Welt als Wunder oder als ewiges Geheimnis empfinde? Nun, apriori sollte man doch eine chaotische Welt erwarten, die durch Denken in keiner Weise erfaßbar ist. Man könnte (ja sollte) erwarten, daß die Welt nur insoweit sich als gesetzlich erweise, als wir ordnend eingreifen. Es wäre eine Ordnung wie die alphabetische Ordnung der Worte einer Sprache. Die Ordnung dagegen, die z. B. durch Newtons Gravitations-Theorie geschaffen wird, ist von ganz anderem Charakter. Wenn auch die Axiome der Theorie vom Menschen gesetzt sind, so setzt doch der Erfolg eines solchen Beginnens eine hochgradige Ordnung der objektiven Welt voraus, die objektiv zu erwarten man keinerlei Berechtigung hatte. Hier liegt das ›Wunder‹, das sich mit der Entwicklung unserer Kenntnisse immer mehr verstärkt. Hier liegt der schwache Punkt für die Positivisten und die berufsmäßigen Atheisten.«*[15]

»Wissenschaft kann nur geschaffen werden von Menschen, die ganz erfüllt sind von dem Streben nach Wahrheit und Begreifen. Diese Gefühlsbasis aber entstammt der religiösen Sphäre. Hierher gehört auch das Vertrauen in die Möglichkeit, die in der Welt des Seienden geltenden Gesetzmäßigkeiten seien vernünftig, das heißt, durch die Vernunft begreifbar. Ohne solchen tiefen Glauben kann ich mir einen Forscher nicht vorstellen. Man kann den Sachverhalt durch ein Bild ausdrücken: Wissenschaft ohne Religion ist lahm, Religion ohne Wissenschaft ist blind.«[16]

Wissenschaft darf jedoch aus christlicher Sicht, bei aller Betonung der Vorläufigkeit ihrer Erkenntnis, nicht den Anspruch aufgeben, der Wahrheit näher zu kommen. Die absolute Wahrheit ist dem Menschen verschlossen. Trotzdem ist wissenschaftliches Erkennen ein Aspekt des Absoluten. Die Vernunft des Menschen hat teil am Geiste Gottes, und der Wissenschaftler hat teil an der Selbsterkenntnis des Umgreifenden, weshalb menschliches Erkennen einen Aspekt der großen Vernunft und des großen Geistes widerspiegelt.

Wie wirklich ist die Wirklichkeit?

Bestehen Körper aus kleinen Körperchen? / Die verrückte Welt der modernen Physik / Die Quantenphysik zerstört unsere Anschauung von Wirklichkeit / Am Ende alles Mystik?

Bestehen Körper aus kleinen Körperchen?

Ein Zauberer betritt die Bühne und baut seine Utensilien auf. Vor den Augen des Publikums zersägt er eine Jungfrau und läßt sie aus seinem Zauberhut wieder auferstehen. Er verwandelt Geldscheine in Tauben und Tauben in Elefanten. Er bringt vielleicht noch einen Elefanten zum Platzen und verschwindet dann mit seiner unversehrt gebliebenen Bikiniträgerin durch die Luft fliegend hinter dem sich schließenden Vorhang.

Die Zuschauer haben es mit eigenen Augen gesehen: Es sind Dinge passiert, die eigentlich gar nicht möglich sind. Stößt der Mensch hier an die Grenze des Erkennbaren? War die Bühne eine Öffnung ins Transzendente?

Wenn die Zuschauer den Zauberer bitten, die Wunder zu erklären, wird er es klugerweise nicht tun. Würde er es tun, und jedermann im Parkett würde den Trick verstehen, wäre der Effekt des Wunderbaren verschwunden, und Ernüchterung würde um sich greifen. Ja, wenn das so ist, dann ist das ja eigentlich alles ganz einfach. Wer redet da noch von Wunder?

Für viele Menschen ist das Universum, unsere Welt und ihr eigenes Leben kein Wunder mehr. Sie gehen davon aus, daß die Wissenschaften den dahinterstehenden Trick entlarvt haben oder dabei sind, ihn zu entlarven. Für sie besteht die Wirklichkeit aus erkennbaren Bausteinen und einem erkennbaren Bauplan. Wenn Teile der Welt unvollständig sind, konstruieren wir sie nach. Wo bleibt da noch Raum für das Wunder?

Louis Büchner schrieb um die Mitte des 19. Jahrhunderts in seinen »Empirisch-Naturphilosophischen Studien«: »*Wie schnell zerrann unter den Händen der Wissenschaft die Macht der Geister und Götter! Der Aberglaube mußte unter den Kulturnationen fallen und das Wissen an seine Stelle treten. Es gibt nichts Wunderbares, alles, was geschieht, was geschehen ist und geschehen wird, geschieht ... auf eine Weise, die nur bedingt ist durch das gesetzmäßige Zusammenwirken der von Ewigkeit her vorhandenen Stoffe und der mit ihnen verbundenen Naturkräfte ... und alles dies geschah als der Ausdruck strengster Notwendigkeit.*«[17]

Ernst Haeckel, der einflußreichste Materialist des letzten Jahrhunderts, schrieb 1898: »*Was die Physik beschreibt, das ist die Natur, wie sie an sich selbst ist; die Natur ... läuft objektiv ab, so wie eine Maschine läuft, der wir, die Subjekte, meist nur zuschauen können.*«

Die Welt als eine große Maschine. Wer ihren Bauplan entschlüsselt, hat ihr alles Wunderbare genommen und kann sie für seine Zwecke ausnutzen. Dies ist die Auffassung von Wirklichkeit, wie man sie auch heute noch bei den meisten Zeitgenossen antrifft. Sie ist grundfalsch. Wir stehen mitten in einer Revolution der Wissenschaften und damit auch in einer Revolution unserer Wirklichkeitsauffassung. In der Auseinandersetzung zwischen Atheismus und Religion sind die Karten neu gemischt. In den folgenden Überlegungen sollen Erkenntnisse aus der modernen Physik den Weg weisen. Wir werden dabei die Erfahrung von Bergsteigern machen, die von verschiedenen Seiten ein Massiv erklimmen. Jeder hat seine Sicht der Landschaft, aber auf dem Gipfel ist es möglich, die verschiedenen Sichten zu einem Rundblick zu vereinen. So haben Philosophie, Theologie und Wissenschaft verschiedene Ansichten der Wirklichkeit, aber am Ende werden sie sich ergänzen zu einem geschlossenen Bild.

Betrachten wir einmal die Welt als ein Foto. Die Innenansicht eines Wohnhauses z. B. zeigt das Wohnzimmer mit bürgerlichem Mobiliar. Der Stuhl im Vordergrund steht in einem sinnvoll bemessenen Abstand vom Tisch, und der wieder hält praktischen Abstand vom Schrank. Das Bild ist zwar flach, und die Vorstellung des Raumes, der auf dem Foto sich nach hinten öffnet, ist ein Produkt unseres Gehirns. Trotzdem würde niemand daran zweifeln, daß es sich hier um klar definierbare Gegenstände mit klar definierbaren physikalischen Eigenschaften handelt. Geht man näher an das Foto heran, lösen sich die Gegenstände auf, und es erscheinen Bildpunkte, aus denen sich die Gegenstände des Fotos zusammensetzen. So, wie sich von Demokrit bis Newton die Physiker die Gegenstandswelt als ein Compositum aus winzigen Atomen vorgestellt haben.

Die moderne Physik geht einen Schritt weiter. Sie geht noch näher an das Bild heran. Sie stellt zunächst fest, daß die Bildpunkte an den Rändern verfließen und eine leere Fläche sich auftut. Mit anderen Worten: daß Atome vor allem leer sind. Ein Stuhl besteht im wesentlichen aus leerem Raum. Wenn man einen Stuhl berührt, trifft aus dieser Leere ein Schwarm elektronischer Impulse auf die Hand, die selbst nur ein Schwarm elektronischer Impulse ist. Der Stuhl hat also keine klar begrenzte Oberfläche. Die Messung des Abstandes zum Tisch kann nicht exakt, sondern nur als Näherung vorgenommen werden. Die elektronischen Impulse, aus denen der Stuhl besteht, nehmen weniger als ein Milliardstel des Platzes ein, den der Stuhl selbst braucht. Die Farbe des Stuhles ist nur eine Konstruktion meines Gehirns, weil Impulse keine Farbe haben. Will ich mich auf den Stuhl setzen, muß ich auf einem Brett zu landen versuchen, das mit einer Geschwindigkeit von 30 Kilometer in der Sekunde um die Sonne fliegt. Nur den Bruchteil einer Sekunde Verspätung, und der Stuhl ist meilenweit entfernt. Und dieses Kunststück muß fertiggebracht werden, während ich an einem kugelförmigen Planeten hänge, mit dem Kopf nach außen in den Raum hinein, und ein »Ätherwind« aus dem Weltraum durch alle meine Poren bläst. Habe ich den Stuhl getroffen, muß ich aufpassen, daß ich nicht durch den leeren Raum hindurchfalle. Trifft mich ein Atom von unten, so werde ich nach oben gehoben und von einem anderen Atom von oben nach unten gedrückt, so daß ich dauernd auf gleicher Höhe bleibe. Sollte ich aber unglücklicherweise durch den Stuhl hindurchfallen oder an der Decke landen, so wäre dieser Unfall keine Verletzung der Naturgesetze, sondern nur ein unwahrscheinliches Zusammentreffen von Zufällen. Außerdem müßten gewisse Fragen an die Entropiegesetze gestellt werden, um sicher zu sein, daß ich aus dem Zimmer jemals wieder herauskomme.

Wahrlich, es ist einfacher, daß ein Kamel durch ein Nadelöhr geht, als daß ein moderner Physiker sich auf einen Stuhl setzt. Der Nobelpreisträger Sir Arthur Eddington[18] scheint die Dinge ähnlich zu sehen.

Wir sehen an diesem einfachen Beispiel, daß offensichtlich die Welt der Atome nicht eine verkleinerte Kopie unserer Alltagswelt ist, sondern eine ganz andere Struktur besitzt, wie im Folgenden noch weiter verdeutlicht wird.

Und man wird als vorsichtiger Mensch noch eine Reihe von Fragen an die Physik zu stellen haben, bevor man sich wieder ruhigen Gewissens auf einen Stuhl setzen kann.

Atome sind leer, so haben wir herausgefunden. Aber so ganz leer sind sie auch wieder nicht. Wie wir aus der Schule wissen, gibt es einen Atomkern, und um ihn herum kreisen Elektronen wie der Mond um die Erde. Und diese winzigen Bestandteile des Atoms lassen sich zerlegen in wieder kleinere Bestandteile, die Elementarteilchen. Viele dieser Teilchen existieren nur 10^{-23} Sekunden; das ist der billionste Teil des 100milliardsten Teiles einer Sekunde[19]. Will man so ein Elementarteilchen wieder teilen, indem man es mit anderen Elementarteilchen beschießt, können unter den neu entstandenen Teilchen mehrere neue Teilchen vom Typ des zerstörten Teilchens sein. Das führt zu der absurden Schlußfolgerung, daß Elementarteilchen »aus sich selbst« zusammengesetzt sind[20].

Dabei kann die Gesamtmasse der nach dem Zusammenstoß vorhandenen Teilchen ein Vielfaches der ursprünglichen Gesamtmasse sein[21].

Offensichtlich sind subatomare Teilchen keine Dinge mehr, denn sie verhalten sich nach Regeln, die in der Dingwelt nicht möglich sind, etwa so, als fiele eine Blumenvase aus der Hand und die Trümmer bestünden aus lauter Blumenvasen. Fritjof Capra schreibt: »*Subatomare Teilchen sind also keine Dinge, son-*

dern Verknüpfungen zwischen zwischen ›Dingen‹, und diese ›Dinge‹ sind ihrerseits Verknüpfungen zwischen anderen ›Dingen‹, und so fort.« Das zeigt, »*daß wir die Welt nicht in unabhängig voneinander existierende kleinste Einheiten zerlegen können. Beim Eindringen in die Materie finden wir keine isolierten Grundbausteine, sondern ein kompliziertes Gewebe von Beziehungen zwischen den verschiedenen Teilen eines einheitlichen Ganzen.«*[22]

Mit anderen Worten: Wenn ich meinen Stuhl, der ja eindeutig ein Ding ist, zerlege bis in seine kleinsten Bestandteile, habe ich plötzlich keine winzigen Dinge mehr vor mir, sondern nur noch Beziehungen. Aber, so wendet mein an der Dingwelt geschulter Sachverstand ein, Beziehungen können doch nur zwischen Dingen bestehen.

Es kommt noch schlimmer. Diese atomaren Vorgänge laufen nicht an einem bestimmten Ort und zu einer bestimmten Zeit ab, sondern haben bloß »die Tendenz« aufzutreten. Sie sind bloß Möglichkeiten. Ob sie auftreten oder ob sie nicht auftreten, entscheiden sie aus sich heraus. Eine dafür verantwortliche Ursache gibt es nicht. John Gribbin: »*Es vollzieht sich einfach ohne besonderen Grund, eher jetzt als zu einem anderen Zeitpunkt.«*[23]

Sir James Jeans behauptet sogar, daß die Teilchen in Wirklichkeit nur Schöpfungen unseres Geistes sind und keine eigenständige Wirklichkeit haben.[24] Viele berühmte Physiker vertreten eine ähnliche Auffassung. Und eine ganze Physikerschule schließt sich ihnen an.[25]. Bei Gribbin heißt es: »*Wenn man weiterbohrt und nach einem physikalischen Bild dessen, was da geschieht, fragt, wird man darauf kommen, daß alle physikalischen Bilder sich in eine Welt von Geistern auflösen.«*[26] Richard Feynman, der berühmte Lehrer der Atomphysik und Nobelpreisträger, hatte die Vorstellung von »*einem einzelnen Elektron, das auf dem Webstuhl der Zeit immer wieder hin- und herfährt und einen prächtigen Teppich webt, der vielleicht sämtliche Elektronen und Positronen der Welt enthält«*[27].

Hans-Peter Dürr, der Nachfolger auf Heisenbergs Lehrstuhl, schreibt: »*Aus quantenmechanischer Sicht gibt es keine zeitlich durchgängig existierende objektivierbare Welt, sondern diese Welt ereignet sich gewissermaßen in jedem Augenblick neu. Die*

Welt jetzt ist nicht mit der Welt im vergangenen Augenblick identisch.«[28]

Wolfgang Stegmüller nennt es den »Treppenwitz der Geschichte«, daß viele Philosophen sich Materialisten nennen, aber der Materiebegriff der rätselhafteste Begriff überhaupt für die Wissenschaft blieb.[29] Die »Materie-Experten« seien heute in einem gewissen Sinn zu einem schlimmeren Eingeständnis gezwungen als Goethes Faust. Sie seien nicht nur nicht klüger als zuvor, sondern sie seien nicht einmal klüger geworden als die ersten griechischen Philosophen.[30] Bei ihm lesen wir: *»Es ist nicht ausgeschlossen, daß am Ende der Elementarteilchenforschung das große Schweigen stehen wird. Eine Tragödie wäre das auch nicht. Der Treppenwitz des 20. Jahrhunderts zumindest wäre dann sogar perfekt.«*[31]

Jetzt begreift man langsam, warum sich Werner Heisenberg immer wieder die Frage stellte, *»ob die Natur wirklich so absurd sein könne, wie sie uns in diesen Atomexperimenten erschien«*[32].

Die verrückte Welt der modernen Physik

Wenn ich an mein Ausgangsfoto denke und in Rechnung stelle, welches trübe Bild die Physiker von meinem Stuhl zeichnen, kann ich eine gewisse Irritation nicht verhehlen. Was bleibt mir also anderes übrig, als der Physik noch etwas weiter auf den Grund zu gehen? Natürlich könnte ich mich ja in Zukunft auf das Stehen oder Liegen beschränken. Aber die Gemütlichkeit vor dem heimischen Kaminfeuer ließe in diesem Falle erheblich zu wünschen übrig.

Um die Aussagen der Physiker besser zu verstehen, soll deshalb ein Blick in die Geschichte der neuen Physik weiterhelfen.

Am Anfang dieses Jahrhunderts hatte Einstein herausgefunden, daß sich das Licht wie ein Regen aus Teilchen bzw. Korpuskeln verhält. So wie es sich der antike Philosoph Demokrit mit seiner Vorstellung von letzten kleinen griesförmigen Bausteinen der Welt ausgemalt hatte. Aber Thomas Young hatte ebenso unwiderlegbar bewiesen, daß sich das Licht wie eine Welle verhält. Im Laufe der weiteren Untersuchungen zeigte sich, daß das Licht sowohl Welle als auch Teilchencharakter hatte, obwohl beide Eigenschaften nicht miteinander zu vereinbaren sind.

Louis de Brogli übertrug 1923 den merkwürdigen Doppelcharakter des Lichts auf das Elektron. Damit stand fest: Alle Materie besitzt wellenartige Eigenschaften. In manchen Versuchsanordnungen kommt dagegen eher die »Billardkugelnatur« der Materieteilchen zum Tragen. Man spricht vom »Welle-Teilchen-Dualismus« der Materie.

Damit war allerdings ein schwerwiegendes erkenntnistheoretisches Problem geschaffen. Offensichtlich ist die Materie in sich widersprüchlich. W. Stegmüller: *»Ein Ding, welches gleichzeitig Teilchen und Welle ist, ist ein widerspruchsvolles Ding, nicht weniger widerspruchsvoll als das allgemeine Dreieck von J. Locke, welches angeblich gleichzeitig stumpfwinklig, rechtwinklig und spitzwinklig sein soll.«*[33] Es hängt demnach von der Art der Frage ab, die in einem Experiment an die Materie gestellt wird, wie die Materie antwortet.

Niels Bohr schlug deshalb vor, von der Komplementarität der Materie zu reden. Er versteht darunter Eigenschaften bzw. deren Beschreibungen, die logisch nicht zusammenpassen, aber trotzdem möglich sind, weil sie zusammen erst ein Bild vom Ganzen ermöglichen.[34] Wir kennen dieses Phänomen auch aus dem Alltagsleben. So kann z. B. Herr Meier von seiner Frau als liebenswürdig und intelligent, von seinen Kindern als rechthaberisch und unberechenbar und von seinem Chef als entscheidungsschwach und dumm beschrieben werden. Man kann sagen, daß man nur etwas über den wirklichen Herrn Meier verstanden hat, wenn man die drei Beschreibungen zusammen sieht.

Niels Bohr wollte diese Komplementarität auch auf andere nichtphysikalische Probleme angewendet wissen. So schlössen sich bei Gott Liebe und Gerechtigkeit, beim Menschen Geist und Natur gegenseitig aus und gehörten dennoch zusammen.

Die Quantentheorie, wie dieser Bereich der Physik seit Max Planck genannt wurde, hatte noch eine andere Überraschung bereit. Im Jahre 1930 brachte Werner Heisenberg mit einem der berühmtesten wissenschaftlichen Aufsätze, die je geschrieben wurden (»Die physikalischen Prinzipien der Quantentheorie«), eines der Fundamente der klassischen Physik zum Einsturz: Er zeigte, daß unserer Fähigkeit, alles über unsere Welt genau zu wissen, aus elementaren Gründen Grenzen gezogen sind. Die Heisenbergsche Entdeckung ist heute unter der Bezeichnung »Unschärferelation« mit seinem Namen verbunden. Konkret besagt dieses Prinzip, daß es zum Beispiel unmöglich ist, Bewegung und Position gleichzeitig mit Genauigkeit zu messen. Mehr noch: Nach der fundamentalen Gleichung der Quantentheorie gibt es so etwas wie ein Elektron, das sowohl einen präzisen Impuls als auch einen präzisen Ort besitzt, überhaupt nicht.[35] Deshalb ist auch der Vergleich mit dem Mond, der auf einer bestimmten Bahn um die Erde fliegt, falsch. Ein Elektron umkreist nicht ein Atom. Es hat vielmehr die bloß wahrscheinliche Tendenz, mal an diesem, mal an jenem Ort zu erscheinen, ohne daß eine Bahn zwischen den verschiedenen Orten bestünde. Da in diesem Bereich auch keine Kausalität herrscht, kann nur mit Wahrscheinlichkeitsformeln eine entsprechende Vorhersage gemacht werden.

Wenn wir von einem Tennisball Ort und Geschwindigkeit in jedem Augenblick messen wollen, können wir den Ball filmen. Wir können den Ball aber nicht in völliger Dunkelheit filmen. Wenn wir ihn beleuchten, übt das Licht einen Druck auf seine Oberfläche aus und verändert seine Geschwindigkeit. Wir können also in der Dunkelheit den Tennisball nicht messen, ohne auf ihn einzuwirken. Messen bedeutet Stören. Im subatomaren Bereich macht diese Störung natürlich viel mehr aus als im Bereich der klassischen Physik, da die Atome der Meßgeräte einen außerordentlich großen Einfluß nehmen können. Man kann deshalb mit Heisenberg sagen, daß der Physiker und sein Meßinstrument in die Ergebnisse seiner Messungen mit eingeht. Damit wird die Natur nicht mehr objektiv beschrieben. Vielmehr ist die Antwort, die die Natur auf eine in Form von Experimenten gestellte Frage gibt, von dem Physiker mit veranlaßt. Während man sich früher vorstellte, daß der Physiker die Natur wie hinter einer Glasscheibe beobachtet, heißt es jetzt bei Heisenberg: »*Dies hat schließlich zur Folge, daß die Naturgesetze, die wir in der Quantentheorie mathematisch formulieren, nicht mehr von den Elementarteilchen an sich handeln, sondern von unserer Kenntnis der Elementarteilchen. Die Frage, ob diese Teilchen ›an sich‹ in Raum und Zeit existieren, kann in dieser Form also nicht mehr gestellt werden ... Die Vorstellung von der objektiven Realität der Elementarteilchen hat sich also in einer merkwürdigen Weise verflüchtigt.*«[36]

Physik ist demnach nicht mehr Beschreibung der Natur, sondern Beschreibung unserer Kenntnis der Natur. Und das ist etwas grundlegend Anderes.

John Wheeler hat sich in vielen Publikationen ausführlich über die Bedeutung der Quantentheorie geäußert. Aus Anlaß des hundertsten Jahrestages von Einsteins Geburtstag schildert er, wie der Physiker die Frage nach der Wirklichkeit der Materie heute beantwortet. Er erzählt, wie er einmal bei einer Dinnerparty mit einigen Leuten das alte Ratespiel, bei dem nur zwanzig Fragen erlaubt sind, spielte. Als er dann hinausgeschickt wurde, damit die Leute sich auf das Objekt, das er raten sollte, einigen konnten, blieb er »unglaublich lange« ausgesperrt, ein sicheres Zeichen dafür, daß die Mitspieler nach einem besonders schwierigen Wort suchten. Als dann das Spiel begann, wurden solche Fragen wie »Ist es ein Tier?« oder »Ist es blau?« zunächst rasch beantwortet, doch dann kamen die Antworten immer zögernder. Warum mußte der jeweils Befragte vor so einer einfachen Antwort so lange überlegen? Als schließlich nur noch eine Frage übrig war, riet Wheeler: »Ist es eine Wolke?« Als seine Frage bejaht wurde, brach die ganze Gesellschaft in Gelächter aus, und er wurde in das Geheimnis eingeweiht.

Man hatte sich verabredet, sich nicht auf ein zu erratendes Objekt zu einigen. Vielmehr sollte jeder, wenn er gefragt wurde, im Hinblick auf ein reales Objekt, das ihm gerade vorschwebte, eine wahrheitsgemäße Antwort geben, eine Antwort, die zugleich mit allen vorherigen Antworten im Einklang stehen sollte.[37]

Was hat das mit der Quantentheorie zu tun?

So wie wir uns vorstellen, daß da draußen die reale Welt ist, auch dann, wenn wir nicht hinschauen, glaubte Wheeler, es gäbe eine reale Antwort auf seine Frage nach dem Rategegenstand. Aber es gab sie nicht. Das einzig Reale waren die Antworten auf seine Fragen, genau wie das einzige, was wir über die Quantenwelt wissen, die Resultate von Experimenten sind. Wir können also die Materie nicht von der Person trennen, oder von der Art, wie sie beobachtet.

Wheeler glaubte daraus den Schluß ziehen zu müssen, daß die Basisbausteine der Welt einen immateriellen Ursprung besäßen.[38] Dies ist aber nicht der einzig mögliche logische Schluß aus der Quantentheorie, weshalb ihm auch die meisten Physiker nicht gefolgt sind.

Die Quantenphysik zerstört unsere Anschauung von Wirklichkeit

Kommen wir auf mein Foto zurück. Wenn ich die Vorstellungen der Quantentheorie auf meinen einfältigen Holzstuhl anwende, muß ich gestehen, daß ich mich zunehmend weniger meiner phobischen Gefühle erwehren kann.

Wie soll ich mir das vorstellen? Quantentheoretisch gesehen existieren Vorgänge in meinem Stuhl und damit der ganze Stuhl ohne eine Ursache? Und meine Betrachtung des Stuhles soll den Stuhl miterschaffen haben?

Einstein muß es ähnlich ergangen sein, denn er hat sich sein ganzes Leben lang gegen die Vorstellung gewehrt, es gäbe in der Natur etwas, das ohne Ursache abläuft. Die Vorstellung von einer bloß statistischen Wahrscheinlichkeit von Vorgängen war ihm wesensfremd. Nach der Quantentheorie kann man zwar voraussagen, daß nach genau 4,5 Millionen Jahren von einem Gramm Uran die Hälfte zerfallen ist. Wann das einzelne Uranatom zerfällt, läßt sich jedoch nicht sagen, es kann sofort oder erst in Millionen von Jahren zerfallen.[39]

Einstein hat darauf gedrungen, hinter diesen Vorgängen unentdeckte Kausalgründe, verborgene Parameter, zu suchen. Es muß seiner Meinung nach für jedes einzelne Atom eine Ursache seines Verhaltens geben. Er faßte seine Ansichten in seinem inzwischen berühmten Satz zusammen: »Gott würfelt nicht.«

Inzwischen ist es einhellige Auffassungen der Quantenphysiker (von ganz wenigen Ausnahmen abgesehen, z. B. David Bohm), daß Gott doch würfelt und daß es diese verborgenen Parameter nicht gibt.

Für Carl Friedrich von Weizsäcker sind Zufälligkeit und Akausalität im atomaren Geschehen nicht Ausdruck unserer beschränkten Erkenntnisse, sondern sie sind in diesem Bereich der Wirklichkeit konstitutiv. Er spricht deshalb von einer objektiven Wahrscheinlichkeit im Gegensatz zu einer bloß subjektiven, die nur auf mangelnder Einsicht in die kausalen Hintergründe beruht.[40] Und bei Heisenberg heißt es lapidar: »*Die Quantenphysik hat die definitive Widerlegung des Kausalitätsprinzips erbracht.*«[41]

Jedem Vernünftigen fällt es schwer zu akzeptieren, daß in der Zentrale der Physik, die ja die Basiswissenschaft der gesamten Welt sein will, die Gesetze unseres Verstandes außer Kraft gesetzt sein sollen. Aber auf das unnachgiebigste Bohren und Nachfragen erhalten wir immer wieder die Antwort, wie sie der Weizsäcker-Schüler Michael Drieschner stellvertretend für andere Physiker gibt: »*Die Realität ist aus der Perspektive der Quantenphysik in letzter Hinsicht ›analyse-resistent‹.*«[42] Und das, obwohl die Quantentheorie die Grundlagentheorie der gesamten Naturwissenschaften ist. Wir verstehen jetzt den Satz Nils Bohrs: »*Wer an der Quantentheorie nicht verzweifelt, hat sie nicht verstanden.*«[43]

Was bedeutet das also für unsere Ausgangsfrage? Wie wirklich ist denn nun die Wirklichkeit? Daß die Vorstellungen von der Welt als großem Baukasten erledigt sind, dürfte wohl klargeworden sein. Von welcher Art sind denn nun die Dinge auf dem Foto? Wie wirklich ist mein Stuhl? Wie wirklich sind die anderen Objekte, die mich umgeben? Und wie wirklich bin ich selbst?

Wolfgang Pauli, Nobelpreisträger für Physik, antwortet: »*Der Laie meint gewöhnlich, wenn er ›Wirklichkeit‹ sagt, spreche er von etwas Selbstverständlich-Bekanntem; während es mir gerade die wichtigste und überaus schwierige Aufgabe unserer Zeit zu sein scheint, daran zu arbeiten, eine neue Idee der Wirklichkeit auszubauen. Dies ist es, was ich meine, wenn ich immer betone, daß*

Wissenschaft und Religion etwas miteinander zu tun haben müssen.«[44]

Weizsäcker hat sich bekanntermaßen nicht nur als Physiker, sondern auch als Philosoph mit der Quantentheorie beschäftigt. Für ihn gibt es die Vorstellung eines in Raum und Zeit lokalisierbaren Gegenstandes überhaupt nicht mehr: *»Diese naive Ansicht wird durch das theoretische Gerüst der Quantenmechanik außer Kraft gesetzt, eben deshalb, weil sie es nicht mehr mit eindeutig identifizierbaren Objekten zu tun hat. Es ›gibt‹ in diesem Sinne keine Elementarteilchen, weil das Instrument ihrer Untersuchung wiederum auf Elementarteilchen beruht und jede Analyse immer schon ihren Begriff voraussetzen muß. Die Bestimmung ihrer Beschaffenheit wird damit grundsätzlich zirkulär, so daß ihnen keine definitive Objektivität zukommen kann.«*[45]

Was übrig bleibt, ist eine mathematische Struktur[46], die wie bei Platon letztlich geistiger Natur sein muß. David Bohm: *»Das Universum beginnt mehr wie ein großer Gedanke denn wie eine große Maschine auszusehen.«*[47]

Die Physik hat uns in der Schule vorgeführt, daß es keine Wunder gibt. Aber die klassische Physik ist nur ein bequemer Grenzfall und taugt nur für unsere Alltagswelt. Wenn die Physiker genauer hinschauen, sieht die Welt auf einmal ganz anders aus. Die Welt als solche, die gesamte Wirklichkeit ist ein einziges großes Wunder und entzieht sich unserer Begreifbarkeit. Gott sagt im Buch Jesaja 55,8: *»Meine Gedanken sind nicht eure Gedanken.«* Und langsam beginnen wir diesen Satz zu begreifen. Wenn aber die ganze Welt ein Wunder ist, dann sind die Teile davon nicht ausgenommen. Es verhält sich also so wie mit dem Foto. Wenn ich es nur weit genug von mir weg gehalten habe, erkenne ich die Gegenstände, meinen Stuhl im Vordergrund und den Schrank im Hintergrund. Ich darf nur nicht zu nahe herangehen und es ganz deutlich erkennen wollen. Die Welt des Alltags mit ihren Kausalgesetzen und ihrer Logik ist also nur dann eine überschaubare Insel im Meer des Unergründlichen, wenn ich nicht zu genau hinschaue.

Am Ende alles Mystik?

Mit Erstaunen haben namhafte Physiker festgestellt, daß die Beschreibung der Wirklichkeit als eine dauernde Bewegung dynamischer Vorgänge jenseits unserer Alltagslogik mit der Beschreibung der Wirklichkeit, wie sie von asiatischen Mystikern gegeben wurde, frappant übereinstimmt. Niels Bohr hat sogar das taoistische Symbol von Yin und Yang in sein Wappen aufgenommen.[48]

Nobelpreisträger Erwin Schrödinger blieb kühl theoretisch: »*Die wahrgenommene Welt ist nur Schein, sie besteht in Wirklichkeit gar nicht. Die Philosophie der Vedanta hat dieses ihr Grunddogma durch manches Gleichnis zu verdeutlichen gesucht.*«[49]

Heisenberg-Schüler Fritjof Capra stellt fest, »*daß die östliche Mystik einen stimmigen, schönen Rahmen für die modernsten Theorien unserer physikalischen Welt liefern.*«[50] Er meint, »*wir werden oft Aussagen begegnen, bei denen es fast unmöglich ist zu sagen, ob sie von Physikern oder östlichen Mystikern gemacht wurden*«.[51]

Und was sagen diese Mystiker über die Wirklichkeit?

»*Nach östlicher Ansicht ist die Unterteilung der Natur in getrennte Objekte unbegründet, und alle Objekte haben einen fließenden, ständig wechselnden Charakter. Die östliche Weltsicht ist dynamisch, ihre wesentlichen Züge sind Zeit und Wandel. Der Kosmos wird als unteilbare Realität gesehen – ständig in Bewegung, lebend, organisch; Geist und Materie zur gleichen Zeit. Entsprechend ist das östliche Bild vom Göttlichen nicht das eines Herrschers, der die Welt von oben lenkt, sondern eines Prinzips, welches alles von innen steuert.*«[52]

Buddhisten nennen diese Welt des beständigen Wandels »Samsara«, wörtlich: »unaufhörlich in Bewegung«. Ein endloser Tanz von Geweben und Beziehungen ist unsere Welt, und die Göttin Shiva der Hindus läßt das ganze Universum am Tanz der Elementarteilchen und der Energie teilnehmen, ohne daß daraus eine fest umrissene Realität entstünde.[53] Wie weit weg sind wir auf einmal von der Denkweise des 19. Jahrhunderts, die in den meisten Köpfen unserer Zeitgenossen noch vorherrscht. Deshalb kann Hans-Peter Dürr stellvertretend für viele bedeutende Physiker schreiben: »*Physik und*

Transzendenz bezeichnen nur verschiedene Bereiche der einen Wirklichkeit, die von der untersten Schicht, wo wir noch vollständig objektivieren können, bis zu einer obersten Schicht reichen, in der sich der Blick öffnet für die Teile der Welt, über die nur im Gleichnis gesprochen werden kann.«[54]

Mein armer Stuhl! Ein schönes Beispiel modernen deutschen Möbeldesigns. Am Computer entworfen und von Laserstrahlen aus dem Holz geschnitten. Und dann diese mysteriösen Eigenschaften. Doch halt! Wenn die Quantenphysik so »jenseitig« ist, wie konnte sie dann den Computer und den Laserstrahl entwickeln? Herrscht da nicht ein eklatanter Widerspruch zwischen Theorie und Praxis?

Die Antwort darauf gibt Eddington: Das Verhalten der Elektronen und Elementarteilchen ist für uns unverständlich. Die Quantenwirklichkeit ist für uns wie ein sinnloser Satz. Wer könnte sich unter dem Satz »Die glittigen Tobs drehn und wilbeln in der Walle« etwas vorstellen? Den Physikern ist es durch knifflige Überlegungen und intelligente Experimente gelungen, für die Wörter und Buchstaben Zahlen und Formeln einzusetzen. Und plötzlich wird aus diesem Kauderwelsch ein sinnvolles Instrument zur Herstellung technischer Vorgänge. *»Niemand versteht, was wirklich in den Atomen vor sich geht, doch Paulis vier Quadratzahlen erklären in der Tat einige ganz bedeutsame Erscheinungen bei der Einfügung der glittigen Tobs in die verschiedenen Wallen.«*[55]

Heute existieren für den Physiker erprobte Formeln, die in einem »Quantenkochbuch« zusammengefaßt sind. So kann nach Gribbin auch ein mittelmäßiger Physiker ganz erstklassige Arbeit im Labor leisten. Der Physik-Tüftler kann also ohne Rücksicht auf die ganze philosophische Problematik seines Arbeitsgebietes diese Formeln anwenden.

Im Lehrbuch der naturwissenschaftlichen Methodologie von Herbert Pietschmann wird zwischen dem »arbeitenden« und dem »grübelnden« Physiker unterschieden. Dort heißt es: *»Arbeitende Physiker, die die Methoden der Physik anwenden, haben keinerlei Schwierigkeiten mit der Quantenmechanik. Allerdings sind ihnen die weitreichenden Konsequenzen für die Frage der Abbildung einer ›Wirklichkeit‹ oft gar nicht bewußt. Erst beim Ver-*

such, die in der Praxis problemlose Methode hinsichtlich ihrer Beschreibung einer ›Wirklichkeit‹ zu interpretieren, treten Konflikte auf.«[56]

Und Gribbin schreibt: »*Gerade weil die Schrödinger-Gleichung als praktisches Instrument so erfolgreich war, sind viele Menschen davon abgehalten worden, gründlich darüber nachzudenken, wie und warum dieses Instrument funktioniert.«*[57]

Mein Stuhl ist in meine Alltagswelt zurückgekehrt. Er wird auch hier bleiben, wenn ich nicht wieder anfange, über die innerste Struktur seiner Realität zu grübeln. An dieser Stelle könnte man nun den Ausflug in die Physik beenden, wenn es da nicht 1982 ein denkwürdiges Experiment gegeben hätte, das einen zusätzlichen und äußerst interessanten Aspekt der Quantenwelt enthüllte.

Das Ganze und der Tod

Vom Ganzen, nicht vom Teil her denken / Gott garantiert die Hypothesenwelt / Die Religion arbeitet ähnlich wie die Physik / Der Tod als Eingang zum Ganzen

Vom Ganzen, nicht vom Teil her denken

Durch die Einsteinsche Relativitätstheorie wissen wir, daß die größtmögliche Geschwindigkeit in unserem Universum die Lichtgeschwindigkeit ist. Alain Aspect von der Universität Paris stellte weitergehende Untersuchungen an und wollte herausfinden, ob Elementarteilchen in der Lage sind, schneller als mit Lichtgeschwindigkeit Informationen auszutauschen und sich untereinander abzustimmen.

Er baute 1982 eine Versuchsanordnung, in der ein Photon (Lichtwellenpartikel) nach seinem Austritt aus einer zentralen Quelle die Möglichkeit hatte, sich etwa sechs Meter von dieser zu entfernen, ehe es durch eine Art Lichtschleuse geführt wurde. Diese einem Kippschalter ähnliche Vorrichtung leitete das Photon jeweils in eine von zwei möglichen Richtungen. Auf beiden Wegen traf es dann auf einen Polarisationsfilter. Um die Photonen zu zwingen, preiszugeben, ob sie wirklich miteinander kommunizieren und in welchem Maß eine solche Kontaktaufnahme stattfindet, wandte Aspect einen Trick an. Die Schleusen waren so konstruiert, daß sie etwa einhundertmillionenmal pro Sekunde periodisch die Richtung wechselten. So wurde der endgültige Weg der Photonen zufällig bestimmt. Daher konnte ein Photon auch nicht im voraus »wissen«, wohin die Reise geht. Erst nach dem Durchgang durch einen der Filter konnte es seinen endgültigen Weg »erkennen«. Doch dann war es für das betreffende Photon schon zu spät, einen in die entgegengesetzte Richtung fliegenden »Partner« noch davon zu verständigen, was ihm zugestoßen war – denn Aspect hatte sichergestellt, daß die Photonen zu diesem Zeitpunkt so weit voneinander getrennt waren, daß für die Kommunikation mit dem Partner überhaupt keine Zeit mehr zur Verfügung stand, nicht einmal für eine Kontaktaufnahme mit Lichtgeschwindigkeit.

Alain Aspect machte eine verblüffende Entdeckung. Die Photonen waren in der Lage, sich miteinander zu verständigen und das jeweils andere Photon wissen zu lassen, durch welche Filter sie gerade gelenkt wurden. Es sah also so aus, als ob Elementarteilchen wirklich befähigt sind, sich schneller als mit Lichtgeschwindigkeit zu verständigen. Nach der Relativitätstheorie ist dieses Ergebnis völlig unbegreiflich.[58]

Entsprechend den Ergebnissen dieser Versuche bleiben Teilchen, die irgendwann einmal in Wechselwirkung miteinander standen, in einem gewissen Sinn Teile eines einzigen Systems, das insgesamt auf weitere Wechselwirkung reagiert. Praktisch alles, was wir sehen und anfassen können, besteht aus Anhäufung von Teilchen, die mit anderen Teilchen irgendwann einmal in Wechselwirkung standen bis zurück zum Urknall, mit dem das Universum entstanden ist. Die Atome in meinem Körper bestehen aus Teilchen, die sich in dem kosmischen Feuerball einst dicht an dicht mit anderen Teilchen drängten, die jetzt Bestandteile eines fernen Sternes oder Bestandteil eines anderen menschlichen Körpers sind. Menschen und Dinge sind Bestandteil eines einzigen Systems.

Theoretiker wie d'Espagnat oder David Bohm schlossen daraus, daß wir akzeptieren müßten, daß buchstäblich alles mit allem zusammenhängt und daß das Phänomen der sich schneller als mit Lichtgeschwindigkeit abstimmenden Teilchen nur mit einer holistischen Betrachtung des Universums zu erklären ist.[59]

Holismus bedeutet Betrachtung des Ganzen eines Systems. Die Teile sind in einem gewissen Sinne in Kontakt mit dem Ganzen. Wenn alles, was beim Urknall miteinander in Wechselwirkung stand, in Verbindung bleibt, dann »weiß« jedes Teilchen in jedem Stern und jeder Galaxie von der Existenz jedes anderen Teilchens.[60]

Damit sind die Bestandteile der Materie nicht als isolierte Einheiten zu sehen, sondern als integrierte Teile eines Ganzen, des Universums.[61]

In der klassischen Physik bestimmen die Eigenschaften und das Verhalten der Teile das Verhalten des Ganzen. In der Quantenphysik ist es demnach genau umgekehrt: Es ist das Ganze, das das Verhalten der Teile bestimmt.[62]

Schon Niels Bohr hatte auf den holistischen Ansatz hingewiesen. Und bei David Bohm heißt es: Das Universum *»kann die Organisation seiner Bestandteile übernehmen ... weil der Gesamtzustand grundsätzlich so beschaffen ist, daß er die Teile organisiert ... Alles ist miteinander durch unsichtbare Verknüpfungen verbunden.«*[63]

So bahnt sich ein Holismus in den Wissenschaften an, der ein neues Verständnis der Wirklichkeit und der Natur hervorbringt. Programmatisch hat Weizsäcker diesen Weg schon 1946 in seiner Göttinger Vorlesung »Die Geschichte der Natur« beschritten und in seinen Büchern immer weiter vertieft: *»Daß wir Objekte aus dem Weltganzen sinnvoll herauslösen können, versteht sich nicht von selbst. Diese Herauslösung enthält ja immer einen Fehler, da in Wirklichkeit alles mit allem zusammenhängt.«*[64]

Die Isolierung aus dem Zusammenhang des Ganzen läßt die Frage unberücksichtigt, wie das Ganze die Teile beeinflußt und organisiert. Das Sensationelle an Aspects Experiment war, daß er glaubte, zeigen zu können, wie Gesetze, die für physikalische Teilaspekte gelten, an einem bestimmten Punkt außer Kraft gesetzt wurden. Das Wissen aber, wie das Ganze diese Teilaspekte organisiert, entzieht sich unserer Erkenntnis, da wir das Ganze des Universums nicht in ein Experiment zwängen können.

(Der Kölner Physiker G. Nimtz hat 1992 Informationen durch einen Tunnel geschickt und die vierfache Lichtgeschwindigkeit gemessen. Die Diskussionen über diesen Versuch sind noch voll im Gange.)[65]

David Bohm hat eine Theorie des Quantenpotentials aufgestellt, mit deren Hilfe er die Quanten als ein riesiges Netzwerk verstanden haben will, innerhalb dessen die Teilchen sofort und ohne Zeitverzug wissen können, was die anderen vorhaben. Er versuchte auch die Ungereimtheiten eines akausalen Geschehens im Sinne Einsteins dadurch abzumildern, indem er die Ursachen des Verhaltens einzelner Teilchen im Systemganzen suchte und sie damit wieder als kausal verursacht verstehen konnte.[66] Die Welt besteht demzufolge aus einer kontinuierlichen Entfaltung des Ganzen in jedes Bestandteil und einem kontinuierlichen Einfalten aller Teile in das Ganze.[67]

Nicht alle Physiker sind diesen holistischen Erklärungsweg gegangen. Aber die Ergebnisse der Quantenphysik lassen eine solche Deutung zu. Freilich gibt es auch andere Deutungen. Die meisten Physiker sind mit den Formeln im »Quantenkochbuch« zufrieden und können damit erfolgreich arbeiten. Sie nehmen die paradoxen Folgerungen daraus in Kauf oder denken nicht darüber nach. Aber die Forschung geht weiter, und für alle, die sich nicht mit physikalischen Kochbüchern zufriedengeben, sondern sich für deren philosophische Grundlagen interessieren, ist der Ausgang dieser Forschung ein spannendes Abenteuer.

Gott garantiert die Hypothesenwelt

Auch die Philosophie kann als eine Erfahrungswissenschaft verstanden werden. Sie bündelt die Erfahrungen der Versuche des Menschen über Jahrtausende hinweg, die Welt zu erklären. Heute wissen wir weniger denn je, wie wir unsere Welt begrifflich durchdringen sollen. Die seligen Zeiten des Mittelalters sind vorbei, als Glauben und Denken kongruent waren und jedem vernünftigen Menschen auf eine vernünftige Frage eine vernünftige Antwort gegeben werden konnte. Der Philosoph Odo Marquard beschreibt die Situation so: *»Erst war die Philosophie kompetent für alles; dann war die Philosophie kompetent für einiges; schließlich ist die Philosophie kompetent nur noch für eines: nämlich das Eingeständnis der eigenen Inkompetenz.«*[68]

Wenn wir heute feststellen müssen, daß alle großen Systeme der Philosophie zusammengebrochen sind, scheint die

Wahrheit weiter weg zu sein als jemals in der Geschichte der Menschen.

Wie sollen wir also unser Leben und unsere Wirklichkeit auffassen? Woran kann man sich orientieren? Was bleibt, wenn alles vergänglich und nichts sicher ist?

Die konsequenteste Antwort ist diese: Alles ist Hypothese. Unsere Vorstellungen von der Welt sind Hypothesen unseres Geistes so wie die Vorstellungen von der Natur Hypothesen unserer Forschung sind. Manche gehen mit Nietzsche soweit, auch an sich und an der eigenen Existenz zu zweifeln.[69] Manche Gehirnforscher drücken das so aus, daß das Selbst nur eine Hypothese der Nervenzellen ist. Nichts ist wirklich verläßlich, aber als Arbeitshypothese kann man die Welt und das Selbst gewissermaßen durchgehen lassen. Auch die Sätze der Mathematik können bezweifelt werden, wie der Mathematiker Gödel vorgeführt hat.[70] Die gesamte Welt wird zum Fragezeichen. Wo über Wahrheit nachgedacht wird, bleibt nichts anderes übrig, als im Nebel herumzustochern.

Der Wissenschaftstheoretiker Hans Albert bringt das in die Formulierung, daß alles Denken fallibel (fehlbar) ist: »*Der konsequente Fallibilismus behauptet, daß der Mensch in allen seinen Versuchen, irgendwelche Probleme zu lösen, fehlbar ist, so daß ihm dabei Irrtümer unterlaufen können. Daher kann auch die Wahrheit keiner Aussage absolut sichergestellt werden, nicht einmal die Wahrheit dieser Aussage.*«[71]

Wenn ich mich und die Welt nur als Arbeitshypothese verstehe, wo bleibt aber dann die Realität? Der Begriff der Hypothese hat doch nur dann einen Sinn, wenn es eine Realität gibt, die die Hypothese entweder verifiziert oder falsifiziert. Die Antwort ist: Wenn alles in der Welt keine verläßliche Realität hat, dann muß wenigstens das Ganze, von dem mein Leben und meine Welt Teile sind, real sein. Die Realität des Ganzen verbürgt die Realität des einzelnen, und nur vom Ganzen her kann die Realität abgeleitet werden. Die Realität des Ganzen ist also die Grundannahme einer realistischen Weltsicht.

In der Sprache der Religion: Nur von Gott her haben Leben und Welt ein vernünftiges Sein. Gott ist in den Worten des Thomas von Aquin das *ens realissimum*, das einzig sichere Sein überhaupt. Das Sein der Hypothesenwelt ist nur eine abgeleitete Realität. So kommt auf dem Wege über die Religion Realität in unser Leben, und die Arbeitshypothesen bekommen einen festen Boden unter ihre Füße.

Die Religion arbeitet ähnlich wie die Physik

Es fällt auf, daß die Religion mit ähnlichen Mitteln arbeitet wie die Physik. Der Eddingtonsche Satz wurde durch Anwendung von Formeln zu einem praktikablen Instrument der wissenschaftlichen Praxis. In der Religion wird die Welt ähnlich in eine Formel verwandelt. Die Wirklichkeit ist auch dem religiösen Menschen wie ein sinnloser Satz, den eigentlich niemand versteht.

Anstelle von mathematischen Konstruktionen setzt die Religion Bilder, Symbole und Mythen ein und erhält damit ein Instrumentarium, die Zusammenhänge einer den Verstand übersteigenden Welt zu verstehen und in der Lebenspraxis mit Erfolg einzusetzen. Diese Bilder entsprechen dem Symbolbedürfnis des Menschen, und sie sind entstanden aus den spirituellen Erfahrungen einer Kultur. Sie stellen so etwas dar wie das Tiefengedächtnis der Menschheit und ermöglichen Kommunikation über das, was eigentlich allem Sagbaren enthoben ist.

Werner Heisenberg schreibt in seinem Buch »Der Teil und das Ganze«: *»Die Quantentheorie ist ein wunderbares Beispiel dafür, daß man den Sachverhalt in völliger Klarheit verstanden haben kann und gleichzeitig doch weiß, daß man nur in Bildern und Gleichnissen von ihm reden kann.«*[72] *»Wir wissen, daß es sich bei der Religion um eine Sprache der Bilder und Gleichnisse handeln muß, die genau das darstellen können, was gemeint ist.«*[73] *»Und an dieser Stelle ist mein Wahrheitsbegriff mit dem in den Religionen gemeinten Sachverhalt verbunden. Ich finde, daß man diese ganzen Zusammenhänge sehr viel besser denken kann, seit man die Quantentheorie verstanden hat.«*[74]

Max Born meint, die *»brennendsten Fragen des menschlichen Geistes, die Frage nach dem letzten Sinn der Existenz, nach dem*

Universum in seiner Gesamtheit und der Rolle, die wir darin spielen, nach Leben und Tod, Wahrheit und Irrtum, Tugend und Laster, Gott und Ewigkeit«[75] könne man nicht einfach beiseite schieben und sich dem Amüsement und dem Lebensgenuß hingeben.

Wer aber lieber die Frage nach dem Ganzen nicht stellen will und sich bewußt auf sein Teil-Sein reduziert, wird gewissermaßen auf Umwegen vor das Ganze gebracht. Denn der Begriff des Teil-Seins impliziert das Ganze, so wie der Begriff des Kreises impliziert, daß er rund ist.

Auch wer sich nicht auf philosophische Überlegungen einläßt, macht in seinem Leben die Erfahrung, daß nichts bleibt, daß nichts das hält, was es verspricht, daß das Leben zweideutig ist. Wer aber auf Eindeutigkeit Wert legt, ist gezwungen, sich auf die Suche nach dem Einen und Wahren zu machen.

Der Weg dahin führt ihn in das geistige Abenteuer der religiösen Mystik.

Der eigentliche Inhalt der mystischen Erfahrung besteht, so schwer er vielleicht angemessen auszudrücken ist, in der Offenbarung der kosmischen Einheit. Man spürt, daß alles – Geist und Materie, Fragen und Antworten, man selbst und alle anderen Personen – Teil eines einheitlichen Ganzen ist.

In diesen mystischen Zuständen werden wir eins mit dem Absoluten, werden wir uns dieser Einheit bewußt.

»Das Wahre ist das Ganze«, sagt Hegel. Das Ganze läßt sich aber nicht erkennen, sondern nur erleben. Denn wenn man es erkennen will, stellt man sich ihm gegenüber und grenzt es ab, so daß es nicht mehr das Ganze sein kann. Man selbst gehört ja mitten hinein und nicht gegenüber.

In Gebet und Meditation, also im mentalen Ausstieg aus der Trivialität des Alltags, wird das Ganze gespürt und erfahren. Je weiter man in diese Erfahrung einsteigt, um so mehr lernt man die Welt »mit den Augen Gottes« sehen. Seine Gegenwart lehrt den Menschen, allem Seienden mit Liebe und Güte zu begegnen. Und in dieser Liebe zu allen Dingen erlebt der religiöse Mensch wieder Gott. Dieser Rückkopplungsprozeß wird von Erich Fromm, der ansonsten der Religion kritisch gegenüberstand, so beschrieben: *»Die einzige Möglichkeit, die Welt* *letztlich zu erfassen, liegt nicht im Gedanken, sondern im Erlebnis der Einheit. So führt die paradoxe Logik zu dem Schluß, daß die Liebe zu Gott weder das gedankliche Wissen von Gott noch der Gedanke von der eigenen Liebe zu Gott ist, sondern der Akt des Erlebens der Einheit mit Gott im Erlebnis der Liebe.«*[76]

David Bohm wurde gefragt, was die Metaphern der Religion als Mindestleistung erbringen müßten. Seine Antwort: *»Gott ist eine Zuflucht, die Bedeutung des ganzen ist Liebe.«*[77] Oder wie Max Planck es formuliert, wenn er von der Religion spricht: *»Sie allein vermag uns die innere Festigkeit und den dauernden Seelenfrieden zu gewähren, den wir als höchstes Lebensgut einschätzen müssen.«*[78]

Wie kann man den Einstieg in diesen »Weltinnenraum« der Religion finden? Einstiege gibt es viele. Immer aber wird man sich fragen müssen, ob man jemals in seinem Leben etwas als heilig empfunden hat. Im Heiligen manifestiert sich das Ganze. Im Englischen stammt das Wort »holy« von derselben Wurzel ab wie »whole«. Das deutet darauf hin, daß der Mensch von jeher den Bezug auf die Ganzheit als unabdingbare Notwendigkeit dafür empfunden hat, daß das Leben sinnvoll gelingen könne.

Eddington spricht davon, daß jeder Mensch in seinem Bewußtsein *»einen Berührungspunkt mit jenem Urgrund«* hat.[79] Wie dieser aussieht, ist von Mensch zu Mensch verschieden, und es ist die große Lebensaufgabe eines jeden, dies herauszufinden.

Aber in einem Punkt sind wir alle gleich mit dem Urgrund verbunden: in der Gewißheit des Todes.

Der Tod als Eingang zum Ganzen

Der Mensch ist das einzige Wesen auf unserem Planeten, das um seinen Tod weiß. In der Gewißheit, sterblich zu sein und unausweichlich dem Tod entgegenzugehen, ragt das Ende jederzeit in das Dasein des Menschen herein, und zwar als Drohung der Vernichtung schlechthin. Dieser Horizont des Todes begleitet den Menschen ständig und läßt ihn an eine unüberholbare Grenze stoßen, der sich alles, was er sinnt, vollbringt und unterläßt, stellen muß. Der Macht des Todes entgeht auch nicht, wer den Todesgedanken aus seinem Bewußtsein zu verdrängen sucht. Diese Verdrängung ist vielmehr eine Weise der Anwesenheit des Todes im Leben. Der Tod ist das allerrealste Faktum des Lebens und von ihm her beziehen alle anderen Fakten erst ihre Bedeutung und ihren eigentümlichen Charakter. Im Tod stößt die menschliche Existenz an ihre äußerste Realität und Möglichkeit. Der oft zitierte Satz, man solle nicht an den Tod, sondern an das Leben denken, bewegt sich in einer falschen Alternative. Wir vermögen nämlich unser Leben nicht ohne dessen letzte Grenze, eben den Tod, zu denken. So wie aus dem Schatten niederbayerischer Beinhäuser die unbestreitbare Botschaft lautet: »Wir waren das, was du bist; und du wirst sein, was wir sind.« Und beim Verlassen des Friedhofs stöhnt dann noch einmal die eiserne Drehtür ...

Im platonischen Dialog »Phaidon« belehrt Sokrates seine Schüler nach dem Todestrunk, daß er nach dem Tode nicht mehr bei seinen Schülern sein werde, weder als Lebender und zu ihnen Sprechender, noch als Leiche. Vielmehr sei er ihnen dann, wie Sokrates lächelnd erklärt, *»entwischt zu den Herrlichkeiten der Seligen«*. Dabei leugnet Sokrates nicht, daß es bald eine Leiche des Sokrates geben wird. Er badet sogar noch, um die Leichenwäscher bei ihrer Arbeit zu entlasten.

Aber Sokrates kann gelassen bleiben. Er ist ja dann diese Leiche nicht. Zwischen ihm und der Leiche gibt es einen Unterschied. Er hinterläßt dieses komplexe Stück Materie, diese tote Sache als seine Spur, welche bezeugt, daß er nicht mehr ist. An seine Stelle tritt die Anonymität von Atomen und Molekülen, die den Zerfall der Leiche überdauern. Was da weiterbesteht im Kreislauf der Natur ist aber nicht Sokrates. Wer kann schon sein Ich und seine Identität in jenen den Verwesungsprozeß überstehenden Materieteilchen erblicken? In ihnen findet der Mensch sich gerade nicht wieder. Schon in seinem Leben war ihm klar, daß er einen Leib *hat*, aber nicht ein Leib *ist*, so wie er ein Gehirn hat, aber nicht ein Gehirn ist. Dieses Zu-Staub-Werden ist sogar ein sprechendes Zeichen dafür, daß wir selbst nicht mehr hier sind. Die Leiche ist nicht mehr »dieser Mensch«. Sie ist eine tote Sache. Sie liegt herum, wie die Dinge, die der Mensch besaß und die in der Einheit seines Lebens zusammengehörten.

Die platonische Anschauung von der Unsterblichkeit der Seele gründet auf der logisch gut begründbaren Differenz von Leib und Seele. Die Seele ist von anderer Natur als die materiellen Dinge der sinnlichen Welt. Also kann ihr nicht das gleiche Schicksal widerfahren wie dem vergänglichen Leib.

Immanuel Kant hat, wie oben bereits erwähnt, in der »Kritik der reinen Vernunft« darauf hingewiesen, daß wir bei allem Denken, egal, worüber wir nachdenken, immer einen Zusatz hinzudenken müssen: den Satz »ich denke«. Ohne das Bewußtsein, daß ich denke, gibt es überhaupt keine Denkleistung, die diesen Namen verdient. Ohne das Selbstbewußtsein, das Bewußtsein zu denken, ist gar kein Bewußtseinsinhalt möglich.[80]

Ein Computer kann ohne dieses »ich denke« sein Programm absolvieren, aber nicht menschlich denken. Im »Ich denke« des menschlichen Subjekts sind alle Bewußtseinsinhalte verknüpft, es ist die logische Voraussetzung jeden Nachdenkens über die Welt. Es ist der letzte logische Bezugspunkt und Einheitspunkt aller Erkenntnis. Oder in der Sprache Kants: Das »Ich denke« ist die Bedingung der Möglichkeit von Denken überhaupt. Dieses X ist nicht erkennbar, denn jede Denkhandlung setzt dieses X voraus. Aber dieses X ist durchaus mit dem platonischen Seelenbegriff vergleichbar. Nur zieht Kant aus dieser Erkenntnis nicht den Schluß, daß die Seele unsterblich sein *müsse*, sondern daß sie bloß unsterblich sein *könne*. Erst auf dem Wege über die Frage nach der Moralität des Menschen kommt Kant zu dem Postulat einer unsterblichen Seele, weil nur dann eine wirkliche Verantwortung des Menschen für sein Handeln möglich sei.

So gesehen ist der Mensch mehr als seine Leiche. Deshalb kann er auch nicht mit der Leiche identisch sein. In der Grenzenlosigkeit Gottes ist alles aufgehoben, auch derjenige, von dem fälschlicherweise gesagt wird, er sei eine Leiche. Sinnvoller ist es deshalb zu sagen, es sei seine Leiche, die zurückbleibt. Und auf dieser logisch einwandfreien Unterscheidung beruht der Glaube und die Hoffnung, ja das Wissen, daß der

Tod nicht das letzte Wort ist, das Gott über einen Menschen spricht.

Obwohl diese Vorstellung von der Unsterblichkeit der Seele auch in manchen Perioden der Kirchengeschichte auftauchte, ist sie keine genuin christliche Vorstellung. Die christliche Religion denkt den Tod noch radikaler und grundsätzlicher als Platon und seine Nachfolger. Und die Botschaft von der nachtodlichen Existenz wird ebenfalls radikaler und grundsätzlicher gefaßt. Ihr Ausgangspunkt ist nicht die wie auch immer geartete Qualität der Seele, sondern die Qualität Gottes. Die Antwort auf die Frage, was es heißt, ein vergänglicher Teil zu sein, findet sie nicht in der Qualität des Teils, sondern in der Qualität des Ganzen.

Fünfter Dialog

Helvetius: Schön, dich hier zu treffen, verehrter Sokrates.

Sokrates: Von dieser Bank aus hat man den besten Blick auf die ganze Stadt. Deshalb freue ich mich, mit dir die Aussicht teilen zu können, verehrter Helvetius.

Helvetius: Wie sie rennen und hasten, diese bedauernswerten Menschen.

Sokrates: Wieso bedauernswert?

Helvetius: Ist nicht – den nötigen Abstand vorausgesetzt – das ganze Leben nur ein sinnloses Haschen nach dem Wind, wie es der Dichter formuliert?

Sokrates: Die Freunde kommen, die Freunde gehen; sie waren nur ein Traum, könnte man sagen.

Helvetius: Das ganze Leben ist ein Kommen und Gehen. Kaum ist etwas wirklich, schon ist es vorbei. Wir sind von Geburt an zum Tode verurteilt. Nichts hat Bestand. Alles verschwindet im Nichts. Nichts bleibt unter der Sonne, wie es der Prediger sagt.

Sokrates: Hast du heute deinen nihilistischen Tag?

Helvetius: Das Leben und die Welt sind nur eine Erscheinung des Nichts.

Sokrates: Jetzt läßt du dich gehen. Ganz so schlimm kann es ja nicht sein, denn ich *bin*, du *bist*, die Stadt *ist*. Nicht zu vergessen die Bank, auf der wir sitzen, und noch einiges mehr.

Helvetius: Aber gibt es denn wirklich einen Unterschied zwischen Sein und Nicht-Sein? Jedenfalls einen gravierenden?

Sokrates: Ich sehe schon, du willst dich über eine der grundlegendsten Fragen unterhalten, die sich dem Denken stellen: Die Frage, was es bedeutet, zu sein.

Helvetius: Warum nicht? Aber laß mir die Religion aus dem Spiel!

Sokrates: Also gut. Fangen wir an! Woher weiß ich, daß die Bank, auf der wir sitzen, existiert?

Helvetius: Weil sie bestimmte physikalische Eigenschaften hat, die es ihr ermöglichen, von uns gesehen zu werden und uns zu tragen.

Sokrates: Du glaubst also, es gibt eine Bank, die diese Eigenschaften hat?

Helvetius: Sicher. Wir sitzen ja darauf. Ich wenigstens. Bei dir weiß man nie so genau ...

Sokrates: Richten wir unser Denken einmal auf diese Eigenschaften der Bank. Sie lassen sich genau beschreiben. Es sind die Beschreibungen der besonderen physikalischen Eigenschaften des Holzes. Aber auch die Beschreibungen des Ortes und der Zeit gehören dazu. Denn die Bank steht ja heute hier.

Helvetius: Was folgt daraus?

Sokrates: Daß es nur Eigenschaften der Bank gibt, die Bank selbst ist nirgendwo zu finden.

Helvetius: Aber wenn es Eigenschaften gibt, muß es doch etwas geben, das diese Eigenschaften hat. Also etwas, das Träger dieser Eigenschaften ist.

Sokrates: Gibt es aber nicht. Wenn doch, dann zeig es mir. Du kannst immer nur Eigenschaften aufzeigen, niemals dasjenige, was »hinter« den Eigenschaften stehen soll.

Helvetius: Dann gibt es nur Eigenschaften, und der Gegenstand, der diese Eigenschaften hat, ist eine Konstruktion unseres Gehirns?

Sokrates: Der Gegenstand ist identisch mit seinen Eigenschaften. Aber das gibt eigentlich keinen Sinn, denn Eigenschaften ohne etwas, das diese Eigenschaften hat, würden den Gegenstand auflösen. Dann gäbe es nur Eigenschaften, aber keine Dinge. Wir denken in die Eigenschaften immer noch etwas hinein, das diese Eigenschaften zusammenfaßt und zu einem Gegenstand macht.

Helvetius: Aber das bringt uns in enorme logische Schwierigkeiten.

Sokrates: Und die lauten?

Helvetius: Da sich die Eigenschaften permanent verändern, wird der Gegenstand permanent verändert, ist also immer ein anderer. Er entsteht permanent wieder neu. Wenn das kein Schwachsinn ist!

Sokrates: Vernünftig betrachtet, gibt es nur Veränderung und nichts, was bleibt. Jedes Ding existiert in der Zeit, und mit jedem Augenblick verändert sich die Beschreibung der Zeit, die ja auch eine Eigenschaft des Dinges ist. Außerdem verändert sich auch permanent die Stellung der Elementarteilchen in den Atomen, die für die Eigenschaften verantwortlich sind.

Helvetius: Dann wären die Gegenstände nur eine Konstruktion des Gehirns?

Sokrates: Ja und Nein. Ja, weil die Gegenstände in die Eigenschaften »hineingedacht« werden. Nein, weil die Veränderung ja real ist.

Helvetius: Aber verändern kann sich doch nur etwas, das bei aller Veränderung gleichbleibt. Der Begriff der Veränderung verlangt danach, daß etwas in der Veränderung gleich bleiben muß. Wenn ich mich zum Beispiel verändere und 30 kg abnehme, dann bleibe ich doch der gleiche Mensch, nur in einer anderen Form. Ich bin doch deshalb nicht ein völlig anderer Mensch. Sonst bekäme ich ja bei der nächsten Führerscheinkontrolle Probleme mit der Polizei.

Sokrates: Der Mensch ist kein Ding. Er bleibt bei aller Veränderung der gleiche, denn er hat ein Selbst, eine Seele. Das weiß er aber nicht von außen, sondern nur von innen. Soll man bei den Dingen auch eine Seele annehmen?

Helvetius: Da wir sie nur von außen sehen, wäre das nicht sehr sinnvoll.

Sokrates: Also bleibt hier ein großes X für unsere Vernunft.

Helvetius: Mir scheint, ich muß dir zustimmen. Wie ist es aber, wenn sich Eigenschaften verändern? Wenn ich gelbes Wasser und blaues Wasser zusammenschütte, entsteht grünes Wasser. Wo ist die Eigenschaft gelb oder blau denn geblieben? Kann sie sich einfach so in Nichts auflösen?

Sokrates: Unmöglich. Denn ein Nichts, das es gibt, kann es nicht geben. Sonst wäre es kein Nichts. Also kann sich darin auch nichts auflösen.

Helvetius: Wo bleiben dann also die Eigenschaften gelb und blau?

Sokrates: Die Eigenschaften gelb und blau sind nur Konstruktionen unseres Gehirns. In Wirklichkeit handelt es sich um eine Veränderung in den Brechungen der Lichtwellen.

Helvetius: Die Antwort hilft uns nicht weiter. Denn wenn sich die Eigenschaften dieser Frequenzen verändern, bleibt die Frage die gleiche: Wo bleiben die alten Eigenschaften der Frequenzen, und wo kommen die neuen Eigenschaften her? Oder fallen die so einfach aus dem Himmel? Und wenn ich sage, daß hinter den Lichtstrahlen Energie steht, die sich verändert, komme ich auch nicht weiter. Dann habe ich es halt mit den Eigenschaften der Energie zu tun.

Sokrates: Wir verhalten uns wie ein Kaufmann beim Ausverkauf. Wir kleben ein Preisschild auf die Ware und streichen es dann durch. Erst ist die Eigenschaft real, dann ist sie es nicht mehr.

Helvetius: Dies ist eine Leistung unseres Gehirns. Wir kleben auf die Dinge unsere Begriffsschilder. Aber wie verhält es sich in Wirklichkeit?

Sokrates: Die Wirklichkeit jenseits unseres Gehirns ist uns unzugänglich. Das zwingt uns dazu, anzuerkennen, daß wir es wieder mit einem großen X zu tun haben.

Helvetius: Ich denke, das eigentliche Problem liegt darin, daß wir nicht geklärt haben, was es bedeutet, zu *sein*. Wir müssen uns die Frage nach dem Sein stellen, denn vielleicht ist das Sein die Grundlage aller Veränderung.

Sokrates: Das Sein wäre dann so eine Art Zustand, der sich bei aller Veränderung durchhält. Aber irgendwie muß ich das Sein doch aufzeigen können, sonst könnte man uns vorwerfen, wir redeten von einer Fata Morgana.

Helvetius: Umgekehrt ist es. Wenn kein Sein aufweisbar ist, ist vielleicht die ganze Welt eine Fata Morgana.

Sokrates: Und in jedem Satz würden wir sinnlose Leerformeln anwenden, wenn wir ausdrücken wollten, daß etwas ist.

Helvetius: Ich würde sagen, die Situation ermangelt nicht einer gewissen Pikanterie.

Sokrates: Also müssen wir weiter denken. Konkrete Frage: Was bedeutet es, wenn ich sage, etwas oder jemand ist?

Helvetius: Es muß sich um einen Zustand handeln, der die Voraussetzung dafür ist, daß etwas überhaupt Eigenschaften haben kann.

Sokrates: Aber da gibt es wieder eine Schwierigkeit.

Helvetius: Die wäre?

Sokrates: Jeder Zustand ist in der Zeit. Er dauert also eine bestimmte Zeit. Da aber die Zeit in winzig kleine Augenblicke zerlegt werden kann, würde dieser Zustand nur sehr kurz existieren.

Helvetius: Und da man jeden Augenblick bis in die Unendlichkeit verkleinern kann, würde sich das Sein am Ende verflüchtigen.

Sokrates: Also sind wir wieder beim Nichts angelangt.

Helvetius: Wer nachdenkt, lebt auf dünnem Eis.

Sokrates: Aber das sind doch alles nur Gedanken. In Wirklichkeit weiß ich nichts besser auf der Welt als dieses eine: ICH BIN.

Helvetius: Wir kommen also zu dem widersinnigen Ergebnis: Jeder Mensch weiß mit absoluter Gewißheit, daß er ist. Was es aber logisch bedeutet, zu sein, weiß er nicht. Vom Kopf her sind wir nicht, vom Herzen her sind wir fraglos existent. Wir sind, ohne zu sein.

Sokrates: Die Landkarte ist nicht das Land. Das Gedachte ist nicht das Sein.

Helvetius: Du bleibst dabei völlig ruhig. Das ist mir unbegreiflich. Wie kann ich darauf verzichten, etwas zu definieren, wenn es für mich das Wichtigste überhaupt ist? Denn woran hänge ich am meisten? Am Sein. Und wovor habe ich die meiste Angst? Vorm Nicht-Sein.

Sokrates: Das Sein ist prinzipiell inhaltlich undefinierbar. Ich kann höchstens formal sagen, daß es etwas ist, das in allem ist, was ist.

Helvetius: Und damit soll ich mich zufrieden geben?

Sokrates: Ich habe einen klugen Mann gebeten, mir zu definieren, was ein Mensch ist. »Ein Mensch ist ein biologisches Wesen, das die Eigenschaften eines Menschen hat.« Falsch, habe ich geantwortet. Denn in einer Definition darf nicht das Wort vorkommen, das es ja erst zu definieren gilt.

Helvetius: Und was hat das mit unserem Problem zu tun?

Sokrates: Ich kann das Sein inhaltlich nicht definieren, denn in jeder Definition ist das Sein schon enthalten. Wenn ich sage: »Das Sein ist Vanillepudding«, dann habe ich einen logischen Fehler gemacht. Denn der Vanillepudding ist, da er ja etwas Existierendes ist, im Umfang des Wortes »Sein« mitinbegriffen.

Helvetius: Erstens: Ich möchte meiner Enttäuschung Ausdruck verleihen, daß das Sein nicht Vanillepudding ist. Zweitens: Wir befinden uns also in einer denkwürdigen Zwickmühle.

Sokrates: Daß es das Sein geben muß, sehen wir ja an unserer Existenz. Aber wir können es nicht inhaltlich denken. Es löst sich auf wie der Nebel in der Sonne.

Helvetius: Das Sein läßt sich also nicht inhaltlich denken, es läßt sich nur erfahren.

Sokrates: Wir haben Anteil am Sein, das uns unausdenklich ist. Wie die Seerose, die auf dem Wasser schwimmt und ihre Schönheit entfaltet, aber vom Wasser, das sie trägt, keinen Begriff hat.

Helvetius: Deshalb bist du so beneidenswert ruhig: Du entfaltest Deine Schönheit .

Sokrates: Ich bin so ruhig, weil ich das Sein »Gott« nenne. Und je mehr ich darüber nachdenke, desto mehr verstehe ich, daß jede Angst unangemessen ist. Wovor sollte ich Angst habe? Vor dem Nichts etwa?

Sein und Auferstehung

Läßt sich das Sein definieren? / Gott als das Sein / »Du wirst nicht vergehen!« / Bewahrheitung des Glaubens

Läßt sich das Sein definieren?

Die Philosophie stellt die wichtigste Frage, die gestellt werden kann, nämlich die Frage nach dem, was Sein bedeutet. Was auch immer angeschaut oder worüber auch immer nachgedacht wird, es ist immer etwas, das *ist* und nicht *nicht ist*. Aber was bedeutet hier das Wort *ist* ? Was ist der Sinn dieses Wortes? In der Regel kommt man während der Verrichtung der Alltagsgeschäfte nicht auf die Idee, eine solche Frage überhaupt zu stellen. Aber dennoch begleitet sie uns jede Minute. Denn erstens *sind* wir, haben also die Eigenschaft der Existenz, und zweitens haben wir die berechtigte Sorge, wir könnten diese Existenz in jedem Augenblick verlieren. Es gibt Momente in jedem Leben, in denen die Geheimnishaftigkeit und Unauslotbarkeit dieser Frage deutlich wird. Immer da, wo wir Gelegenheit zur Besinnung haben, kann uns die Frage überfallen: Warum ist Sein und nicht vielmehr Nicht-Sein? Was bedeutet das Wort *ist?* Oder um mit Stephen Hawking zu fragen: *»Warum unterzieht sich das Universum der Anstrengung zu sein?«*

Es ist die einfachste, tiefste und absolut unerschöpfliche Frage, sie verbirgt das Geheimnis schlechthin, das Geheimnis, daß überhaupt etwas ist.

Aber um nach etwas fragen zu können, müssen wir es teilweise schon kennen oder haben. Nach etwas, was wir nicht kennen, können wir auch nicht fragen. Der Mensch kann die Frage nach dem Sein stellen, weil er daran teilhat. Unsere

Macht zu sein ist begrenzt durch die Zeit und den Tod. In der Vergänglichkeit des Augenblicks vergeht das, was wir sind, und entsteht scheinbar in jeder Sekunde wieder neu. Wir sind offenbar eine Mischung aus Sein und Nicht-Sein. Und so, wie ein *Ja* nur einen Sinn hat, wenn es ein *Nein* gibt, so hat der Begriff des Seins nur einen Sinn, wenn es den Begriff des Nicht- Seins gibt, von dem er sich unterscheidet.

Die Aufgabe der Philosophie ist es, den Sinn des Wortes Sein zu klären, denn die Seinsfrage ist die Frage nach dem, was uns näher ist als irgend etwas sonst. Der Sinn des Wortes Sein ist das, was den Menschen im tiefsten Grunde angeht, und deshalb ist es die wirklich menschliche Frage überhaupt

Mit Paul Tillich gesprochen, bedeutet Menschsein, *»nach dem eigenen Sein zu fragen und unter dem Eindruck der Antwort zu leben, die auf diese Frage gegeben wird«.*[1] Die Antworten darauf sind in der Regel in einer Kultur vorgegeben durch die Geschichte ihres Geistes und ihrer Religion. Der Philosophierende will sich aber aus eigenem rationalen Ursprung dieser Frage vergewissern. Deshalb gibt es bis heute immer wieder neue Versuche, den Sinn des Seins neu zu bestimmen.

Doch hier taucht eine fundamentale Schwierigkeit auf. Um etwas zu bestimmen, müssen wir es erst definieren. Das Sein läßt sich aber nicht inhaltlich definieren, denn jeder Begriff, den man dazu benützte, wäre gefüllt mit etwas, das *ist.* Er beinhaltet schon das, was er erst definieren soll. Also kann es vom Sein keine Definition geben wie von einem Gegenstand in der Welt, der sich von anderen Gegenständen unterscheidet.

Wie kommt man aus dieser logischen Zwickmühle heraus?

Martin Heidegger, einer der namhaftesten Philosophen dieses Jahrhunderts, hat sich diese Aufgabe zum Lebensthema gemacht. In »Sein und Zeit« zeigt er, wie wir den Begriff Sein in unserem realen Lebensvollzug verstehen. Nicht mit Hilfe einer Definition, sondern in Form von existentiellen Vollzügen. Was ist damit gemeint?

Unser Leben verläuft in der Zeit. Und indem wir leben und unser Leben gestalten, haben wir schon eine spezielle Auslegung des Seinsbegriffes, und diese Auslegung fließt in unser Leben ein. Ja, diese Auslegung ist identisch mit unserem Lebensvollzug. Das Sein ist etwas, worauf wir uns in jedem Augenblick beziehen und das wir in jeder Handlung auch schon verstehen, ohne es definieren zu müssen. In der Erfahrung versteht es der Mensch als etwas, das sich in der Zeit ereignet. Auch deshalb läßt sich das Sein nicht mit Begriffen definieren, weil Begriffe immer etwas Zeitloses an sich haben. Das Sein ist aber nur vom Standpunkt der gelebten zeitlichen Existenz her auslegbar und verstehbar. So wie eine antike Statue immer wieder neu verstanden wird, obwohl sie rein materiell stets dieselbe ist: als Erinnerung an einen gefeierten Athleten, als Darstellung des Schönen schlechthin, als Idealbild eines Menschentyps, als Zeugnis einer Epoche und so fort. Diese Auslegungen sind zeitlich abhängig von der Situation des Urteilenden in der Geschichte. Das Verstehen ist also ein Akt, der abhängig ist von der Position in der Zeit. Was die Statue *an sich* ist, wird dabei nicht gesagt.

So ergeht es dem Menschen auch mit der Auslegung des Seins. Nur spielt dabei nicht die Situation in einer Kunstepoche die Schlüsselrolle, sondern die eigene existentielle Situation in der »je-meinigen Zeit«.

Zum Beispiel kann sich das Sein in der Freude an der Gegenwart des Daseins eines geliebten Menschen offenbaren. In der Erfahrung der Angst, daß das Sein entgleitet, offenbart sich das Nichts, erscheint die Drohung der absoluten Leere. *»Die Angst ist kein Erfassen des Nichts. Gleichwohl wird das Nichts durch sie und in ihr offenbar ...«*[2]

Sein und Nichts sind Grunderfahrungen der menschlichen Existenz in der Zeit. Durch das »Fenster« dieser existentiellen Erfahrung erschließt sich für Heidegger auch die Transzendenz: *»Das Hineingehaltensein des Daseins in das Nichts auf dem Grund der verborgenen Angst ist das Übersteigen des Seienden im Ganzen: die Transzendenz.«*[3]

Gott als das Sein

Heidegger hat sich über den Charakter der Transzendenz nicht geäußert. Aber für die christliche Theologie ist Gott das Sein, oder wie es im Mittelalter hieß: das *esse ipsum.* Im Unterschied dazu sind im philosophischen Sprachgebrauch diejenigen Dinge, die als Objekte in der Welt vorkommen, bloß Seiendes.

Der Theologe Paul Tillich schreibt: »*Das Sein Gottes kann nicht verstanden werden als die Existenz eines Seienden neben oder über anderem Seienden. Wenn Gott ein Seiendes wäre, so wäre er den Kategorien der Endlichkeit unterworfen, besonders Raum und Zeit.*«[4]

Deshalb kann man strenggenommen auch nicht sagen »Gott existiert«. Denn damit würde man ihn zu einem Ding machen neben anderen Dingen. Auch die Rede von »dem höchsten Wesen, das wir verehren« macht ihn bloß zu einem Superding. Er ist das, was die Dinge erst ermöglicht, nämlich das Sein der Dinge. Daher kann Paul Tillich formulieren: »*Es ist ebenso Atheismus, die Existenz Gottes zu behaupten, wie es Atheismus ist, sie zu leugnen. Gott ist das Sein-Selbst, nicht ein Seiendes.*«[5]

Fassen wir zusammen: Von der Erkenntnisfrage her stellt sich Gott für uns als das dar, was die Subjekt-Objekt-Spaltung der Erkenntnis umgreift. Das Umgreifende ist der »Raum«, aus dem heraus die Dinge uns entgegentreten. Es gibt – mit Schopenhauer gesprochen – kein Objekt ohne Subjekt und kein Subjekt ohne Objekt. Daraus folgt schlüssig, daß das Sein im Ganzen weder Subjekt noch Objekt sein kann, sondern das Umgreifende sein muß, das in dieser Spaltung zur Erscheinung kommt. Das Umgreifende kann offenbar kein Objekt sein. Alles, was mir als Gegenstand gegenüber tritt, tritt aus dem Umgreifenden an mich heran und ich als Subjekt aus ihm heraus. Das Umgreifende bleibt für mein Bewußtsein unbegreiflich. Es wird nur hell durch die Gegenstände und um so heller, je bewußter und klarer die Gegenstände werden. Gott ist das Umgreifende. Die Welt der Objekte und Subjekte ist der Mantel, mit dem sich das Göttliche verhüllt.

Sind wir Menschen auch gefangen in dieser Subjekt-Objekt-Spaltung, so haben wir mit der Einsicht in die Erscheinungshaftigkeit des Daseins doch das Gefangensein in der Subjekt-Objekt-Spaltung durchbrochen. Jaspers: *»Ein Licht ist uns aufgegangen, in dem sich alles verwandelt, aber es zeigt sich keine andere Realität.«*[6]

Durch die Einsicht in unsere Erkenntnissituation haben wir diese Situation überstiegen, ohne irgendwoanders anzukommen. Gott bleibt der verborgene Gott. Er ist nicht erkennbar wie ein Objekt in unserer Welt, aber es gibt ein Wissen um ihn.

In der Frage nach dem Begriff des Seins stoßen wir wieder auf Gott, diesmal als das Sein schlechthin. Das ist nicht verwunderlich, denn das Umgreifende muß *sein*, damit die Objekte und Subjekte sein können. Sein und Umgreifendes sind identisch, sie sind vereint im letzten Einen, aus dem und in dem alles ist.

Das Eine ist die Grundfrage der Philosophie seit den Griechen bis heute und findet in den Einzelwissenschaften seinen Ausdruck in Form der gesuchten Weltformel. Das Denken der Philosophie und der Wissenschaft kommt erst zur Ruhe, wenn es im Einen angekommen ist.

Im Einen findet auch die Seele ihre Ruhe, denn sie weiß, daß sie aus dem Einen, das alles und damit auch den Tod des Menschen umfaßt, nicht herausfallen kann. Deshalb hat an dieser Stelle die Frage nach dem Tod und der nachtodlichen Existenz ihren logischen Ort.

Das christliche Denken lehnt die Vorstellung von der Unsterblichkeit der Seele ab. Erstens ist diese Vorstellung nicht biblisch, zweitens ist der Dualismus von Leib und Seele nicht haltbar, und drittens sind die angeführten Beweise nicht ausreichend. Denn erstens ist in der Bibel von der Auferstehung bzw. Auferweckung des *ganzen* Menschen die Rede, zweitens ist das Weiterleben einer Seele ohne Gehirn und ohne Sinneswahrnehmung nicht denkbar, und drittens sind die Beweise in der Philosophiegeschichte oft genug widerlegt worden.

Was also lehrt die christliche Religion?

»Du wirst nicht vergehen!«

Aus der alltäglichen Weltperspektive betrachtet, ist der Tod das absolute Ende. An ihm scheitert jede Vernunft. Da bleibt nichts erklärbar, da verschwindet jeder Sinn. Da tut sich ein Abgrund auf für die menschliche Existenz. Was übrig bleibt ist Biomasse, von manchen auch als Biomüll bezeichnet. »Das Nichts nichtet«, mit Heidegger gesprochen. Wir haben nichts mehr in der Hand. Was bleibt, ist vielleicht die Erinnerung und eine zeitlich begrenzte Nachwirkung.

Der Tod bringt die Fragwürdigkeit der menschlichen Existenz auf einen sichtbaren Höhepunkt: Eine Existenz, die zwar am Sein teilhat, aber nicht wirklich und vollkommen, vielmehr auch vom Nichts gezeichnet ist, und die weder das Sein noch das Nichts vernünftig definieren kann, also auch sich selbst nicht als definitionsfähig erweist.

Und da wäre noch eine Frage, die nicht übergangen werden sollte. Ernst Bloch: *»Wozu die Mühe unseres Daseins, wenn wir zur Gänze sterben, in die Grube fahren und haben im Beschluß nicht das mindeste davon?«*[7]

Für Theodor W. Adorno ist der Gedanke, *»der Tod sei das schlechthin Letzte, unausdenkbar. Versuche der Sprache, den Tod auszudrücken, sind vergebens bis in die Logik hinein; wer wäre das Subjekt, von dem da prädiziert wird, er sei jetzt, hier tot«.*[8]

Mit dem Gedanken des absoluten Nichts ist für Adorno auch das Denken der Philosophie in Frage gestellt: *»Wäre der Tod jenes Absolute, das die Philosophie vergebens beschwor, so ist alles überhaupt nichts, und jeder Gedanke ins Leere gedacht, keiner läßt mit Wahrheit irgend sich denken. Denn es ist ein Moment der Wahrheit, daß sie samt ihrem Zeitkern dauere; ohne alle Dauer wäre keine, noch deren letzte Spur verschlänge der absolute Tod.«*[9] Für Adorno ist, wenn nichts bleibt, auch der Gedanke an Wahrheit ins Absurde entglitten. Diese ließe sich nicht mehr denken, da ja Denken den sinnvollen Begriff von Wahrheit voraussetzt, und der sei nur möglich, wenn es etwas Zeitloses gibt, das wahr bleibt, auch wenn es von niemandem gedacht wird.

Das Leben des Menschen schwebt somit auf unergründliche Weise über der Bodenlosigkeit der Absurdität. Albert

Camus hat im Bild des Sisyphos, der den Stein auf den Berg wälzt, das Absurde des menschlichen Lebens ins Bild gesetzt. Am nächsten Tag liegt der Stein wieder unten, und Sisyphos bleibt nichts anderes übrig, sich einzureden, er sei glücklich, wenn er den Stein Tag für Tag wieder auf den Berg rollt. Dieses Bild will sagen: Von Hoffnung auf einen Sinn im Tode heißt es Abschied nehmen, der Tod ist genauso sinnlos wie das Leben.

Bert Brecht dichtet: »*Was kann euch Angst noch rühren / Ihr sterbt mit allen Tieren / Und es kommt nichts nachher.*« Dies ist eine Aussage, an der nicht zu rütteln ist. Jedenfalls nicht aus der Sicht des Menschen, aus der Sicht eines unbedeutenden Teils im Ganzen. Aus der Sicht des Ganzen sieht das freilich wieder anders aus. Und hier setzt die Botschaft der christlichen Religion ein.

Die Angst vor dem Tode ist die Angst vor dem Nichts (Heidegger).[10] Der Christ vertraut aber auf die verwandelnde Kraft des Seins. Gott ist die Liebe, so lautet die Botschaft des Evangeliums. »Liebe Gottes« ist ein anderer Begriff für die Macht und Positivität allen Seins. Der Christ hofft darauf, daß die Macht des Seins größer ist als die Macht des Nichts. Daß die Macht, die ihn in jedem Augenblick des Lebens im Sein trägt, ihn nicht im Augenblick des Sterbens fallen läßt. Nur so läßt sich ein Leben auf Abruf angstfrei bejahen. Denn diese Hoffnung gibt dem Menschen den Mut zum »Trotzdem«. Der Glaube, der diesen Mut zum »Trotzdem« möglich macht, der zu einem Ja zum Leben ermächtigt, ist das existentielle Ergriffensein von der Macht des Seins trotz der überwältigenden Erfahrung des Nichts in Form von Angst, Verzweiflung, Schuld und Tod. Der Mut zum Sein, wie es bei Paul Tillich formuliert ist, ist der Schlüssel zu einem Gottesbegriff, der den alten Mann mit Bart des bürgerlichen Alltagsglaubens weit hinter sich läßt: »*Der Glaube ist nicht die theoretische Annahme von etwas, das erkennismäßig zweifelhaft ist, sondern die existentielle Bejahung von etwas, das alle gegenständliche Erfahrung transzendiert. Er ist keine Meinung, sondern ein Zustand. Glaube ist der Zustand des Ergriffenseins von der Macht des Seins-Selbst, die alles transzendiert und an der alles partizipiert. Wer von dieser Macht ergriffen ist, kann sich bejahen, weil er weiß, daß er bejaht ist.*«[11]

So wie der Mensch scheinbar aus dem Nichts auferweckt wurde ins Leben, so wird er nach dem Leben aus dem Tod auferweckt werden in ein Ewiges Leben. Da der Christ ein persönliches Verhältnis zu Gott sucht, hofft er darauf, daß Gott treu ist über den Tod hinaus. Ewiges Leben darf dabei nicht verstanden werden als ein Leben ohne zeitliche Begrenzung. Ewiges Leben ist vielmehr ein Symbolbegriff für eine Seinsweise, die im Umgreifenden am Umgreifenden teilhat.

Ewiges Leben ist ein Leben in Gott, Teilhabe an seiner Seinsweise jenseits von Raum und Zeit und das letzte Ziel und der letzte Sinn des Menschen und des gesamten Kosmos. Denn es gilt: Ein Nichts als gleichwertigen Gegenpol zum Sein kann es nicht geben. Wir erfahren zwar die Auswirkungen vernichtender Kräfte jeden Tag in Form der Vergänglichkeit und des Leides in unserer Welt. Der Tod ist der große Triumph dieser Kräfte. Aber es gilt auch: »*Und da es nichts rein Negatives gibt (das Negative nährt sich vom Positiven, das es entstellt), kann nichts, was Sein hat, endgültig vernichtet werden.*«(Tillich)[12]

Gabriel Marcel hat darauf hingewiesen, daß es einem Verrat gleichkommt, wenn man auch nur den Zipfel des Gedankens aufkommen läßt, ein wirklich geliebter Mensch könne sich in Nichts und nur in Nichts auflösen. Denn die Liebe schließe eine Art »Ewigkeitsversprechen« in sich ein. Einen Menschen lieben heißt demnach soviel wie: »Du wirst nicht sterben!«. Das Du wird und muß den Tod überdauern, denn in der Liebe wird der Mensch als etwas unendlich Wertvolles erfahren. Das Einverständnis mit seiner Vernichtung würde eine nachträgliche Annullierung dieses Wertes bedeuten. Deshalb kann der Zurückgebliebene nur mit der Vorstellung einverstanden sein, daß der geliebte Mensch verwandelt und in einen anderen Zustand aufgehoben ist.

Für den Christen heißt das: Im Tod wird der Mensch aufgehoben, im dreifachen Hegelschen Sinne: Er wird aufgehoben, wie man eine Regel aufhebt, sie gilt fortan nicht mehr. Er wird aufgehoben, wie man etwas von unten nach oben auf eine andere Ebene hebt. Und er wird aufgehoben, indem er geborgen ist im Ganzen der Wirklichkeit Gottes. Der Tod ist insofern nicht Vernichtung, sondern Vollendung. Der Tod vollendet ein

Leben, so wie der letzte Ton ein Lied vollendet. Das Leben gewinnt im Tode seine Einheit, wird ein Ganzes und verweist auf das Ganze hin, das wir Gott nennen. (Zur naturwissenschaftlichen Deutung der Rede von der Auferstehung des Menschen siehe Seite 170.)

Was das konkret heißt, kann nur mit Hilfe religiöser Bilder gedeutet und alltagsgerecht gemacht werden. Dies ist die Aufgabe der Theologie. Die Philosophie versucht, die Strukturen der Welt und der menschlichen Existenz zu klären, die Theologie gibt ihnen Sinn und Ziel, indem sie mit Hilfe religiöser Bilder und Symbole den Urgrund ausleuchtet, aus dem alles Sein hervorgeht.

Häufig wird der Vorwurf erhoben, daß sich religiöse Rede auf menschliches Wunschdenken stütze: Natürlich wäre es schön, wenn der Tod nicht das letzte Wort hätte; aber Wünsche und Begriffe seien Formen von Illusionen, die der Mensch produziere; ihnen könne man nicht trauen; wir seien vielleicht doch nur illusionsgeladene Fremdkörper in einem banalen Universum.

Daher darf die Religion der intellektuellen Verantwortung des Ewigkeitsglaubens nicht ausweichen. Wie kann das geschehen?

Bewahrheitung des Glaubens

Der Glaube an das Ewige Leben muß verantwortet werden in Rekurs auf menschliche Erfahrung: Im Leben und nicht nur im Denken muß das Göttliche transparent werden. Schon mitten im Leben müssen das Jenseits und die Liebe Gottes spürbar sein.

Zwar ist der Grund unserer Herkunft und das Ziel unseres Weges auf den ersten Blick verborgen, aber nicht unbekannt. Verborgen, weil sie in das Unergründliche des Absoluten reichen, nicht unbekannt, weil sie sich schon vorher in bestimmten Erfahrungen gezeigt haben: in den Erfahrungen des tiefsten Lebenssinnes. So kann sich z. B. in der Erfahrung von echter Liebe, faszinierender Schönheit, hingebungsvoller Güte, helfenden Mitleids und denkerischen Reichtums die Tiefe des Seins und ihr göttlicher Charakter zeigen. In diesen Erfahrungen finden wir etwas, das über uns hinausweist und die Verheißung enthält, für immer im Sein bestätigt zu werden und damit der Nichtigkeit der Vergänglichkeit zu widerstehen.

So wie in der Angst das Nichts als negative Macht erfahren wird, wird in exemplarischen Situationen das Sein als unendlich positive Macht erfahren. Das kann in der Seligkeit des sexuellen Orgasmus geschehen, in der Versunkenheit eines ästhetischen Genusses, in der Liebe zu einem anderen Menschen, während eines Waldspazierganges oder im stillen Hantieren an der Werkbank. Es ist die geistige Offenbarung des Wunders, daß etwas ist und daß nicht nichts ist. Es ist das tief empfundene Glück, am Sein teilzuhaben.

Um diese Erfahrungen machen zu können, bedarf es freilich mehr als die volle Konzentration auf die Vermehrung des eigenen Besitzstandes. Wer gnadenlos seine Tage mit Malochen füllt und sich in den Nächten durchs Fernsehprogramm zappt, wird schwerlich imstande sein, Erfahrungen dieser Art zu machen. Denn sie ereignen sich nicht mit dem Lärmpegel von Oktoberfesten oder dem Aufleuchten von Applaus-Schildern. Sie erfordern ruhige Momente der Achtsamkeit. Dann aber bringen sie eine elementare Wucht mit sich, die nur möglich ist, wenn der Erfahrende und die Erfahrung nicht dasselbe sind. Es ist gleichsam die präsentische Güte einer uns überlegenen Macht und Gegenwart, die sich in diesen Erfahrungen ausspricht. Ihre Botschaft ist: Es ist gut, da zu sein – Leben lohnt sich – Dasein ist besser als Nichtsein – Das Sein ist stärker als das Nichts. Dieser Macht vertraut sich der Christ im Leben an und erst recht in seinem Tode. Der Tod bringt das zur Erfüllung, was sich in den Erfahrungen dieses tiefsten Lebenssinnes angezeigt hat. Erst vor dem Horizont dieser letzten Tiefe des Seins ist unser Leben mehr als ein Blindflug durch die sinnlosen Trümmer eines in sich bedeutungslosen Urknalls. Und dieses Mehr ist verbunden mit der dankbaren Einsicht, daß wir selbst zu allem, was überhaupt ist und wird, womöglich gar nicht hätten gehören können. Dann der Dank für die Menschen, denen man begegnen darf. Und nicht zuletzt der Dank dafür, daß einem im Leben etwas gelungen ist, nicht nur, daß uns die Umstände günstig waren, sondern auch dafür, daß im Gang der Welt ein solches Gelingen überhaupt freigegeben war.

Religion ist nicht der Gegensatz zur Wissenschaft. Im Gegenteil: Die Wissenschaft kann der Einstieg in die Religion sein. Der Gegensatz zur Religion ist die Trivialität des Alltags, das Dahinleben ohne Tiefe und Reflexion. In die Tiefe fühlen, in die Tiefe spüren und in die Tiefe denken, das führt bei manchem auf verschlungenem Pfade, bei manchem auf direktem Wege zu Gott.

In jedem Gefühl des Beheimatet-Seins an einem Ort oder bei geliebten Menschen lebt etwas von dem Gefühl, zu wissen, wo man letztlich hingehört, lebt etwas vom Gefühl des Getragenseins im Sein. Das Gefühl der Verbundenheit zur Heimat etwa ist der Vorglanz eines letzten Daheimseins in der Mitte meines Inneren und durch mein Innerstes hindurch in Gott. Die Sehnsucht nach irgend etwas, das uns im Leben umhertreibt, kann nur in der Mitte von allem Sein zur Ruhe kommen und endgültig gestillt werden.

Bei Karl Rahner heißt es: »*Ferne grüßt uns noch das Licht der menschlichen Nähe und heimatlichen Geborgenheit; aber über uns steht der Himmel, und wir empfinden die schweigende Nacht, die uns sonst unheimlich und erschreckend vorkommen mag, als die stille Nähe des unendlichen Geheimnisses unseres Daseins, das bergende Liebe und weite Größe zugleich ist.*«[13]

Wie ist es anders zu erklären, daß der todkranke Peter im nordrhein-westfälischen Hospiz Lohmar, nachdem er erkannt hat, daß sein Lebensplan vor einem stärkeren Lebensplan weichen mußte, zum letztenmal in seinem Leben bei einer kleinen Abschiedsfeier ein Lied singen konnte. Er sang nicht: »Always looking on the bright side of life«, seinen Lieblingssong, sondern er sang: »Großer Gott, wir loben dich.« Und eine krebskranke Frau nahm die Hände des Aids-Patienten und küßte sie: »*Du hast mich ein Stück näher zu Gott gebracht.*«[14]

Halten wir fest:

1. Wir können das Sein inhaltlich nicht definieren, aber wir haben Anteil, wir partizipieren an ihm. Es ist der innerste Kern unserer Existenz.
2. Das Umgreifende und das Sein sind zwei Aspekte des Einen, aus dem die Welt hervorgeht und das sie im Sein hält. Religiös gesprochen ist dieses Eine Gott.
3. Obwohl Leben und Tod sinnlos und absurd zu sein scheinen, bejaht der Christ das Leben. Er hat den »Mut zum Sein«. Ausgehend von positiven existentiellen Lebenserfahrungen, hofft er darauf, daß die Macht des Seins größer ist als die Macht des Nichts.
4. So wie uns Gott scheinbar aus dem Nichts in das Leben gerufen hat, so wird er uns nach dem Leben wieder aus dem Tod ins Ewige Leben rufen.
5. Ewiges Leben bedeutet nicht endloses Weiterleben, sondern Partizipation des ganzen Menschen an der Ewigkeit Gottes.

Für viele Menschen sind diese Formulierungen zu abstrakt. Wie kann man sie konkretisieren?

In der Wissenschaft definieren wir die Position des Menschen im Mittelpunkt zwischen der Unendlichkeit des Universums und dem unendlich Kleinen des Atoms. Wir sehen uns im Mittelpunkt der Welt und legen sie von dort her aus. Das fällt uns leicht, denn wenn das Universum unendlich groß ist, ist überall der Mittelpunkt. Wir »vermenschlichen« das Universum. Sollte man das bei der Frage nach dem letzten Sein nicht auch tun? Wie verhält sich jemand, der nachts seinen Autoschlüssel verloren hat? Er sucht erst einmal im Umkreis der Straßenlaterne. Und da er keine Eule ist und keine Nachtaugen besitzt, verhält er sich äußerst rational. Er bleibt in dem Bereich, der ihm aufgrund seiner biologischen Ausstattung offensteht.

Die Bibel tut das auch. Sie knüpft die Deutung des Todes an die Auferstehung des Menschen Jesus von Nazareth, den die Christen den Christus nennen.

Sie macht ihre Botschaft nicht an einer Begriffskonstruktion fest wie die Philosophie. Sie bietet kein abstraktes Göttliches an, denn die Fähigkeit zur Abstraktion gehört für eine lebendige Person zwar zu ihrer biologischen Ausstattung, aber eher in den Werkzeugkasten der Überlebenstechniken.

Die »Frohe Botschaft« von der Auferstehung der Person Jesu Christi bedeutet nicht, daß Christus so auferstanden ist wie etwa Karl Marx in der Kommunistischen Plattform der PDS. Sie bedeutet vielmehr, daß der ganze Mensch Jesus in seiner Einheit von Körper, Geist und Seele von den Toten auferstanden ist durch die Tat Gottes. Und diese Tat Gottes ist der Aufhänger für die Hoffnung der Christen, daß der Tod nicht das letzte Wort hat.

Wie soll man das verstehen?

»Christus ist auferstanden«

Religion kleidet ihre Wahrheit in Symbole / Wer war Jesus? / War das Grab leer?

Religion kleidet ihre Wahrheit in Symbole

In der Kirchengeschichte des Beda Venerabilis aus der ersten Hälfte des 8. Jahrhunderts wird berichtet, wie im Rat eines angelsächsischen Königs im Jahre 627 n. Chr. über die Annahme oder Ablehnung des Christentums entschieden werden soll. Da sagte einer der Fürsten: *»Mein König, das gegenwärtige Leben der Menschen auf Erden scheint mir im Vergleich zu jener Zeit, die uns unbekannt ist, so zu sein, wie wenn du dich zur Winterszeit mit deinen Fürsten zu Tisch setzest. Mitten auf dem Herd brennt das Feuer und wärmt den Saal, draußen aber tobt der Sturm des Schneegestöbers. Da kommt ein Sperling hereingeflogen und durchfliegt schnell – an der einen Tür herein, an der anderen Tür hinaus – den Saal. Während des Augenblicks, wo er drinnen ist, bleibt er vom Wintersturm verschont. Hat er jedoch rasch den kleinen Raum, wo es angenehm ist, durchflogen, so entschwindet er deinen Augen und kehrt aus dem Winter in den Winter zurück. So ist auch dieses Menschenleben nur wie ein einziger Augenblick. Was ihm vorangegangen ist und was ihm folgt, wissen wir nicht. Wenn uns also diese neue Religion größere Gewißheit darüber verschafft, so ist es meines Dafürhaltens recht, ihr zu folgen.«*[15]

Bei der Frage nach der Erklärungsleistung einer Religion müssen nicht unbedingt philosophische oder wissenschaftliche Argumente vorgetragen werden. Ihre Wahrheit soll den Bereich erfassen, über den wir nichts wissen können. Ihre Antwort ist nicht eine irgendwie geartete Weltanschauung, sondern eine Antwort in Symbolen. So wie in der Quantenphysik, wo wir unverständliche Vorgänge mit Hilfe von Zahlen und Formeln »verstehbar« machen, so legen wir in der Religion Dimensionen unserer Welt, die unsere Erkenntnisfähigkeit übersteigen, mit Hilfe von Bildern und Symbolen aus.

Symbole sind anschaulich, sie sind sozial anerkannt, sie haben eine ihnen innewohnende Überzeugungsmacht, und sie partizipieren geistig an dem von ihnen Symbolisierten. Sie dürfen aber nicht verwechselt werden mit Zeichen. Zeichen sind zwar auch anschaulich und anerkannt, ihnen fehlt jedoch die Partizipation am Inhalt des Dargestellten, denn sie werden in der Regel willkürlich gewählt. Deshalb ist beispielsweise ein Vorfahrtszeichen nicht zu vergleichen mit dem Symbol eines persönlichen Gottes. Letzteres weist auf den Sachverhalt hin, daß der Urgrund des Seins, aus dem alles, auch unser Personsein, hervorgegangen ist, nicht unpersönlich sein kann, sondern die Dimension des Personhaften mit umfassen muß. Für die Verständigung über diesen Befund ließe sich so etwas wie ein Vorfahrtsschild nur schlecht einsetzen, denn es fehlt die Entsprechung zum Symbolisierten.

Nehmen wir das Symbol von Adam und Eva. Sie leben im Paradies in Einheit mit der Natur. Erst der Sündenfall, nach den Früchten vom Baum der Erkenntnis gegriffen zu haben, führt zum Rauswurf aus dem Paradies. In diesem Symbol ist sehr klar die Erinnerung daran gespeichert, daß der Mensch sich aus einer Vergangenheit entwickelt hat, die ihn auf eine Ebene mit den anderen Lebewesen stellte. In der Evolution hat der Mensch diesen unschuldigen Zustand verlassen, als sich sein Gehirn über die tierische Stufe hinausentwickelte. Damit begann aber auch das Drama der menschlichen Existenz: Angst, Zweifel, Schuld und das Wissen um die Vergänglichkeit. Als dann die beiden Söhne Kain und Abel einen tödlichen Streit vom Zaune rissen, war es ein für allemal offenkundig: Mit der Erkenntnis und der Freiheit kommt auch das Böse in die Welt. Wollte man diese Geschichte wörtlich nehmen, landete man in der Absurdität. Denn Kain hat nach dem Mord an seinem Bruder die Koffer gepackt, ist in ein anderes Land gezogen und gründete dort eine Familie. Wer die Symbolsprache nicht versteht, muß jetzt natürlich prompt die Frage stellen: Wo kam Kains Frau her, wenn Kain und Abel Söhne von Adam und Eva sind?

Grundsätzlich muß gesagt werden: Wer behauptet, die Bibel sei prinzipiell wortwörtlich zu verstehen, nichts sei interpretationsbedürftig oder symbolhaft, tut der Bibel nichts Gutes. Man braucht dann nur einen Fehler oder eine Unstimmigkeit nachzuweisen, und schon ist alles zweifelhaft geworden.

Paul Tillich hat gezeigt, wie religiöse Symbole als Antworten auf die in der menschlichen Existenz liegenden Fragen verstanden werden müssen.[16] Wörtlich verstanden, verfälschen sie sehr oft die Aussageabsicht und bringen die Religion in den Verdacht, Märchen zu erzählen. Die Anwendung dieser Erkenntnis wird noch zu demonstrieren sein. Eines kann aber jetzt schon gesagt werden: Wer sich auf die religiösen Symbole der Religion einläßt, wird erleben, daß ihre Wahrheit sein Leben verändern kann. Die christlichen Symbole haben 2000 Jahre lang die Menschen begleitet. Sie sind durch unzählige Menschen erlebt, durchlebt und so bewahrheitet worden. Erst in der Moderne verblaßt ihre Wahrheit für viele.

Daher steht die christliche Religion vor der Aufgabe, ihre Symbole dem modernen, wissenschaftsorientierten Zeitgenossen neu zu erschließen. Er sollte zu der Erkenntnis gebracht werden, daß ein Kirchenfenster von außen langweilig und tot aussieht, von innen aber erstrahlt in den lebendigsten Farben.

Wir haben es in der modernen Gesellschaft jedoch mit immer mehr Menschen zu tun, die an religiösen Wahrheiten vorbeileben. Die Frage nach dem Wozu, Woher und Wohin des menschlichen Lebens hat anscheinend wenig Unterhaltungswert. Und die Fragen, die aus der Endlichkeit des Menschen resultieren, werden bewußt ausgeklammert. Da der Tod die Katastrophe schlechthin ist, wird er verdrängt. Der Mensch stirbt seinen Tod immer so, wie er ihn versteht. Weil im Rahmen des modernen katastrophischen Todesverständnisses kein Verstehen möglich ist, bedroht der Tod den Genuß jeder Sekunde, der Mensch hetzt durch sein Leben mit der Angst vor der Katastrophe im Nacken, bis Gevatter Tod vor ihm steht und sagt: So!

Wo keine Fragen sind, sind auch keine Antworten nötig.

Wo nur für den Augenblick gelebt wird, wird auch nicht mehr über ihn hinausgedacht.

Der amerikanische Philosoph Thomas Nagel ist ein markanter Vertreter dieser modernen Denkweise. »Was habe ich davon, wenn ich erkenne, daß mein Leben mehr Bedeutung hat als das, was innerhalb der paar Jahre passiert? Nichts. Also ist es für mich kein Thema«, argumentiert Nagel. Angenommen, so Nagel, wir fänden heraus, daß wir nur deshalb in der Welt sind, weil es irgendwelche fremdartige Wesen mit besonderer Vorliebe für Menschenfleisch gibt. Wir würden dann deren Grundnahrungsmittel bilden und später zu Koteletts verwandelt. Damit hätte aber das Leben eines Menschen immer noch keinen Sinn. Denn es wäre nicht klar, wie der zugegebenermaßen schmackhafte Sinn, den unser Leben für sie hat, diese Wesen für uns überhaupt wichtig machen könnte. Das Leben des Menschen würde sich aber dadurch nicht verändern. Also könne man das Thema vergessen.[17] Wie man sieht, kann die Absurdität des Lebens offensichtlich nur mit Zynismus ertragen werden.

Wer war Jesus?

Nach Thomas Nagel gibt es keinen Grund daran zu glauben, *»daß irgend etwas von Belang ist«;* daher ist unser Leben *»gleichermaßen belanglos, und wir tun gut daran, unserem absurden Leben von nun an mit Ironie zu begegnen«.*[18]

Wenn alles im Leben ohne Belang ist, kann man freilich die Philosophie auf die Ebene von Disneyland herabentertainen. Christen haben andere Ansprüche ans Leben und andere Vorstellungen von sinnvollen Antworten. Das zentralste Symbol ihrer Welt- und Lebensdeutung ist das Kreuz, das für die Kreuzigung und die Auferstehung des Jesus von Nazareth steht.

Wie ist das zu verstehen?

Zunächst die Fakten: Der römische Präfekt Pontius Pilatus ließ Jesus von Nazareth nach dem Zeugnis aller neutestamentlichen Evangelien an einem Freitag des jüdischen Passahfestes um das Jahr 30 am Kreuz hinrichten. Jesu Jünger, die mit ihm nach Jerusalem gezogen waren, verließen ihn vor bzw. bei der Festnahme fluchtartig.

Das Motiv für die Hinrichtung war: Pontius Pilatus sah in Jesus einen politischen Aufrührer. Nach der Kreuzigung wurde der Leichnam vom Kreuz abgenommen und in einem Grab beigesetzt. Wer die Beisetzung vorgenommen hatte, bleibt unklar.

Endete der Karfreitag für die Jünger in einer Katastrophe, so wendete sich am Sonntag das Blatt. Zwei Frauen stellten fest, daß die Grabesstätte leer war. Der von den Toten auferstandene Christus erschien dem Jünger Petrus, dann den anderen Jüngern und darüber hinaus 500 Brüdern. Der Auferstandene wird beschrieben als immaterieller Geistleib, der eine Zeit lang unter seinen Jüngern weilte, um dann nach dem Auftrag der Verkündigung der Frohen Botschaft von seinem Leben, Sterben und Auferstehen in der ganzen Welt in den Himmel aufzufahren.

Die älteste Überlieferung des Ostergeschehens stammt vom Apostel Paulus (1 Kor 15, 3–7). Sie umfaßt vier Sätze. Markus benötigt Jahrzehnte später acht Sätze. Matthäus nach ihm erweitert den Bericht auf zwanzig Verse, gefolgt von Lukas, der 53 Verse zu berichten weiß. Bei Johannes, dem spätesten Evangelium, erzählen 56 Verse von der Auferstehung Jesu.

Je später der Bericht, um so mehr glaubt er erzählen zu müssen; je weiter der Abstand vom Erlebnis selbst, um so farbenprächtiger wird die Ausmalung.[19] Was ist an dieser Geschichte so besonders, daß sie zum Schlüsselcode einer ganzen Kultur werden konnte?

Bevor Jesus starb, war er jahrelang durch Palästina gezogen und als spiritueller Lehrer und Heiler aufgefallen. Viele Menschen schlossen sich ihm an und erlebten, daß seine Art, die Welt und das menschliche Leben zu verstehen, sie verwandelte. Wo vorher Angst und Zweifel waren, wuchsen Freude und Zuversicht, wo vorher Haß und Aggression wucherten, keimten Liebe und Gelassenheit, wo vorher Orientierungslosigkeit und Sinnlosigkeit herrschten, spürten sie Gottesnähe und Gottvertrauen.

Jesus vermaß die Welt auf eine neue Weise. Seine Maßeinheit war Liebe, die er nicht als Forderung oder theoretisches Prinzip aufstellte, sondern lebte. Ihre verwandelnde Kraft demonstrierte er vor. Sein Leben war ein Gleichnis für die heilende Kraft der Liebe, wenn sie in allen Lebensvollzügen zur Geltung kommt. Sogar der Urgrund allen Seins war für ihn Liebe. Deshalb sprach er von Gott wie von einem liebenden Vater. Mit dieser Antwort konnte er eine Brücke bauen über die Abgründigkeiten des menschlichen Lebens. Die Ambivalenz des Existierens in zweifelhafter Welt war überwunden. Die Menschen nannten ihn deshalb Messias, den Christus, den von Gott Gesandten. Sie fühlten sich erlöst von der Absurdität des Lebens, die auf allen Menschen lastet. Um so größer war für sie die Katastrophe, als er neben Schwerverbrechern hingerichtet wurde.

Aber dann kam die Erfahrung, daß die Wahrheit seines Lebens vom Tod nicht auszulöschen war. Der Zustand der Erlösung war unabhängig von Jesu physischer Anwesenheit. Die Freiheit von den knechtenden Abhängigkeiten unseres selbstzentrierten Lebens blieb erhalten. Die Erfahrung, daß dies möglich war, ist der Realgrund des Ostergeschehens gewesen. Die existentielle Verwandlung der Überlebensmaschine Mensch in einen Nachfolger Jesu war die überwältigende Erfahrung, die hier zum Ausdruck kommt.

An die Auferstehung Jesu zu glauben, heißt zunächst einmal nicht, an irgendein Mirakel zu glauben, sondern sich der Erfahrung zu öffnen, daß Gottes- und Menschenliebe den Kern eines Menschenlebens vollkommen verändern können. Der Osterglaube bedeutet deshalb: mit den Jüngern zu glauben an die gemachte und jederzeit zu machende Erfahrung der verwandelnden Kraft der Liebe Gottes, der Liebe, die der unsichtbare atomare Kern aller Dinge ist.

Die Aussage des Ostergeschehens beinhaltet aber noch mehr. Sie enthält auch die Erfahrung, daß das Leben Beschwernis ist. So wie der Buddha lehrt, daß Leben gleichbedeutend mit Leiden ist, so weist das Kreuz auf die Urtatsache unseres Lebens, daß wir innerlich und äußerlich zu der Kategorie der Weichkörper gehören. Das Kreuz drückt die Absurdität dieser menschlichen Grundverfassung in einer nicht mehr zu überbietenden Weise aus. Aber durch alles Leid hindurch und trotz allem Leiden artikuliert sich die Dimension eines Grundlegenderen. Es ist die Liebe Gottes, von der her verstanden Leid ertragen werden kann, da es in einen größeren Zusammenhang eingeordnet wird: Die Macht des Seins selbst, die signalisiert, daß das Leben in der Welt unverlierbar aufgehoben ist in der Liebe und Ewigkeit Gottes.

Die Osterzeugen erlebten, daß die Nähe Gottes, die sie in der Begegnung mit Jesus erfahren hatten, ihnen nach der Kreuzigung erneut geschenkt wurde.[20]

Der Theologe Klaus Berger schreibt: »*Ostern ist als Erfahrung entstanden, als hilfreiche Erfahrung, die dem Kummer der Jüngerinnen und Jünger ein Ende setzte und die endlich Aufschluß darüber gab, daß ganz zweifelsfrei Gott hinter Jesus stand. Aus diesem Grund müßte die Umsetzung der Osterbotschaft heute gleichfalls als Erfahrung geschehen. Dann ginge es nicht um irgendwelche Dinge, die man glauben muß nach dem Schema ›friß oder stirb‹ ... Ostergeschichten sind nicht zu glauben; es sind Erfahrungen, ... die jeweils ein Fenster auf Gott hin öffnen.*«[21]

Im ersten Brief des Apostels Paulus an die Korinther (15, 20–22) heißt es: »*Nun aber ist Christus auferstanden von den Toten und der Erstling geworden unter denen, die da schlafen. Denn da durch einen Menschen der Tod gekommen ist, so kommt auch durch einen Menschen die Auferstehung der Toten. Denn gleichwie sie in Adam alle sterben, so werden sie in Christus alle lebendig gemacht werden.*«

Das Prinzip Adam bedeutet Mensch als Teil der natürlichen Evolution, also Sterblichkeit. Das Prinzip Christus bedeutet Überwindung des Todes durch die Auferweckung von den Toten als Handlung Gottes, also Ewigkeit.

Es ist dies die Anwendung des 1. Hauptsatzes der Thermodynamik aus der Physik auf die individuelle Existenz des Menschen: Nichts und niemand geht verloren.

War das Grab leer?

Mit der Ausbreitung der technischen Vernunft hat sich das Verhältnis zu den religiösen Symbolen verändert. Die moderne Wahrnehmungsweise artikuliert sich deshalb in der Frage: War das Grab voll oder leer? Ist er wirklich auferstanden?

Läßt man sich auf diese Fragestellung ein, so kommt verwirrend hinzu, daß die Evangelien keine übereinstimmenden Berichte von der Auferstehung liefern. So erzählt Matthäus von einer Grabeswache, die dem Markus unbekannt ist. Bei ihm treffen die Frauen einen Engel, der still im leeren Grab sitzt, bei Matthäus hingegen fährt der Engel vom Himmel herab, worauf die Wächter, die bei Markus fehlen, wie tot umfallen. Bei Markus kommen drei Frauen ans Grab, bei Matthäus nur zwei – die den Engel vor dem Grab treffen, während sie ihm bei Markus innerhalb der Gruft begegnen. Bei Johannes ist es nur eine Frau, die das leere Grab entdeckt. Bei Matthäus wird der Stein von einem Engel vor den Augen der Frauen weggewälzt, bei Markus und Lukas war das Grab offen.[22]

Verkompliziert wird das Ganze dadurch, daß es in der Antike nicht weniger als ein rundes Dutzend von Naturgottheiten, Heroen, Philosophen und Herrschern gegeben hat, die alle lange vor Jesus gelitten, gestorben und am dritten Tage wieder auferstanden sind (z. B. Osiris, Herakles, Pythagoras, Apollonius von Tyana, Alexander der Große und Kaiser Augustus).[23]

Daher verstehen manche das offene Grab, das Suchen der Frauen und das Verschwundensein des Leichnams unter Anteilnahme von engelhaften Erscheinungen als Elemente einer antiken Erzähltradition.[24] Im Alten Testament ist diese Tradition ebenfalls nachweisbar. So gibt es drei Auferweckungen, die Gott durch Prophetenhand erwirkt hat (1 Kön 17,17–24, 2 Kön 4,18–37, 2 Kön 13,20–21).

Doch wie immer man es sieht, das Entscheidende besteht darin, daß die Jünger an Ostern die Erfahrung gemacht haben, daß Jesus weiter in ihnen wirkt. Die Auferstehung selbst wurde von keinem Zeugen gesehen. Berichtet werden immer nur die Folgen. Somit war die Ostererfahrung ein punktuelles, reales Geschehen, das die tiefe Verzweiflung der Jünger in Freude und Jubel wendete, das vielen von ihnen sogar die Kräfte gab, später als Märtyrer zu sterben. Von welcher Art diese Erfahrung und was ihre objektive Grundlage war, bleibt uns verschlossen. Irgend etwas muß geschehen sein, damit die Symbolik der Auferstehung mit Jesus verbunden wurde.

Lapide: »*Wenn die geschlagene und zermürbte Jüngerschar sich über Nacht in eine siegreiche Glaubensbewegung verwandeln konnte, lediglich auf Grund von Autosuggestion oder Selbstbetrug – ohne ein durchschlagendes Glaubenserlebnis –, so wäre das im Grunde ein weit größeres Wunder als die Auferstehung selbst.*«[25]

Diese Ostererfahrung ist der zentrale Inhalt der christlichen Botschaft. Die Frage, ob das Grab leer war oder nicht, ist dafür unerheblich. Ein leeres Grab sagt eigentlich nur: Der Leichnam ist nicht hier. Es muß schon ausdrücklich hinzugesagt werden, was nicht selbstverständlich ist: Er ist auferweckt. Und dieses kann einem auch ohne Vorzeigen eines leeren Grabes gesagt werden. Denn die Wiederbelebung eines Leichnams ist keine Vorbedingung für eine Erweckung zum Ewigen Leben. Ist die Auferweckung also kein historisches Ereignis?

Hans Küng antwortet: »*Präzise geantwortet: nein, kein historisches Ereignis, trotzdem aber ein wirkliches Ereignis.*«

Was heißt das?

Küng: »*Auferweckung bezieht sich auf eine völlig neue Daseinsweise in der ganz anderen Dimension des Ewigen, umschrieben in einer Bilderschrift, die interpretiert werden muß. Daß Gott dort das letzte Wort behält, wo menschlich gesehen alles zu Ende ist, das ist das wahre Wunder der Auferweckung: Das Wunder der Neuschöpfung aus dem Tod!*«[26]

Der Streit um das leere Grab ist somit ein falscher Streit. Es geht dabei nicht um die Wiederbelebung einer Leiche, sondern um die Botschaft, daß mit Christus der Mensch die Befreiung und Erlösung erfährt, die ihm ein gelungenes Leben ermöglicht inklusive der Hoffnung auf Gottes rettende Liebe im Tod, und daß diese Erfahrung auch über das Leben und Sterben des historischen Jesus hinaus weiterwirkt.

Im buddhistischen Zentraltempel in Tibet gruppieren sich bunte Göttergestalten und Menschen, die sich religiösen Pflichten hingeben, auf einem großen Platz um das Innere des Tempels. Das Innere des Tempels aber ist leer. Auf dem Fußboden befindet sich ein großer Kreis. Sonst nichts. Das zeigt: Die Wahrheit kann bunt oder praktisch oder abstrakt erfaßt werden. Es gibt viele Wege zur Transzendenz.

Es soll deshalb noch einmal von einem anderen Ausgangspunkt aus über das Problem der Auferstehung nachgedacht werden. Diesmal in den Denkformen der Moderne, das ist in der Form der modernen Naturwissenschaft. Vielleicht läßt sich den bekannten Deutungen der Auferstehung eine neue hinzufügen. Damit sollen andere Deutungen nicht ersetzt werden. Aber warum soll nicht auch der naturwissenschaftlich Denkende seinen Platz auf dem Hof um die ewige Wahrheit seiner Religion finden können?

Die Ichformel

Die physikalische Wahrheit existiert unabhängig vom Physiker / Grenzen der Wissenschaft / Die Individualformel des Menschen / Der Geist des Menschen geht in seine Formel mit ein / Gott und die Widersprüche / Noch einmal: Die Auferstehung Jesu

Die physikalische Wahrheit existiert unabhängig vom Physiker

Um das Ostergeschehen besser zu verstehen, müssen wir uns mit einigen grundsätzlichen Fragen zur Physik beschäftigen. Die Physik ist die Basiswissenschaft aller Vorgänge in Raum und Zeit. Versteht man die Auferstehung als einen konkreten Vorgang innerhalb von Raum und Zeit, ist es angemessen, naturwissenschaftlich danach zu fragen. Die übliche Auffassung, daß es sich dabei in der Sache um einen wunderbaren Vorgang handelt, der nur mit den Augen des Glaubens gesehen werden kann, ist heute für viele Menschen unbefriedigend. Denn diese Argumentation erinnert sie zu sehr an die Hinweisschilder um den See Loch Ness in Schottland: »Wenn du nur fest daran glaubst, wirst du Nessie auch sehen.« Der naturwissenschaftlich denkende Mensch geht mit veränderten Begriffen an seine Lebenswelt, und so muß die Religion den Nachweis erbringen, daß sie auch in diesen Begriffen etwas zu sagen hat. Der Inhalt der religiösen Aussage darf dabei nicht in beschränkte Wissenschaft aufgelöst werden, wenn er seinen allumgreifenden Horizont nicht verlieren will. Aber wurde nicht im Mittelalter die christliche Botschaft in die Sprache der scholastischen Philosophie gefaßt, ohne darin aufzugehen? Warum sollen nicht wissenschaftstheoretische Überlegungen heute den gleichen Dienst leisten können?

In der Antike hatte die Physik des Aristoteles die Aufgabe, die Wahrheit des Gottesglaubens herauszuarbeiten. In der Neuzeit gingen Wissenschaft und Religion eigene Wege. Aber in der neuesten Zeit ist das Gespräch zwischen Physik und Religion wieder in Gang gekommen, mehr noch, viele Physiker suchen nach übergreifenden, religiösen Deutungsmöglichkeiten ihrer Wissenschaft bis hin zur Behauptung, die Theologie sei nur eine Unterabteilung der Physik.[27] Es gibt jedenfalls immer mehr Anzeichen dafür, daß der überflüssige, auf Mißverständnissen beruhende Streit zwischen der Physik und der Religion der Vergangenheit angehört.

Schauen wir uns ein konkretes Problem aus der Physik an: Wer z. B. die Fallgesetze entdecken oder verstehen will, muß zunächst einmal von Faktoren wie Form und Farbe der Gegenstände oder vom Luftwiderstand absehen. Er wird damit praktisch von jedem auf der Erde in der Natur beobachtbaren tatsächlichen Fall abstrahieren und die Verhältnisse damit erheblich vereinfachen. Sind die Verhältnisse im Vakuum erst einmal geklärt, erlauben sie dann unter Hinzuziehung weiterer Prinzipien auch ein Verständnis des Falls von Blättern oder Flugzeugen. Anders ausgedrückt und angewandt auf das Beispiel der Blätter: Es wäre falsch gewesen, angesichts eines Laubwaldes im Herbstwind einen Verstehensversuch aufgrund der Komplexität des Sachverhaltes von vornherein aufzugeben. Man ist ja leicht geneigt zu sagen: »Das Zusammenspiel der Hunderttausende von Blättern werden wir nie verstehen.« Man hat damit zugleich recht und unrecht. Einerseits hat die Physik die wirbelnden Blätter prinzipiell im Griff, d. h. der Vorgang kann als Spezialfall einer kleinen Anzahl allgemeiner Prinzipien aufgefaßt werden. Andererseits ist zu beachten, daß dieses prinzipielle Verständnis nicht verhindern kann, daß ein Physiker die tatsächliche Flugbahn eines Blattes nur näherungsweise beschreiben kann.

Diese näherungsweise Beschreibung ist aber so allgemein, daß man auch vorhersagen kann, wie auf dem Mond Blätter fallen würden. Damit aus wissenschaftlichen Beobachtungen Gesetze formuliert werden können, muß vereinfacht werden und die Komplexität der Wirklichkeit in Modellen abstrahiert werden. Modelle sind ihrerseits Annäherungen an die Wahrheit des zu untersuchenden Sachverhaltes, ohne sie freilich jemals vollkommen erfassen zu können. Diese vom Wissenschaftler unabhängige und erst zu findende Wahrheit ist das Ziel allen wissenschaftlichen Suchens.

Wenn jemand den Einwand machen wollte, daß das Finden in Wirklichkeit ein Erfinden ist, daß also die Wahrheit eines Vorgangs vom Beobachter erst hervorgebracht wird, stellte er die absurde Behauptung auf, daß der Wissenschaftler den Gegenstand erst hervorbringt, denn ein Gegenstand ohne seine Wahrheit ist undenkbar. Der Physiker ist aber nicht der Schöpfer der Welt, sondern der Entdecker der ihr innewohnenden physikalischen Wahrheit.

Diese Wahrheit hat eine besondere Eigenschaft: Sie ist der konkreten Raum-Zeit enthoben, sie ist zeitlos. Das Fallgesetz z. B. gilt immer und in angepaßter Form überall im Universum. Die Formel dieses Gesetzes ist in den Rang einer zeitlosen Wahrheit getreten. Und sie setzt wieder die Gültigkeit anderer zeitlosen Wahrheiten voraus, z. B. die Axiome der Logik. Der Satz A=A ist der Satz der Identität und besagt, daß ein Gegenstand immer nur mit sich selbst identisch und nicht gleichzeitig etwas anderes sein kann. Daraus kann man den Satz vom Widerspruch ableiten, der fordert: Von zwei einander widersprechenden Behauptungen ist mindestens eine falsch. Es können auch beide falsch sein, aber niemals beide richtig. Auf diesen und anderen logischen Axiomen aufruhend, entwickelt die Mathematik all das, was mit diesen Axiomen als vereinbart gedacht werden kann. Wir haben es dabei immer mit Wahrheiten in der Dimension der Zeitlosigkeit zu tun. Der Satz des Pythagoras $a^2+b^2=c^2$ galt schon, bevor Pythagoras ihn gefunden hatte und gilt auch dann noch, wenn es keinen Mathematiker mehr gibt.

In der Physik, so haben wir gesagt, wird vom Einzelnen ausgegangen und zum Allgemeinen fortgeschritten. Die in Formeln gefaßte Wahrheit gilt näherungsweise für alle vorkommenden Fälle.

Wir können aber auch den umgekehrten Weg gehen. Wir können versuchen, die Formel für einen konkreten Gegenstand, zum Beispiel ein Blatt, zu formulieren. Ziel ist jetzt nicht mehr eine Formel für alle möglichen Blätter, sondern nur für ein ganz bestimmtes Blatt. Dabei gilt: Alles, was exakt beschreibbar ist, läßt sich auch formalisieren. Wenn wir die Form des Blattes exakt beschreiben, seinen Farbstoff, den chemischen Zustand der Zellen, den exakten Raum-Zeit-Punkt und die atomaren Vorgänge in der Zellstruktur, so kommen wir immer näher an eine Formel heran, die den individuellen Zustand des Blattes beschreibt. Im Idealfall wäre zwischen dem Blatt und seiner individuellen Formel kein Unterschied mehr, außer dem, daß das Blatt in der Dimension der Raum-Zeit verbleibt, seine Individualformel aber in der Dimension der Zeitlosigkeit existiert. Wenn das Blatt zerfällt, bleibt seine Individualformel, die die Existenz des Blattes zu einem bestimmten Zeitpunkt an einem bestimmten Ort exakt beschreibt, erhalten.

Wenn es gelänge, in die Formel nicht diesen einen Zustand, sondern alle vorhergehenden Zustände des Blattes aufzunehmen, wäre das Blatt weiterexistierend in seiner zeitlosen Formel. Es wäre dann, abgesehen von der zeitlichen Bestimmung, kein Unterschied mehr zwischen dem realen Blatt und der Individualformel des Blattes.

Die Individualformel ist also die in eine zeitlose Formel gefaßte physikalische Wahrheit eines in Raum und Zeit vorkommenden Gegenstandes derart, daß Substanz und Entwicklung des Gegenstandes in ihr restlos beschrieben werden. Der Philosoph Gottfried Wilhelm Leibniz hat die Regel von der *identitas indiscernibilium* (Einerleiheit des Nichtunterscheidbaren) eingeführt.

Nach dieser Regel sind Einheiten, die in keinem Merkmal zu unterscheiden sind, als völlig einerlei d.h. identisch anzusehen. Wenn in der Individualformel alle Merkmale des konkreten Blattes aufgehoben sind, dann ist zwischen dem Blatt und der Individualformel kein festzustellender Unterschied mehr. Also ist die Existenz des Blattes in der zeitlosen Formalisierung zeitlos aufbewahrt.

Das klassische Vorbild für die Regel des Leibniz ist das »Schiff des Theseus«.

Nachdem Theseus den Minotaurus erschlagen hatte, erhielten die Athener sein Schiff, das sie sorgsam pflegten. Wenn ein Holz morsch geworden war, ersetzen sie es durch ein anderes. Bei aller Reparatur blieb es aber immer das Schiff des Theseus.[28] Die Philosophen stellten sich die Frage, ob am Ende, nachdem jedes Holzteil ersetzt worden war, nicht ein völlig anderes Schiff im Hafen von Athen lag. Hätte man die alten Planken aufbewahren und an anderer Stelle wieder zusammenfügen können, so wäre auch dieses Schiff das Schiff des Theseus gewesen. Ist also das reparierte Schiff das des Theseus oder nicht?

Es besteht hier offensichtlich eine Ähnlichkeit zum Problem der Identität bei Anwendung der Individualformel. Nur mit dem Unterschied, daß zwischen dem konkreten Blatt und seiner Individualformel verschiedene Bestimmungen von Raum und Zeit liegen, während es bei dem Schiff des Theseus nur um eine Verdoppelung innerhalb des Raumes geht, die Zeitebene aber gleich bleibt.

Nun könnte man einwenden: Zwischen einem physikalisch konkreten Blatt und seiner Individualformel kann kein quantenphysikalisch gleicher Zustand sein, denn die Formel existiert in einer nicht-physikalischen zeitlosen Dimension, während das Blatt innerhalb der Raum-Zeit-Dimension existiert.

Wie ist dieses Problem zu lösen?

Halten wir fest: In der modernen Physik ist diese völlige und absolute Ununterscheidbarkeit von Systemen im selben Quantenzustand von zentraler Bedeutung. Zwei Atome im selben Quantenzustand lassen sich nicht unterscheiden.[29]

Betrachtet man den Menschen als eine besondere Art von Quantensystem, dann gilt auch hier: Zwei Menschen im selben Quantenzustand sind ein und dieselbe Person. Würde man in eine Quantensystem-Verdopplungsanlage z. B. ein Schiff einspeisen und es kämen dann zwei Schiffe mit dem gleichen Quantenzustand heraus, gäbe es kein Experiment, in dem sich beweisen ließe, welches Schiff das Original ist.[30] Wenn die beiden Schiffe quantenphysikalisch im gleichen Zustand sind, sind sie nicht zu unterscheiden. Ähnlich verhält es sich ja schon heute, wenn ich z. B. ein Computer-Textverarbeitungsprogramm kopiere. Ein Außenstehender kann dann nicht mehr erkennen, was die Kopie ist und was das Original.

Für das Problem der Individualformel gilt dann eine veränderte Regel: Zwei Gebilde, die in verschiedenen Zeiten oder auf verschiedenen Zeitebenen existieren (z. B. ein physikalischer Gegenstand und seine Individualformel), sind in ihrem Wesen gleich, wenn ihre Muster gleich sind. Für Muster kann man auch den Begriff Information einsetzen. Wenn also zwei Gebilde die identische Informationsmenge besitzen, sind sie nicht mehr voneinander zu unterscheiden. (Der Begriff der Information hat den Vorteil, daß er auch als ein geistiger Zustand aufgefaßt werden kann und insofern eine Brücke zur Individualformel bildet, die ja in einem nicht-physikalischen zeitlosen Zustand existiert. Durch die Einführung des Informationsbegriffes eröffnet sich darüber hinaus die Möglichkeit, die Individualformel, aber auch das konkrete Gebilde des Blattes, das ja aus Informationen besteht, als Repräsentationen des geistigen Urgrundes in der Welt zu interpretieren. Man findet diese Vorstellung heute bei zahlreichen Physikern und Biologen. Diese Denkwege sollen hier aber nicht weiter beschritten werden.)

Grenzen der Wissenschaft

Die Individualformel existiert auch ohne unsere Fähigkeit, sie zu formulieren. So wie andere Wahrheiten auch existieren, unabhängig davon, ob wir sie erkennen oder nicht.

Kann die Wissenschaft die Individualformel eines physikalischen Gebildes erkennen und formulieren?

Leider ist die Durchführung einer solchen Formulierung aus erkenntnispraktischen Gründen nicht zu leisten. Wir können ja nicht einmal die Atome vollständig »vermessen« und damit in eine Formel kleiden. Wir haben Probleme mit der absolut exakten Bestimmung der Zeit usw. Aber diese Beschränkungen gelten nicht prinzipiell, denn alles läßt sich exakt beschreiben. Nur der Mensch kann es nicht. Es herrscht also ein eindeutiger Widerspruch zwischen unserer Fähigkeit, eine individuelle Formel zu formulieren, und der Notwendigkeit, diese Formel zu erstellen, wenn wir die ganze, in alle individuellen Einzelheiten gehende physikalische Wahrheit eines Gegenstandes oder Vorganges herausfinden wollen. Diese Wahrheit existiert, sie entzieht sich jedoch unserer Erkenntnisfähigkeit.

Hinzu kommt eine besondere Schwierigkeit, auf die der Biophysiker Alfred Gierer aufmerksam gemacht hat.[31]

Aufgrund astro-physikalischer Messungen wurde die mittlere Dichte der Materie im Weltall abgeschätzt: Sie ist von der Größenordnung eines langlebigen Elementarteilchens (wie Proton, Neutron, Elektron) pro Kubikmeter; in Verbindung mit der Größe des Universums ergibt sich eine Gesamtzahl von etwa 10^{80} Partikeln im Weltall. Das ist eine Eins mit 80 Nullen.

Wird diese Zahl mit dem Alter des Universums: 20 Milliarden Lichtjahre = 10^{40} Elementarzeiten (Mindeststabilitätszeit von Elementarteilchen) multipliziert, ergibt sich eine Zahl von 10^{120}, eine Eins mit 120 Nullen. Sie ist eine kosmologische Naturkonstante. Sie besagt, daß diese Zahl die logische Obergrenze für die Rechenarbeit eines Computers darstellt, der so groß und so alt wäre wie das ganze Universum, der seit seinem Bestehen ununterbrochen rechnen würde und dessen Bauelemente einzelne langlebige Elementarteilchen wären.

Wir haben es hier mit einer Obergrenze von analytischen Arbeitsschritten zu tun, die im Idealfall in unserem Universum zu erbringen wären und mit der Physik des Kosmos verträglich sind.

Daraus läßt sich die von Gierer entwickelte »finitistische Erkenntnistheorie«[32] ableiten: *»Als erkenntnistheoretische Konsequenz aus der Höchstzahl realisierbarer Operationen im Kosmos ergibt sich, daß auch die Zahl der Schritte bei der Analyse von Problemen prinzipiell begrenzt ist – seien es gedankliche Schritte oder Schritte der Informationsverarbeitung durch Computer. Insbesondere ist die Anzahl der Möglichkeiten grundsätzlich beschränkt, die man einzeln nacheinander prüfen kann, um die allgemeine Gültigkeit einer Aussage zu beweisen oder zu widerlegen.«*

Die Individualformel eines Gegenstandes ist im denkbar

günstigsten Falle aus der Perspektive eines Menschen oder eines Computers aus Gründen der Endlichkeit unseres Universums nur dann zu erstellen, wenn zu ihrer Formulierung nicht mehr als 10^{120} Operationen notwendig sind. Man muß aber davon ausgehen, daß die meisten komplexen Gegenstände zu der Formulierung ihrer Individualformel zwar mathematisch endlich viele, aber doch mehr als 10^{120} gedankliche Operationen benötigen.

Das heißt aber nach Gierer auch: *»Es kann wahre Sätze über die physikalische Wirklichkeit geben, die nur in mehr als 10^{120} Operationen zu beweisen wären; sie wären nicht für uns, wohl aber für eine gedachte überkosmische Maschine entscheidbar.«*[33]

Glücklicherweise existieren Wahrheiten ja auch unabhängig davon, ob sie bewiesen oder in logischen Operationen nachvollzogen werden. Das bedeutet, daß die Individualformel unseres speziellen Blattes in der Dimension des Zeitlosen prinzipiell existiert, auch wenn sie von uns nicht formuliert oder nachgeprüft werden kann.

Die Individualformel des Menschen

Die religiöse Komponente unserer Überlegungen stellt sich dann folgendermaßen dar: Das Universum müssen wir aus erkenntnistheoretischen Gründen als ein Objekt verstehen, das uns gegenübersteht, wenn wir darüber nachdenken, das uns selbst aber auch als Teilmenge in seiner großen, jedoch endlichen Menge enthält. Das Universum ist aber nicht das Ganze. Denn das Ganze ist das, was Subjekt und Objekt, also auch das Universum, umgreift und wovon die Objekte nur Erscheinung sind. Dieses Umgreifende nennen wir Gott. Mit anderen Worten: Logische Operationen, die aus Gründen der finitistischen Erkenntnistheorie von uns als Teil des Ganzen »von unten« nicht vollzogen werden können, können vom Ganzen bzw. von Gott durchaus »von oben« vollzogen werden, denn Gott unterliegt keiner Begrenzung.

Wir können also sagen, daß die Wahrheit bzw. die Individualformel eines Blattes in der Wirklichkeit Gottes aufgehoben ist in dreifachem Sinne: losgelöst von dem Gegenstand in der Raum-Zeit, hochgehoben aus der Zeit in die Gültigkeit des Zeitlosen und bewahrt in der Unendlichkeit des Umgreifenden.

Damit ist aber auch gesagt, daß jeder physikalisch definierbare Sachverhalt oder Gegenstand eine vergängliche Form in der Zeit und eine zeitlose Form in Gott hat. Dies bestätigt die Ergebnisse, die sich aus der Analyse des Seinsbegriffes ergeben haben, daß wir zwar Veränderungen feststellen, aber etwas Seiendes nicht nichts werden kann.

Diese Erkenntnis über die Individualformel eines Blattes gilt nun aber auch für die entsprechende Formel eines Menschen. Denn es gibt keinen einsehbaren Grund, warum es die Individualformel eines individuellen Menschen nicht geben soll. Was sich exakt beschreiben läßt, läßt sich auch formalisieren.

Nun ist der Körper eines Menschen ungleich komplizierter gebaut als der »Körper« eines Blattes. Auch seine Lebenszeit von durchschnittlich zwei Milliarden Sekunden vereinfacht die Aufgabe nicht. Wenn man nur an die tausend Milliarden Synapsen im Gehirn denkt, erkennt man sofort, daß bei der Formulierung der Individualformel eines Menschen erhebliche Schwierigkeiten auftreten würden. Dabei sollen aber nicht nur die Biomasse eines Menschen in dieser Formel erscheinen, sondern auch seine Handlungen, seine Gedanken und seine Absichten. Dies alles exakt beschrieben und formuliert, würde sehr schnell die im idealsten Falle möglichen 10^{120} Operationen übersteigen. Auch hier erkennen wir wieder, daß »von unten« gesehen diese Formel nicht existiert, aber »von oben« sehr wohl. Denn die Wahrheit eines Menschen existiert unabhängig von der Frage, ob sie im Universum praktisch formulierbar ist.

Der Geist des Menschen geht in seine Formel mit ein

Beim Menschen haben wir noch eine spezielle Schwierigkeit. Seit alters her hat der Mensch sich geweigert, seine Individualität als bloßen Algorithmus zu verstehen. Dahinter steht die

Vorstellung, daß ein Wesen, das ein verantwortliches Ich hat, nicht auf die Ebene eines physikalischen Gegenstandes gestellt werden darf. Das ist richtig und falsch zugleich. Richtig, weil die praktisch durchführbare Physik, solange sie sich im Rahmen der finitistischen Erkenntnisbegrenzung bewegen muß, nicht das angemessene Instrument für das Erfassen der menschlichen Körper-Seele-Geist-Einheit ist. Aufgrund ihrer Beschränkung kann sie das Individuelle und das Qualitative des menschlichen Daseins nicht ausreichend erfassen. Vor allem stellt das Selbstbewußtsein ein Problem besonderer Art dar. Schon die philosophische Analyse zeigt, daß es sich hier um einen logischen Knoten handelt, der bisher noch nicht aufzulösen war und wahrscheinlich von uns nie aufgelöst werden kann.

Auf der anderen Seite gibt es keinen Grund anzunehmen, daß irgendwo im Körper oder im Gehirn eines Menschen die Physik nicht gilt. Gierer vertritt mit Recht die Auffassung, *»daß die Leib-Seele-Beziehung mit endlichen Mitteln in einer endlichen Welt nicht ganz entschlüsselt – decodiert – werden kann; obwohl die Physik im Gehirn uneingeschränkt gilt, ist bewußtes Erleben durch rein objektivierende naturwissenschaftliche Analyse nicht vollständig zu erfassen«.*[34]

»Von unten« gesehen, aus der Perspektive des Menschen, bleibt der Widerspruch zwischen Körper und Geist bestehen. Wenn es aber möglich wäre, von einem individuellen Menschen die Individualformel zu formulieren, unter der Voraussetzung, daß für diese Formel eine unbegrenzte Anzahl von Termen möglich ist ohne Rücksicht auf die kosmologische Grenze 10^{120}, dann wären in dieser Formel Körper und Geist sowie das ganze Leben einschließlich aller Handlungen, Gedanken und Absichten gespeichert. Diese Formel würde sogar das Ich-Bewußtsein des Menschen umfassen können, so daß diese umfassende Individualformel mit Recht »Ichformel« genannt werden könnte.

Im 1. Korintherbrief schreibt Paulus: *»Gibt es einen natürlichen Leib, so gibt es auch einen geistlichen Leib.«* (1 Kor 15,44) Der geistliche Leib ist die zeitlose Formulierung des ganzen, in der Zeit lebenden Menschen, nicht nur seiner Seele. Paulus fährt fort: »*Aber der geistliche Leib ist nicht der erste, sondern erst kommt der natürliche, danach der geistliche. Der erste Mensch ist von der Erde und irdisch, der andere Mensch ist vom Himmel ... Das sage ich aber, liebe Brüder, daß Fleisch und Blut nicht das Reich Gottes ererben können ... Wir werden aber alle verwandelt ... Tod, wo ist dein Stachel?*« Diese Ichformel ist »von unten« nicht zu formulieren. Sie existiert aber wie jede andere Formel auch in der Dimension des Zeitlosen. Und sie ist nur »von oben« nachprüfbar und nur »von oben« formulierbar. Mit anderen Worten: Die Wahrheit des individuellen menschlichen Daseins ist als Ichformel nur von Gott zu decodieren und nur aus dem Bereich her, der die Grenze des 10^{120} transzendiert, verstehbar. Obwohl die Dimension der Zeitlosigkeit keiner Begrenzung unterliegt, ist es doch sinnvoll zu sagen, daß die Ichformel eines Menschen in die Transzendenz Gottes reicht und von dort her »gelesen« wird.

Was bedeutet es, wenn ein Mensch stirbt? Es bedeutet, daß seine Ichformel vollendet wird. Sein Leben ist aufgehoben in dieser Formel. Wie wir gesehen haben, ist der Unterschied zwischen dem konkreten zeitlichen Leben und der Formulierung der exakten Beschreibung aller Lebensvorgänge in der Ichformel um so kleiner, je näher die Formel an das Leben heranreicht und es formulieren kann. Im Idealfall ist der Unterschied zwischen Leben und Formel aufgehoben. Dieser Idealfall ist aber nur möglich, wenn die Ichformel vom Ganzen, also von Gott her gesehen wird. Was in unserer Welt als Widerspruch erscheint, weil nicht physikalisch auflösbar, ist in Wirklichkeit nur ein Mangel unserer Perspektive.

Der Theologe Wolfhart Pannenberg schreibt über die Auferstehung nach dem Tode: »*Das Leben, das in der Auferweckung von den Toten erwacht, ist jedenfalls, wie es sich nun zeigt, dasselbe wie das Leben, das wir jetzt auf Erden führen. Aber es ist unser jetziges Leben so, wie Gott es sieht aus seiner ewigen Gegenwart. Daher wird es auch wieder ganz anders sein, als wir es jetzt erleben. Und doch ereignet sich in der Totenauferstehung nichts anderes als das, was die ewige Tiefe der Zeit bereits jetzt ausmacht und was für die Augen Gottes – für seinen Schöpferblick – bereits jetzt Gegenwart ist.*«[35]

Wir werden in Gottes Ewigkeit weiterleben. Diese Aussage stimmt vollkommen mit den Aussagen über die Ichformel überein. Und trotzdem gibt es noch einen Unterschied. Die Zeitlosigkeit der Ichformel ist nicht gleichzusetzen mit der Ewigkeit. Die Ewigkeit ist das, was Vergangenheit, Gegenwart und Zukunft umgreift, so wie sie subjektive und objektive Zeit umfaßt. Das bedeutet, daß die Wahrheit der Ichformel noch einmal verwandelt werden muß, um aufzugehen in Gottes Gegenwart.

In unserer Ichformel sind alle Handlungen, die moralischen wie die unmoralischen, gespeichert. Es wird von Gott abhängen, wie sich unsere Defizite auswirken. Ähnlich geht es mit Krankheiten und Gebrechlichkeiten. Oder soll ein Krüppel auf ewig an seine Krüppelform gebunden sein?

Am Ende, so die Botschaft der christlichen Religion, wird Gottes Liebe alle Tränen abwischen und dem Menschen ein Dasein in Identität mit dem Göttlichen, in dem alles Eines ist, schenken. Dieses wird genauso unergründlich sein wie alles in der Welt: unsere Geburt, unser Leben, unsere Vernunft, unsere Liebe, unser Tod.

Gott und die Widersprüche

Zur Frage der Formulierung der Ichformel kann es folgenden Einwand geben:

Wie soll etwas Qualitatives, zum Beispiel der Charakter eines Menschen, in einer quantitativen Formel formuliert werden? Bleibt das Qualitative nicht etwas Einmaliges und deshalb etwas Nicht-Formulierbares? (Die eingehende Auseinandersetzung mit dieser Thematik erfolgt im nächsten Kapitel.)

Ein großer Philosoph des ausgehenden Mittelalters hat die Erkenntnis formuliert, daß die Widersprüche, die sich aus der menschlichen Perspektive ergeben, in Gott aufgehoben sind. Dieser Nikolaus Cusanus (1401 – 1464) war seiner Zeit weit voraus. Er wußte, daß sich die Erde bewegt, daß sie rund ist, daß es unzählige Sterne in einem unendlichen, aber begrenzten Universum gibt und daß viele dieser Sterne sehr wahrscheinlich bewohnt sind.

Sein Prinzip »*coincidentia oppositorum*« beschreibt, wie in Gott das Allgemeine und das Individuelle, obwohl sich widersprechend gegenüberstehend, aufgehoben werden.

»*Nichts ist im Universum, das sich nicht eines gewissen singulären Seins erfreut, das sich in keinem anderen Wesen findet.*«[36] Jedes Ding und jeder Mensch ist etwas Einmaliges und nicht Wiederholbares.

Seinen Freund spricht Cusanus dagegen an: »*Alles Universelle, Generelle und Spezielle julianisiert in Dir, Julian ...*«[37] Zu jedem Ding und zu jedem Menschen gehört eine Beschreibung, die das Einmalige und Unwiederholbare umfaßt. Das Kunstwort »julianisieren« drückt aus, daß die Allgemeinheit eines Verbs und die Besonderheit eines Namens in einem Code verbunden werden können. Dies ist genau die Idee der Ichformel, die die Formulierung der quantitativen physikalischen Vorgänge im Leben eines Menschen und die Einmaligkeit seines individuellen Daseins und seiner Qualitäten zusammenfaßt.

Cusanus geht von der Universalität der mathematischen Formel aus: »*Die Zahl umschließt also alles, was zueinander in proportionale Beziehung gebracht werden kann. Nicht nur bei der Quantität findet sich also die Zahl, sondern sie findet sich ebenso bei allem, das in der Substanz ... sich unterscheiden kann.*«[38] Substanz ist in der Sprache des Mittelalters alles, was die »Innenseite« der Dinge oder Menschen ausmacht.

»*Die Wesenheit der Gegenstände, welche die Wahrheit der seienden Dinge ist, ist also in ihrer Reinheit unerreichbar.*«[39] Die Formel eines jeden Gegenstandes existiert, aber sie ist aus der Sicht »von unten« nicht deutlich erkennbar.

»*Weit unter jener unendlichen Kraft stehend, vermag unser Verstand die Gegensätze mit ihrem unendlichen Abstand nicht in einer Einheit zu verbinden.*«[40] »*Daß aber die geistigen, an sich uns unzugänglichen Dinge mit mathematischem Symbol erforscht werden können, das hat ... seinen Grund darin, daß alles zueinander in einer gewissen, uns freilich verborgenen und unfaßbaren Proportion steht, so daß aus allem sich e i n Universum aufbaut.*«[41]

Hier wird nicht nur die finitistische Erkenntnistheorie vorweggenommen, sondern Cusanus hat mit dem Blick des Philosophen erkannt, daß auch Gehirnvorgänge, mithin Geistiges, physikalisch formulierbar sind. Was in Wirklichkeit *ein* Universum ist, zerfällt unter der wissenschaftlichen Fragestellung in widersprüchliche Vielheiten.

»Ich stelle also die Behauptung auf: Gäbe es eine unendliche Linie, so wäre sie Gerade, Dreieck, Kreis und Kugel.«[42] Im Unendlichen fallen die Widersprüche zusammen. Was »von unten« gesehen nicht zusammenpaßt, ist »von oben« gesehen zusammengehörig. Daraus schließt Cusanus, *»daß Gott die Einfaltung von allem ist, auch des Gegensätzlichen«.*[43] Gott wird zur coincidentia oppositorum, zu dem, der alle Widersprüche aufhebt. Die Welt entfaltet diese Widersprüche, Gott faltet sie wieder ein. Mit dieser Idee ist Nikolaus Cusanus in die Philosophiegeschichte eingegangen.

Sein letztes Wort ist: *»Wenn alle menschliche Initiative versagt, kommt es einzig und allein auf die Initiative Gottes an.«*[44]

Zurück zur Ichformel und zur Antwort auf die Frage, ob es für den Menschen ein Leben nach dem Tode gibt. Wenn damit eine biologische Existenz in einer anderen Zeit gemeint ist, – das Wort »nach« suggeriert diese Vorstellung – , dann muß dies verneint werden. Wenn damit jedoch gemeint ist, daß die konkrete Lebenswirklichkeit eines Menschen in einer formalisierbaren und formulierbaren Wahrheit, in seiner Ichformel, aufgehoben ist in der Dimension der Zeitlosigkeit, dann kann diese Frage bejaht werden. Der Unterschied der Ichformel zu weniger komplexen Formeln liegt darin, daß diese die Naturkonstante 10^{120} übersteigt und deshalb zwar in der Dimension des Zeitlosen existiert, aber nur von der Transzendenz her »gelesen« werden kann.

Dieses Ergebnis entspricht der Botschaft der christlichen Religion, die freilich in der Sprache religiöser Symbole gefaßt ist. Wenn von »Ewigem Leben« in Gott, von Auferweckung der Toten durch Gott, von der Wiederherstellung der leib-seelischen Einheit des Menschen am Ende der Zeiten die Rede ist, dann ist im wesentlichen dieser Sachverhalt gemeint, den wir in einer philosophischen Überlegung und mit naturwissenschaftlichem Vokabular zu beschreiben versucht haben.

Noch einmal: Die Auferstehung Jesu

Nun kann man auch die Frage nach der Auferstehung Jesu und dem leeren Grab neu beantworten.

Jesus ist auferstanden! Das ist die Botschaft des Christentums. Er ist von Gott auferweckt worden.

Die Jünger verkündeten, daß das Grab Jesu leer war, daß also im Grabe Jesu nicht sein Leichnam lag. Sie konnten gar nichts anderes verkündigen. Denn das Possessivpronomen »sein« suggeriert die Existenz eines Besitzers des Leichnams. Der Tod ist aber aus der Sicht der Menschen gerade die absurde Tatsache, daß dieser »Besitzer« aufgehört hat zu existieren. Wo kein Besitzer ist, kann auch nicht von »seinem« Leichnam geredet werden. Man muß bei der Frage des leeren Grabes genau differenzieren, daß es da vielleicht einen Leichnam gab, der aber nicht »sein« Leichnam war – insofern war das Grab im Hinblick auf die besitzanzeigende Fragestellung leer, der aber an den Verstorbenen erinnerte – und insofern war das Grab möglicherweise nicht leer. Aber: Wer gestorben ist, ist in seine Ichformel auferstanden; diese, nicht der jetzt der Verwesung anheimfallende Leib, formuliert die Gänze des Lebens und bewahrt dieses Leben in einer nicht-physikalischen Dimension. Dort wird sie von Gott gelesen und von seiner Liebe neu »belebt«.

Mit der Rede vom leeren Grab wird nicht auf eine Realität hingewiesen, die mit einer Videokamera festzuhalten wäre. Vielmehr wird die unbegreifliche Realität zur Sprache gebracht, daß der Tod das Ende aller Logik »von unten« ist. Der Leichnam im Grab ist weder der Tote noch »sein« Leichnam. Wenn die Jünger also berichteten, daß das Grab leer war, dann war dort genau diese philosophische Wahrheit ausgesprochen worden. Jesus war auferstanden in seine Ichformel. Gab es einen Leichnam im Grab, dann war er höchstens Erinnerung an ihn. Der unüberbietbare Abgrund, der sich in der Vernichtung eines

Menschen aus der Perspektive der noch lebenden Menschen »von unten« auftut, wird aber aus der Transzendenz her überbrückt durch eine Handlung Gottes, dessen Liebe größer ist als alle Kräfte des Nichts.

Das ist die Botschaft des Christentums, und das ist der naturwissenschaftlich nachvollziehbare Sinn der Rede von der Auferstehung Jesu Christi.

Halten wir fest:

1. Von jedem Objekt innerhalb von Raum und Zeit gibt es eine Wahrheit.
2. Diese Wahrheit kann in einer physikalischen Formel beschrieben werden (Individualformel).
3. Diese Wahrheit existiert auch dann, wenn sie die menschliche Erkenntnisfähigkeit übersteigt. Sie existiert in der Dimension der Zeitlosigkeit.
4. Die Wahrheit des Menschen existiert in einer Individualformel. Sie wird Ichformel genannt.
5. Wenn zwischen einem Menschen und der entsprechenden Ichformel kein Unterschied besteht, außer der Tatsache, daß der konkrete Mensch in der Raum-Zeit, die Ichformel dagegen in der Zeitlosigkeit existiert, dann kann man sagen:
6. Nach dem Ende des Menschen in der Raum-Zeit existiert der Verstorbene in seiner Ichformel in der Dimension der Zeitlosigkeit weiter.
7. Die Ichformel kann nur von einer Intelligenz gelesen werden, die nicht an die finitistische Erkenntnisgrenze gebunden ist.
8. Für den Christen liest Gott die Ichformel und hebt sie in die Dimension der Ewigkeit. Der Christ hofft darauf, daß Gottes Liebe die im Leben erworbenen Defizite aufhebt.

(Ähnliche Konzepte sind bei Hans Jonas und seiner Auffassung von Geschichtswissenschaft[45], bei Robert Spaemanns Skizze zu einem *futurum exactum*[46] und in Erwin Tegtmeiers Seinsphilosophie[47] im Ansatz enthalten.)

»Meine Seele spannte weit ihre Flügel aus«

Materie erschafft etwas, was mehr ist als Materie / Kann ich meine eigene Nichtexistenz denken? / Das Gehirn als Wohnung des menschlichen Geistes / Wieviel Volt braucht ein Gedanke? / Die Seele als Regenbogen

Materie schafft etwas, was mehr ist als Materie

Im Februar 1997 ging eine sensationelle Meldung durch die Medien: Das Schaf Dolly, das erste geklonte Säugetier, lebt zufrieden in Schottland, wo es mit Hilfe gentechnischer Kunstgriffe zur Welt kam. Seine Geburt verdankt das Tier nicht mehr dem bewährten, aber anscheinend veralteten Vorgang der sexuellen Befruchtung, sondern der Verlagerung der Erbinformation einer Kernzelle eines Schafeuters in das befruchtete Ei eines anderen Schafes, aus dem zuvor die eigenen genetischen Informationen entfernt worden waren.

Das Ergebnis ist die Vermehrung eines Schafes um ein Schaf, das sein exaktes und erbgleiches Abbild ist. Mit dem Schaf Dolly haben britische Gentechniker die Grenze von Science-Fiction zur Wirklichkeit überschritten, denn jetzt scheint der Weg frei zu sein für die Produktion von Doppelgängern nicht nur von Schafen, sondern auch von Menschen. Da die Erbinformation von Dolly vorher in einem tiefgekühlten Zustand gehalten worden war, bedeutet dies, daß prinzipiell auch von schon Verstorbenen die Herstellung von Doppelgängern möglich ist.

Beweist diese Entwicklung nicht, daß die Vorstellung einer von Gott verliehenen Einmaligkeit des Menschen kraft der Einmaligkeit seiner Seele und seines Geistes überholt ist?

Michelangelos Gott berührt die Finger Adams und haucht ihm die unvergängliche Menschenseele ein – so haben Christen seit Jahrhunderten sich und ihr Verhältnis zu Gott gesehen. War das alles nur der naive Köhlerglaube einer vorwissenschaftlichen Epoche? Kann man noch von einer unverwechselbaren Individualität eines geklonten Menschen reden, wenn er sich vom Aussehen und von der Erbinformation her nicht mehr von anderen Menschen unterscheidet?

Es bietet sich immer wieder das gleiche Bild: Die Realität scheint der Religion zu widersprechen. Wir haben den Eindruck, daß wir nur unsere modernen Augen aufzumachen brauchen, und schon ist die Religion widerlegt. Aber dieser Eindruck täuscht. Wenn man genauer hinschaut, stellt sich heraus, daß die Wahrheiten der christlichen Religion durch das Denken der Wissenschaft erhärtet werden, ja daß dieses Denken einen neuen Zugang zu den Aussagen des Christentums eröffnen kann. Man muß nur bereit sein, die Wahrheit Gottes aus den Denkkategorien des Hellenismus oder der mittelalterlichen Scholastik in eine moderne Sprache zu übersetzen.

Bei Meister Eckart lesen wir: *»Der Geist ist fremd hierzulande; alle seine Verwandte sind im Himmel.«*[48] Müssen Christen an dieser Vorstellung einer »himmlischen« Herkunft des menschlichen Geistes festhalten, um weiterhin guten Gewissens vom Ewigen Leben reden zu können? Oder kann uns die Neurobiologie zu neuen Einsichten verhelfen, die es erlauben, das christliche Konzept in einer zeitgemäßeren Sprache zu vertreten?

Bewußtsein, so lehrt uns die Biologie, ist die Folge von Beweglichkeit. Durch die Ortsveränderung muß ein Lebewesen schneller auf seine Umgebung reagieren. Also erzeugt (was das auch immer heißen mag) die Evolution das Gehirn. Ein schönes Beispiel ist der Meeresschwamm *prorifera*. Er sitzt ohne Gehirn auf einem Gestein fest und setzt bei der Vermehrung ein kleines, fischartiges Lebewesen mit Gehirn frei, das sich einen guten Platz sucht, um dort seßhaft zu werden. Anschließend frißt es sein Gehirn wieder auf, da es seinen Ort nicht mehr verändern muß.

Bewußtsein hat also etwas mit Bewegung zu tun. Im Laufe

der Evolution haben die Lebewesen dann erkannt, daß es besser ist, sein Gehirn nicht zu verspeisen. Es entstanden also immer komplexere Formen von Gehirnen und Gehirnleistungen. Das vorläufig leistungsfähigste Gehirn ist das des *homo sapiens*, also unseres.

Geist in weitester Form ist nach Meinung des bedeutenden Biologen Bernhard Rensch schon im Verhalten der Atome zu beobachten[49], nach Hoimar v. Ditfurth schon im Verhalten der Zelle oder der Amöbe[50]. Denn immer dann, wenn sich ein System aus eigener Befindlichkeit selbst determiniert, wenn es also spontane Leistungen zur Orientierung an Umweltreizen hervorbringt, ist nach dieser Ansicht eine rudimentäre Form von Geist im Spiel. Nach Konrad Lorenz ist Leben »ein erkenntnisgewinnender Prozeß«, der prüft, auswählt, bewertet, ausprobiert und nach Problemlösungen sucht.

Im Laufe der Evolution treten immer mehr Lebewesen auf, die ein auf Vernunft zielendes, mit den Worten der Biologen »ratiomorphes« Verhalten an den Tag legen. (Um die Gedankenführung zu erleichtern, wird im folgenden Kapitel der Begriff »Geist« im landläufigen Sinne als Summe aller Gehirntätigkeiten verstanden. Er ist zu unterscheiden von der immateriellen Dimension des Geistes, die den Bereich immerwährender Wahrheiten umfaßt. Dieser Bereich wurde im Kapitel über die Evolutionäre Erkenntnistheorie der aus der Evolution ableitbaren Vernunft entgegengesetzt.)

So spinnt sich die Raupe des Kaiseratlas zur Verpuppung in die Rolle eines verwelkenden Blattes ein. Zu diesem Zweck beißt sie den Blattstiel durch und spinnt das Blatt an. Um die Vögel aber nicht auf diese »Futterrolle« zu dressieren, werden stets mehrere Blätter durchgebissen und angesponnen, so daß etwa zwei Drittel leer bleiben. Eine perfekte Täuschung![51]

Ein anderes Beispiel: Es gibt in England kleine weiße Motten, die von ganz ähnlich hellem Farbton sind wie die Bäume, auf denen sie leben. Sie waren dadurch gut vor den Vögeln geschützt. Dann kam die industrielle Revolution und produzierte soviel Qualm, daß die Bäume vom schmutzigen Niederschlag dunkler wurden. Wie reagierten die Motten? Sie glichen sich in der Farbe den dunklen Bäumen an.[52]

Ruppert Riedel sieht im Verhalten eines Einzellers, des Pantoffeltieres, schon den Hinweis auf Abstraktionsfähigkeit, wenn es beim Auftreffen des Vorderendes auf einen festen Gegenstand den Wimpernschlag umkehrt, kurz einseitig bewegt und dann wieder auf Vorwärts schaltet.[53]

Immer komplexere Leistungen sind in der Natur entstanden. Sogar so etwas wie Selbstbewußtsein scheint nachweisbar zu sein. So entdeckt ein Schimpanse, dem man während des Schlafes rote Farbe auf das Gesicht schmierte, nach dem Erwachen sofort die Veränderung, wenn er in einen Spiegel schaut, und versucht dann, die Farbe abzuwischen. Dieses Tier weiß nicht nur, daß das Bild im Spiegel das eigene ist, sondern es hat auch eine ziemlich genaue Vorstellung von seinem normalen Aussehen.[54]

Was hindert uns also daran, Geist, Seele und Selbstbewußtsein des Menschen nicht auch als eine Leistung der Evolution zu verstehen?

Kann ich meine eigene Nichtexistenz denken?

Kant legte Wert darauf, daß eine menschliche Person verantwortlich im moralischen Sinne sein kann: »*Person ist dasjenige Subjekt, dessen Handlungen einer Zurechnung fähig sind.*«[55] Und die Person muß ein durchgängiges Selbstbewußtsein haben: »*Was sich der numerischen Identität seiner selbst in verschiedenen Zeiten bewußt ist, ist insofern eine Person.*«[56] Kant nennt diese letzte Einheit des Bewußtseins mit seinem unübertrefflichen Sinn für romantische Ausdrucksweisen die »transzendentale Apperzeption«. Wir haben in vorherigen Kapiteln diese letzte Einheit auch Seele genannt, ein Begriff, der in der neuzeitlichen Terminologie leider nur noch selten gebraucht wird, denn in vielen Köpfen schwirrt die abstruse Vorstellung herum, es handele sich dabei um eine irgendwie geartete Substanz, die nicht nachweisbar ist und an deren Existenz man zu glauben habe.

Die wichtigste Leistung unseres Geistes ist zweifellos die Urteilsbildung. Ohne Denken gäbe es keine Philosophie und keine Wissenschaft. Der Geist ist die logische Voraussetzung der ganzen Welt, denn ohne seine Urteile wüßten wir nicht, ob und wie die Welt inklusive Mensch existiert.

Wir haben in einem früheren Kapitel darauf hingewiesen, daß das Nachdenken über sich selbst den Menschen zur Anerkennung eines unergründlichen Geheimnisses führt, in dem die Welt und auch das Ich des Menschen gründen: Das Selbst übersteigt das Denken unendlich und ist eine Erscheinungsform dessen, was Subjekt und Objekt umgreift. Es gründet in Gott und ist eine Erscheinungsform Gottes.

Es zeigt sich, daß eine Fülle von Begriffen notwendig sind, um die Realität zu beschreiben, zu der eigentlich nur jeder einzelne Mensch in sich Zugang hat.

Die Wissenschaft beschreibt die Dinge aus der 3. Person-Perspektive. Die Seele des Menschen ist aber nur aus der 1. Person-Perspektive angemessen zu beschreiben. Die Unmittelbarkeit des Wissens, daß ich bin und was es heißt, ein Ich oder ein Selbst zu sein, ist nur aus dieser Perspektive zu erlangen. Im Vergleich dazu ist alles wissenschaftliche oder philosophische Wissen über meinen Innenraum bloß vermittelt und damit second hand. Das ist das Hauptproblem z. B. aller neurobiologischen Aussagen über die Seele des Menschen. Sie sind und bleiben prinzipiell unangemessen. Das heißt nicht, daß sie deshalb wertlos sind. Der Naturphilosoph Michael Drieschner weist darauf hin, daß objektive wissenschaftliche Aussagen nur dann redlich sind, wenn sie eingedenk der Erkenntnis bleiben, daß sie nicht die Welt beschreiben, wie sie an sich ist, sondern nur unter dem Aspekt der Objektivität, der nicht alles ist.[57]

Die wissenschaftliche Objektivität ist wie ein Hobel, unter dem das unzugängliche Subjektive einfach weggehobelt wird. Das Bewußtsein ist aber eine Urerfahrung, die der objektiven Erfahrung – was nichts anderes heißt als intersubjektiv nachprüfbare Erfahrung – *vorausgeht,* sowohl logisch als auch seinsmäßig.

Die Unmittelbarkeit meines Selbstseins ist der unmittelbare Garant dafür, daß ich bin und daß ich etwas Einmaliges bin. Denn dieses Ich, das Zugang zu meinem Innenraum hat, gibt es nicht noch einmal auf dieser Welt. Selbst wenn ein geklonter Mensch mit mir rein äußerlich gesehen identisch wäre, so lägen zwischen meinem Seelen-Innenraum und dem seinigen unüberbrückbare Welten. Meine Freude wäre nicht seine Freude, meine Angst wäre nicht seine Angst. Ich müßte seine Innenwelt genauso »erraten«, wie die eines anderen Menschen. Insofern wäre seine Seele genauso wie meine Seele ein Unikat. Sie gründete genauso wie meine Seele im Unergründlichen, sie wäre also genauso wie meine Seele aus Gottes Hand.

Der Philosoph Schelling hat immer wieder daraufhin gewiesen, daß die Subjektivität sich mit menschlichen Mitteln nicht widerspruchsfrei denken läßt, denn sie ist in sich zirkelhaft. Bin ich darum, weil ich mich denke? Oder denke ich mich deshalb, weil ich bin? Er schreibt: *»Dieser Begriff, der nur als die Aufgabe eines Denkens zu beschreiben, nimmermehr aber zu denken ist, deutet eine leere Stelle in unserer Untersuchung an, die wir mit X bezeichnen wollen. Das Ich kann sich selbst an und für sich ... nicht begreifen: es ist schlechthin X.«*[58]

In der Wissenschaft wird dieses Problem mit dem Begriff der Selbstreferentialität beschrieben, was soviel wie zirkuläre Selbstbezüglichkeit meint. Was das bedeutet, soll folgender Satz demonstrieren: »Es gab eine Zeit, da ich nicht am Leben war, und es wird eine Zeit kommen, da ich nicht mehr am Leben bin.« Beim Versuch, meine eigene Nichtexistenz zu denken, muß ich mir von mir selbst ein Bild fabrizieren, ich sei ein anderer. Nun ist es aber eine Tatsache, daß wir niemals aus uns »herausspringen« können, um uns von außen zu denken. Denke ich mich von außen, dann bin ich es nicht. Denke ich mich von innen, dann kann ich mir nicht denken, wie es sein soll, nicht zu sein.

Für den Wissenschaftstheoretiker Erhard Oeser ist diese Selbstreferentialität eine Eigenschaft der Gehirntätigkeit.[59] Für den Mathematiker Gödel sind alle selbstreferentiellen Systeme in sich unergründlich. Seine mathematische Theorie ist eine Folgerung aus dem allgemeinen Sachverhalt, daß ich mein eigener Gefangener bin und mich nicht so sehen kann, wie man mich von außen sieht.[60] D. H. Harding schließt mit Recht daraus: *»Es bleibt uns allem Anschein nach gar nichts anderes übrig als zu akzeptieren, daß unsere Existenz ein gewisses Moment der Unbegreiflichkeit hat.«*[61]

Das Individuelle ist der Wissenschaft und jeder anderen 3. Person-Perspektive etwas Unzugängliches, ein schwarzes Loch. Aber es muß zwischen allen individuellen Seelen etwas Gemeinsames geben, etwas Allgemeines. Sonst könnte ich nicht von mir auf andere schließen. Sonst könnte es keine gemeinsamen Gedanken geben. Sonst könnte es keine Wissenschaft geben, denn diese gründet auf Intersubjektivität und setzt damit etwas Gemeinsames in den Subjekten voraus. Dieses Gemeinsame gründet darin, daß wir aus der gleichen Wurzel stammen, aus der Transzendenz Gottes, in der der Widerspruch zwischen Individuellem und Allgemeinem aufgehoben ist. Denn Gott ist das Individuelle und das Allgemeine schlechthin. Das Umgreifende kann nur eines sein, also etwas absolut Individuelles. Das Umgreifende muß aber auch Allgemeines sein, denn aus ihm tritt die Vielheit der Dinge hervor, die alle eines allgemein bzw. gemeinsam haben: daß sie aus dem Einen hervorgetreten sind. Das Umgreifende ist gewissermaßen die Substanz von allen Dingen.

Die Unergründlichkeit des Selbst ist für uns unaufhebbar, das Selbst bleibt für immer im Unergründlichen. Das Unergründliche nennen wir Gott.

Wenn wir die Evolution als den Vorgang verstehen, in dem sich das Unergründliche in der Dimension des Raum-Zeitlichen darstellt, hat der Christ keine Probleme mit der Feststellung, Geist, Seele und Vernunft des Menschen seien Produkte der Evolution. Wenn die Evolution jedoch platt materialistisch verstanden wird, dann sprengt die Tatsache des Selbstbewußtseins und des Zugangs zu dem Bereich immerwährender Wahrheiten den evolutionären Rahmen.

Das Gehirn als Wohnung des menschlichen Geistes

Der große Philosoph Immanuel Kant hat schon in seinen Frühschriften darauf hingewiesen, daß das Selbstbewußtsein und die geistigen Leistungen des Menschen von der Struktur und Organisation seines Gehirns abhängig sind.[62]

Das widerspricht aber auf eine sensationelle Weise der alten Vorstellung von der Unabhängigkeit des Geistes, der, aus dem Jenseits kommend, das Gehirn benutzt, gleich einem Vogel, der sich auf einem Nest niederläßt, um etwas auszubrüten. Wenn aber der Geist, mit Kant gesprochen, vom Gehirn abhängig ist, ja vielleicht nur sein Produkt ist, dann kann er nach dem Tode nicht ohne Gehirn weiterexistieren. Hier werden elementare Fragen des Menschseins berührt, weshalb man lange diese Fragen wohlweislich umgangen hat.

Aber die Situation hat sich geändert. Heute ist die Gehirnforschung der Bereich in der modernen Biologie, der das Selbstverständnis des Menschen auf eine dramatische Art verändert. Die Menschheit wird sich auf eine neue Kränkung ihres Selbstverständnisses gefaßt machen müssen, denn nachdem sie durch Kopernikus aus dem Zentrum des Alls fiel und durch Darwin in den Naturprozeß eingegliedert wurde, wird ihre letzte Bastion von den Neurobiologen gestürmt. »Die Seele des Menschen ist ein biochemischer Prozeß und sonst nichts.« So liest man es in vielen wissenschaftlichen Publikationen.

Müssen wir Abschied nehmen von der Vorstellung, jemand zu sein? Sind wir nur das Ergebnis unserer völlig unpersönlichen Chemie im Kopf ? Sind wir also ein Niemand? Ist die Wahrnehmung, jemand zu sein, bloß ein biologischer Programmiertrick der Evolution in unserem Gehirn? Wir sehen, daß diese Fragen uns den Boden unter den Füßen wegzuziehen drohen, auf dem wir jahrtausendelang gestanden haben. Die Neurobiologie ist ein Angriff auf das, was Menschen aller Kulturen als das Wesen des Menschen betrachtet haben. Schauen wir uns deshalb das Problem genauer an.

Die von den Sinnesorganen kommenden Informationen werden dem Gehirn übermittelt. Dort werden sie von ca. 15 Milliarden Nervenzellen, Neuronen genannt, erwartet. Diese stehen mit ca. 10^{15} Schaltstellen, den Synapsen, untereinander in Verbindung. Mehr als 30 Millionen Jahre würden vergehen, wollte man sie registrieren und dabei pro Sekunde eine solche Synapse erfassen.[63] Würde man nur 120 Neuronen in ihren

Zustandsmöglichkeiten »durchspielen« wollen, brauchte ein gigantischer Computer 20 Milliarden Jahre.[64]

Wollte man alle Neuronen »durchrechnen«, würde sich die Zahl der notwendigen Operationen im Unendlichen verlieren.

Die Neuronen bilden untereinander ein neuronales Netzwerk, so daß jedem Verhalten oder jedem Gedanken ein Neuronenschaltkreis zugeordnet ist.

Wenn also bestimmte Neuronen im Gehirn »feuern«, dann entsteht das, was wir das Selbst nennen, also das Bewußtsein, jemand zu sein. So produzieren wir Willensentscheidungen, Gefühle, Gedanken und das Bewußtsein der Gegenwart, also die Fähigkeit, Ereignisse im zeitlichen Rahmen von 4 Sekunden zu einem Jetzt zusammenzufassen. Ich dürfte damit streng genommen nicht mehr sagen »Ich denke«, sondern nur noch »Es denkt in mir«. Aber diese Lösung wäre sehr unbefriedigend. Wo bliebe da die Verantwortung für mein Handeln? Der Verbrecher könnte fortan vor Gericht argumentieren: »Herr Richter, ich bin unschuldig. Meine Neuronen haben den Willen zum Töten produziert.«

Hier taucht das erste grundlegende Problem der Neurobiologie auf. Wie werden aus physikalisch-chemischen Vorgängen im Gehirn *meine* Bewußtseinsinhalte, in denen ich mich wiederfinde? Wie kann aus etwas Unpersönlichem etwas Persönliches werden? Der Gehirnforscher John Eccles weist mit Nachdruck darauf hin, daß Informationen von außen beim Überqueren der Grenze nach innen *»sich auf wunderbare Weise verwandeln in die vielfältigen Erscheinungen, die für unsere Wahrnehmungswelt charakteristisch sind und die einer von den Vorgängen in der Neuronenmaschine völlig verschiedenen Seinsweise angehören«.*[65]

Aus Lichtwellenlängen werden Farben eines Kunstwerkes, aus Schallwellen wird das Wunderwerk einer Symphonie. Aus Quantitäten werden Qualitäten. Absorbiert meine Netzhaut bestimmte Lichteindrücke, wandern elektrische Signale durch den Sehnerv zu verschiedenen Hirnarealen, werden dort durch ein neuronales Muster verarbeitet und plötzlich reagiere ich mit einem lauten Lachen und einer witzigen Bemerkung. Fehlt hier nicht ein Zwischenglied?

Um diesen Sprung zu verdeutlichen, wollen wir ein Gedankenexperiment des australischen Philosophen Frank Jackson nachvollziehen. Angenommen, Mary, eine Neurologin des 23. Jahrhunderts, ist die führende Expertin für alle Gehirnvorgänge, die mit der Wahrnehmung von Farben zusammenhängen. Sie hat jedoch ihr ganzes Leben in einem schwarz-weißen Zimmer verbracht und niemals Farben gesehen.

Ihr ist alles bekannt, was man über die physischen Vorgänge im Gehirn sowie über dessen Biologie, Struktur und Funktion überhaupt wissen kann. Darum begreift sie alles, was es über die einfachen Probleme zu wissen gibt, wie das Gehirn Reize unterscheidet, Informationen zusammenfaßt und verbale Äußerungen hervorbringt. Aus ihrer theoretischen Kenntnis des Farbsehens weiß sie, welche Wellenlängen des Spektrums bestimmten Farbnamen entsprechen. Aber dennoch gibt es etwas Entscheidendes, das Mary nicht weiß: Wie es ist, eine Farbe – zum Beispiel Blau – wirklich zu *erleben*. Anders gefragt: Wie wird aus objektiven physikalischen Vorgängen ein subjektives Erlebnis?

Wieviel Volt braucht ein Gedanke?

Das Verhältnis des menschlichen Geistes und des Selbst zum Gehirn scheint von der Beantwortung einer Frage abzuhängen: Ist der Geist bloß ein Produkt des Gehirns oder hat er eine zusätzliche Qualität?

Auf der Göttinger Naturforscherversammlung des Jahres 1854 erklärte der Züricher Physiologe Jabob Moleschott, daß – wie der Urin ein Ausscheidungsprodukt der Nieren sei – Gedanken nichts anderes seien als Ausscheidungen des Gehirns. Der anwesende Philosoph Hermann Lotze fühlte sich damals zu dem Zwischenruf animiert, daß man, wenn man solche Gedanken des Kollegen höre, fast glauben könne, es sei tatsächlich so ...

Die Vorstellung, daß ein geistiges Ereignis nichts anderes ist als ein physikalischer Vorgang, wird heute von vielen amerikanischen Gehirnforschern vertreten. Sie nennt sich Identitätstheorie. Der Geist hat hier keine eigene Realität, sondern ist nur der Widerschein eines neuronalen Vorganges. Er hat keine Einwirkungsmöglichkeit auf das Gehirn, ist nur so etwas wie der Lichtschein um ein Lagerfeuer. Im Grunde genommen ist der Geist für die Funktion des Gehirns so unwichtig wie der Pfiff einer Lokomotive für das Funktionieren des Dampfantriebes. Das Selbst ist dann nichts anderes als eine Hypothese des Gehirns, mit der ich mich verwechsele (Susan Blackmore).

Jemand zu sein heißt dann, sich mit einer Gehirnfiktion zu verwechseln, die uns das Gehirn erzählt. Die neuronale Aufklärung führt zum Abschied von der Illusion, jemand zu sein. Das Selbst ist nichts anderes als »feuernde Nervenzellen« (Rodolfo Llinas, Patricia Churchland).

Paul Churchland z. B. unterstellt, man könne den Satz: »Herr X glaubt, daß ...« ersetzen durch die Feststellung: »Im Gehirn von Herrn X feuern zur Zeit T1 die Neuronen N1 bis N12 des Nucleus Y in der und der Weise ...«[66] Das Primäre sind demnach die chemo-physikalischen Vorgänge in den Neuronen; sie entscheiden, was ich tue, was ich denke, wer ich bin. Mein psychisches und geistiges Innenleben ist nur sekundär.

Allerdings stellt sich hier die Frage, warum ich dann noch dieses Innenleben brauche, wenn mein Gehirn auch so ordentlich arbeitet. Ein Computer kann auch ohne Bewußtsein seine Aufgabe erfüllen. Und warum »handeln« die Neuronen so, wie sie es tun? Sind sie selbst nur kleine angetriebene Rädchen in der großen Maschine Welt?

Wenn man den Geist und das Selbst in dieser Art nur als ein Produkt des Gehirns auffaßt, kommt man in eine ganze Reihe von logischen Schwierigkeiten. Karl Popper hat in einer vernichtenden Kritik an der Identitätstheorie darauf hingewiesen, daß diese Theorie nach ihren eigenen Vorgaben gar keinen Sinn haben kann. Wenn meine Gedanken Produkte, also Wirkungen der Chemie in meinem Kopf sind, dann kann man über die Identitätstheorie überhaupt nicht diskutieren. Sie kann gar keinen Wahrheitsanspruch haben, da z. B. Beweise ebenfalls nur bloße Chemie sind.[67] Vertritt jemand eine entgegengesetzte Theorie, dann hat er genauso recht, da seine Chemie eben zu einem anderen Ergebnis gekommen ist.

Popper nennt diese logische Falle den »Alptraum des physikalischen Determinismus«.[68] Die Identitätstheorie führt geradewegs nach Absurdistan.

Bernulf Kanitscheider gar glaubt, daß hinter dem Nachdenken über Gott bestimmte Dosen von Amphetamin und Kokain stehen, die diese Gedanken hervorbringen. Seine eigene Anschauung von Gott und der Welt in seinem Buch »Im Inneren der Natur« will er auf seine eigene psychobiologische Veranlagung zurückgeführt wissen, was natürlich ein sehr menschenfreundlicher Zug von ihm ist.[69] Der Leser braucht sich dann erst gar nicht der Mühe zu unterziehen, dieses Buch zu lesen, da er ja aufgrund anderer Chemie im Kopf ohnehin zu anderen Ergebnissen kommt.

Man stelle sich einmal eine Diskussion zwischen Kanitscheider und Weizsäcker über die Frage nach Gott vor. Ein Argumentieren wäre höchst sinnlos, da Weizsäckers christlicher Glaube in dieser Sicht der Dinge von bestimmten Dosen Amphetamin abhängig ist. Die Auseinandersetzung müßte sich darauf beschränken, mit Hilfe von Spritzen die Chemie im Kopf des Kontrahenten zu verändern.[70]

Die Behauptung, man könne den menschlichen Geist und das Selbst in dieser identitätstheoretischen Form unmittelbar auf Chemie und Physik zurückführen, ist schwerlich aufrecht zu erhalten. Sie widerspricht auch zu sehr der unmittelbaren Erfahrung des Menschen von sich selbst. Warum sollte ich dieser Erfahrung weniger glauben als einer weithergeholten Hypothese? Der Mensch hat Gewißheiten ohne Beweise, die Wissenschaft hat Beweise ohne Gewißheit. Viele Menschen halten es für absurd, wenn all die großen Gedanken und Empfindungen in ihrem Leben nichts als der Auswurf einer Chemiefabrik wären.

Der berühmte Gehirnforscher und Nobelpreisträger John Eccles vertritt seit vielen Jahren genau die entgegengesetzte These. Für ihn ist der Geist eine Substanz, die unabhängig vom Gehirn und direkt aus göttlicher Herkunft ist. *»Unser bloßes Dasein als ein bewußtes Selbst ist ein Wunder.«*[71] *»Da unsere erlebte Einmaligkeit mit materialistischen Lösungsvorschlägen nicht zu erklären ist, bin ich gezwungen, die Einmaligkeit des Selbst oder*

der Seele auf eine übernatürliche spirituelle Schöpfung zurückzuführen. Um es theologisch auszudrücken: Jede Seele ist eine neue göttliche Schöpfung.«[72]

Alle anderen Vorstellungen sind nach Eccles eine Herabwürdigung des Menschen und deshalb als Aberglauben einzustufen.[73] *»Dann mögen wir mit Ernst und zugleich auch voller Freude auf die künftigen Enthüllungen alles dessen harren, was uns nach dem Tode bevorsteht.«*[74]

Für Eccles ist das Gehirn die notwendige, aber nicht hinreichende Bedingung von Bewußtsein. Dieser feine logische Unterschied begründet die Fähigkeit des Geistes, auf das Gehirn und den Organismus zu wirken. Erst unter dieser Voraussetzung bin ich wieder Herr in meinem Haus. Es ließe sich das Verhältnis des Geistes zum Gehirn vorstellen wie das Verhältnis des Klavierspielers zum Klavier. Der Spieler benötigt für sein Spiel zwar das Klavier, aber er kann neben dem Klavier für sich bestehen. Im übertragenen Sinne ist dieser Umstand mit der Unsterblichkeit der menschlichen Seele zu vergleichen.

Diese Version des Gehirnproblems wird Dualismus genannt, weil sie von zwei getrennten Entitäten, nämlich Geist und Gehirn ausgeht. Ein anderer bekannter Vertreter dieser Version ist Hoimar von Ditfurth.

Der wesentliche Einwand gegen den Dualismus war immer die Frage, wie der als immateriell verstandene Geist auf die Materie des Gehirns einwirken sollte. Wenn der Geist von außen auf die Materie des Gehirns Einfluß nehmen will, so muß er das Gesetz der Erhaltung der Energie in einem physikalischen System (= 1. Satz der Thermodynamik) verletzen. Es würde gewissermaßen materielle Energie von außerhalb des physikalischen Systems notwendig, um die Materie zu beeinflussen. Das aber ist mit den Gesetzen der Naturwissenschaft unvereinbar, da die Energie im Universum immer gleich bleiben muß.

1991 traf Eccles mit Friedrich Beck, dem Quantenphysiker und Direktor am Institut für Kernphysik der Technischen Universität Darmstadt, zusammen. Die beiden überlegten, wie dieses Problem zu lösen sei. Sie kamen dabei auf eine Eigenart der Quantenphysik zu sprechen: Die Wahrscheinlichkeitsamplitude der Wellenfunktion z. B. eines atomaren Teilchens ist kein materielles Feld, wirkt aber auf die Materie, indem sie die Wahrscheinlichkeit eines Teilchenvorgangs bewirkt. »*Diese Tatsache eröffnete die faszinierende Möglichkeit unterschiedlicher Endzustände als Ergebnisse identischer dynamischer Prozesse, ohne daß die Anfangsbedingungen ..., wie zum Beispiel die Energiezufuhr, verändert worden wären.*«[75]

In umfangreicher Rechenarbeit wurden quantentheoretische Modelle erarbeitet, wie der Einfluß eines als immateriell anzusehenden Geistes auf die Materie des Gehirns ohne Störung des Energiezustandes im Gehirn zu verstehen sei.

Eccles schreibt: »*Es ist ein beruhigendes Gefühl, daß wir den Reichtum und die Freude unserer Erfahrung jetzt genießen können, ohne unser Gewissen damit zu belasten, daß wir die Erhaltungsgesetze verletzt haben.*«[76]

Indem Eccles und Beck das Problem an der Schnittstelle von Geist und Gehirn bereinigen konnten, haben sie einen wichtigen Beitrag geleistet, um die alte theologische Vorstellung einer von Gott direkt eingehauchten Geistseele in Übereinstimmung zu bringen bzw. – in der Computersprache – kompatibel zu machen mit der modernen Physik.

Der Dualismus kann die unverwechselbare Identität eines Menschen durch die unverwechselbare Einzigartigkeit der immateriellen Seele gut begründen, da sie ja unmittelbar von Gott geschaffen ist. Sie ist demnach nicht ein Produkt der Evolution. Sie gründet in der Unergründlichkeit Gottes, was der philosophischen Erkenntnis entspricht. Da sie von anderer Qualität ist als alle physikalischen Vorgänge im Gehirn, kann der Sprung von z. B. quantitativen Schallwellen zum qualitativen Hören einer Symphonie gut nachvollzogen werden. Sie deutet das Seelenleben eines Menschen nicht physikalisch um und entspricht damit der unmittelbaren Selbsterfahrung des Menschen.

Diese Position hat im Rahmen der Neurobiologie eine Außenseiterstellung. Das spricht nicht gegen ihre mögliche Wahrheit. Und doch könnte es sein, daß biologische Bewußtseinstheorien, die den menschlichen Geist als ein Ergebnis der Evolution betrachten, zu einem ähnlich brauchbaren Ergebnis kommen. Da die Evolution auch als die Technik Gottes zur Herstellung der Welt verstanden werden kann, liegt die Vermutung nahe, daß man auf diesem Gebiet durchaus fündig werden kann. Vorausgesetzt, daß diese Theorien nicht genauso in der Absurdität landen wie die Identitätstheorie.

Die Seele als Regenbogen

Wir können sagen, das Gehirn ist ein hochkomplexes Gebilde der Natur zur Verarbeitung von Information. Es arbeitet aber wesentlich komplexer als ein Computer, da der Geist nicht nur der Befehlsempfänger der Neuronen ist, sondern selbst auf die Neuronen zurückwirkt.

Wie ist das zu verstehen?

Die neurobiologische Theorie des sogenannten »emergentistischen Mentalismus« gibt die Erklärung: 1. Geist und Bewußtsein sind eine Funktion des Gehirns und damit ein Ergebnis der Evolution. 2. Im Laufe der Evolution sind immer wieder Entwicklungssprünge gemacht worden, die völlig neue, die vorhergehenden Ursachen übersteigende Qualitäten (Emergenzen) hervorgebracht haben. 3. Der Geist und das Bewußtsein sind emergente Eigenschaften des Gehirns. 4. Zwischen Gehirn und Bewußtsein besteht ein interaktives Verhältnis.

Zu 1.: Hier wird, im Gegensatz zu Eccles, ausdrücklich darauf verzichtet zu behaupten, daß der Geist eine Qualität ist, die eine übernatürliche Ursache hat. So wie das Leben eine Funktion des Organismus ist, so ist das Bewußtsein eine Funktion des Gehirns. So wie man Leben nicht als eine Eigenschaft ansehen kann, die getrennt vom Organismus besteht und irgendeine eigene Substanz hat, so kann man auch von Geist und Bewußtsein nicht reden, als handele es sich um eine eigene Substanz.

Zu 2.: Leben ist entstanden aus toter Materie. Wenn diese Materie eine bestimmte Zustandsform annimmt, dann kann daraus Leben entstehen. Dieser neue Zustand ist von einer höheren Qualität als der alte, es ist mit der Entstehung von Leben eine neue Stufe der Entwicklung entstanden. Dieser

Sprung auf eine neue Qualitätsebene – Systemeigenschaft genannt – wird in der Biologie mit dem Begriff »Emergenz« bezeichnet. Das plötzliche Auftreten einer neuen Systemeigenschaft kann aber nicht durch die Eigenschaften der beteiligten Ebene erklärt werden. Erklärbar ist sie allein durch eine jeweils besondere selbstorganisierende Dynamik der Materie. Emergente Eigenschaften sind dadurch gekennzeichnet, daß sie nicht mehr auf die Ebene rückführbar sind, aus der sie entstanden sind, und entsprechend qualitativ höhere Eigenschaften haben.[77]

Konrad Lorenz gebrauchte auch den Begriff »Fulguration«. Wie ein Blitz einschlägt und aus totem Holz ein Feuer entzündet, so schlägt die Materie zu, wenn sie eine bestimmte Organisationsform annimmt und neue Systemeigenschaften hervorbringt. Der Nobelpreisträger Manfred Eigen hat z. B. für den Übergang von Anorganischem zu Organischem die Theorie des Hyperzyklus aufgestellt. Leben ist dann eine neue, emergente Systemeigenschaft nach einer Fulguration.

Zu 3.: Viele neurobiologischen Autoren gehen von einem Emergentismus oder Fulgurationismus aus. Wenn Geist, Bewußtsein und Selbst Systemeigenschaften des Gehirns sind, dann ist damit ausgedrückt, daß eine neue Funktionsebene im Gehirn entstanden ist, die nicht identisch ist mit den physikalischen Eigenschaften des Gehirns, ihnen aber auch nicht widerspricht. Der Neurobiologe R. W. Sperry spricht von *»übersummativen Eigenschaften«*, die zwar die biologischen und physikalischen Kausalitäten nicht außer Kraft setzen, mit ihnen aber auch nicht vollumfänglich erklärt werden können.[78] Leben ist mehr als die Summe der beteiligten Moleküle, Geist ist mehr als die Summe der beteiligten Neuronen. Leben ist aber auch keine immaterielle Eigenschaft, so wenig wie Bewußtsein eine immaterielle Eigenschaft ist. Leben und Geist sind Funktionsebenen, die die verursachende Materie übersteigen, ohne sie verlassen zu können.

(Allerdings muß noch einmal auf die wichtige Unterscheidung aufmerksam gemacht werden: Wenn hier von menschlichem Geist die Rede ist, also von der *»software«* des Gehirns, ist davon streng zu unterscheiden die Dimension zeitunabhängiger Wahrheiten, die gemeinhin auch Geist bzw. die Dimension des Geistes oder des Geistigen genannt wird.)

Popper erklärt: »*Die Emergenz von Bewußtsein im Tierreich ist vielleicht ein ebenso großes Mysterium wie die Entstehung des Lebens selbst. Man muß aber trotz der unüberwindlichen Schwierigkeiten annehmen, daß sie ein Produkt der Evolution, der natürlichen Selektion ist.*«[79]

Um den Emergenzgedanken zu beschreiben, wird immer wieder auf den Startschalter eines Fernsehapparates hingewiesen. Ich drücke den Knopf, die Physik des Apparates arbeitet, und heraus kommen die Nachrichten, die einer ganz anderen Ebene angehören als die Transistoren im Inneren des Apparates.

Vielleicht ist im Hinblick auf das Gehirn ein anderes Bild angemessener: Die Luftfeuchtigkeit nach einem Regen erzeugt bei Sonnenschein einen Regenbogen. Dieser Regenbogen ist in seiner Schönheit für einen Ästheten mehr als die Summe aller Wassermoleküle in der Luft.

Zu 4.: Der Neurobiologe R. W. Sperry schreibt: »... *betrachte ich das Gehirn als einen gewaltigen Erzeuger emergenter neuartiger Erscheinungen, die dann die Oberkontrolle über die Aktivitäten auf den niedrigeren Stufen ausüben.*«[80]

Damit sind die informationsverarbeitenden Programme des Gehirns im Gegensatz zu den physikalischen Qualitäten stets als mental, als geistig mit subjektiven Eigenschaften definiert. Der Geist wirkt also auch zurück auf das Gehirn. Damit ist der Mensch als eine verantwortliche Person auch von der Biologie her verstehbar. Sperry: »*Indem ich mich selbst als Mentalist bezeichne, halte ich subjektive geistige Phänomene als primäre kausal wirksame Realitäten, da sie subjektiv anders und stärker als ihre physikochemischen Elemente und als nicht auf sie reduzierbar erlebt werden. Gleichzeitig definiere ich diese Position und die Geist-Gehirn-Theorie, auf der sie beruht, als monistisch und betrachte sie als Hauptabschreckungsmittel gegen den Dualismus.*«[81] Mit dem Begriff Monismus wird darauf hingewiesen, daß die Systemeigenschaft des Gehirns nicht aus einer übernatürlichen Quelle stammt, sondern aus der Physik des Gehirns ableitbar ist und auf ihr aufruht. »*Der Geist bewegt die Materie in ganz ähnlicher*

Weise, wie ein Organismus die Organe und Zellen bewegt, aus denen er besteht.«[82]

Harald von Sprockhoff bemerkt dazu: »*Sperrys Auffassung fußt vollständig auf dem Boden der Naturwissenschaft. Seine Theorie des emergentistischen Mentalismus – es kann hier auch nicht mehr von einer materialistischen Einstellung gesprochen werden – ist objektiv und entbehrt jeglicher Spekulation.«*[83] Ein anderer Autor, Volker Ardenne, geht von einem Eigenschaftsdualismus der Materie aus:: »*Worauf es hier ankommt, ist dies: Ein neuronaler Prozeß kann als emergentes Phänomen etwas hervorbringen, das selbst bereits die innere Struktur einer Relation hat, in diesem Falle die Relation der inneren Erfahrung.«*[84] Damit soll sichergestellt werden, daß auch im Gehirn des Menschen die Physik gilt, ohne die Bewußtseinsebene auf eine physikalische Ebene reduzieren zu müssen und in der Identitätstheorie zu landen.

(Autoren wie G. Roth und H. Schwegler[85] versuchen die qualitative Andersartigkeit mentaler Prozesse mit der Annahme von noch zu entdeckenden andersartigen physikalischen Eigenschaften der Materie mit der heute bekannten Physik in Einklang zu bringen.)

Wie auch immer die Forschung das Problem lösen wird, solange sie an der Klippe der Identitätstheorie vorbeischifft, ist sie mit einer religiösen Deutung des Seelenlebens vereinbar. Der emergentistische Mentalismus als neurobiologische Theorie hat gegenüber der Identitätstheorie den Vorteil, daß er sich nicht in absurden Widersprüchen verheddert. Für ihn ist der Geist des Menschen eine Systemeigenschaft des Gehirns

- die die unverwechselbare Identität des Selbst einschließlich ihrer charakteristischen 1. Person-Perspektive zuläßt,
- die der unmittelbaren Selbstwahrnehmung des Menschen entspricht, die besagt, daß Geist und Selbst frei, kreativ und verantwortlich auf den Körper einwirken können, und
- die die Zugangsmöglichkeiten der Vernunft zur Dimension zeitloser Wahrheiten als ein besonderes menschliches Spezifikum erlaubt.

Da der emergentistische Mentalismus Geist und Selbst als eine auf der Physik des Gehirns aufruhende, mithin nicht im Gegensatz zur Physik stehende Qualität versteht, läßt er auch zu, daß die Tätigkeiten des Gehirns prinzipiell exakt beschreibbar sind. Was sich aber prinzipiell exakt beschreiben läßt, ist in einer Individualformel, die die zeitlose Wahrheit des entsprechenden raum-zeitlichen Gebildes bewahrt, formulierbar. Daß die Wissenschaft das faktisch nicht kann, ist eine andere Sache. Der emergentistische Mentalismus begreift das Mentale mittels des heute in der Biologie vielverwendeten Begriffes »Emergenz« als eine gegenüber der materiellen Ausgangsbasis qualitative Weiterentwicklung, die nicht einfach auf physikalische Vorgänge reduziert werden kann. Es zeigt sich also, daß die Vorgänge im Gehirn in einer Ichformel formulierbar sind, ohne daß die besondere Qualität des menschlichen Bewußtseins geleugnet werden müßte. Der Einwand, daß mit einer physikalischen Formel Qualitatives nicht beschrieben werden könne, hat sich durch die Entwicklung wichtiger neurobiologischer Konzepte erledigt. Damit sind wir wieder an unserem theologischen Ausgangspunkt angekommen.

Nach christlicher Anschauung ist der Mensch eine Einheit von Körper, Geist und Seele. Bei der Formulierung der Ichformel stellt also die Tatsache, daß der Mensch Geist und Seele hat, die auf physikalischen Vorgängen aufruhen, keine Schwierigkeit dar, die ein Einwand gegen eine Weiterexistenz des ganzen Menschen in seiner Ichformel in der Dimension der Zeitlosigkeit sein könnte.

Sperry schreibt: »*Sogar für das unmittelbare Wohl unserer eigenen Generation wird es jetzt wichtig, daß neue langfristige, gottähnliche Leitvorstellungen ... in allernächster Zukunft geschaffen werden, falls die Menschheit wieder mit einem Gefühl von Hoffnung, Ziel und höherem Sinn leben will.*«[86]

Die Naturwissenschaft allein kann dieses Problem nicht lösen. Wie sich aber gezeigt hat, ist die Religion nicht nur kompatibel mit der Wissenschaft, sondern kann darüber hinaus das Wissen unserer Zeit sinnvoll weiten. Sie kann Wissenschaft, Philosophie und die Probleme der menschlichen Existenz und Vergänglichkeit auf eine vernunftgemäße Art und Weise zu einer einheitlichen Schau des In-der-Welt-Seins vereinen.

Halten wir die Thesen der jüngsten Diskussion fest:

1. Geist, Bewußtsein und Selbst des Menschen können als Funktion des Gehirns beschrieben werden, ohne damit in den Materialismus des 19. Jahrhunderts zurückzufallen.
2. Geist, Bewußtsein und Selbst verdanken sich materiellen Eigenschaften des Gehirns, bilden aber eine emergente höhere Ebene gegenüber der sie tragenden physikalischen Beschaffenheiten des Gehirns.
3. Die Tätigkeit des Gehirns läßt sich prinzipiell exakt beschreiben und grundsätzlich in einer Formel aufbewahren. Daß dazu die menschliche Erkenntnisfähigkeit und ihre finitistische Grenze überschritten werden müssen, zeigt nur, daß die Seele des Menschen sein Denken transzendiert.
4. Damit ist die Möglichkeit gegeben, daß die Einheit von Körper, Geist und Seele in der Ichformel eines Menschen aufgehoben wird.
5. Weil sowohl Geist, Seele als auch Ichformel den menschlichen Horizont übersteigen, bedeutet sterben: von einer unbegreiflichen Ebene des Seins auf eine andere unbegreifliche Ebene überzugehen.

Es ist nicht notwendig, an der alten und ehrwürdigen Vorstellung einer immateriellen Geist-Seele direkt aus Gottes Hand festzuhalten, um die Botschaft der christlichen Religion von der Auferstehung der Toten verständlich zu machen. Die Wahrheit Gottes ist sowieso jenseits aller menschlichen Erkenntnisfähigkeit. Wir können nur versuchen, einen Zipfel davon zu erhaschen (Goethe). Es ist wie bei einer Mathematikaufgabe. Die Rechenwege sind zweitrangig, es zählt nur das Ergebnis. Wie sich gezeigt hat, läßt sich der Gehalt der christlichen Botschaft sehr gut mit Hilfe der Kategorien der Naturwissenschaft nachvollziehen und aufhellen.

Das Staunen vor dem Reichtum und der in die Unendlichkeit reichenden Komplexität und Kreativität des Gehirns auf der Grundlage neurobiologischer Vorstellungen kann genauso groß sein wie bei Anwendung ehrwürdigerer Vorstellungen aus der Metaphysik.

Deshalb könnte Eichendorff auch heute noch texten: *Und meine Seele spannte / weit ihre Flügel aus / flog durch die stillen Lande / als flöge sie nach Haus.* Er müßte sich nicht den Vorwurf gefallen lassen, er schreibe von etwas, das es gar nicht gibt. Und daß das Ziel dieser Reise die Ewigkeit Gottes ist, läßt sich heute genauso gut verstehen wie in der Vergangenheit.

Die Physik ist heute nicht mehr die Physik des 19. Jahrhunderts. Die folgenden Zitate wären damals undenkbar gewesen. Mit ihnen soll im Rahmen unserer Überlegungen nichts bewiesen werden. Sie sollen nur zeigen, welche Positionen moderne Physiker heute einnehmen können.

Der Heisenberg-Nachfolger Hans-Peter Dürr schreibt: »*Das Geistige ist für mich fundamental, und ich gehe soweit zu behaupten, daß es keine Materie gibt, sondern nur Geist.*«[87] Von der Teilchenphysik heißt es bei ihm: »*Am Grunde der Wirklichkeit ist in dieser Betrachtung nicht die Materie, sondern ein Feld, das aber nicht materiell ist, sondern eine Art Potentialität darstellt. Ein Potential, das die Fähigkeit hat, sich zu materialisieren.*«[88]

Bei C. F. von Weizsäcker findet sich die Bemerkung, »*daß die Materie, welche wir nur noch als dasjenige definieren können, was den Gesetzen der Physik genügt, vielleicht Geist ist, insofern er sich der Objektivierung fügt*«.[89]

In einer langen Liste von Eddington, Schrödinger bis zu dem Münchner Professor für theoretische Physik Süßmann[90] ließen sich entsprechende Feststellungen aufzählen. Fassen wir es mit der Bemerkung Alfred Gierers zusammen: »*Die heutige Physik ist nicht materialistisch.*«[91]

Sechster Dialog

Sokrates: Sei gegrüßt, verehrter Helvetius!
Helvetius: Sei gegrüßt, verehrter Sokrates!
Sokrates: Wie ich gehört habe, hast du vor zu verreisen.
Helvetius: Du hast richtig gehört. Mich hält es hier nicht länger.
Sokrates: Du bist sehr oft unterwegs. Habe ich auch dies richtig gehört?
Helvetius: Nach einigen Monaten langweilt mich jeder Ort. Was bleibt mir anderes übrig, als eine Reise zu machen?
Sokrates: Ich habe den Verdacht, daß dich unsere Gespräche beunruhigt haben.
Helvetius: Es war sehr interessant, mit dir über das Thema Religion zu reden. Ich bin jedoch noch nicht zu einem abschließenden Urteil über unseren Gedankenaustausch gekommen. Ich werde weiter nachdenken.
Sokrates: Die alten Peripatetiker in Athen brauchten zum Nachdenken die Bewältigung des Vorhallenraumes der Akademie beim Spazierengehen. Die heutigen Raumbewältigungen haben anscheinend eine Reichweite, daß man dazu die Koffer packen muß.
Helvetius: Vielleicht machen wir uns ja völlig unnötige Gedanken. Vielleicht brauchten wir keine Religion, wenn sich alle Menschen an die moralischen Regeln halten würden.
Sokrates: An welche Regeln denkst du?
Helvetius: Zum Beispiel an die Regel »Du sollst nicht töten!«.
Sokrates: Warum eigentlich nicht?
Helvetius: Wie bitte?
Sokrates: Warum soll ich eigentlich nicht töten? Nenne mir einen vernünftigen Grund, der mich davon abhält, Menschen umzubringen. Es gab immer wieder Kulturen, in denen das Töten kein Problem war.

Helvetius: Du lebst aber hier und heute und kannst dich nicht auf andere Zeiten und Kulturen berufen.

Sokrates: Das bedeutet aber, daß die Geltung deiner moralischen Regel vom Zufall abhängt. Ich bin durch Zufall in diese Gesellschaft geboren und durch Zufall nicht in eine andere. Kann der Zufall moralische Normen begründen?

Helvetius: Der Zufall nicht, wohl aber die Vernunft. Für das Überleben einer menschlichen Gesellschaft ist es nützlich, wenn alle ihre Mitglieder die Regel: »Du sollst nicht töten!« einhalten.

Sokrates: Wenn alle diese Regel einhalten, wird die Gesellschaft überleben. Es wird sie aber in ihrem Bestand nicht gefährden, wenn ich eine Ausnahme mache und gegen diese Regel verstoße.

Helvetius: Wenn alle so denken würden ...

Sokrates: Es denken aber nicht alle so. Und das gibt mir die Gelegenheit, mich von dieser Regel zu dispensieren. Es kann für mich nämlich sehr nützlich sein, in bestimmten Fällen meine eigenen Regeln aufzustellen. Warum soll die Nützlichkeit für alle mehr Gewicht haben als die Nützlichkeit für mich? Vielleicht bringt es mir ja einen Vorteil, einen anderen Menschen umzubringen. Außerdem: Ist es wirklich so wichtig, daß die Menschheit überlebt? Wirklich wichtig ist doch nur, daß *ich* überlebe. Nach mir die Sintflut!

Helvetius: Für Leute, die nach dieser Maxime handeln, gibt es die Polizei und den Knast.

Sokrates: Jetzt bringst du anstelle einer vernünftigen Moralbegründung die staatliche Gewalt ins Spiel.

Helvetius: Die wird dich vielleicht davon abbringen können, deine mörderischen Regeln anzuwenden.

Sokrates: Wenn ich töten kann, ohne Sanktionen befürchten zu müssen, sicherlich nicht. Ich nenne dir eine Beispiel: Ich transportiere mit einer Segelyacht zahlungskräftige Asylbewerber von Sri Lanka nach Europa. Außerhalb der 12-Seemeilen-Zone werfe ich sie ins Meer. Wo kein Zeuge, da auch kein Richter. Das kann ich beliebig oft wiederholen. Ich kassiere eine Menge Dollars und habe darüber hinaus meine eigene Überlebenssituation verbessert. Weil ja jeder Mensch des anderen Menschen Feind sein kann, habe ich damit erfolgreich die Anzahl meiner potentiellen Feinde verringert. Obendrein kann ich das Gefühl genießen, schlauer als die anderen zu sein, die entweder aus Mangel an Phantasie keine Alternative zur auferlegten Moral haben oder sich erwischen lassen.

Helvetius: Und einen Teil deiner Gewinne spendest du der Kirche, was?

Sokrates: Dadurch könnte ich deren moralische Aufrüstung unterstützen. Je mehr Menschen indoktriniert werden, um so ruhiger kann ich schlafen.

Helvetius: Ich bin sprachlos. Das hätte ich nicht von dir erwartet.

Sokrates: Du hast eine schwierige Aufgabe vor dir, wenn du gute Gründe dafür angeben willst, warum ich nicht so handeln darf.

Helvetius: Das befürchte ich auch.

Sokrates: Ich kann dir behilflich sein.

Helvetius: Wie nett!

Sokrates: Du hättest es mit der Begründung des Gebotes »Du sollst nicht töten!« viel einfacher, wenn du mir zeigen könntest, daß moralische Normen unabhängig von der Zeit immer und überall und für jeden gelten. Nicht weil sie nützlich sind, sondern weil sie in die Welt so eingebaut sind wie die logischen Gesetze in deinem Kopf oder die Gravitationsgesetze in den Bewegungen der Planeten.

Helvetius: Ich gebe zu, daß das einfacher wäre.

Sokrates: Ich könnte dann nicht an ihnen vorbei handeln und behaupten, diese Freiheiten stünden mir zu. Genauso wenig, wie ich an den logischen Gesetzen vorbeidenken oder die Schwerkraftgesetze außer Kraft setzen kann.

Helvetius: Würde eine solche Auffassung von Moral wirklich einen Menschen daran hindern, eine unmoralische Handlung zu begehen?

Sokrates: Die moralischen Regeln können natürlich immer verletzt werden, aber es gibt dann keine Ausreden mehr. Und was die alten Kulturen angeht: Warum sollen sich Kulturen nicht genauso schuldig machen wie Individuen?

Helvetius: Es wird nicht einfach sein, gute Gründe zu finden, diese Regeln mit den von dir beschriebenen Eigenschaften für alle Menschen verbindlich abzuleiten.

Sokrates: Die Religion ist die einzige Begründung von moralischen Normen, die das zu leisten vermag. »Du sollst nicht töten!« ist ein Gebot Gottes. Es hat damit eine Autorität, an der niemand rütteln kann. Es sei denn, man legt sich quer zur Einrichtung der Welt und lädt sich damit eine schwere Schuld auf.

Helvetius: Ich bin beeindruckt, wie du immer wieder die Kurve zum Thema Religion bekommst.

Sokrates: Wenn du über Grundsätzliches nachdenkst, kommst du früher oder später an dem Faktor Gott nicht vorbei.

Helvetius: Nimm es mir nicht übel, wenn ich unser Gespräch abbreche. Die Zeit drängt. Ich werde während meiner Reise unsere Diskussionen überdenken. Vielleicht können wir sie bei anderer Gelegenheit fortsetzen, verehrter Sokrates.

Sokrates: Ich bin sicher. Denn irgendwann wirst du Weitgereister merken, daß es eine wirkliche Bleibe nur im Absoluten gibt. Und dann werden wir viel Zeit haben, verehrter Helvetius.

Helvetius: Leb wohl!

Sokrates: Adieu! Und laß dich nicht umbringen!

Wie füllen wir das moralische Ozonloch auf?

Sind die Tankstellen leer? / Das Werte-Profil / Kann die Wissenschaft helfen? / Erster Versuch: Der Mensch schafft die Werte selbst / Zweiter Versuch: Werte existieren unabhängig vom Menschen / Dritter Versuch: Die Gefühle entscheiden mit / Letzter Versuch: Die 10 Gebote / Der innere Kompaß zeigt auf Gott / Die Liebe als kosmische Macht / Vom Rachegott zum Gott der Liebe

Sind die Tankstellen leer?

In der Diagnose über den Zustand unserer Gesellschaft gibt es einen seltenen Konsens: Wir leiden unter einem wachsenden Defizit unserer moralischen Grundausstattung. Der Verlust verbindlicher moralischer Normen wirft die Menschen zunehmend auf das Egoismus-Prinzip zurück. Wenn man sich auf die Solidarität in der Gesellschaft nicht mehr verlassen kann, muß man halt selbst sehen, wo man bleibt. Dieser Teufelskreis aus Werteverlust und Einzelkämpfer-Mentalität ist eine Verfallserscheinung, die man in Gesellschaften findet, in denen der soziale Kitt zwischen ihren Mitgliedern zerbröckelt. Wenn dann noch Zukunftsängste vor drohendem ökonomischen Abstieg einer ganzen Volkswirtschaft dazu kommen, gilt die Devise: Rette sich, wer kann. Damit wird aber der Abstieg nur weiter beschleunigt. Schon schlechte Zahlungsmoral kann den Zusammenbruch vieler Betriebe ohne ausreichende Kapitaldecke herbeiführen.

Der Ruf nach mehr Staat verkennt das Problem. Wir brauchen nicht noch mehr Gesetze und Verordnungen. Wir brauchen statt dessen wieder eine vernünftige und verläßliche moralische Kultur, die bewirkt, daß jeder Bürger nicht nur für sich, sondern für alle Bürger Mitverantwortung zu tragen bereit ist.

Die drei wichtigsten Tankstellen für moralischen Treibstoff waren in der Vergangenheit Familie, Schule und Kirche. Aber diese Tankstellen sind inzwischen leer geworden, oder ihnen wird nichts mehr zugetraut.

Die traditionellen Strukturen geraten durcheinander, vor allem in der Familie. Jedes zweite Kind wächst in einer Familie auf, in die es nicht hineingeboren ist. Wer ist da Großvater, wer ist da Großmutter? Viele Familien degenerieren zu Zweckgemeinschaften von Benutzern steckdosenabhängiger Geräte.[1] Ist für Kinder die Erfahrung von Vertrauen möglich, wenn die Eltern nur LAGs (Lebensabschnittsgefährten) sind? Wer garantiert dann noch die letzten Streicheleinheiten, die nicht mit Geld bezahlt werden müssen, wenn nicht die Familie?

Hat die Religion ihre Orientierungskraft erst einmal verloren, in welche Sinnwüste wächst dann ein junger Mensch hinein? Unsere Gesellschaft hat die religiöse und weltanschauliche Armutsgrenze überschritten. Wir erleben zum ersten Mal seit den Anfängen der Menschheit, daß junge Menschen ohne eine weltanschauliche Vorgabe sozialisiert werden. Wird dieses Experiment gutgehen? Leben wir nach dem Abbau religiöser Autoritäten nicht in einer Übergangsphase, in der die Menschen nicht mehr von ihrem Gewissen und noch nicht von der Polizei kontrolliert werden?

Kein Wunder also, daß der Ruf nach einer moralischen Neufundierung immer lauter wird: Dem Werteverfall muß eine neue Begeisterung für moralische Werte entgegengesetzt werden. Als ob das so einfach wäre.

Das Werte-Profil

Werte können nicht einfach aus dem Hut gezaubert oder in der Lotterie gewonnen werden. Wenn sie nicht in der Tradition einer Gesellschaft verankert sind, müssen sie begründet werden oder zumindest begründbar sein, um wieder durchgesetzt werden zu können. Die philosophische Disziplin, die die Normenbegründung zu besorgen hat, wird Ethik genannt. Wer also nicht nur über den Verfall moralischer Werte jammern will, sondern sich um ihre Begründung zwecks Wiedereinsetzung Gedanken machen will, muß sich der Anstrengung einer ethischen Reflexion unterziehen.

Wie sieht ein vernünftiges Profil moralischer Werte aus? Welchen Anforderungen müssen sie genügen?

Zunächst einmal müssen moralische Werte *allgemeinverbindlich* sein. Das können in einer pluralistischen Gesellschaft nur einige Grundwerte sein. Aber diese müssen für jeden gelten, ausnahmslos. Wenn z. B. ein Asylbewerber aus Neu-Guinea auf seiner Tradition der aktiven Menschenfresserei besteht, wird er nicht argumentieren können, daß in einer pluralistischen Gesellschaft alle Werte zugelassen sein müssen.

Damit Werte allgemeinverbindlich sein können, müssen sie auch gegenüber jedermann *vernünftig begründbar* sein. Vor allem muß nachdrücklich klargemacht werden, daß moralische Werte nicht von jedermann beliebig akzeptiert oder abgelehnt werden können. Sie müssen nicht nur für jeden gelten, sondern sie müssen auch immer gelten. Damit sie nicht mit irgendwelchen Argumenten relativiert werden können, sollten moralische Werte *zeitlos gültig* sein. Am besten wäre es, wenn gezeigt werden könnte, daß diese Werte, was ihre Gültigkeit angeht, Naturgesetzen vergleichbar sind. Naturgesetze existieren unabhängig vom Menschen, sie gelten immer, und wer gegen sie verstößt, handelt sich ein schwerwiegendes Problem ein, auch ohne daß er von irgend jemandem kontrolliert wird.

Die Wissenschaftstheorie hat uns jedoch gezeigt, daß die Erkenntnis naturwissenschaftlicher Gesetzmäßigkeiten immer nur vorläufigen Charakter hat. Diese Einschränkung darf in der Ethik nicht gelten, denn sonst wäre es jedem freigestellt, eigene Ethikmodelle zu entwickeln nach dem Motto Paul Feyerabends: Anything goes.

Wir können also sagen, daß moralische Werte folgendes Profil haben sollten: Sie sollten 1. vernünftig begründbar, 2. allgemeinverbindlich, 3. zeitlos gültig und 4. in Grundzügen definitiv erkennbar sein.

Kann die Wissenschaft helfen?

Im Alltag wird bei strittigen Fragen die Erfahrungswissenschaft bemüht. Kann sie uns vielleicht auch bei der Normenbegründung behilflich sein?

1996 wurde unter der Überschrift »Wie ehrlich sind die Europäer?« ein Versuch angestellt, in dem in 20 europäischen Städten jeweils 10 mit Bargeld gefüllte Portemonnaies auf den Straßen ausgelegt wurden. Da die Adresse des vermeintlichen Eigentümers aus dem beiliegenden Ausweis zu entnehmen war, hatten die ehrlichen Finder die Möglichkeit, den Eigentümer des Portemonnaies von dem Fund zu benachrichtigen. In Oslo (N) und Odense (DK) wurden alle 10 Geldbörsen zurückgegeben (Stockholm 7, Stuttgart 7, Paris 6, London 7 u. a.) Am schlechtesten war die Ehrlichkeit in Weimar und Lausanne mit jeweils nur 2 Rückgaben. Mehr als ein Viertel der ehrlichen Finder wies den Finderlohn zurück. Sie erklärten, daß richtiges Handeln keiner Belohnung bedürfe.[2] Die Soziologie kann sicher eine Erklärung dafür liefern, warum in der ehemaligen DDR die Ehrlichkeit so sehr zu wünschen übrig ließ oder warum ausgerechnet in der reichen Schweiz die Unehrlichkeit überrepräsentiert war. Eine Erklärung über das Zustandekommen eines Verhaltens kann aber Werte und Normen, nach denen sich das Verhalten zu richten hat, nicht liefern.

Vielleicht kann uns ja die Völkerkunde weiterhelfen.

Aus Beobachtungen bei den Eskimos wissen wir, daß das Aussetzen von Alten und Kranken sowie Kindesmord durchaus mit ihrer ansonsten hochstehenden Moral vereinbar war. Aus Asien liegen ähnliche Beobachtungen vor. Jakuten z. B. führen ihre Alten in den Wald und begraben sie dort lebendig.[3] Auch der germanische Hausvater hatte das Recht, Kinder aussetzen zu lassen. Die vergleichende Völkerkunde und die Geschichtswissenschaft haben viele Verhaltensweisen festgestellt, die mit unseren Moralvorstellungen nicht vereinbar sind.

Viele Menschen ziehen daraus den Schluß, daß moralische Werte eben relativ seien und von den örtlichen Gegebenheiten abhingen. Moralische Normen, die für alle verpflichtend seien, gäbe es deshalb nicht. Man müsse daher tolerant sein gegenüber allen abweichenden Moralvorstellungen anderer Gesellschaften. Aber diese Argumentation hat eine wesentliche Schwäche. Sie fordert Toleranz ein, und diese Toleranz soll für alle und immer gelten, darf auch nicht aus zweckdienlichen Gründen aufhebbar sein. Das heißt aber: Wir kommen ohne zumindest einen absoluten Wert, Toleranz nämlich, nicht aus. Damit ist das Problem der Normenbegründung auf nur noch einen Wert (Toleranz) reduziert, nicht aber gelöst.

Wir können also feststellen, daß die vergleichende Völkerkunde zwar über andersartige Moralauffassungen informieren kann, bei der eigentlichen Frage aber keine Hilfestellung zu leisten vermag.

In den letzten Jahren hat die biologische Verhaltensforschung große Fortschritte gemacht. Zug um Zug entschlüsselt sie das Verhalten unserer tierischen Vorfahren und arbeitet die Rationalität der vermeintlich geistlosen Tierwelt heraus. Kann sie uns bei der Normenbegründung hilfreich sein?

Greifen wir uns einmal den Bereich der Sexualität heraus. Über Jahrhunderte galt in der christlichen Welt die Vorstellung, Partnerbindung und Sexualität dienten gemäß dem Vorbild der Natur ausschließlich der Erzeugung von Nachkommen. Damit lag es nahe, zwischen natürlichem und unnatürlichem Sexualverhalten zu unterscheiden. Man sagte, der Mensch könne seine geschlechtlichen Kräfte mißbrauchen. Diese Furcht vor Mißbrauch hatte traurige Folgen. Man unterteilte den Körper in ehrbare und unehrbare Zonen, und man hatte sehr eng gefaßte Vorstellungen von einer moralisch zulässigen Sexualpraxis. Der Unterleib war gewissermaßen das Einfallstor der Sünde. Diese fragwürdige Einstellung zur Sexualität hat bis heute die Entwicklung einer sinnvollen und lustvollen Sexualkultur verhindert.

Die Verhaltensforschung zeichnet aber ein ganz anderes Bild von der Bandbreite natürlichen Sexualverhaltens. In weiten Bereichen der Natur dient die geschlechtliche Vereinigung der Partnerbildung und nicht der zur Fortpflanzung nötigen Befruchtung. Der bedeutende Biologe Wolfgang Wickler weist darauf hin, daß es schon bei den einfachsten Lebewesen, den Einzellern, die geschlechtliche Vereinigung gibt, die jedoch nicht der Vermehrung dient. Vermehrung wird durch Zellteilung ohne geschlechtliche Vereinigung erreicht. Bei vielen höher entwickelten Tieren wird dagegen die zur Fortpflanzung nötige Befruchtung ohne geschlechtliche Vereinigung der Individuen erreicht, wie etwa bei Tieren mit indirekter Sperma-Übertragung (z. B. bei Molchen oder vielen Fischarten). Wickler schreibt: »*In der außermenschlichen Natur kann man also unschwer sehen, daß geschlechtliche Vereinigung, Fortpflanzung und Partnerbildung verschiedene Aufgaben erfüllen und alle voneinander trennbar sind.*«[4] Bei Pavianen kommt es zu Kopulationen ohne Ejakulation.[5] Bei Insekten ist zu beobachten, daß das Männchen seine Genitalien nicht in die des Weibchens einführt, sondern das Weibchen auf dem Rücken ansticht. Das ist unnatürlich, wenn man es auf die Lage der Sexualorgane bezieht. In der Natur führt das aber nicht zur »Ausmerzung« vermeintlich unnatürlichen Verhaltens, sondern zur Normalisierung: Der Körperbau des Weibchens entwickelt am Rücken dort, wo der Einstich stattfindet, eine neue Öffnung, in die hinein das Männchen kopuliert.[6] Wickler: »*Da also naturgemäße Verhaltensänderungen in der Evolution vorangehen, kann man aus dem Körperbau und der Form der Organe keine Regeln dafür ableiten, wie diese Organe gebraucht werden dürfen.*«[7]

In der Natur ist Sexualität ein wichtiges Moment der Partnerbildung und nicht ausschließlich auf die Fortpflanzung ausgerichtet. Die Verhaltensforschung kann also zeigen, daß traditionelle Vorstellungen von »natürlich« und »unnatürlich« auf mangelndem Verständnis der Natur beruhen und damit falsch sind.

Aber Wickler weist auch darauf hin, daß die Biologie zwar Normen*kritik*, aber keine Normen*begründung* leisten kann.[8] Denn die Verhältnisse in der Natur sind nicht ohne weiteres auf die Menschenwelt übertragbar.

Die Philosophie weiß das schon lange. Über alle Denkschulen hinweg ist die logische Analyse von G. E. Moore akzeptiert, daß aus Tatsachen keine Werte und Normen ableitbar sind. Wer das trotzdem tut, macht sich des »naturalistischen Fehlschlusses« schuldig, etwa wenn jemand aus der Tatsache, daß bei Männern Barthaare sprießen, die Norm ableiten würde, alle

Männer müßten Bart tragen. Tatsachen begründen also keine Normen, wohl aber können Normen Tatsachen schaffen.

Wollen wir demnach keinen logisch unhaltbaren Standpunkt einnehmen, müssen wir daraus schließen, daß die Naturwissenschaften bei der Normenbegründung eine kritische Rolle spielen müssen, aber die Begründung selbst definitiv nicht leisten können.

Erster Versuch: Der Mensch schafft die Werte selbst

Wie kann man Normen begründen, wenn die Naturwissenschaft keine klaren Anweisungen geben kann?

Schon die ersten Philosophen haben ein einfaches Verfahren vorgeschlagen. Man erhebe den Nützlichkeitsstandpunkt zum Prinzip der Lebensführung. Was dem einzelnen oder der Gesellschaft nutzt, das soll gut genannt werden. Konkret: Wenn zum Beispiel im eigenen Haus einer der Familienangehörigen an einer Infektion tödlich erkrankt ist, ist es dann richtiger, das Haus zu verlassen, um die Infektion nicht noch weiterzutragen, oder den Kranken zu pflegen, auch wenn keine Hoffnung mehr besteht?

Für die Gesellschaft wäre es nützlicher, wenn zum Beispiel Ebola-Erkrankte ihrem Schicksal überlassen blieben, damit der Erreger isoliert bleibt. Für die christlichen Krankenschwestern in Afrika 1995 wäre es auch nützlicher gewesen, sie hätten sich zurückgehalten. Statt dessen pflegten sie die Kranken und starben ebenfalls.

Der Utilitarismus, wie sich diese ethische Denkschule nennt, hat ein fundamentales Problem. Wer definiert, was nützlich ist? Und für wen soll es nützlich sein?

Soll das »größte Glück der größten Zahl« (J. Bentham) Maßstab sein? Und was geschieht mit denen, die nicht zur »größten Zahl« gehören?

Schon Blaise Pascal hat sich lustig gemacht über die Versuche, auf diese Art und Weise zu einem Ergebnis zu kommen. »280 höchste Güter« kenne die Philosophie, so daß jeder Philosoph seine eigene Moral habe. Aber Werte sollen allgemeinverbindlich und kategorisch sein. Wenn jeder eine andere Vorstellung vom guten Leben hat und von dem, was dazu nützlich ist, bleiben die Forderungen eines brauchbaren Werte-Profils unerfüllbar.

Das Nützlichkeitsdenken hat einen weiteren Schwachpunkt: Wenn die moralischen Werte nach Gesichtspunkten der individuellen oder gesellschaftlichen Nützlichkeit aufgestellt werden, dann kann sich ein Mensch immer wieder aus egoistischen Klugheitserwägungen aus dieser Moral verabschieden. Das Prinzip Eigennutz kann schließlich ebenfalls sehr nützlich sein. Warum soll die Nützlichkeit für eine möglichst große Zahl von Menschen höher stehen als die Nützlichkeit für mich?

Wenn der australische Utilitarist Peter Singer der Meinung ist, schwer behinderte Menschen hätten kein Lebensrecht, so begründet er seine Ansicht einmal mit dem faktischen Zustand eines Schwerstbehinderten (»ein Leben, das sich nicht lohnt«), zum anderen aber auch mit dem Nutzen für die Gesellschaft, für solche Menschen nicht mehr aufkommen zu müssen. Damit macht er sich erstens des naturalistischen Fehlschlusses schuldig, demgemäß ja aus einer Tatsache keine moralischen Schlüsse gezogen werden können[9], zweitens setzt er einen Konsens über den Wert und die zumutbaren Kosten eines Menschenleben voraus, der nicht existiert. Die christliche Vorstellung vom unendlichen Wert eines jeden Menschen steht einem solchen Konsens im Sinne Singers entschieden im Wege. Das zeigt, daß eine verbindliche Einigung über die Norm des Nützlichen schwierig ist.

Immanuel Kant hat ein anderes Normenbegründungsverfahren vorgeschlagen, das unter dem Namen »Kategorischer Imperativ« bekannt ist: *»Handle nur nach derjenigen Maxime, durch die du zugleich wollen kannst, daß sie allgemeines Gesetz werde.«*[10]

Kant schlägt also ein Gedankenexperiment vor, in dem man sich die Frage stellen muß, ob die zur Untersuchung stehende Maxime bzw. Handlungsnorm als allgemein nützlich für das Zusammenleben der Menschen gedacht werden kann. Wenn ja, dann ist die Norm gut und sollte beachtet werden. Ähnlich fordert es der Knittelvers: »*Was du nicht willst, das man dir tu, das füg' auch keinem andern zu.*«

Nach Kant ist z. B. das Lügen deshalb nicht erlaubt, weil es als allgemeines Gesetz (Jeder darf lügen) das Ende jeder menschlichen Kommunikation wäre. Wird mein Verhalten nach einer Norm geleitet, die mir erlaubt, nach Belieben zu lügen, dann könnten das alle anderen Menschen mit dem gleichen Recht tun. Wenn jedoch jedermann lügen darf, glaubt man niemandem mehr, und kein Lügner erreicht sein Ziel. Soweit hat Kant recht. Konsequent auf alle Menschen bezogen, hebt sich die Maxime des erlaubten Lügens auf. Aber ich bin durchaus nicht inkonsequent, wenn ich es vorziehe, daß andere Menschen Regeln befolgen sollen, die ich selber nicht befolgen möchte. Wenn ich lüge, wann immer es mir gefällt, aber wünsche, daß jedermann sonst stets die Wahrheit sagt, bin ich gewissermaßen als Trittbrettfahrer völlig konsequent in der Anwendung des Kategorischen Imperativs.

Es ist immer das gleiche. Wer oder was soll mich daran hindern, mein Privatwohl über das Allgemeinwohl zu stellen? Das nützlichste Verhalten wäre doch: Von allen Menschen Gutes zu fordern, nur von sich selbst nicht. Diesen Grundsatz zur Norm zu erheben, aber so, daß nur ich die Ausnahme bin, andere Menschen natürlich nicht, ist eine konsequente und nützliche Durchführung des Kategorischen Imperativs.[11]

Einen interessanten Lösungsvorschlag, um aus dem Dilemma der Normenbegründung herauszukommen, machen die Philosophen Jürgen Habermas und Karl-Otto Apel[12]. Anstelle des einsamen Subjekts, das mit Hilfe des Kantischen Gedankenexperiments über eine Verallgemeinerung von Handlungsmaximen nachdenkt, greifen sie auf die Idee eines endlosen Diskurses möglichst aller Menschen im Rahmen einer ideal gedachten Kommunikationsgemeinschaft zurück.

Was heißt das konkret? Wenn Normen begründet werden sollen, müssen alle davon Betroffenen prinzipiell mitreden können. Wenn jemand behauptet, Geiselnahme sei unter allen Umständen moralisch verwerflich, so muß er gegenüber jedermann folgendes behaupten: »Ich behaupte hiermit gegenüber jedermann, daß Geiselnahme eine moralisch unerlaubte Handlung darstellt und erkläre mich bereit, meine Behauptung gegenüber jedermann zu verteidigen.« Auf der Suche nach einem Konsens ergibt sich so ein Diskurs, an dem alle irgend Betroffenen partnerschaftlich teilnehmen können und sollen. Durch vernünftige Argumentation soll es auf diese Weise zu einem Konsens über moralische Spielregeln kommen. Wenn nur vernünftig genug argumentiert wird, ist die Richtigkeit des Ergebnisses verbürgt. Wer sich nicht an den erreichten Konsens hält, kann dann nicht mehr für sich beanspruchen, im Einklang mit der Vernunft zu handeln. Ob das allerdings einen Geiselnehmer zurückhält, sei dahingestellt.

Und was bedeutet dieser Konsens für Menschen, die an der Diskussion nicht teilgenommen haben, weil sie aus praktischen Gründen nicht können oder weil sie Kinder, Kranke oder noch nicht Geborene sind?

Außerdem scheint es fraglich, ob ein solcher Konsens den Trittbrettfahrer als besonders klugen Strategen des Prinzips Eigennutz wirklich verpflichten kann, im Sinne des Konsenses zu handeln. Die Rechnung geht doch nur auf, wenn im Vorfeld alle Beteiligten Abschied vom Prinzip Eigennutz nehmen. Damit ist aber *vor* allem Diskurs schon eine moralische Entscheidung notwendig. Und wie soll diese begründet werden? Außerdem ist nicht sichergestellt, ob ein noch so vernünftiger Diskurs Gewißheit verbürgt. In den Naturwissenschaften kann der wissenschaftliche Diskurs auch keine Sicherheit geben.

Nach dem Diskursmodell gleicht die Moral einem Gebäude, das nach dem Plan einer vernünftigen Diskussion errichtet wird, und zwar von autonomen Personen, die gleichzeitig Architekten, Bauarbeiter, Material und Bewohner dieses Hauses sind. Wer allerdings entsprechende Diskussionen in den diversen Talkshows verfolgt, bekommt erhebliche Zweifel über die Leistungsfähigkeit eines »öffentlichen Gebrauchs der Vernunft«.

Da dieser Diskurs auch niemals abgeschlossen sein kann, haftet ihm immer etwas Vorläufiges an. Soll ich wirklich meine Interessen einer vorläufigen »Verhandlungsmoral« unterordnen?

Ein interessanter Aspekt dieser Diskursmoral darf jedoch

nicht unterschlagen werden. Die konsensuale Diskursethik funktioniert nur, wenn alle Teilnehmer als prinzipiell gleichberechtigt angesehen werden. Damit sind die Würde des Diskussionspartners und der Respekt vor ihm bereits als Voraussetzung aller Verständigung als grundlegende Werte ausgewiesen. Bevor also der Diskurs losgeht und unabhängig von seinem Ergebnis, stehen Gleichberechtigung und Würde des anderen Menschen fest. Auf diese Weise werden wenigstens zwei Werte als zeitlos und kategorisch aufgezeigt, was dem oben beschriebenen Werte-Profil entgegenkommt. Die Einwände gegenüber dem Verfahren aber bleiben bestehen.

Fassen wir zusammen: Die Versuche, Werte und Normen für das moralische Verhalten zu begründen, indem diese vom Menschen konstruiert, gewollt oder erfunden werden, sind als defizitär einzustufen. Vor allem können sie dem Individuum keinen in allen erdenklichen Situationen zwingend nachvollziehbaren Grund nennen, warum das Prinzip Eigennutz nicht gleichberechtigt oder übergeordnet sein soll.

Zweiter Versuch: Werte existieren unabhängig vom Menschen

Wie wir gesehen haben, können Werte, die der Mensch selbst konstruiert, nicht alle durch das geforderte Werte-Profil definierten Eigenschaften aufweisen. Also müssen wir es anders herum versuchen. Gehen wir einmal davon aus, daß moralische Werte objektiv vorgegeben sind und der Mensch sie nur finden muß. Das hieße: So wie es eine objektive Wahrheit im Bereich der Natur gibt, so gibt es objektive moralische Werte im Bereich des Geistes.

Die bedeutendste Theorie zu diesem Denkansatz liefert in unserem Jahrhundert Nicolai Hartmann. Er lehrt: *»Werte haben ein Ansichsein.«* Was bedeutet das? *»Die Unabhängigkeit vom Dafürhalten des Subjekts – nicht mehr und nicht weniger.«*[13] So wie der Satz, daß jeder Kreis einen Mittelpunkt hat, in einer geistigen Dimension immer existiert und immer wahr ist, unabhängig davon, ob irgendein Mensch ihn erkennt, so existiert demnach z. B. der Wert der Ehrlichkeit oder der Treue in einer

»idealen« Dimension ebenso unabhängig von seiner Erkenntnis oder seiner moralischen Anwendung.

Diese moralischen Werte müssen vom Menschen nicht von irgendeiner Nützlichkeit abgeleitet werden, sondern sind wertvoll, weil sie ihren Wert in sich selber haben. So ist z. B. der Wert der Gerechtigkeit in sich selbst wertvoll, und dies ist auch jedermann nachvollziehbar. Würde man ihn von irgend etwas abhängig machen, was nicht in seiner Bedeutung sowieso schon mitenthalten ist, würde man ihn etwa von der politischen Nützlichkeit oder Opportunität her ableiten, so stünde es schlecht um den Wert Gerechtigkeit. Hartmann: *»Was schön ist, ist um seiner selbst willen schön, was komisch ist, ist um seiner selbst willen komisch; was edel oder liebenswert ist, ist um seiner selbst willen edel oder liebenswert.«*[14]

Nach Hartmann sind nicht alle Werte gleichwertig. Es gibt eine Rangordnung der Werte. Der Wert der Selbstlosigkeit steht höher als der Wert des Eigennutzes. Der Wert der Nächstenliebe steht höher als der Wert der Zuverlässigkeit. Eine gute Handlung besteht darin, daß sie den höheren Wert vorzieht, eine böse Handlung besteht darin, daß sie sich für den niederen Wert entscheidet.

Wenn jemand z. B. einen Raubmord begeht, um gegenüber der Bank seine Schulden zu begleichen und seine Zuverlässigkeit zu demonstrieren, hat er sich für die Realisierung des niederen Wertes entschieden. Folglich handelt er böse.

Wenn ein Mensch sich in Lebensgefahr begibt, um einen anderen Menschen zu retten, stellt er den Wert der Opferbereitschaft über den Wert der Selbsterhaltung. Folglich handelt er gut.

Das Gute oder das Böse läßt sich also nicht an sich definieren, sondern hängt immer von der jeweiligen Situation und der jeweiligen Entscheidungsrichtung ab: *»Das Gute ist die Richtung auf den höheren Wert, das Böse aber ist die Richtung auf den niederen Wert.«*[15]

Stehen gleichhohe Werte gegeneinander, wird der Mensch tragisch schuldig. Wie er sich auch immer verhält, er verhält sich falsch. Soll der Pilot eines brennenden Flugzeuges seine Passagiere zu retten versuchen oder soll er eher die unter ihm liegende Stadt von der Gefahr eines abstürzenden Flugzeuges frei halten?

Aus diesen Überlegungen ergibt sich aber auch folgender Schluß: »*Niemand tut das Böse um des Bösen willen, immer schwebt ein positiv Wertvolles vor. Diese Einsicht dürfte seit Sokrates nicht im Ernst erschüttert worden sein. Wer Schaden anrichtet, will nicht den Schaden des anderen, sondern den eigenen Nutzen; und wer wollte leugnen, daß dieser wertvoll ist.*«[16]

So wie die Menschen nicht alle Wahrheiten in der Natur kennen, so kennen sie auch nicht alle Werte. Jede Kultur betreibt eine Auslese unter den ihr bekannten Werten. »*Jede geltende Moral erkennt nur einige Werte, oder auch nur einen einzigen, den sie heraushebt, um alles übrige auf ihn zu beziehen. Jede geltende Moral hat also, wie einseitig sie auch sein mag, einen Wahrheitsgehalt.*«[17]

Mit dieser Vorstellung von objektiv vorgegebenen Werten sind wichtige Forderungen des Werte-Profils erfüllt. Wir hatten oben ja festgestellt: Werte müssen allgemeinverbindlich sein, Werte müssen zeitlos sein, und Werte müssen in Grundzügen erkennbar sein.

Ungeklärt ist jetzt nur noch die Frage: Woher weiß ich, welche Ranghöhe ein Wert in der Hierarchie der Werte einnimmt? Das muß ich ja wissen, um mich für eine gute Handlung, also einen höheren Wert, oder für eine böse Handlung, also einen niederen Wert entscheiden zu können.

An diesem Punkt hilft uns Nikolai Hartmann nicht mehr weiter. Um nämlich eine klare Rangordnung aufstellen zu können, müßte ich diese Rangordnung von irgend etwas ableiten können. Die Philosophie müßte also zu einer absolut gewissen metaphysischen Erkenntnis fähig sein, was sie aber nicht ist. N. Hartmann schreibt über diese Rangordnung: »*Daß in ihr ein oberstes Prinzip walten könne, ist damit keineswegs in Abrede gestellt, wohl aber, daß sich ein solches erfassen ließe.*«[18]

Es fehlt uns jetzt eigentlich nur noch die Beantwortung dieser letzten Frage »Woher weiß ich, für welchen Wert in der Wertehierarchie ich mich entscheiden muß?«, um eine brauchbare Ethik in den Händen zu halten.

Wird es uns gelingen, diese Antwort zu finden? Wenn ja,

dann hätten wir eine höchst vernünftige Theorie einer verbindlichen Ethik.

Dritter Versuch: Die Gefühle entscheiden mit

Die Philosophin Herlinde Pauer-Studer wirft der gesamten Ethik-Diskussion in der Vergangenheit vor, sie sei zu verstandesorientiert. In ihrer Habilitationsschrift führt sie 1996 aus, daß dies eine typisch männliche Art zu philosophieren sei. Durch den Ausschluß weiblicher Erfahrungen sei diese Einseitigkeit entstanden. Statt dessen fordert sie die Einbeziehung solcher Tugenden, über die die Frau besonders reichhaltig verfügt: die Tugend der Einfühlung, des Mitleids, der Fürsorge.[19]

Dazu ist zu sagen, daß schon vor diesem feministischen Philosophieverständnis Denker wie Arthur Schopenhauer im Mitleid die wichtigste Wurzel der Moral sahen. »*Das Mitleid ist die Basis aller freien Gerechtigkeit und aller echten Menschenliebe. Nur sofern eine Handlung aus ihr entsprungen ist, hat sie moralischen Wert.*«[20] Daraus formuliert er seinen moralischen Grundsatz: »*Verletze niemand; vielmehr hilf allen, soweit du kannst.*«[21]

Der französische Philosoph Emmanuel Levinas, der Jahre seines Lebens in einem deutschen Konzentrationslager verbracht hatte, sieht im Antlitz des anderen Menschen das Geheimnis des Absoluten. Es ist unmöglich, schreibt er, einen Menschen zu ermorden, wenn ich ihm wirklich in die Augen geschaut habe. Das Antlitz eines anderen Menschen rührt mich derartig an, daß ich im Selbstopfer für dieses Antlitz meine höchste menschliche Bestimmung finde. Jeder ist der Stellvertreter seines Nächsten, seines Lebens und seines Todes. »*Von dem Moment an, in dem der andere mich anblickt, bin ich verantwortlich.*«[22]

Die Antwort Levinas auf die Ethikdiskussion ist der Vorwurf, es handele sich dabei nur um absolute »Egologie«. Ihr stellt er die Ethik des absoluten Altruismus (bedingungsloses Dasein für andere) entgegen.

Schopenhauer und Levinas verzichten auf eine rationale Begründung ihrer Wertewahl. Diese entsteht vielmehr spontan aus der Tiefe der Gefühle und der prinzipiellen Zuneigung. Es muß jedoch darauf hingewiesen werden, daß damit der Willkür Tür und Tor geöffnet sind. Denn nicht alle Menschen haben die gleichen Gefühle. Manche sind zu empathischen Gefühlen gar nicht fähig. Aber auch für solche Menschen muß eine Ethik Gültigkeit haben.

Es bleibt also dabei: Noch immer fehlt uns ein Verfahren, das dem Menschen klar machen kann, welche der objektiv vorhandenen Werte die höheren und welche die niederen sind.

Letzter Versuch: Die 10 Gebote

Der berühmte Ausspruch bei Dostojewski lautet: »Wenn es keinen Gott gibt, ist alles erlaubt.« Wenn es keine Möglichkeit gibt, die Ethik in irgendeiner Weise im Absoluten zu verankern, helfen uns alle Überlegungen nicht weiter. Selbst wenn angenommen wird, daß es zeitlose Werte gibt, die zur Schöpfung genauso gehören wie logische Sätze oder mathematische Sachverhalte, hilft uns das nicht weiter, wenn wir keine Möglichkeit haben, diese Werte in ihrer Ranghierarchie klar zu erkennen. Sonst kann ja jeder sagen, daß er die Ranghöhe eines Wertes höher einschätzt als der Rest der Welt. Warum soll seine Einschätzung unbedingt falscher sein als andere Einschätzungen? Wenn ein Terrorist z. B. der Meinung ist, die Treue zu einer politischen Idee stehe höher als der Wert von Menschenleben, wie soll man ihm klarmachen, daß er böse handelt, weil er einen niederen Wert einem höheren Wert vorzieht?

Der durch seinen besonderen Scharfsinn berühmte amerikanische Philosoph J. L. Mackie hat gezeigt, daß der vernünftigste Ausweg aus dieser Problemlage die Annahme eines Gottes wäre, der durch eine Anzahl von Verboten und Geboten den Grundstein legt für eine gesellschaftlich allgemeinverbindliche Moral. Gott verfügt über die dem Menschen mangelnde Einsicht in die Ranghöhe der Werte und kennt die nützlichsten Maximen einer dem Menschen angemessenen Lebensweise.

Angenommen, Gott habe die erforderlichen Anweisungen den Menschen ausdrücklich geoffenbart, dann wäre es für den Menschen ausgesprochen vernünftig, auf diese Offenbarung zurückzugreifen, um auf diesem indirekten Wege die objektiv vorgegebene Ranghöhe der Werte und die für ihn nützlichste Lebensweise zu ermitteln. Gott wäre kein Tyrann, der vom Menschen unsinnige Handlungen verlangt, denn er würde vom Menschen genau das fordern, was für ihn am besten ist. Vor allem gäbe es dann keine Gründe mehr, das Prinzip Eigennutz vorzuschieben und es den moralischen Geboten als ebenbürtig gegenüberzustellen.[23]

Die Umsetzung der Gebote geschieht dann vermittels des Gewissens, dessen lateinische Bedeutung *conscientia* soviel heißt wie Mitwissen. Ich weiß mit Gott, was er von mir verlangt. Und Gott weiß von mir, wie ich mich entscheide. Ich muß mich also vor ihm verantworten und nicht z. B. vor einer abstrakten idealen Kommunikationsgemeinschaft oder vor irgendeinem wohlverstandenen Eigeninteresse oder einer Selbstverantwortlichkeit – wovon ich mich ja jederzeit dispensieren kann.

Die so gewonnenen Werte hätten das geforderte Profil. Sie wären 1. vernünftig begründbar, 2. allgemeinverbindlich, 3. zeitlos und 4. erkennbar.

Trotzdem hat Mackie diese von ihm selbst als vernünftigste Begründung eingestufte Theorie für sich selbst nicht angenommen. Grund: Er glaubt nicht an Gott. Man sieht: Die religiöse Begründung der Moral ist ideal für Gesellschaften, in denen der Gottesglaube zum selbstverständlichen Bestandteil ihrer Kultur gehört. Menschen jedoch, denen der Faktor Gott nichts bedeutet, ist die Anerkennung einer religiösen Dimension nicht nachvollziehbar. Wenn diese Anerkennung nicht durch philosophisch-theologische Überlegungen oder durch existentielle Erfahrungen vermittelt werden kann, baut sich hier eine Hürde auf.

Aber ist denn eine von Gott absehende Moral ohne Hürden denkbar?

Diese Frage läßt sich durch einen kurzen Blick auf die »Skeptische Ethik« des Skeptikers Wilhelm Weischedel schnell beantworten. Für Weischedel gibt es prinzipiell keinen Zugang zum Absoluten. Alles in der Welt und im Leben ist fraglich. Hinter allem steht ein riesiges Fragezeichen. Um aber dann eine Ethik überhaupt formulieren zu können, wie er das tut, muß er, ob ihm das gefällt oder nicht, mit vier verschiedenen Grundentschlüssen aus seiner skeptischen Position herausspringen: 1. Er muß sich entschließen, nicht an Gott zu glauben und Skeptiker zu sein. 2. Er muß sich entschließen, sich als frei und verantwortlich zu betrachten. 3. Er muß sich entschließen, das Dasein als sinnvoll zu betrachten und es nicht durch Selbstmord zu beenden. 4. Er muß sich entschließen, sein Leben bewußt zu gestalten.[24]

Der Christ hat da eine ökonomischere Haltung zum Leben. Ihm reicht eine einzige Grundentscheidung: Er glaubt an Gott. Alles andere folgt mit innerer Logik aus diesem Glauben. Er verhält sich dabei wie ein Wissenschaftler, der eine Theorie mit nur einer Annahme einer Theorie mit mehreren Annahmen vorzieht.

Man kann deshalb sagen, daß im Hinblick auf die Begründung einer allgemeinverbindlichen Moral der religiöse Glaube an Gott der vernünftigste Ausgangspunkt mit den wenigsten Voraussetzungen ist.

Vor allem hat die religiös begründete Moral nicht nur einen Vorteil im Hinblick auf die Normenbegründung, sondern auch im Hinblick auf die Normendurchsetzung. Der renommierte, vom Marxismus zur Religion konvertierte Philosoph Leszek Kolakowski weist mit Nachdruck darauf hin, wie wichtig es ist, daß moralische Überzeugungen nicht nur begründbar sein müssen, sondern daß man sich schuldig fühlen muß, wenn man ihnen untreu geworden ist. Die Fähigkeit, sich schuldig zu fühlen, folge nicht aus der Behauptung, dieses oder jenes Werturteil sei richtig oder falsch. Auch die Angst vor gesetzlicher Strafe sei nicht die Ursache von Schuldgefühlen, sondern die Fähigkeit, die eigene Stellung innerhalb der kosmischen Ordnung in Frage stellen zu können. *»Es ist nicht die Furcht vor Rache, sondern ein Gefühl ehrfürchtiger Scheu angesichts des eigenen Handelns, das die Weltharmonie gestört hat, eine Angst nach der Überschreitung nicht eines Gesetzes, sondern eines Tabus*

... Das Tabu ist sowohl der unverrückbare Stützpfeiler eines jeden lebensfähigen Moralsystems als auch ein integraler Bestandteil des religiösen Lebens; das Tabu ist deshalb ein notwendiges Bindeglied zwischen dem Anbeten der ewigen Realität und dem Wissen von Gut und Böse ... Kultur ist ein Kanon von Tabus, oder anders ausgedrückt, eine Kultur ohne Tabus ist ein quadratischer Kreis.«[25]

Die 10 Gebote waren im christlichen Abendland die fundamentalen Handlungsanweisungen, die Gott den Menschen gegeben hat. Wer gegen sie verstieß, machte sich schuldig gegenüber Gott selbst. Er verletzte also ein kulturelles Tabu. Die gesetzliche Strafe kann ihm die Schuld nicht nehmen. Die kann ihm nur Gott vergeben. Aber der Christ hat auch die begründete Hoffnung, mit seiner Schuld nicht auf Ewigkeit verbunden zu bleiben. Gott ist nicht nur ein richtender Gott, sondern auch ein gnädiger Gott. Das nimmt dem Menschen die Angst, einer absoluten Macht gegenüber immer im Unrecht zu sein.

Wer an Gott glaubt, folgt den 10 Geboten und dem Gebot: »Liebe deinen Nächsten wie dich selbst.« Er empfindet sie nicht als Ausdruck einer religiösen Tyrannei, sondern als selbstverständliche Folge seiner Beziehung zu Gott. Für ihn heißt es nicht mehr »Ich muß!«, sondern »Ich werde selbstverständlich nicht morden, nicht stehlen, nicht lügen« usw. Diese Verhaltensweisen ergeben sich wie von alleine, wenn man Gott dient und in seinem Mitmenschen Gott wiederbegegnet. Jesus: »*Was ihr getan habt einem von diesen meinen geringsten Brüdern, das habt ihr mir getan.*« (Matth. 25,40)

Das bedeutet aber nicht, daß der Mensch oder die Gesellschaft jetzt zum bloßen Befehlsempfänger degradiert würden. Denn die vorgegebenen Werte sind ja nur die Werte Achtung vor dem Leben, Ehrlichkeit, Treue, Nächstenliebe. Es sind die unverrückbaren Eckwerte einer christlichen Moral. An ihnen muß sich die nachfolgende Diskussion in der Gesellschaft oder im Gewissen des einzelnen orientieren, wenn es um andere Werte geht, die damit noch nicht erfaßt sind. Die Diskussion ist also nicht beendet, wohl aber das Schweben im freien Raum des Unverbindlichen.

Wenn sich eine Gesellschaft von der Religion entfernt, handelt sie sich ein Problem ein. Wenn Gott »weggeräumt« wird, wird er durch die Gesellschaft ersetzt. Die Gesellschaft soll Moral begründen. Und wenn sie es nicht kann, dann ist sie eben selbst daran schuld, sie ist schlecht. Und so erleben wir heute, daß Täter als Sozialarbeiter in eigener Sache auftreten und erklären, wie es infolge der Kindheit und schlechter Gesellschaft zur Tat hat kommen *müssen*. Da die Gesellschaft offenbar nicht zu verbessern ist, sind wir dazu verurteilt, böse zu handeln. Und das angesichts der immer bedrohlicheren Vernichtungsmittel, die heute schon jedem Privatmann zur Verfügung stehen. Ob das auf die Dauer gut geht?

Der Christ hat andere Vorstellungen von Konfliktbewältigung. Er bleibt seinem Gott treu und versucht danach zu handeln, auch wenn er als letzter Mohikaner vom Rest der Welt belächelt wird.

Der innere Kompaß zeigt auf Gott

Die in den 10 Geboten verankerten Werte sind Grundwerte, die anderen Werten vorgeordnet sind. Es kann jedoch zu Konflikten kommen, die in den biblischen Geboten nicht thematisiert sind. Ist der Tyrannenmord erlaubt? Darf man lügen, wenn man dadurch ein Menschenleben retten kann? Darf man sein Vaterland gegen Feinde verteidigen?

Immer wieder treten moralische Fragen auf, die mit den in den Geboten aufgeführten Werten allein nicht zu beantworten sind. Die 10 Gebote sagen nichts über die Ranghöhe der nicht aufgeführten Werte aus. Zum Beispiel wird nicht geklärt, wie hoch die Tapferkeit oder die Verschwiegenheit einzustufen ist. Damit ist der Christ aufgefordert, über die Ranghöhe dieser oder anderer Werte in eine Diskussion mit anderen Christen einzutreten. Aber nicht nur mit Christen gilt es sich zu verständigen, sondern prinzipiell mit allen Menschen, die von den in Frage stehenden Werten betroffen sind. Von dem Fundament der 10 Gebote aus wird der Christ mit der ganzen vernünftigen Welt eine Kommunikationsgemeinschaft bilden, ohne sich an deren Vorgaben zu verlieren, denn er steht darüber hinaus noch in einer Kommunikationsgemeinschaft mit Gott. Der innere Kompaß des Gewissens zeigt auf Gott und stellt ihn in eine Verantwortung, vor der er nicht fliehen kann.

Wie sieht das konkret aus? Woran kann sich der Christ orientieren?

Man kann einen Christen als einen Menschen definieren, der ernsthaft versucht, die Jesus-Botschaft – so wie er sie nach redlichem Mühen versteht – in seinem Leben praktisch zu machen. Christsein bedeutet, in die Fußstapfen Jesu treten. Am Gleichnis vom barmherzigen Samariter z. B. kann jeder selbst bestimmen, ob er auf dem rechten Wege ist: Reicht mein Mitleid auch für solche Menschen, die viele andere um mich herum hassen und verachten?

Für die Schriftsteller der frühen Kirche ist das Wesentliche des Christentums die Liebe. Bei Augustinus etwa lesen wir: *»Die Heilige Schrift aber schreibt nichts vor als die Liebe. Ich nenne aber die Liebe die Bewegung der Seele dahin, Gott wegen seiner selbst, sich und den Nächsten aber wegen Gott zu lieben.«*[26]

Wie ist das zu verstehen?

Man kann die Liebe als eine Art psychischen Treibstoff verstehen, man kann sie aber auch als eine Macht begreifen, die den Kosmos zusammenhält. Christen reden deshalb davon, daß Gott die Liebe selbst ist.(1 Joh 4,7)

Die Liebe als kosmische Macht

Der große protestantische Theologe Paul Tillich hat immer wieder darauf hingewiesen, daß die Rede von der Liebe Gottes nicht nur ein Gefühl meint, das Gott uns gegenüber empfindet. Sie meint Größeres.

In der Tradition wird zwischen fünf verschiedenen Arten der Liebe unterschieden. Libido ist die Liebe zur Lust und dem Sex. Eros ist die Liebe zum Schönen, das Ergriffenwerden vom Reiz des Verführerischen. Philia ist die Liebe von Herz zu Herz zwischen Menschen, die ohne einander nicht leben können. Agape ist die Liebe zum Nächsten, geboren aus Erbarmen, Mitleid und Gottesliebe. Gottesliebe ist die Bewegung, die den

Menschen aus der Welt des Vielfältigen und Vergänglichen zu dem Einen und Ewigen hinführt.

Diese Begriffe der Liebe sind aus der Erfahrungswelt des Menschen abgeleitet. Was heißt es aber, wenn gesagt wird, daß Gott liebt und sogar die Liebe selbst ist? Dazu ist eine grundsätzliche Überlegung notwendig:

In der zwischenmenschlichen Liebe der Philia macht der Mensch die beglückende Erfahrung, im Du des anderen seine Erfüllung zu finden. Sartre hat einmal behauptet, die Hölle, das sei der andere Mensch. Die Religion und die Erfahrung des Alltags sagen etwas anderes: Der andere Mensch kann ein Vorgeschmack des Himmels sein.

In der Liebe erfahre ich, daß ich im anderen meine Ergänzung finde. Liebe ist der Drang nach Einheit mit dem geliebten Menschen. Die Trennung zwischen Ich und Du soll aufgehoben werden. Wenn etwas Getrenntes zusammenkommt und eine Einheit bildet, dann scheint es zusammenzugehören. Liebe ist also der Drang nach Einheit dessen, was zusammengehört. Was prinzipiell nicht zusammengehört, kann auch keine Einheit bilden.

Man kann diesen Vorgang der Trennung und Vereinigung als eine Grundstruktur des gesamtem Weltablaufes verstehen. In der Kosmologie herrscht die Vorstellung vor, daß aus einer unbegreiflichen Singularität per Urknall das Universum entstanden ist. Diese Bewegung aus dem anfänglichen Einen in die Vielfalt der Welt und zurück in die Einheit des Ursprungs ist die grandioseste Illustration dieser Grundstruktur von Trennung und Vereinigung. Überall in der Natur und der Menschenwelt ist diese Struktur die Voraussetzung von Veränderung und Entwicklung. Sie hat, in der Sprache der Philosophen, ontologischen Charakter.[27]

Wenn wir von Gott reden, übertragen wir Begriffe aus unserer endlichen Realität auf ihn, der uns immer unergründlich bleibt. Wir benutzen diese Begriffe als Symbole. Paul Tillich: *»Die symbolische Rede über Gott hat keinen geringeren Wahrheitsgehalt als die wörtliche, aber sie ist die einzig wahre Weise über Gott zu reden.«*[28]

Sagen wir, daß Gott die Liebe ist, so verwenden wir unsere

Erfahrung der Liebe und die Analyse der ontologischen Struktur von Trennung und Vereinigung und übertragen sie auf Gottes Wirklichkeit. Wir sagen dann, daß Gott durch die Schöpfung des Universums die Trennung notwendig machte, aber auch die Vereinigung. Die Liebe Gottes besteht dann darin, daß er die Trennung überwindet und in dieser Überwindung seine Liebe tätig ist. Gottes Liebe ist die bewegende Macht des Lebens und des ganzen Kosmos. Sie ist, um mit dem Physiker David Bohm zu reden, die Kraft, die dafür sorgt, daß das Elektron sich an den Atomkern bindet, sie ist die Kraft der Gravitation, die in der Raum-Zeit des Universums die Sterne miteinander verbindet und am Ende der Zeiten wieder in eine Einheit zusammenführt. Sie ist aber auch die Kraft, die sich in einer hilfreichen Geste zwischen Menschen ausdrückt, in einem freundlichen Händedruck oder in der selbstaufopfernden Tat des Jesuitenpaters Alfred Delp im Konzentrationslager.

Betrachten wir den Menschen im Sinne der Biologie als Naturwesen, dann handelt in jeder altruistischen Handlung die Natur selbst. Man kann dann sagen, der Mensch X handelt gut, aber man kann auch sagen, die Natur handelt im Menschen X gut. Jede Handlung hat also einen subjektiven und einen objektiven Aspekt. Setzen wir für den Faktor Natur den Faktor Gott ein und reduzieren den Begriff »Liebe Gottes« auf den moralischen Gesichtspunkt, dann bedeutet das: In einer altruistischen Handlung handelt nicht nur der betreffende Mensch gut (subjektiver Aspekt), sondern in ihr verwirklicht sich auch die Liebe Gottes (objektiver Aspekt).

Augustinus spricht davon, daß alles erlaubt sei, wenn es aus Liebe geschähe. Daraus ist zu schließen: Jede Form der Liebe verdient Respekt. Die Liebe veredelt alles, denn sie bezieht sich auf eine kosmische Grundstruktur und wird von ihr getragen.

Der Christ stellt auf diese Liebe Gottes gewissermaßen seinen Kompaß ein und erhält auf diese Weise, um im Bild zu bleiben, seine Marschzahl. Mit Hilfe dieser Orientierung versucht er mitzuhelfen, das moralische Ozonloch, das sich in unserer Welt bedrohlich vergrößert, wieder aufzufüllen. Und auf diese Liebe hofft er, wenn der Tod neben ihm stehen wird und sagen wird: »So!«

Vom Rachegott zum Gott der Liebe

Eine beliebte Methode von Kritikern des christlichen Glaubens ist es, Texte vornehmlich aus dem Alten Testament zu zitieren, die das Bild eines rachsüchtigen Gottes mit überholten Moralvorstellungen zeichnen. Ohne Frage gibt es solche Stellen, nicht alles in der Heiligen Schrift ist heilig. So hat es sich z. B. Gerd Lüdemann zu seinem besonderen Anliegen gemacht, durch Aufweis solcher Stellen die Bibel zu diskreditieren. Eines seiner neueren Bücher behandelt genüßlich das Opferritual des Bannes im Heiligen Krieg des alten Israel.[29] Barbarische Opferungen des unterlegenen Feindes werden durch religiöse Verbrämungen legitimiert (1 Sam 15,1–3.7–9). Ist mit solchen Texten überhaupt Religion zu machen? Oder sollte man nicht umgekehrt fragen: Ist mit solchen Zitaten überhaupt Kritik zu machen? Wer es vorzieht, Bücher konkretistisch zu lesen, sollte sich besser an das Telefonbuch halten.

Die Bibel ist ein Buch, in dem Menschen im Rahmen ihrer Kultur und ihrer Zeit einen Prozeß der Gottesfindung kodifizieren. Sie ist gewissermaßen das Logbuch einer Reise zu Gott. Darin wird auch über Stürme, Nebel und Kursabweichungen berichtet. Was zählt, ist aber die Ankunft.

Der Prozeß der Gottesfindung kann durchaus als Evolution verstanden werden. Wie in jeder Evolution gibt es darin auch Sackgassen. Aber die Entwicklung geht weiter. Sie findet ihren Abschluß im Gottesbild des Jesus von Nazareth und in der Ethik der Bergpredigt. Für sie steht der Hymnus der Liebe im 1. Korintherbrief:

Wenn ich mit Menschen- und Engelszungen redete
und hätte der Liebe nicht,
so wäre ich ein tönend Erz oder eine klingende Schelle.
Und wenn ich Vorhersagen machen könnte
und wüßte alle Geheimnisse und alle Erkenntnisse

und hätte allen Glauben, so daß ich Berge versetzte,
und hätte der Liebe nicht,
so wäre ich nichts.
Nun aber bleiben Glaube, Hoffnung, Liebe, diese drei;
aber die Liebe ist die größte unter ihnen.

Im biblischen Buch Levitikus 24,19 heißt es: »*Und wer seinen Nächsten verletzt, dem soll man tun, wie er getan hat, Schaden um Schaden, Auge um Auge, Zahn um Zahn.*« Aus der Sicht des christlichen Gottesglaubens und der Lehre von der Nächstenliebe und des Vergebens ist dieser Satz eine solche Sackgasse. Oder welcher christliche Vater würde seinen ungehorsamen Sohn steinigen lassen, nur weil es im Buch Deuteronomium 21,18–21 so befohlen wird?

Wir sehen also: Die Evolution der Gottesfindung ist von ihrem Ergebnis her zu beurteilen und nicht von ihren Suchbewegungen. Wer zum Beispiel die Wahrheit der Relativitätstheorie widerlegen wollte, würde auch nicht verschiedene unproduktive Rechenversuche Einsteins auf dem Weg zum Ergebnis zum Kernstück seiner Widerlegung machen wollen. Die christliche Religion ist nur dadurch zu kritisieren, daß ihre Antworten auf die existentiellen Fragen des Menschseins durch relevantere Antworten relativiert werden. Dies wird immer nur von einem anderen religiösen Standpunkt aus möglich sein.

Eine andere Methode der Diskreditierung ist die Betonung der Verbrechen, die im Namen des christlichen Glaubens im Laufe von 2000 Jahren begangen wurden. Autoren wie Karlheinz Deschner haben sich mit Akribie auf den Nachweis solcher negativen Erscheinungen spezialisiert, wobei die kulturbildende Bedeutung der christlichen Religion für das Abendland geflissentlich übersehen wird.

Diese Kritik ist wichtig, trifft aber nicht den Wahrheitsanspruch des Christentums. Genausowenig wie ein Schüler die Richtigkeit der Fallgesetze in Frage stellen kann, weil er seinen Physiklehrer im Supermarkt beim Diebstahl beobachtet hat. Die Fallgesetze werden physikalisch widerlegt und nicht strafrechtlich.

Die Frage an solche Kritiker ist: Im Namen welcher Moral

kritisieren sie die Verfehlungen der Religion? Damit beginnt wieder der ethische Diskurs. Und wie wir gesehen haben, ist ohne Verweis auf ein Absolutes eine Ethik faktisch nicht begründbar. Die Kritiker müssen exakt diejenige Moral in Anspruch nehmen, die sie mit ihrer Kritik vernichten wollen, und bestätigen damit durch die Hintertür deren Richtigkeit.

In der Theologie wird aus diesem Grund eine Unterscheidung gemacht zwischen der irdischen Kirche und der himmlischen Kirche. Die irdische Kirche ist die Gemeinschaft der Gläubigen mit allen Mängeln und allen moralischen Defiziten, die Menschen nun einmal eigen sind. Im Rahmen dieser Kirche sind in der Geschichte verurteilenswerte Menschenrechtsverletzungen begangen worden. Aber im Rahmen dieser Kirche wurden auch beispiellose Humanität praktiziert und die Fundamente für die europäische Kultur gelegt.

Die himmlische Kirche ist die Gemeinschaft der Gläubigen unter dem Ideal der Bergpredigt, eine ideale Kommunikationsgemeinschaft zwischen Menschen und Gott. Sie gilt es zu verwirklichen, auch wenn sie unter den Bedingungen dieser Welt nur bruchstückhaft Gestalt gewinnt. Aus ihr bezieht der Christ die Maßstäbe, die er an die Geschichte der irdischen Kirche anlegen muß. Das ist der Vorteil der christlichen Kirche gegenüber ihren Kritikern: Sie muß die Maßstäbe zur ihrer Selbstkritik nicht von außen übernehmen, sondern findet sie in ihrer eigenen Mitte vor.

Siebter Dialog

Aurelius: Sei gegrüßt, lieber Sokrates! Du bist ja ausnahmsweise pünktlich zu unserem gemeinsamen Frühstück.

Sokrates: Sei gegrüßt, lieber Aurelius! Hätte ich gewußt, daß mich ein so opulentes Mahl erwartet, hätte ich abgesagt.

Aurelius: Ich weiß, du nimmst wie immer ein Äpfelchen und ein Glas Mineralwasser zu dir. Soll ich deshalb hungern?

Sokrates: Völlerei ist eine der sieben Todsünden.

Aurelius: Die Völlerei beginnt im Kopf. Aus gutem Grunde wird deshalb in diesem Hause vor der Mahlzeit gebetet.

Sokrates: Dann vergeht dir wohl der Appetit.

Aurelius: Danken, um zu genießen. Das ist die beste Methode, das rechte Maß zu halten. Nimm diese Trauben in die Hand und mache dir klar, wieviele Milliarden Jahre der Evolution notwendig waren, damit sie ihre Süße auf deinem Gaumen verströmen lassen können. Dann achtest du die Qualität anstelle der Quantität.

Sokrates: Du gehörst also zu denen, deren Gehirn beim Anblick des Frühstücks anfängt zu arbeiten und erst wieder aufhört, wenn sie im Büro sind.

Aurelius: Ich hätte auch noch andere Gründe zu danken. Daß wir beide in dieser jedes Gehirn übersteigenden Wirklichkeit überhaupt vorgesehen waren, zum Beispiel.

Sokrates: Dem kann ich mich anschließen. Aber warum trägst du dieses Kreuz um den Hals? Verlangt es dein Glaube, daß er zur Schau getragen wird?

Aurelius: Ich verlange danach, immer wieder daran erinnert zu werden, daß die Alltagswelt nur ein kleiner Ausschnitt aus einem viel Größeren ist.

Sokrates: Läßt du dich damit nicht auf ein Jenseits vertrösten?

Aurelius: Ich lasse mich im Diesseits trösten.

Sokrates: Und von welcher Art ist dieser Trost deines Glaubens?

Aurelius: Das ist schwer in Worte zu fassen, wie alles, was einem wichtig ist. Vielleicht so: Die Nichtigkeiten des täglichen Lebens fangen an, von innen zu leuchten. Du durchschaust die Welt wie eine Vitrine aus Glas, in der gläserne Figuren ausgestellt sind. Dahinter erkennst du das beglückende Licht der Gegenwart Gottes. Und wenn du nahe bei Gott bist, geht es dir gut.

Sokrates: Aber das ist der Weg vieler Religionen. Hat das Christentum darüber hinaus eine besondere Botschaft?

Aurelius: Die Botschaft lautet: Gott liebt dich; was auch immer passieren mag, nichts kann dich von der Liebe Gottes trennen, auch der Tod nicht; deshalb gib diese Liebe weiter an alles, was lebt.

Sokrates: Nächstenliebe bedeutet aber meistens, nie den zu lieben, der da ist, sondern immer nur den nächsten, der kommen soll.

Aurelius: Die Schwachheit des Menschen ist kein Argument gegen die Wahrheit einer Religion.

Sokrates: Welche Wahrheit hast du deinen Kindern mit auf den Weg gegeben?

Aurelius: Seid dankbar für jeden Augenblick des Lebens. Habt niemals vor irgend jemandem oder irgend etwas Angst, denn jede Situation ist Ausdruck göttlichen Willens. Euer Leben ist aufgehoben in Gott. Deshalb vergeßt niemals Jesu Wort: »Was du einem meiner geringsten Brüder getan hast, das hast du mir getan«.

Sokrates: Diese Botschaft scheint mir menschengemäßer zu sein als die Rede von der Sinnlosigkeit allen Seins und der Vergeblichkeit allen Handelns. Warum aber muß sie mit einer Geschichte verbunden sein, die vor langer Zeit für uns unüberprüfbar geschehen ist oder auch nicht? Wie kann ich die Marschzahl für meinen Lebenskompaß von Geschichten abhängig machen, die ungebildete Fischer in einem unterentwikkelten Land berichtet haben?

Aurelius: Der Bildungsstand der Jünger Jesu spielt dabei keine Rolle. Außerdem haben da noch eine Menge anderer Köpfe in den folgenden Jahren mitgewirkt. Die biblischen Geschichten sind Legierungen aus vielen Bestandteilen. Da ist Historisches, Mythologisches, Philosophisches, Psychologisches, Symbolisches und viel existentielle Erfahrung drin.

Sokrates: Die Auslegung war nie einheitlich.

Aurelius: Kann sie auch nicht sein. Jeder Bestandteil bietet einen eigenen Zugang. Für die einen ist Jesus wirklich auf dem Wasser gelaufen, für die anderen steht diese Geschichte in einer mythologischen Erzähltradition, wieder andere verstehen sie als ein Symbol für religiöse Erfahrungen. Es gibt viele Auslegungsarten und Denkschulen im Laufe der Jahrhunderte.

Sokrates: Was ist deine Meinung dazu?

Aurelius: Die Geschichte gibt selbst die Antwort auf deine Frage. Als Petrus es Jesus nachmachen wollte und aus dem Boot stieg, ging er unter. Jesus zog ihn an der Hand aus dem Wasser und erklärte ihm sein Versagen: »Du hast zu wenig Glauben.«

Sokrates: Mit mehr Glauben hätte er die Schwerkraftgesetze außer Kraft setzen können?

Aurelius: Über dem Wasser laufen zu können, das bedeutet, über der Fragwürdigkeit und Nichtigkeit der Welt stehen zu können. Das ist das Ziel. Der Weg dorthin ist zweitrangig. Er kann sogar über das Wasser gehen. Hauptsache, der Mensch landet in den Armen des Absoluten. Deshalb ist auch die jeweilige Auslegung der göttlichen Mysterien in der Bibel nur ein Weg, der in Ordnung ist, wenn er ans Ziel führt.

Sokrates: Angenommen, es wäre eines Tages möglich, mit Hilfe einer Zeitmaschine in die Vergangenheit zu reisen. Wie würdest du reagieren, wenn es sich herausstellte, daß die Erzählungen der Bibel faktisch ganz anders abliefen?

Aurelius: Ich wäre erstaunt, aber nicht überrascht. Denn was würde das ändern? Die Aussagen über das rechte Verhältnis zum Absoluten sind zeitlos gültig. Sie brauchen zu ihrer Rechtfertigung nicht unbedingt historische Beglaubigungen. Ihre Wahrheit erweist sich, indem sie gelebt werden.

Sokrates: Meine Religion ist auch nicht übel. Sie hat mich begleitet auf dem Wege vom jugendlichen Helden zum komischen Alten.

Aurelius: Die Symbole sind verschieden, die Inhalte wahrscheinlich nicht. Jeder Einbrecher weiß: Zu jedem Schloß gibt es mehrere Schlüssel, die passen. Vielleicht verhält es sich mit den Religionen genauso. Zum Schloß des Absoluten sind sie bloß verschiedene Schlüssel.

Sokrates: Und warum missionieren die Christen dann?

Aurelius: Sind wir vor Gott nicht alle Bettler? Aber warum soll ein Bettler dem anderen nicht sagen, wo es etwas zu essen gibt?

Sokrates: Das war das Stichwort. Lieber Aurelius, Mitreisender auf der Reise ins Grab, mein Magen meldet sich.

Aurelius: Dein Äpfelchen habe ich schon geschält, und dein Wässerchen steht schon bereit.

Sokrates: Haben wir nicht wirklich Grund zum Danken? Schon bei unserer Entstehung hatten wir eine beachtliche Portion Glück. Schließlich nahmen Millionen von Spermien an dem Wettrennen zum weiblichen Ei teil. Und die Spermie, der wir uns verdanken, war der Sieger! Wir sind Siegertypen, lieber Aurelius! Ist das nicht ein Grund zum Feiern?

Aurelius: Ich sehe es kommen, aus unserem Frühstück wird ein Gelage.

Sokrates: Reich mir ein Brot und ein Glas Wein, lieber Aurelius! Die Äpfelchen hebe besser auf für das nächste Mal!

Gott als persönliches Gegenüber

Religion als Rückbindung an das Ganze / Die Spitze des Eisberges / Die Botschaft der biblischen Geschichten / Die Bedeutungsebene des Faktischen / Das modifizierte Datenverarbeitungsprogramm des Mythos / Die Bedeutungsebene des Symbolischen / Die spirituelle Bedeutung der Symbole / Was heißt Erlösung? / Wahrheit und Toleranz

Religion als Rückbindung an das Ganze

Was ist das Ganze? Das Ganze ist die Summe aller Dinge und aller Menschen und mehr als das. Es übersteigt unsere Fähigkeit zu begreifen. Es ist mehr als das Universum und mehr als alle anderen möglichen Universen. Es ist mehr als das Subjektive und mehr als das Objektive. Es ist das, was Subjekt und Objekt umgreift. Es ist das Eine im Gegensatz zum Vielen. Unser Denken entwickelt sich aus Gegensätzen. Um das Hohe denken zu können, brauche ich den Begriff des Niederen. Das Hohe ist dann das, was nicht niedrig ist. Um das Viele denken zu können, brauche ich den Gegenbegriff des Einen, ohne den das Viele keinen Sinn ergibt. So verhält es sich nicht nur im Denken, sondern auch in der Wirklichkeit. Damit das Viele existieren kann, muß das Eine vorausgesetzt werden.

Das Ganze und das Eine werden in der abendländisch-christlichen Tradition Gott genannt. Paulus schreibt im 1. Korintherbrief 12, 6: »*Und es sind mancherlei Kräfte; aber es ist e i n Gott, der da wirket alles in allem.*«

Aus der Perspektive des Menschen gibt es eine ganze Menge Fragen an das eine Ganze. Zuerst einmal wollen wir wissen, wie die Dinge, mit denen wir es zu tun haben, wirklich sind.

Diese Fragen lassen sich durch die Wissenschaft beantworten. Aber, wie wir gelernt haben, nur sehr unvollständig und nur mit Hilfe von Hypothesen. Bei Hegel heißt es: »Das Ganze ist das Wahre.« Die ganze Wahrheit eines Dinges ist nur dann erkannt, wenn wir das Ganze erkannt haben. Was aber leider nicht möglich ist, weil wir nicht in eine inhaltliche Erkenntnisbeziehung zum Ganzen treten können.

Das Wissen hat seine Grenzen, das Denken nicht. Wir können uns Gedanken über das Ganze machen, wo die Wissenschaft passen muß. Das Ganze wird dann zu einem Grenzbegriff des Denkens. Wir wissen zwar, daß es das Ganze gibt, weil es auch die Einzelnen gibt. Aber mehr wissen wir nicht. Die Philosophen haben seit Jahrtausenden immer wieder neue Anläufe gemacht, die Wahrheit über das Ganze herauszufinden. Heute wissen wir, daß das Ganze für uns ein Mysterium ist und immer bleiben muß. Wir können das Ganze denken, aber nicht erkennen.

Auch wer keinen Zugang zur Wissenschaft oder zur Philosophie hat, hat trotzdem eine Menge Fragen an das Ganze, ungeachtet der Tatsache, daß es unerkennbar ist. Je länger ein Mensch lebt, desto länger wird die Liste seiner unbeantworteten Fragen. Wie verhält es sich zum Beispiel mit dem grundlegendsten Faktor eines Lebens, dem Faktor Zeit?

Ist der Mensch nur ein Biotransformator, dessen Aufgabe darin besteht, noch nicht existierende Zukunft in nicht mehr existierende Vergangenheit umzuwandeln? Und wie verhält es sich mit der Gegenwart? Gibt es sie überhaupt? Schließlich machen wir doch die Erfahrung, daß jedes Jetzt immer schon Vergangenheit ist. Wir können das Jetzt gar nicht schnell genug erfassen oder denken, bevor es schon in tote Vergangenheit verwandelt wurde.

Ist denn alles vergänglich? Hat denn der Tod immer das letzte Wort? Gibt es denn irgend etwas, das der Tod nicht verschlingen kann? Zerstört das Bewußtsein von der Zerstörung jeder Bedeutung durch den Tod nicht jede Bedeutung schon jetzt? Was bleibt von Bedeutung, wenn erst einmal die Sonne explodiert und das Weltall implodiert ist? Was bleibt von meiner Bedeutung, wenn ich erst einmal humiliert bin?

Wenigstens die Basisdaten unseres Lebens bleiben immer die gleichen über die Zeiten hinweg: Hoffnung auf Erfüllung, Suche nach Liebe und Glück, Schuld, Versagen, Scheitern, unbeantwortete Fragen, Angst vor dem Tode und immer irgendwann Abschied. Der Kern unseres Lebens ist nicht zu begreifen und nicht zu spalten. Zu oft stoßen wir auf die gordischen Knoten, die unserer Existenz zugrunde liegen. Und glauben wir, wir hätten sie aufgelöst und kämen einer Kernspaltung näher, tauchen sie an einer anderen Stelle wieder auf. Was bleibt uns modernen Menschen in der westlichen Kultur als Ausweg? Wir können aus diesen Knoten eine Kette basteln, sie uns als Schmuckstück um den Hals hängen und mit einer Rose im Knopfloch dem Grab entgegenschlendern. Oder uns daran aufhängen. Immer aber endet unser Weg im Schweigen, das sich schon zu Lebzeiten in der Tiefe unserer Existenz ausschwieg. Oder wir greifen zurück auf die alte Wahrheit der Religion, die unserer Kultur den Namen gab.

Religion bedeutet soviel wie Rückbindung an das Ganze. Religion ist die Wahrheit, die vom Ganzen her kommt und die Antagonismen und Knoten unseres Daseins aus der Perspektive des Ganzen betrachtet. Religion ist das Licht, das uns aufgeht, wenn das Ganze zu leuchten anfängt. Religion bedeutet, im Schweigen, das unser Leben in der Tiefe trägt, die Stimme eines Unergründlichen, eines Unermeßlichen, eines Unsagbaren zu vernehmen, eine Stimme, die das Herz anrührt, die jedoch nur undeutlich zu verstehen ist.

Aber haben wir nicht gerade festgestellt, daß das Ganze für uns nicht zu erkennen ist? Wie soll man dann vom Ganzen her das Leben verstehen? Die Antwort sieht, wie wir inzwischen gesehen haben, folgendermaßen aus:

Auch wenn wir über das Ganze nichts wissen können, so können wir doch zumindest folgendes sagen: Jedes einzelne, d.h. jeder Mensch, jedes Ding und alles, was sonst noch existiert, hat teil am Ganzen. Der Gedanke der Teilhabe beinhaltet: Das Ganze hat unermeßliche Eigenschaften, also Eigenschaften, die wir nicht ergründen können. Das Ganze hat aber auch die Eigenschaften, die das einzelne hat. Ist das einzelne rund, dann hat das Ganze teil an den Eigenschaften des Runden. Ist das einzelne rechteckig, dann hat das Ganze teil an den Eigenschaften des Rechteckigen. Es ist völlig undenkbar, daß das Ganze nicht auch teilhat an den Eigenschaften, die sein einzelnes hat, sonst könnte es nicht das Ganze sein, das das einzelne umfaßt und umgreift. Vielmehr muß das Ganze logischerweise alle Eigenschaften umfassen, die den einzelnen zukommen. Und es kann darüber hinaus zusätzliche Eigenschaften haben, denn das Ganze ist mehr als die Summe seiner Teile.

Der Mensch hat die Eigenschaft, ein geistiges Wesen zu sein. Also muß das Ganze auch teilhaben an dieser Eigenschaft. Wie wir aus der Biologie wissen, zeigt sich schon in den einfachsten Lebewesen ratiomorphes, d.h. vernunftähnliches Verhalten. Die Evolution hat den Geist expliziert, der von Anfang an in der Materie impliziert war. Seine bisher höchste Ausformung hat er im Geist des Menschen erhalten. Nichts kann am Ende ausgewickelt werden, was nicht schon von Anfang an eingewickelt und als Möglichkeit immer latent anwesend war. Der Geist muß also als eine Eigenschaft des Ganzen verstanden werden, die sich auf unserem Planeten schon sehr früh manifestierte und sich in ihrer Frühform zum Geist des Menschen verhält wie die Knospe zur Blüte.

Halten wir fest: Das Ganze ist unergründlich, darüber hinaus hat es mit Sicherheit aber auch teil an den Eigenschaften des Geistes. Mit anderen Worten: Gott ist (auch) Geist.

Gott ist nicht nur Geist. Er umfaßt Eigenschaften, die für uns unbegreiflich sind. Aber er umfaßt logischerweise auch die Eigenschaft des Geistes.

Die Seele des Menschen ist zu verstehen als die letzte Identität, die er als geistiges und fühlendes Wesen hat, um überhaupt er selbst sein zu können. Die Seele ist die Grundlage seiner Person. Wie wir Person auch immer definieren, als personare, d.h. als Maske, hinter der sich ein göttliches Geheimnis ausspricht, oder als Systemeigenschaft des Gehirns als Ergebnis einer evolutionären Emergenz – der Personcharakter des Menschen ist sein wichtigster Unterschied zum Tier.

Fassen wir die Person-Eigenschaft des Menschen als die Eigenschaft eines einzelnen im Rahmen des Ganzen auf, dann gilt auch wieder: Das Ganze ist unergründlich, darüber hinaus hat es mit Sicherheit aber auch teil an den Eigenschaften des Personalen. Mit anderen Worten: Gott ist (auch) Person. Gott ist nicht nur Person. Aber er umfaßt logischerweise auch die Eigenschaft des Personalen. Er ist für uns ein persönlicher Gott.

Welchen Umfang die personalen Eigenschaften Gottes haben, wissen wir nicht. Person ist uns nur in ihrer menschlichen Möglichkeitsform bekannt. Aber aus der Begegnung mit menschlicher Personalität beziehen wir die fundamentale Erfahrung, daß Person auch immer Ich-Sein und Du-Sein bedeutet. Wenn Gott Person ist, dann kann er für den Menschen ein Du werden. Es verwundert eigentlich nicht, daß uns Gott als persönlicher Gott begegnet und uns auf der höchsten in der Evolution bisher erreichten Entwicklungsstufe zum Du macht. Schließlich finden wir auch im Alltag die tiefste Erfüllung nur in der Begegnung mit anderen Menschen und nicht etwa in einem Kanarienvogel oder einem Bergkristall.

Und damit löst sich die Schwierigkeit bei der Frage nach dem Ganzen auf. Das Ganze ist für uns unerkennbar. Insofern ist Gott der ewig Unerforschliche, der Unergründliche, der Unermeßliche. Wenn aber Gott Person ist, dann kann er eine persönliche Beziehung zu den Menschen aufnehmen. Wollte Gott von uns erkannt werden, würden wir ihn nicht erkennen, weil wir seiner Unermeßlichkeit gegenüber notwendigerweise blind sind. Wohl aber kann er uns auf der Ebene der Person gegenübertreten und unsere Gefühle und Empfindungen ansprechen.

Begegnung mit Gott kann immer nur eine persönliche Erfahrung sein. Gott spricht uns aus dem Schweigen in der Tiefe unserer Existenz an, und wir fühlen uns angesprochen. Anlässe dazu gibt es viele. Es kann im Hören einer Symphonie geschehen, im Erlebnis der Schönheit einer Landschaft, in der Begegnung mit einem Menschen, in der tiefsten Einsamkeit und Verlassenheit einer quälenden Stunde, in der Erschütterung durch den Tod. Beim Lesen der Bibel oder während eines Gebets. Oder einfach beim Spazierengehen oder Fensterputzen. »Ich habe dich bei deinem Namen gerufen, du bist mein«, heißt es in der Bibel. Das ist mehr als der mystische Schauer beim Denken an das Ganze. Das ist die tiefste persönliche Erfahrung, die ein Mensch machen kann. Danach verändert sich sein Leben. Danach ist nichts mehr so, wie es war.

Wir sehen: »Von unten« und mit Hilfe der Ratio ist keine Beziehung zu Gott möglich. Das einzige, was wir über ihn wissen können, ist, daß er »existiert«. Denn wenn es Einzelnes und Vieles gibt, gibt es auch das Ganze.

Erst die Personalität Gottes ist der Schlüssel zu einem Verhältnis zum Ganzen. Die Ich-Du-Beziehung zwischen Gott und Mensch hebt die Barrieren auf, die uns die Vernunft errichtet hat. Über diese Beziehung kann streng genommen nur der reden, der sie erfahren hat. Deshalb hat Religion primär etwas mit Erfahrung zu tun. Von außen betrachtend, greift der Zuschauer ins Leere. Die Zwiesprache mit Gott geschieht in der tiefsten Tiefe der menschlichen Seele und kann niemals Gegenstand objektivierender Neugierde sein. Das innere Licht entzündet sich, indem ihm von außen ein Licht gereicht wird. Nur so kann der Mensch erspüren, daß seine Existenz nicht mehr ins Nichts gehalten wird, sondern teil hat an der Unermeßlichkeit, der Unergründlichkeit und der Unerschöpflichkeit des Seins.

Die Spitze des Eisberges

Die Ergebnisse der Philosophie und der Wissenschaftstheorie haben gezeigt, daß die Wirklichkeit, zu der wir Zutritt haben, notwendigerweise nur ein Teilausschnitt des Ganzen sein kann. Wie der einsame Segler auf dem Meer immer eine beschränkte Rundumsicht hat, die er auf seiner Reise mitnimmt, so ist auch das Denken und Forschen der Menschen immer beschränkt durch die Grenze ihrer Vernunft, die sie auf ihrer Reise durch die Geschichte mitnehmen. Wenn es dem Segler im Schaukeln der Wellen schlecht wird, schaut er auf den Horizont. Dort finden seine Augen Ruhe, und die Übelkeit verschwindet. Genauso verhält sich der religiöse Mensch, wenn auf seiner Reise durch das Leben der Boden unter seinen Füßen zu schaukeln anfängt. Auch er sucht den festen Punkt am Horizont, orientiert sich an der Wirklichkeit, die dem Getöse des Alltags enthoben ist, sucht festen Grund in einem tieferen Urvertrauen, wenn das Vertrauen in das Gewohnte schwindet, wenn die Erfahrung gemacht wird, daß nichts in der Welt das hält, was es verspricht.

Religion ist die Kraft, die nach außen dringt. Sie verläßt die Welt des Gewöhnlichen, um an einer letzten Realität zu partizipieren. Sie sucht das Bleibende im Trubel der vorbeifliegenden Bilder, die sinnvolle Ordnung hinter den Absurditäten des Daseins, das Eine hinter der chaotischen Vielfalt. Sie sucht das Heilige als eine Dimension der Wirklichkeit, die durch die Träger des Heiligen hindurchscheint, ob es sich nun um Sterne oder Bäume, Land oder Meer, Gemälde oder Gebäude, Musik oder Worte, Menschen oder Ereignisse handelt. Sie alle können die Begegnung mit dem Heiligen vermitteln und über sich hinausweisen, durch sie alle sind Menschen dem Heiligen begegnet, wenn auch keines davon für sich selbst heilig ist. Das Heilige ist das Geheimnis, aus dem unsere Welt in jeder Sekunde hervorgeht. Nicht nur der Anfang der Welt ist ein abkünftiger Modus des Geheimnisses, sondern jeder Augenblick.

Der christliche Gedanke der Schöpfung aus dem Nichts deutet die Schöpfung der Welt als einen Akt göttlicher Freiheit. Der Direktor des Max-Planck-Institutes für Physik, Hans-Peter Dürr, führt diesen Gedanken als Physiker weiter: »*Dagegen sagt die Quantenphysik, daß die Schöpfung nicht nur am Anfang stattfindet, sondern die ganze Entwicklung in der Welt eigentlich aus fortwährenden Schöpfungsakten besteht. Ein Quantenphysiker sieht den Schöpfungsakt deshalb als etwas an, was dauernd stattfindet. Andauernd entsteht und vergeht etwas, es gibt Erzeugungs- und Vernichtungsprozesse am laufenden Band ... Elektronen beispielsweise entstehen unberechenbar und spontan. Aber sie entstehen nicht aus Nichts, sondern aus Etwas. Dieses Etwas drückt aber nichts Materielles aus. Potentialität, also Mögliches, verwandelt sich dann in Realität.*«[1]

In der christlichen Tradition wurde dieser Aspekt der Schöpfung mit dem Begriff der *creatio continua* beschrieben. Potentialität ist eine Form des Heiligen. Potentialität ist wie der Zufall das Inkognito des heiligen Gottes. Religion kann man verstehen als eine Form der Teilhabe an der Dimension des Heiligen. Dieses Heilige erfährt der Christ als das liebende Gegenüber eines persönlichen Gottes.

Das Heilige begegnet dem Menschen aber nicht nur in der Welt, sondern auch in der eigenen Brust. Der Mensch ist im innersten Kern seiner Person einsam, denn kein Wort an einen anderen Menschen vermag das zu formulieren, was er in der Tiefe seiner Seele empfindet. Vielleicht kann in der Erfahrung der Liebe diese Einsamkeit ansatzweise überwunden werden. Jeder hat unaustauschbar sein Leben zu leben und seinen Tod zu sterben. Ist nicht alle Kommunikation mit seinesgleichen nichts weiter ist als ein Klopfzeichen, das ein Gefangener über die Wände seiner Zelle an andere weitergibt? Gott ist aber im Innersten einer Menschenseele, wo der Mensch sich selbst versteht und verstanden fühlt.

Jeder Mensch ist auf Kommunikation angewiesen. Nur vom Du her kann ich Ich sein. Wenn aber das Du des anderen Menschen mir nur in seiner oberflächlichen Erscheinungsform zugänglich ist, wie soll mein Ich dann Tiefe bekommen? Wie soll mir dann die Kommunikation zuteil werden, ohne die ich nicht sein kann? Und doch kann ich mich im Innersten meiner Seele verstanden fühlen, ohne daß ich auch nur einem Menschen klarmachen konnte, was in mir vorgeht. Dieses Verständnis ist eine Erfahrung Gottes, zu der nur das Ich Zugang hat. Wenn alle Worte verstummen, gibt es da eine tiefe Geborgenheit, in die ich mich wortlos fallen lassen kann. Wer nicht das Gegenüber eines göttlichen Du erleben kann, lebt auf dünnem Eis, unter dem sich die kalte Tiefe der Sinnlosigkeit und der Abgrund unaufhebbarer Einsamkeit auftun; er ist verurteilt, unverstanden zu leben.

Religion ist weiter die Erfahrung, daß wir Verständnis, Liebe und Zuneigung suchen, daß aber diese Sehnsucht in der äußeren Welt nie die erhoffte Erfüllung findet. Religion ist das Ausgreifen über alles Gegebene auf ein Gebendes. Religion ist das Ergriffensein von einer alterslosen Wahrheit. Christliche Religion ist die persönliche Begegnung mit Gott, ein Frieden stiftendes Finden dessen, was in der Menschenwelt so schmerzlich unbefriedigend erscheint oder gänzlich fehlt.

Wer einmal begriffen hat, daß die uns zugängliche Wirklichkeit nur die Spitze des Eisberges ist, der will sich damit nicht zufrieden geben. Er ahnt, daß der Sinn seines Lebens nur im Ganzen zu finden ist. Religion geht es um die Teilhabe am Ganzen, sie artikuliert ihre Erfahrung mit dem Ganzen in Symbolen und Bildern.

Die unwandelbare Botschaft der christlichen Religion lautet: Die Distanz vom Endlichen zum Unendlichen ist immer unendlich; was wir auch schaffen, es ist früher oder später zum Untergang verurteilt. Das Scheitern und der Tod sind unüberwindlich, es sei denn, wir bekämen die Teilhabe an der ewigen Realität, die nicht unser Werk ist, sondern deren Werk wir sind, geschenkt. Diese ewige Realität nennen wir Gott. Gott ist zugleich der Transzendente, der alles Irdische unendlich übersteigt, und der Immanente, der allem Irdischen und Menschlichen als deren innerstes Geheimnis und tiefster Grund gegenwärtig ist. Ihn erfahren wir als unendliche Liebe und Positivität, die uns in jeder Situation des Lebens begegnen kann. Alle Symbole der Bibel, des Glaubens und der Liturgie haben den immer gleichen Inhalt: In seiner Liebe aufzugehen, bedeutet Erlösung von den Beschwernissen der Endlichkeit und ein Angst bewältigendes, sinnvolles und zum Lieben befähigendes Leben.

Wer an Gott glaubt, hält nicht irgendwelche unbeweisbaren Sätze für wahrscheinlich oder akzeptiert absurde Behauptungen. Wer an Gott glaubt, ist ergriffen von einer Realität, die ihn absolut übersteigt und deren Wahrheit für ihn existentiell nachprüfbar ist in den Begegnungen mit dem Heiligen.

Glaube steht also niemals im Gegensatz zur Vernunft. Paul Tillich schreibt: *»Ein Glaube, der die Vernunft zerstört, zerstört nicht nur sich selbst, sondern auch das Menschsein des Menschen ... Vernunft ist Vorbedingung für den Glauben, und der Glaube ist der Akt, in dem die Vernunft ekstatisch über sich hinausweist.«*[2]

Religion kann deshalb niemals wild darauflos spekulieren, sondern muß aufzeigen können, daß die gemachten existentiellen Erfahrungen und die symbolischen Deutungen des Ganzen die Verlängerung einer vernünftigen Linie mit anderen

Mittel sind – so wie derjenige, der einen Fluß sieht, annehmen kann, daß es einen Ozean gibt.

Man kann deshalb für eine sinnvolle Religion folgende Forderungen aufstellen:

1. Sie muß zu einer persönlichen Gottesbegegnung führen.
2. Sie muß mit den alltäglichen Erfahrungen der Menschen im Einklang stehen.
3. Sie muß sich existentiell verifizieren oder auch falsifizieren lassen.
4. Sie muß die Herzen ansprechen.
5. Sie muß die Menschen zu moralischem Handeln führen.
6. Sie muß einen Weg zum Seelenfrieden weisen und Hoffnung vermitteln.
7. Sie muß einfach und für jedermann, unabhängig von seinem intellektuellen Niveau, verständlich sein.
8. Sie muß mit Hilfe ihrer religiösen Symbole Kommunikation über das Unaussagbare ermöglichen und damit gemeinschaftsbildend sein.
9. Sie muß den Geist ihrer Botschaft im Umgang der Gläubigen untereinander und im Umgang mit allen anderen Menschen beispielhaft verkörpern.
10. Sie muß mit der Vernunft kompatibel sein.

Das Christentum hat dank der atheistischen Kritik einen Selbstreinigungs- und Anpassungsprozeß von annähernd 2000 Jahren hinter sich gebracht und erfüllt deshalb auch in der modernen Zeit alle 10 Forderungen – und dem widerspricht keineswegs, daß an den Rändern des Volksglaubens bisweilen fragwürdige Praktiken und Vorstellungen auftauchen.

Die Botschaft der biblischen Geschichten

Viele Geschichten der Bibel sind Wundergeschichten. Jesus heilt Kranke, macht aus Wasser besten Wein, wandelt über den See. Für die Menschen unserer Zeit ist der Zugang zu solchen Geschichten mit Schwierigkeiten gepflastert. Wie kann jemand, der naturwissenschaftlich zu denken imstande ist, daran glauben, daß solche Wunder möglich sind?

Der Theologe Rudolf Bultmann hat deshalb in der Mitte dieses Jahrhunderts die Behauptung aufgestellt, daß man nicht gleichzeitig die Steckdose gebrauchen und an die Himmelfahrt Jesu glauben könne. Er schlug vor, die Bibel zu entmythologisieren und am Leitfaden der Existenzphilosophie Martin Heideggers neu zu verstehen. Das Ergebnis war mager, weil Philosophie der menschlichen Seele nur bedingt ein ausreichendes Obdach gewähren kann.

Es ist deshalb sinnvoll, über die Bedeutung des Wunders in der christlichen Religion neu nachzudenken

Glauben ist nicht das Fürwahrhalten von absurden Behauptungen. Was also hat der Glaube an Jesus für einen Sinn, wenn seine Botschaft in Wundergeschichten gekleidet ist? Wie sind Wunder zu verstehen und welchen Stellenwert haben sie im Rahmen der christlichen Religion?

Man wird den Wundergeschichten, wie überhaupt vielen Berichten in der Bibel, am ehesten gerecht, wenn man 2 Bedeutungsebenen der Texte unterscheidet:

1. Die faktische Ebene: Was ist an den Berichten faktisch wahr? Was ist historisch wirklich geschehen?

2. Die symbolische Ebene: Was ist die Aussageabsicht der Berichte? Welchen religiösen Sinn wollen oder sollen sie transportieren? Wie ist ihre symbolische Wahrheit zu erfassen, wenn ein Wörtlichnehmen zu wenig an spirituellem Aussagevolumen hat? Wie können sie meine Gottesbegegnung vertiefen?

Die 1. Bedeutungsebene stellt auf den ersten Blick für den modernen Menschen die schwierigste Hürde dar. Schließlich ist er aufgewachsen mit der Vorstellung, daß Naturgesetze von zwingender Notwendigkeit sind und keine Ausnahmen zulassen.

Für den praktizierenden Christen stellt aber die 2. Ebene eine viel größere Herausforderung dar. Hier wird er nämlich zu einem psychischen Wandlungs- und geistlichen Wachstumsprozeß hingeführt, der oft das Loslassen von eingefahrenen Verhaltens- und Denkstrukturen erfordert. Denn die »Wiedergeburt aus der Wahrheit Christi«, so könnte man es in religiöser Sprache formulieren, ist das eigentliche Ziel der Pilgerschaft eines Christen durch diese Welt.

Kommen wir zurück zur 1. Bedeutungsebene. Greifen wir uns eine Wundergeschichte heraus. Es wird berichtet: Die Jünger Jesu gerieten nachts auf dem See Genesareth mit ihrem Boot in einen schweren Sturm. Plötzlich sahen sie Jesus, wie er über das Wasser auf sie zu schritt. Er stieg zu ihnen ins Boot und sagte: »Seid getrost, ich bin es, fürchtet euch nicht.« Und der Sturm legte sich.

Ist es wirklich möglich, daß ein Mensch während eines Sturmes über das Wasser laufen kann? Kann ein Mensch den Elementen Vorschriften machen?

Man wird diese Frage nur beantworten können, wenn man sich die Mühe macht, darüber nachzudenken, was dieses »wirklich« eigentlich bedeutet. Welchen Sinn hat das Wort Wirklichkeit? Und wie kommt unsere Wirklichkeit zustande? Aus der Wissenschaftstheorie und aus den Überlegungen der modernen Physik wissen wir bereits, daß unsere Alltagsvorstellung von Wirklichkeit nur eine schwache Hilfskonstruktion ist, um in diesem Alltag zu überleben.

Die Bedeutungsebene des Faktischen

Die Annahme, daß die sinnlich gegebene Welt, wie sie uns im alltäglichen Handeln und Erleben gegenübertritt, unabhängig von uns so existiert, wie wir sie wahrnehmen, ist ein Trugschluß. Um eine Sinneswahrnehmung in unserem Wahrnehmungsfeld zu verstehen, muß sie durch eine in unserem Kopf schon bereitstehende Theorie »verstanden« werden. Denn unser Bewußtsein ist keine Lochkamera, durch deren Öffnung die »objektive Welt« abgebildet wird, kein Kübel, in den uns die Sinne Bilder von Gegenständen werfen.

Popper hat diese naive Abbildphilosophie als »Kübeltheorie« bezeichnet. Wie Wirklichkeit in unserem Kopf entsteht, ist sehr viel komplizierter, als das Kübelmodell uns vorgaukelt. Darüber muß man sich klarwerden, um zu sehen, was es mit den Wundern auf sich hat.

Die modernste Antwort zur Frage »Was ist Wirklichkeit?« liefert der aus der Hirnforschung abgeleitete radikale Konstruktivismus. Er besagt: Lediglich die Bausteine, aus denen wir unsere Welt aufbauen, sind, zumindest teilweise, unseren Sinnen entlehnt. Das hört sich einfach an, deutet aber auf ein Dilemma hin: *»Der Signalfluß, der von den etwa hundert Millionen Sinneszellen dem Hirn zuströmt, trägt keinen Hinweis auf irgendwelche Eigenschaften jenseits dieser Zellen, außer daß sie an bestimmten Stellen der Körperoberfläche gereizt wurden.«*[3] Mit dieser Binsenweisheit zeigt uns der Konstruktivist Heinz von Foerster, daß offensichtlich zu den Sinnesdaten noch etwas in unserem Kopf hinzukommen muß, um aus ihnen eine Wirklichkeit werden zu lassen. Anders ausgedrückt, unsere Sinnesorgane nehmen Unterschiede wahr, nicht aber »Dinge«, die sich als solche von anderen unterscheiden ließen. Wie kommen wir aber dann zur Erkenntnis von Dingen in unserer Welt?

Antwort: Wir konstruieren sie mit Hilfe des Gehirns aus den Daten unserer Sinneswahrnehmungen, so wie wir mit Hilfe unseres Gehirns aus den Pixeln auf dem Bildschirm des Fernsehers eine Geschichte konstruieren. In unserem Kopf arbeitet ein »Datenverarbeitungssystem«, das dazu in der Lage ist, diese Leistung zu erbringen. Ein Computer oder ein Tiergehirn würde vielleicht aus den gleichen Daten etwas anderes konstruieren, möglicherweise etwas Sinnloses. Wir empfangen also nicht passiv die Eindrücke aus der Außenwelt, so als ob wir damit über eine Kopie dieser Welt in unserem Kopf verfügen würden. Ernst von Glasersfeld schreibt: *»Ein Bild, das wir sehen, ist nicht weniger das Ergebnis eigener Handlungen als ein Bild, das wir malen, ein Loch, das wir graben, oder ein Haus, das wir bauen.«*[4]

Halten wir fest: Die Wirklichkeit unserer Welt ist ein Faktum, abgeleitet vom lateinischen *facere = machen*, also etwas von uns Gemachtes. Wir verhalten uns der Wirklichkeit gegenüber also nicht passiv, sondern konstruieren sie aktiv mit. Natürlich sind wir nicht Schöpfer der Wirklichkeit-an-sich, wir erfinden ja die Daten in der Regel nicht, aus denen unser Gehirn die Dinge konstruiert. Wohl aber sind wir Schöpfer der Wirklichkeit-für-uns: Unser Gehirn setzt aus den Daten genau diejenigen Dinge zusammen, die wir gerade vor uns sehen. Und man kann nur hoffen, daß beide Wirklichkeiten möglichst ähnlich sind.

Hans Lenk bezeichnet dieses Datenverarbeitungsprogramm mit dem an die Schulzeit erinnernden Begriff der Interpretation: »*Wir haben keinen interpretationsunabhängigen Zugang zur Welt, weder in der Erkenntnis noch im Handeln noch sonst irgendwo.*«[5]

Wie ist aber dann die Wirklichkeit-an-sich jenseits dieser Interpretation strukturiert?

Darauf kann die menschliche Vernunft prinzipiell keine Antwort geben. Von Glasersfeld spricht deshalb expressis verbis immer wieder vom Geheimnis, das »hinter« unseren Wirklichkeitskonstruktionen steht, das uns die Daten reicht, aber ewig unerkennbar bleibt.

Streng genommen, können wir aufgrund unserer Erfahrung mit unseren Konstruktionen über die wahre von uns unabhängige Wirklichkeit-an-sich mit Sicherheit nur sagen, wie sie nicht ist. Denn dort, wo unsere Konstruktionen scheitern, stoßen wir mit der Wirklichkeit »hinter« unserer Wirklichkeitskonstruktion zusammen. Dort offenbart sie etwas von ihren wahren, von uns unabhängigen Eigenschaften. »*Da wir das Scheitern aber immer nur in eben jenen Begriffen beschreiben und erklären können, die wir zum Bau der scheiternden Strukturen verwendet haben, kann es uns niemals ein Bild der Welt vermitteln, die wir für das Scheitern verantwortlich machen könnten.*«[6]

Solange eine Konstruktion unseres Gehirns uns das Überleben in der Welt ermöglicht, kann man sagen, daß sie zur wahren Wirklichkeit paßt und zu ihr nicht im Widerspruch steht. So ist auch die naturwissenschaftliche Forschung und ihre Anwendung in der Technik nicht ermächtigt, Aussagen über die Wirklichkeit-an-sich zu machen; sie kann nur jeweils behaupten, daß ihre Aussagen noch nicht widerlegt worden sind und insofern zur wahren Wirklichkeit passen dürften.

Die Wissenschaft verhält sich etwa wie ein Schiff, das sich nachts durch eine Meerenge tastet. Hat es die Untiefen passiert, weiß der Kapitän dadurch weder etwas über Inseln noch über Küsten noch über den Meeresboden. Er weiß nur, daß es dort eine Passage geben muß, weil sein Kurs mit der unbekannten Realität offenbar nicht im Widerspruch steht, sonst wäre er havariert. Insofern kann gesagt werden: Diese Durchfahrt ist ein Stück wahrer Erkenntnis, wenn darunter zu verstehen ist, daß zwischen ihr und der Wirklichkeit-an-sich kein Widerspruch besteht. Auch im Rahmen des konstruktivistischen Erkenntnisverständnisses werden Naturgesetze gefunden und nicht willkürlich erfunden. Der Konstruktivismus befähigt uns aber zu der Folgerung, daß die Wirklichkeit-für-uns und die Wirklichkeit-an-sich nicht deckungsgleich sind.

Das Datenverarbeitungsprogramm, mit dem der Mensch der wissenschaftlich-technischen Welt seine Wirklichkeit konstruiert, hat sich im Laufe der europäischen Geistesgeschichte herausgebildet. Zu seinen Merkmalen gehört u.a., daß es die Wirklichkeit in ihre Einzelteile zergliedert und nach kausalen Gesetzmäßigkeiten untersucht. Die Trennung zwischen dem Beobachter und dem Beobachteten ist dabei eine Grundvoraussetzung. Mathematische Hilfsannahmen ermöglichen eine systematische Konstruktion. Vor fragwürdigen Hilfsmitteln wird nicht zurückgeschreckt. So schreibt der Philosoph Hans Vaihinger in seinem Buch »Die Philosophie des Als-Ob«: *»Der Punkt als ein null-dimensionales Gebilde ist eine in sich gänzlich widerspruchsvolle Idee, aber ebenso notwendig wie absurd. Ein Gebilde ohne jegliche Dimension ist ein Nichts in sich selbst ... Wir rechnen hier mit Undingen statt mit Dingen, aber es sind nützliche und unentbehrliche Undinge.«*[7]

Um eine rationale Wirklichkeit zu konstruieren, sind wir oft zum Rückgriff auf Hilfsmittel gezwungen, die zu der erwünschten Rationalität in Widerspruch stehen. Philosophisch betrachtet, ist unsere wissenschaftlich-technische Weltkonstruktion durchaus mit der bekannten orientalischen Parabel vergleichbar:

Ein Vater ordnete an, daß die Hälfte seiner hinterlassenen 17 Kamele an den ältesten Sohn gehe, ein Drittel an den zweiten und ein Neuntel an den jüngsten. Nach dem Tode des Vaters finden die Söhne keine andere Lösung, als die Erbmasse zu zerstückeln. Ein Wanderprediger kommt dahergeritten und schlägt vor: »Hier – ich gebe mein Kamel zu den euren dazu; das macht 18. Du, der Älteste, bekommst die Hälfte, also neun.

– Du, der Zweitälteste bekommst ein Drittel, das macht sechs. – Auf dich, den Jüngsten, fällt ein Neuntel, also zwei Kamele. Das macht zusammen 17 Kamele und läßt eines übrig, nämlich meines.« Sagt's, steigt auf und reitet davon.

Man kann annehmen, daß wirklichkeitsschaffende und problemlösende Hilfskonstruktionen ein wesentlicher Bestandteil aller Datenverarbeitungssysteme im Gehirn des Menschen sind, zu allen Zeiten und nicht erst in der modernen Welt.

Das modifizierte Datenverarbeitungsprogramm des Mythos

Es wäre unsinnig, annehmen zu wollen, daß das wissenschaftlich-technische Datenverarbeitungsprogramm in unserem Gehirn das einzig maßgebende Programm sei und daß Menschen, die in der Vergangenheit mit einem anderen Programm die Welt wahrgenommen haben, einem fehlerhaften »Billigprogramm« auf den Leim gegangen seien.

»Gott schuf die Welt durch das Wort«, wie es die Bibel formuliert (vgl. Joh 1,2). Der Mensch hat an diesem Schöpfungsprozeß teil, indem er durch den Prozeß des Ordnens der sinnlichen Muster seine Welt hervorbringt. Im Unterschied zu Gott erschafft aber der Mensch nicht die Wirklichkeit-an-sich; diese ist vielmehr seinen Datenverarbeitungsprogrammen vorgegeben. Wenn in der Konstruktion der Wirklichkeit der eine ein Segelboot besteigt, wo der andere ein Eichhörnchen jagt, wird wohl einer der beiden irgendwann in der psychiatrischen Abteilung landen.

Neben dem wissenschaftlich-technischen Datenverarbeitungsprogramm in unserem Kopf gibt es durchaus noch andere Programme, etwa bei Menschen, die die Welt mythisch erleben. Sie erleben all jene Vorgänge, die durch bestimmte Merkmale gekennzeichnet sind, anders als der Wissenschaftler. Diese Merkmale sind: 1. Es handelt sich um Vorgänge, die einmalig und im Labor nicht wiederholbar sind, 2. es handelt sich um Vorgänge, die den Unterschied zwischen Subjekt und Objekt teilweise aufheben, 3. es handelt sich um Vorgänge, bei denen es um Sein oder Nichtsein und ums Ganze geht, 4. es handelt sich um Vorgänge, bei denen es um eine Begegnung mit dem Heiligen geht.

Die Begegnung mit dem Heiligen, das auf das Ganze, von dem unsere Welt ein Teil ist, hinweist, kann auf einer Wahrnehmungsebene geschehen, die wir mythisch nennen. Die Berichte darüber werden dann in der Bildersprache des Mythos weitergegeben.

Zur Klarstellung: Mythisch (von *Mythos*) ist dabei streng zu unterscheiden von mystisch (von *Mystik*). Unter einer mystischen Betrachtungsweise ist der Zugang zum Ganzen des Seins vom Ausgangspunkt der wissenschaftlich-technischen Weltkonstruktion zu verstehen. Von den Vätern der modernen Physik suchten viele Wissenschaftler neben ihrer wissenschaftlichen Arbeit einen Zugang zum Ganzen über die Mystik. Mystik ist für den modernen Menschen eine Anmutungsqualität, durch die er sich vom Geheimnis des Ganzen angerührt und angesprochen fühlt. Die Mystik steht unter einem strengen Bilderverbot, weil sie die bildhafte Welt des Alltags und der Wissenschaft übersteigt, und mündet deshalb in schweigendem Ergriffensein.

Die mythische Weltkonstruktion arbeitet dagegen dezidiert mit Bildern und Wunderberichten. Der Mythos gibt diese in Bilder gefaßten Erfahrungen mit dem Heiligen und darin mit dem Geheimnis der Welt ganz unbekümmert weiter.

Viele Menschen sehen darin ein naives Denken, das sich noch nicht auf der Höhe des modernen Kritikers befindet und deshalb entmythologisiert werden muß. Aber diese Entmythologisierung ist aus logischen Gründen gar nicht möglich. Denn sie liefe darauf hinaus, die Ergebnisse des entsprechenden Datenverarbeitungsprogrammes umzudeuten.

Wenn Jesus »auf dem Wasser läuft«, dann bedeutet dies, daß Menschen einen Vorgang erlebt haben, der sie in unmittelbare und unwiederholbare Begegnung mit dem Heiligen brachte. Die Wahrnehmungsdaten bezüglich Jesus wurden von ihnen so verarbeitet und die Welt von ihnen so konstruiert, daß diese Erfahrungen in ihrer Situation und durch Verwendung des entsprechenden mythischen Datenverarbeitungsprogrammes genauso wirklich waren wie Erfahrungen, die im Rahmen des wissenschaftlich-technischen Programmes gemacht werden. Für die Jünger im Boot ist Jesus tatsächlich auf dem Wasser gelaufen. Die Wirklichkeit-an-sich muß offensichtlich dem mythischen Datenverarbeitungsprogramm so viel Spielraum gewähren, daß solche Konstruktionen möglich sind. Auch im wissenschaftlich-technischen Datenverarbeitungsprogramm sind ja die von der Wissenschaft gefundenen Gesetzmäßigkeiten Annäherungen an die Wirklichkeit, jedenfalls nicht vollkommen kongruent mit den Gesetzmäßigkeiten der Wirklichkeit-an-sich. Wer jetzt spitzfindig annehmen will, daß Jesus vielleicht auf einem schwimmendem Baumstamm wie ein Surfer von einer Welle getragen wurde, überträgt Erfahrungen aus dem einen Programm in den Geltungsbereich des anderen Programmes, was sicher nicht statthaft ist.

Der Kritiker wird jetzt einwenden, daß hier das Pferd von hinten aufgezäumt werden soll. Weil von Wundern berichtet wird, soll die Wirklichkeit diese auch erlauben können. Ist es nicht sinnvoller, von der Wirklichkeit auszugehen und von ihr her zu entscheiden, ob Wunder möglich sind?

Die Antwort darauf ist folgende: Dieses Verfahren ist richtig, wenn im Rahmen der Wirklichkeitskonstruktion eines bestimmten Datenverarbeitungsprogrammes derartiges entschieden werden soll. Hier geht es aber um die Wirklichkeit-an-sich, die die Basisdaten für die Datenverarbeitung liefert. Und wie der Konstruktivismus lehrt, ist uns die Wirklichkeit-an-sich mehr negativ durch das Scheitern von Konstruktionen, als positiv durch Erkennen ihrer Struktur zugänglich. Wie die Wirklichkeit-an-sich also strukturiert ist und ob sie die fraglichen Wunder zuläßt, ist von uns grundsätzlich nicht eindeutig entscheidbar. Man kann deshalb davon ausgehen, daß die Tatsache der Wunderberichte mehr Gewicht hat als die leere Spekulation auf mögliche Strukturen in der Wirklichkeit-an-sich.

Wunder sind prinzipiell möglich. Auf dem Boden unseres modernen Programmes sind sie allerdings sehr unwahrscheinlich. Es wäre falsch zu behaupten, sie seien prinzipiell unwahrscheinlich. Wer so argumentiert, verwechselt die Welt in seinem Kopf mit der wahren Wirklichkeit.

Ein mythisches Datenverarbeitungsprogramm kann natürlich nicht eine Welt konstruieren, die mit der Beschaffenheit der Wirklichkeit-an-sich im Widerspruch steht. Es wird genauso wie alle anderen möglichen Konstruktionsprogramme von der Wirklichkeit-an-sich korrigiert, wenn es gegen deren Gesetzmäßigkeiten verstößt.

Wunder, die im Rahmen des mythischen Denkens und Erlebens bezeugt werden, sind also möglich, solange sie mit der Wirklichkeit-an-sich zusammenpassen, auch wenn sie gegen die Gesetze, die im Rahmen der wissenschaftlich-technischen Weltkonstruktion gelten, verstoßen. Aber diese Gesetze können nur eingeschränkter Maßstab sein für die mythische Weltwahrnehmung. Soll das heißen, daß im Rahmen des mythischen Datenverarbeitungsprogrammes Dinge möglich sind, die im Rahmen des naturwissenschaftlich-technischen Programmes unmöglich sind?

In begrenztem Maße ja. Das moderne Programm hat kein durchgängiges Konstruktionsmonopol, denn es stößt selbst immer wieder an seine Grenze. Nach unserem heutigen Erkenntnisstand gibt es keine absolut gültigen Naturgesetze, sondern nur statistische Wahrscheinlichkeiten. In diesem Sinne formuliert Werner Heisenberg: »*Zwar können auch statistische Wahrscheinlichkeiten zu Aussagen führen, deren Grad von Wahrscheinlichkeit so hoch ist, daß er an Sicherheit grenzt, aber im Prinzip kann es stets Ausnahmen geben.*«[8]

Das mythische Konstruktionsprogramm geht davon aus, daß die Welt nicht deterministisch geschlossen ist ohne Möglichkeit von Ausnahmen, die die einen »Zufälle« nennen, die anderen »Schwankungen« oder »Irregularitäten«. Insofern hat es Parallelen zum allermodernsten Denken. Mythisches Denken bedeutet aber nun nicht, daß an jeder Ecke ein Wunder geschieht. Das Wunder ist immer an die Begegnung mit dem Heiligen gebunden. Die Offenheit gegenüber dem Heiligen als dem grundlegenden Geheimnis nennt man Glauben. Wunder bedingen also den Glauben. Nach Markus 6,5 kann Jesus in der Umgebung seiner Heimatstadt keine Wunder wirken, weil die Menschen ihn ablehnen. Der Glaube ist also nicht ein Resultat, sondern ein Teil des Wundergeschehens selbst.

Das heißt: Wer die Vorhänge vor dem Heiligen zuzieht, darf nicht überrascht sein, wenn er das Licht des Wunders nicht wahrnimmt.

Mit anderen Worten: Das mythische Datenverarbeitungsprogramm im Kopf von Menschen kann bei der Begegnung mit dem Heiligen – die immer eine Glaubensöffnung gegenüber dem Geheimnis voraussetzt – eine Erfahrungswelt konstruieren, in der Wunder geschehen, sofern sie in einem konstruktivistisch verstandenen Sinnen »passend« zur wahren Wirklichkeit sind. Mythische und wissenschaftlich-technische Programme ergänzen sich in ihrem Zugang zur Welt, sie sind zueinander komplementär.

Der Philosoph Kurt Hübner hat in einer umfassenden Arbeit den Unterschied zwischen Mythos und Wissenschaft herausgearbeitet. In dem Buch »Die Wahrheit des Mythos« heißt es: *»Es gibt überhaupt keinen theoretisch zwingenden, auf Wissenschaft oder Philosophie verweisenden Grund, die mythischen Grundelemente des christlichen Glaubens abzulehnen, da Wissenschaft und Philosophie nur eine bestimmte, historisch vermittelte Wirklichkeitsdeutung darstellen, die nicht den Anspruch erheben kann, die einzig mögliche zu sein.«*[9]

Die mythische Erfahrungsweise ist eine Wahrnehmungskultur, die nicht nur in der Vergangenheit, sondern auch heute noch ihren Sinn haben kann. In den letzten Fragen unseres Lebens werden auch heute noch Antworten gefunden, die die wissenschaftliche Betrachtungsweise übersteigen. Lebensziele oder Lebensbilanzen werden in Bildern ausgedrückt, die in keinem Physikbuch stehen. Ein Wissenschaftler kann von seiner verstorbenen Frau in Bildern und Geschichten erzählen, die den Verdacht aufkommen lassen, sie sei für ihn mehr gewesen als eine chemische Maschine oder ein mathematischer Algorithmus. Kinder erleben die Welt mythisch, und Orte der Kindheit werden oft mythisch erlebt.

Lebendiger Glaube als die Erfahrung des göttlichen Geheimnisses wird auch heute noch religiöse Erlebnisse mit Hilfe des mythischen Datenverarbeitungsprogrammes verarbeiten und für sich persönlich buchstabieren, wie etwa im Bittgebet. Zwar ist die mythische Erfahrungsweise heute seltener geworden. Als Option eines alternativen Weltkonstruktionsprinzips steht sie jedoch jedermann zur Verfügung.

Ergebnis: Wer Wundergeschichten der Bibel wörtlich verstehen will, muß sich nicht vorwerfen lassen, er vertrete eine rational nicht verantwortbare Auffassung von Wirklichkeit. Wie in der Wissenschaft gilt auch hier: Theorien- bzw. Auslegungsvielfalt ist erlaubt und erwünscht.

Die Bedeutungsebene des Symbolischen

Der Philosoph Leibniz hat die Frage gestellt, inwieweit ein Ereignis am Anfang der Zeitrechnung für den Menschen, der Jahrhunderte später lebt, überhaupt von Bedeutung sein kann. Deshalb tendieren heute viele Christen dahin, die Geschichten der Bibel *symbolisch* zu verstehen und damit ihre spirituelle Bedeutung für die Gegenwart in den Vordergrund zu stellen. Schon die frühesten Bibelauslegungen etwa bei Clemens von Alexandrien oder Origines gehen von der symbolischen Auslegung der Bibel aus, um zur wahren Erkenntnis Gottes zu gelangen.[10] Die Frage, welche Wundergeschichten als Beschreibung eines Faktischen anzusehen sind und welche nur die entsprechende Erzählform wählen, um einen anderen Inhalt zu transportieren, muß die Theologie immer wieder neu beantworten.

Eugen Drewermann ist bekannt für seine symbolische Verstehensweise der Bibel. Er schreibt: *»Die Bibel lebt von Bildern, und nur wer die Sprache dieser Bilder versteht, kann sich den Glauben bewahren. Auch das leere Grab ist ein Bild für eine Wahrheit des Glaubens ... Himmelfahrt kann man nur so verstehen, daß man sich erheben kann über Menschenangst, Vergänglichkeit und Zerstörung. Wer etwas anderes sieht, lehrt nicht Glauben, sondern Aberglauben.«*[11]

Drewermanns Einseitigkeit ist fraglos diskutierbar. Doch die allgemeine Praxis in der Verkündigung des Christentums sieht heute zunehmend so aus, daß die symbolische Interpretation der Bibel und der Glaubensaussagen immer mehr in den Vordergrund tritt. Dabei erweist es sich in der Tat, daß die zeitlosen Wahrheiten des Christentums eine solche Tiefe und Tragfähigkeit besitzen, daß ihre historische Verankerung durchaus zurücktreten kann.

In symbolischer Sicht ist es die Aussageabsicht des Berichts über Jesus, der im Sturm über das Wasser schreitend, zu den Jüngern ins Boot stieg (Mark 6,45), dem Menschen klarzumachen, daß Gott sich auch im Sturm und im Unheil offenbaren kann. Tödliche Bedrohungen braucht der nicht mehr zu fürchten, der ein persönliches Verhältnis zu dem hat, der Herr aller Elemente ist. Jona kann sich sogar während des Sturmes in eine Ecke des Schiffes legen und schlafen (Jona 1,6). Selbst im Bauch des Walfisches ist er von Gottes Gegenwart nicht zu trennen. Im Matthäusevangelium wird erzählt, daß Petrus es Jesus nachmachen wollte und aus dem Boot stieg, um auf dem Wasser Jesus entgegenzulaufen. Als er im Wasser versank, rief er: »Herr, hilf mir!« Jesus ergriff ihn bei der Hand und sprach: »Du hast keinen Glauben«. Wer an Gott glaubt, hat keine Angst vor dem Chaos, denn er weiß, daß er in jeder Situation des Lebens auf die ausgestreckte Hand Gottes zurückgreifen kann. Das Meereswasser als Sinnbild des Dunklen, Abgründigen und Unauslotbaren verschlingt denjenigen, der keinen Halt im Göttlichen hat. Der Glaube macht den Menschen unangreifbar, denn selbst der Tod kann den Menschen nicht von der Liebe Gottes trennen.

Das ist das Grundthema des Evangeliums von Jesus Christus, und die meisten Symbole der Bibel und des Glaubens interpretieren dieses Grundthema in vielen Variationen.

Die zentralen Symbole der christlichen Religion jedoch sind Kreuz und Auferstehung Jesu Christi: »Gott ist Mensch geworden«. »Jesus Christus ist als Sohn Gottes am Kreuz gestorben und drei Tage danach wieder auferstanden von den Toten«, so lauten die grundlegenden christlichen Glaubensaussagen.

Was ist der tiefere Sinn dieser Symbole?

Es handelt sich hier um die Botschaft, daß Gottes liebende und erlösende Teilnahme an einem menschlichen Leben in einer nicht mehr zu überbietenden Weise offenbar geworden ist. Im Leben des Jesus wird das Verhältnis, das Gott zum Menschen hat, gleichsam mit Händen faßbar, ebenso wie in Jesus das Bild eines personhaften Lebens, das zwar allen Konsequenzen des Lebens in der Vergänglichkeit unterworfen ist, in dem aber die ungebrochene Einheit mit Gott erhalten bleibt, faßbar wird.[12] Dieses Aufscheinen Gottes in einem irdischen Leben wird mit dem Symbol »Sohn Gottes« beschrieben. Dahinter steht also eine Erfahrungswahrheit der ersten Christen und der Menschen, die heute in ihrem Leben diese Wahrheit bestätigen.

Jesus endet am Kreuz. Er stirbt den schändlichsten Tod, den es in der Römerwelt gab. Leben ist Leiden, so heißt es bei Buddha. Leben in dieser Welt kann so absurd sein, daß Gottes Sohn ruft: »Mein Gott, warum hast du mich verlassen?«

Der Stoff der Welt ist zuletzt nicht das Material, aus dem eine bleibende Gestalt des menschlichen Lebens geschaffen werden kann. Im Leiden bringt uns Gott dies in Erinnerung. Im Leiden bringt sich in unserem Leben die Wahrheit zur Geltung, daß wir ein Nichts auf zwei Beinen sind. Wer darüber nachdenkt, stößt auf den gordischen Knoten, für den das Symbol des Kreuzes steht.

»Gott opfert sich am Kreuz für die Sünden der Menschen«, sagt der christliche Glaube. Was ist damit gemeint?

Die Sünden sind die *conditiones humanae,* die den Menschen immer wieder schmerzlich vom Absoluten unterscheiden. Durch die äußerste Hingabe Gottes für jeden Menschen (»Gott hat sich für mich kreuzigen lassen«) wird die Kluft zwischen dem unendlich bedeutungslosen Ich und der allumfassenden Gottheit aufgehoben. So wie der Mensch sich opfert für das, was ihm heilig ist, so opfert sich Gott für den Menschen, weil ihm der Mensch heilig ist. Mit dem Symbol des sich opfernden Gottes wird die unendliche Bedeutung der Menschenseele ausgedrückt, wie sie in unserer Kultur bis in die Formulierung der Menschenrechte maßgebend ist.

Die christliche Rede vom Kreuz sagt aber nicht nur etwas über den Menschen und seine Situation aus, sondern auch etwas über Gott selbst. Dies ist ein Gott, der die von Christus beschworene Feindesliebe in äußerster Konsequenz praktiziert. Auf die Grausamkeit des Menschen reagiert Gott nicht mit

Rache, sondern mit vergebender Liebe. Jesus spricht: »Vergib ihnen, Herr, denn sie wissen nicht, was sie tun.«

Das Symbol der Auferstehung ist die Antwort auf die Absurdität der menschlichen Situation. Für den, der das Leben und das Sterben des Menschen von Gott her versteht, hat der Tod keine Macht mehr, hat er nicht das letzte Wort über den Menschen. Gott bleibt dem Menschen als Grund und Garant seines Lebens für immer verbunden. Sterben bedeutet dann, in die Wirklichkeit Gottes hineinzusterben und in der Liebe Gottes aufgehoben zu werden.

Wenn es heißt, daß der Christ von der Auferstehung her lebt, so ist damit gemeint, daß er den Mut zum Sein hat trotz der Macht des Nichts in seinem Leben. Er hofft, weiß und erfährt es täglich, daß die Kräfte des Seins stärker sind als die Kräfte der Vernichtung. Deshalb hat er täglich die neue Kraft, angesichts der Vergänglichkeit und Absurdität des Lebens sein »Trotzdem« in den vielen Entscheidungen des Alltags zu formulieren. Er sucht die Wirklichkeit des Positiven in der Welt, verstärkt sie und gibt sie weiter, denn er erkennt darin die Liebe Gottes, deren letzter Ausdruck das Symbol der Auferstehung ist.

Die religiöse Wahrheit, die die Menschen und Dinge vom Ganzen her sieht und das Ganze als Ausdruck einer letzten göttlichen Positivität versteht, ist der Kern nicht nur des Christentums, sondern aller großen Weltreligionen. Sie besteht auch unabhängig von ihrer historischen Verkörperung in Jesus. Diese Wahrheit herauszufinden ist die Aufgabe auf der symbolischen Verstehensebene. Paul Tillich schreibt: *»Der Glaube kann sagen, daß die Wirklichkeit, die im neutestamentlichen Bild Jesu als des Christus erschienen ist, für alle, die von ihr ergriffen werden, erlösende Kraft besitzt, unabhängig davon, wieviel oder wie wenig man mit Sicherheit über die historische Gestalt, Jesus von Nazareth, aussagen kann.«*[13]

Auf der symbolischen Verstehensebene kann man wie Eugen Drewermann davon ausgehen, daß die Autoren der Bibel Erfahrungen in Bildern beschreiben, in denen wir uns wiederfinden können. Viele Motive der Bibel sind kein Sondergut, sondern Motive des mythischen Erzählgutes aller Völker.

Drewermann interpretiert äußere Umstände, Personen und Gegenstände als Beschreibung eines seelischen Sachverhaltes. Jede Erzählung beschreibt immer wieder das gleiche Thema: das Reif-Werden des Menschen, die Entfaltung des Selbst und die Gefahren und krankmachenden Fixierungen auf dem Weg zur Persönlichkeit eines Menschen, der fröhlich, liebevoll, zu Mitleid fähig und dankbar sein Leben zu führen imstande ist. Die Erzählungen deuten das Geschehene so, daß es für den Leser eine heilende und befreiende Bedeutung haben kann.

Als Beispiel diene die Geschichte von der Auferweckung des Lazarus vom Tode (Joh 11,17–44). In der symbolischen Verstehensebene gedeutet, lebt Lazarus mit seinen beiden Schwestern auf eine Art und Weise zusammen, die den jungen Mann seelisch nicht leben läßt. Er wird von ihnen so vereinnahmt, daß er seine Freiheit einbüßt und seine innere Entwicklung zum Stillstand kommt. Er wird gewissermaßen wie ein Toter in Binden gehüllt und von den Schwestern ins Grab gelegt. Weil er abgestorben ist von jeder positiven Beziehung zu Menschen, verwest alles in ihm. Was nicht leben kann, was seelisch verdrängt wird, fängt an zu stinken. Die Auferweckung von den Toten geschieht nun folgendermaßen: Jesus »schaut zum Himmel empor«, stellt sich also intensiv in die Beziehung zu seinem himmlischen Vater. Aus dieser Beziehung heraus ruft er den toten Lazarus ins Leben zurück: Es muß das Verdrängte wieder in Beziehung kommen zu den beiden Schwestern. Menschen können nur leben, wenn sie in mitfühlender, offener und gleichberechtigter Kommunikation leben. Die Beziehung zu Gott kann nun das in uns verbinden und heilen, was in uns abgestorben ist, weil die Vorbedingung jeder gesunden Beziehung zu sich und anderen Menschen das Vertrauen ist. Wer sein Urvertrauen in Gott setzt, ist fähig zu einer angstfreien Beziehung zu jedem Menschen. Wer den Faktor Gott in seine Lebensrechnung einbezieht, erhält ein Ergebnis mit positiven Zahlen. Er ist dem Mitmenschen nicht mehr ausgeliefert, weil er in seinem Innersten einen Schatz besitzt, der alles Menschliche übersteigt und ihn frei macht von fataler Abhängigkeit.[14]

Die in Lateinamerika entstandene Theologie der Befreiung hat noch auf eine andere Konsequenz angstfreien Lebens hingewiesen. Wer nicht mehr sein eigenes Wohlergehen in den Mittelpunkt seiner Daseinssorge stellen muß, hat den Mut, für die Armen, Entrechteten und Unterdrückten in der Welt einzutreten. Werden die Symbole des Glaubens politisch gelesen, kann daraus revolutionäre Kraft für die Durchsetzung gesellschaftlicher Veränderungen resultieren.

Die spirituelle Bedeutung der Symbole

Wer vor Gott steht, kann die Erfahrung machen: Ich bin nichts, Gott ist alles, und dieses Alles kann mich erfüllen und durchdringen. Wie ein Kork auf dem weiten Meer, so schwimme ich dann auf der tragenden Wirklichkeit Gottes, die alle Dinge im Sein hält. Die Voraussetzung dieser Spiritualität ist die Dankbarkeit, sein zu dürfen, und ihr Resultat die Demut als Anerkennung des eigenen Maßes.

Demut beruht auf dem Bewußtsein der menschlichen Endlichkeit, und zwar nicht nur im Sinne einer Beschränktheit aller Kräfte, sondern in dem sehr viel tieferen Sinne seiner vollen Nichtigkeit. Wo die Bodenlosigkeit unserer Existenz erkannt wird, kann der Weg zu Gott beginnen. Die Wahrheit des Menschen über sich selbst ist gleichsam der Gottesacker. So lange man sich vor dieser Wahrheit drückt, so lange kann eigentlich von Selbsterkenntnis keine Rede sein. Sie steht am Anfang des spirituellen Weges, des inneren Weges zu Gott, des Weges der Kontemplation und der wachsenden Gotteserfahrung. Sie steht immer am Anfang einer persönlichen Reifung. Selbstüberschätzung ist immer Zeichen einer unreifen Persönlichkeit. Demut als die Anerkennung des eigenen Maßes ist insofern weniger eine moralische Tugend als eine religiöse Haltung. Jesus sagt: *»Wer sich selbst erhöht, wird erniedrigt werden; wer sich selbst erniedrigt, wird erhöht werden.«* (Lk 14,11)

Der hl. Benedikt beschreibt die Spiritualität der Demut und ihre Folgen im 7. Kapitel seiner Mönchsregel.[15] Je näher ich Gott durch Kontemplation und Meditation komme, desto schmerzlicher aber auch befreiender geht mir die eigene Wahrheit auf. Und je mehr ich im Scheitern meine Wahrheit erkenne, desto offener werde ich für Gott. Benedikt sieht in der Demut einen Übungsweg in die vollkommene Liebe, in das Einswerden mit Gott in der Kontemplation. Dieser Weg führt nicht nur den Geist, sondern auch den Körper in einen Prozeß der Verwandlung. Auf 12 Stufen steigt der Meditierende in die Wirklichkeit Gottes auf. Es werden sein Wille, seine Gefühle, seine Gedanken und sein Leib verwandelt. Verwandlung meint, daß unsere Gedanken und Gefühle offen werden für Gott und seine Gegenwart so, daß unser Leib in der Haltung und in den Gebärden, in der Stimme und im Lachen zeigt, daß er in einen großen gesundmachenden Zusammenhang eingereiht ist.

In den Zeiten der Psychoanalyse und ihrer ideologischen Seelendeutung war der Religion oft vorgeworfen worden, sie mache Menschen eher krank als gesund. Nach dem Ende der Psychoanalyse hört sich das anders an. Die Zeitschrift »Psychologie heute« veröffentlichte 1997 das Ergebnis von über 200 Studien in Amerika, demzufolge eine deutliche Korrelation zwischen religiöser Überzeugung und körperlich-geistiger Gesundheit besteht. Wer sein Leben in einen großen Zusammenhang eingebettet sieht, ist psychisch und körperlich resistenter.[16] Das ozeanische Gefühl des schwimmenden Korkens, um auf ein früheres Bild wieder zurückzukommen, gibt jedem Augenblick eine glückliche Unangreifbarkeit.

Spirituell gedeutet, geben die Symbole der biblischen Geschichten Anleitungen auf dem Weg der spirituell-kontemplativen Annäherung an Gott. Als Beispiel diene die Heilung des kranken Mannes in Kapernaum aus dem Johannesevangelium 5, 1 ff.:

Es war aber zu Jerusalem bei dem Schaftor ein Teich, der heißt auf Hebräisch Bethesda und hat fünf Hallen, in welchen viele Kranke, Blinde, Lahme und Verdorrte lagen, die darauf warteten, daß sich das Wasser bewegte. Denn ein Engel fuhr herab zu seiner Zeit in den Teich und bewegte das Wasser. Wer nun als erster, nachdem das Wasser bewegt war, hineinstieg, der wurde gesund, mit welcher Krankheit auch immer er behaftet sei. Es war aber ein kranker Mensch, der seit achtunddreißig Jahren dort gelegen hatte. Jesus sah ihn liegen und sprach zu ihm. »Willst du gesund werden?« Der Kranke antwortete ihm: »Herr, ich habe keinen Menschen, der mich in den Teich hebt, wenn sich das Wasser bewegt. Und wenn ich komme, steigt ein anderer vor mir hinein.« Jesus sprach zu ihm: »Stehe auf, nimm dein Bett und gehe hin.« Und sofort war der Mensch gesund ... Jesus sprach zu ihm: »Siehe, du bist gesund geworden. Sündige hinfort nicht mehr.«

In der Sprache der Symbole hat jedes Wort eine genau umrissene Bedeutung. In den fünf Hallen lagern »Kranke, Blinde, Lahme und Verdorrte«. Mit diesen Bezeichnungen sind psychische Zustände gemeint. Die Lehre Jesu Christi ist das Wasser, aus dem die heilende Kraft entspringt, die die pathogenen seelischen Blockaden aufheben kann. Eine Lehre dagegen, die der äußeren Welt entstammt und nur mit den äußeren fünf Sinnen aufgenommen wird, ist wie die fünf Hallen, in denen sich die Kranken aufhalten. Diese Menschen sind verkrüppelt, denn sie haben den Zugang zur existentiellen Wahrheit noch nicht erhalten. Sie haben zwar die Botschaft und die Wahrheit über die innere spirituelle Entwicklung als Vorbedingung des Glücklichseins in Gott rational aufgenommen, können sie aber nicht existentiell verwirklichen.

Von dem Mann wird erzählt, er läge in seinem Bett. Bildlich gesprochen liegt oder ruht ein Mensch in seinem Glauben oder in seinen Anschauungen. Er ruht in der Wahrheit, die er empfangen hat. Aber dieser Mann kann sich nicht in ihr bewegen. Er ist immer als zweiter am Wasser. Ein Mensch, der aus einer Überzeugung im Kopf handelt, handelt aus dem heraus, was ihm an zweiter Stelle steht. Denn an erster Stelle steht immer die Wahrheit der Seele und des aus der Biographie hervorgegangenen existentiellen Bewußtseins. Gedanken sind demgegenüber immer sekundär.

Karl Jaspers hat ein dickes Buch über die Psychologie der Weltanschauungen geschrieben: Gedanken über das Leben resultieren aus existentiellen Erfahrungen. Wer die Psyche eines Menschen kennt, kann leichter voraussagen, welchen Ideologien oder Überzeugungen ein Mensch anhängt.

Jesus trennt den Menschen von der Macht der äußeren Sinne und läßt die Wahrheit, die er im Kopf verstanden hat, existentiell lebendig werden. So wird der Mensch aus seinem seelischen Zustand des Krank-blind-lahm-und-verdorrt-Seins geheilt, einer Krankheit, bei der die höhere Wahrheit durch die niedere Wahrheit lahmgelegt wird. Er war an seine Sinne gebunden, gebunden an die buchstäbliche Bedeutung des Gotteswortes und an abstrakte Zustimmung zu Glaubensaussagen. Aber er schaute nach der existentiellen Bedeutung – den vom Engel aufgerührten Teich – aus, ohne sie jedoch verwirklichen zu können. Aus eigener Kraft hätte er es nicht geschafft. Auch ein anderer Mensch hätte ihm nur schwer helfen können. Die Hilfe muß von Gott kommen. Es ist kein Zufall, daß der hebräische Name des Teiches Bethesda soviel wie »Haus der Gnade« bedeutet. Deshalb ist die christliche Religion mehr als nur ein Kanon von Glaubenssätzen, die im Katechismus niedergeschrieben sind. Ihre eigentliche Botschaft ist die Erlösung des suchenden Menschen im Du des wartenden Gottes.

Die höchste spirituelle Stufe wird im Christentum erreicht, wenn der Mensch sein Ich in die Hände des göttlichen Meisters legt. »Nicht ich lebe, nein, Christus lebt in mir«, heißt es in vielen spirituellen christlichen Texten. Nicht ich mache dieses oder jenes, sondern Christus macht in mir und mit mir dieses oder jenes. Die Weisheitslehrer aller Religionen und Kulturen haben über die Jahrhunderte hinweg Methoden gesucht oder gelehrt, wie der Mensch von seinen schlimmsten Feinden, seinem Ich und seinem Hang zur Negativität, befreit werden kann. Das Aufgehen in Christus eröffnet eine solche Methode und befreit zur humorvollen Distanz gegenüber den seelischen Durchfällen, die ein Mensch in seinem Leben erleidet. Wenn Christus in mir ist, kann ich mich vergnüglich zurücklehnen und gespannt darauf warten, was er mit mir vorhat. Wenn er mir das Ruder für mein kleines Lebensschiffchen übergibt, übernehme ich es ohne Angst vor Versagen. Denn wenn es brenzlig wird, greift der große Kapitän wieder ein.

Über Jahrhunderte hinweg hat sich dieser spirituelle Weg als erfolgreich erwiesen. Man könnte dies den Weg des Freiwerdens von sich selbst und seinen »negativen Trieben« nennen, um endlich das tun zu können, was die »höheren Triebe« immer schon in Richtung Ich-Ideal erreichen wollten.

Evolutionsbiologen behaupten, diese Entlastung vom kräfteverzehrenden Kampf mit dem Ich sei der Grund dafür, daß Religionen nicht untergehen, da ihre befreiende Wirkung ein Selektionsvorteil darstellen könne.[17]

Was heißt Erlösung?

Christen glauben, daß Jesus Christus der Erlöser der Menschen ist. Soll das heißen, daß vor ihm keine erlösenden Kräfte in der Geschichte der Menschheit wirksam waren? Das Alte Testament zeigt uns, daß die Erlösung nicht von Jesus Christus allein abhängt. Gott hat immer schon Menschen aus der Absurdität und Not ihres Lebens herausgeführt. Aber erst in Jesus Christus wird das erlösende Handeln Gottes auf unüberbietbare Art und Weise offenbar.

Wie ist diese Erlösung zu verstehen?

Im Neuen Testament gibt es mehrere Erlösungsmodelle. Beim Evangelisten Matthäus ist Erlösung vor allem Erlösung von unserer Schuld. Jeder Mensch bleibt hinter den Forderungen der Menschlichkeit zurück und erst recht hinter den Idealen der Bergpredigt. Manch einer hat schwere persönliche Schuld auf sich geladen.

Wir alle sind in ökonomische Netzwerke eingeschlossen, die uns mitschuldig werden lassen an Unrecht und Ausbeutung in der Welt und an der Zerstörung der Natur. Aber auch uns gegenüber werden wir schuldig, indem wir uns ein falsches Bild von uns selbst machen und uns dadurch den Weg zur inneren Reifung verbauen. Wir bleiben damit hinter den Möglichkeiten zurück, die Gott in uns gelegt und uns zur Entwicklung anvertraut hat. Bei Matthäus gilt: Wenn Jesus selbst seinen Mördern noch vergibt, wird er auch unsere Schuld nicht anrechnen.

Bei Markus wird Erlösung verstanden als Loskauf aus der Macht der Dämonen. Noch die Kirchenväter beschreiben Abhängigkeiten, Zwänge und Verirrungen als Herrschaft des Satans. Dieses mythologische Bild umschreibt die Daseinserfahrung des antiken Menschen, daß er vom Schicksal bestimmt wird und dessen blinden Entscheidungen nicht entrinnen kann. Erlösung heißt bei Markus, daß Jesus uns von lebensbehindernden Zwängen heilt und uns befreit zum aufrechten Gang. Jesus Christus ist die Liebe, die Menschen befreien kann aus ihren Abhängigkeiten, aus der Gefangenschaft der eigenen Gedanken und Leidenschaften, aus den Fesseln ihrer Ängste und Komplexe. Wer fremden Mächten in sich ausgeliefert ist, kann nicht lieben. Aber wir gehören nicht fremden Mächten, sondern wir gehören Gott. Der Christ ist frei und nur von Gott abhängig. Von Gott erwartet er alles. Das ist auch eine Entlastung von der fixen Idee, alles selbst machen zu müssen und sich dabei zu überfordern. Als Mitarbeiter Gottes aber ist der Christ aufgerufen, die Idee der Befreiung weiterzutragen bis ins Politische hinein. Das ist die Botschaft dieses Erlösungsmodells.

Bei Lukas wird Jesus so beschrieben, daß die Griechen, für die Lukas schreibt, es verstehen konnten. Lukas sieht Jesus als den göttlichen Wanderer, der vom Himmel herabgekommen ist und den Menschen zeigt, daß auch sie einen göttlichen Kern haben. Er schildert Jesus als den Gerechten, auf den die Griechen seit Platon gewartet haben. Platon fragt in einem Symposion, was denn wohl geschehen würde, wenn ein Mensch ganz vollkommen sein würde. Und er gibt die Antwort, daß wir ihn ausstoßen und töten würden. Jesus ist dieser Vollkommene.

Die Erlösung sieht bei Lukas so aus, daß Jesus uns einen Weg zeigt, wie wir in dieser Welt sinnvoll leben können. Und er schildert diesen Weg als einen Weg der Freude. Jesus wird hier verstanden als Paidagogos, als Erzieher, der uns auf den rechten Weg führt. Die Not, auf die das Erlösungsmodell des Lukas antwortet, ist die Undurchschaubarkeit und Absurdität des Lebens. Jesus hat uns den Sinn des Lebens aufgezeigt durch die Art, wie er mit Menschen umgegangen ist und wie er seinen Weg gegangen ist aus dem Himmel in die Fremde dieser Welt und wieder zurück in die himmlische Heimat. Jesus ist uns den Weg gelungener Menschwerdung vorausgegangen und lädt auch uns ein, diesen Weg der Milde und Liebe, der Menschlichkeit und Güte, der Toleranz und Zärtlichkeit zu gehen.

Bei Johannes wird Erlösung verstanden als Vergöttlichung des Menschen. Gottes Sohn ist Mensch geworden, damit wir

Gottes Söhne und Töchter werden. *»Ich bin in meinem Vater, ihr seid in mir, und ich bin in euch ... Wenn jemand mich liebt, wird er an meinem Wort festhalten; mein Vater wird ihn lieben, und wir werden zu ihm kommen und bei ihm wohnen.«* (Joh 14, 20)

Jesus schenkt uns das göttliche Leben, das der Mensch aus eigener Kraft nicht erlangen kann. Vergöttlichung bedeutet bei Johannes, daß Gott uns mit seiner unendlichen Liebe erfüllt und wir teilhaben an Gott. Wir werden wie Jesus den Weg der Passion gehen müssen. Aber mitten in unserer Passion werden wir mit Jesus sagen: *»Mein Königtum ist nicht von dieser Welt.«* (Joh 18, 36)

Wieder etwas anderes hebt der Apostel Paulus heraus: Er interpretiert den Begriff Erlösung durch den Gedanken der »Rechtfertigung aus Glauben«: Wir denken vielleicht, daß wir unsere Daseinsberechtigung durch besondere Leistungen beweisen müssen und daß wir das Angenommen-werden und Geliebt-werden von Gott durch besondere Taten erkaufen müssen im Sinne von: Wer nichts vorzuweisen hat, ist arm dran. Aber Erlösung bei Paulus bedeutet, daß uns Gott so nimmt, wie wir sind, ohne Bedingungen zu stellen.

Was hätten wir ihm gegenüber auch vorzuweisen, außer der Erfahrung, daß wir nichts sind und er alles ist? Dieses Alles erfüllt und durchflutet uns voraussetzungslos. Darauf kommt es an.[18]

Wahrheit und Toleranz

»Gibt es überhaupt Wahrheit?« Wenn man so fragt, weiß man schon, daß es Wahrheit gibt. Denn man erwartet darauf eine Antwort bzw. räumt grundsätzlich die Möglichkeit einer Antwort ein, ansonsten wäre die Frage sinnlos. Diese Antwort aber kann nur wahr oder falsch sein. Die Existenz von Wahrheit und Falschheit wird also grundsätzlich vorausgesetzt, völlig unabhängig davon, ob es ein verläßliches Kriterium zur Unterscheidung von Wahrheit und Falschheit gibt. Wenn man aber weiß, daß es Wahrheit gibt, braucht man die obige Frage nicht zu stellen. Die Frage wird aber gestellt. Sie ist eminent wichtig im

Hinblick auf alle intellektuelle Tätigkeiten des Menschen. Denn nicht nur Philosophie, Wissenschaft und Religion setzen die Existenz von Wahrheit voraus, sondern auch die alltäglichste Kommunikation. Die Voraussetzungen unseres Lebens müssen aber hinterfragbar sein.

Wenn man daher mit Recht die Frage stellt »Gibt es überhaupt Wahrheit?«, behauptet man zweierlei: Ich weiß, daß es sie gibt, und ich weiß nicht, ob es sie gibt. Diese beiden Behauptungen können nicht gleichzeitig und in derselben Hinsicht gelten. Der Widerspruch muß also der Frage selbst schon innewohnen.[19]

Es ist dies der gordische Knoten der Wahrheitsfrage.

Jedes philosophische Denken macht früher oder später die Erfahrung, daß die menschliche Vernunft in sich widersprüchlich ist und an irgendeinem gordischen Knoten scheitert. Vernunft schwebt immer über dem Abgrund. Denken ist in seinem Innersten bodenlos. Und trotzdem können wir nicht darauf verzichten, wollen wir verhindern, daß die Menschenwelt kollabiert.

Der Existenzphilosoph Kierkegaard hat darauf bestanden, daß die Wahrheit immer eine persönliche ist. Jeder Mensch findet seine ganz persönliche Wahrheit. Wo er aus tiefster Leidenschaft lebt und leidet, da ist seine persönliche Wahrheit. Das ist der Sinn seines Lebens. *»Es gilt, die Idee zu finden, für die ich leben und sterben will. Und was nützt es mir dazu, wenn ich eine sogenannte objektive Wahrheit auffände; wenn ich mich durch die Systeme der Philosophie arbeitete ... eine Totalität kombinieren, eine Welt konstruieren könnte, in der ich dann nicht lebte, sondern sie bloß für andere zur Schau hielte ... ?«*[20] Bei Nicolai Hartmann heißt es stellvertretend für viele moderne Philosophen: *»Absolute Wahrheit kann nur persönlich sein.«*[21]

Ein schönes Beispiel für diese Erkenntnis können die Lebenswege von Bertrand Russell und Alfred North Whitehead abgeben. Beide haben als junge Wissenschaftler das bedeutendste mathematische Werk dieses Jahrhunderts, die »Principia mathematica« geschrieben. Während ihrer Zusammenarbeit waren sie auf gleicher intellektueller Wellenlänge. Im späteren Leben wurde Russell engagierter Atheist, während Whitehead zum bedeutendsten christlichen Philosophen in Amerika aufstieg. Bei gleicher wissenschaftlicher Ausgangslage waren jedoch die grundlegenden Ausfassungen über die Welt von ihrer Person abhängig.

Dieser modernen Auffassung von Wahrheit kommt das Wort von Jesus Christus entgegen: *»Ich bin der Weg, die Wahrheit und das Leben.«* Durch den persönlichen Bezug zu Gott gelingt es, das Meer der Fragen hinter sich zu lassen und in einem Hafen vor Anker zu gehen.

Aber das ist nur die eine Hälfte der Medaille. Das Persönliche kann als Aneignungsmodus verstanden werden: Er beschreibt die Art und Weise, wie eine Wahrheit angeeignet wird. Legt man die Betonung nicht auf »persönlich«, sondern auf »Wahrheit«, dann ist die Frage nach dem Inhalt gestellt, also nach dem, was da angeeignet wird. Und das kann nur wieder etwas Allgemeines sein, das nicht nur für mich gilt, sondern für alle Menschen, und dem unabhängig von mir die Qualität der Wahrheit zukommt.

Wir sehen also, daß bei aller berechtigten Betonung des persönlichen Aspektes des Wahrheitsbegriffes seine allgemeine Dimension nicht unter den Tisch fallen darf. Sonst wäre der Patient in Zimmer 213 vielleicht doch im Recht, wenn er behauptet, der wiedergeborene Napoleon zu sein.

Das bedeutet: Für jeden ist die persönliche Begegnung mit dem persönlichen Gott die elementare Form des Zugangs zum Göttlichen. Deshalb ist Religion immer ein existentielles Widerfahrnis.

Aber Religion ist auch Theologie, was soviel bedeutet wie Rede von Gott. Wenn ich mir oder anderen Menschen klar machen will, was da in mir passiert ist, muß ich darüber nachdenken bzw. reden. Und damit wird die religiöse Erfahrung zu einer Aussage. Jede Aussage aber hat einen Inhalt, und jeder Inhalt ist hinterfragbar. Der Christ hat es also immer mit zwei Dimensionen der Religion zu tun: mit unmittelbarer Erfahrung und mit vermittelter Deutung. Was da vermittelt, ist die Vernunft im Rahmen des kulturellen Deutungssystems Religion. Die Vernunft scheitert aber vor der Größe Gottes, obwohl sie teilhat an der Dimension des Absoluten. Der Buddhismus

z. B. zieht daraus die Konsequenz, daß über die letzte Wirklichkeit nichts zu sagen ist.

Bei einem buddhistischen Meister hört sich das dann folgendermaßen an:

Chao-chou wurde von einem Mönch gefragt: »Was ist das letzte Wort über die Wahrheit?« Schlicht erwiderte der Meister: »Ja«, worauf der Schüler meinte, der Meister habe ihn nicht verstanden und die Frage wiederholte. Chao-chou aber tat, als sei er zornig und brüllte ihn an: »Hältst du mich denn für taub?«[22]

Wenn sich die Wahrheit der rationalen Klärung entzieht, kommt es darauf an, dem Suchenden alle Hoffnung auf eine rationale Antwort zu nehmen.

Buddha lehrte: *»Denke also immer daran, Malunkyaputta, was ich nicht erklärt habe und was ich erklärt habe. Und was, o Malunkyaputta, habe ich nicht erklärt? Ich habe nicht erklärt, daß die Welt ewig sei; ich habe nicht erklärt, daß die Welt nicht ewig sei; ich habe nicht erklärt, daß Leib und Seele identisch seien; ich habe nicht erklärt, daß Leib und Seele nicht identisch seien; ich habe nicht erklärt, daß der Heilige nach dem Tode fortlebt; ich habe nicht erklärt, daß der Heilige nach dem Tode nicht fortlebt ... Und warum habe ich es nicht erklärt? Weil es keinen Zweck hat, noch mit den Grundlagen der Religion zu tun hat, noch zur Ruhe, zur höchsten Weisheit und zum Nirwana führt; deshalb habe ich es nicht erklärt.«*[23]

Die Wahrheit des Buddhismus ist das Schweigen über das Göttliche. Dieser Gedanke gehört aber auch zum theologischen Erbe des Christentums. Am Ende seines Lebens warf Thomas von Aquin, der berühmteste Theologe des Hochmittelalters, seine Bücher in die Ecke und behauptete, er habe nichts als leeres Stroh gedroschen. Cusanus, Dionysius Areopagita und Meister Eckart haben gelehrt, daß wir über Gott eigentlich nicht reden, sondern nur schweigen können.

Nun gibt es aber 2 Arten von Schweigen. Es gibt das Schweigen des Ausgangs. Wenn wir von der mentalen Gymnastik der Philosophie ausgehen, erwartet uns dieses Schweigen. Es ist das Schweigen des Wartens auf Godot. Wenn wir aber bei Gott angekommen sind, fällt die Begegnung mit Gott wie eine reife Frucht in die aufgehaltene Hand, und sie wird dankbar schweigend entgegengenommen. Dies ist das Schweigen der Ankunft. Dieses Schweigen ist das Ziel der, wie es in den Schriften der Mönchsväter oft heißt, »irdischen Pilgerschaft«.

Der Unterschied zwischen Christentum und Buddhismus ist der, daß das buddhistische Denken den gordischen Knoten der Wahrheitsfrage gleichsam mit einem Schwerthieb lösen möchte. Der christliche Einwand lautet: »Gott ist jenseits aller Aussagbarkeit und Erkennbarkeit? Aber wenn ich dies erkenne, habe ich doch etwas über Gott erkannt! Wenn ich nur irgendeine Aussage über Gottes Unerkennbarkeit mache, muß ich doch wissen, wovon ich rede und was das Wort Gott für eine Bedeutung hat. Also muß ich doch irgend etwas von ihm erkannt haben. Ich kann zumindest sagen, daß Gott das Umgreifende ist und daß seine Realität unsere Realität unvorstellbar übersteigt.« Dies ist zwar nur eine formale Aussage, aber der gänzliche Verzicht, über Gott eine Aussage zu machen, ist dem logischen Sachverhalt nicht angemessen. Gott bleibt jedoch inhaltlich ein Geheimnis, das unsere Vernunft nicht ergründen kann.

Die christlichen Dogmen sind der Versuch, die Erfahrungen im Umgang mit dem Geheimnis Gottes zu kodifizieren. In ihnen wurden über Jahrhunderte hinweg Erfahrungen mit Gott in Form von Lehrsätzen festgehalten. Dahinter steht zunächst einmal der Gedanke, daß der Mensch nicht wie ein religiöser Robinson leben kann. Wenn Religion gemeinschaftsstiftend sein soll, muß sie allgemeine Inhalte haben, auch wenn diese logisch gesehen am Rande des überhaupt Aussagbaren stehen. Dogmen sind Zaunpfähle, ins Terrain des Unaussprechlichen geschlagen, um einer Gemeinschaft einen überschaubaren Raum zur Kommunikation abzustecken. Dogmen sind dem Schweigen abgerungen. Sie unternehmen den paradoxen Versuch, das zu sagen, was nicht gesagt werden kann, aber gesagt werden will.

Aber nicht nur das Göttliche ist unaussagbar. Auch das Individuelle, das laut Definition ja nur einmal in der Welt vorkommt, ist mit Worten oder Gedanken nicht zu begreifen. Denn Worte sind immer sprachlicher Art. Und die Sprache besteht aus Allgemeinbegriffen. Streng genommen kann jeder Mensch nur über das in eine Kommunikation eintreten, was an ihm nicht individuell ist. Im Alltag reden wir deshalb stets über Themen, zu denen jeder einen Zugang hat.

Zum Innersten eines Menschen, zu seinem einmaligen und einzigartigen Zentrum seiner Seele, hat ein anderer Mensch – ausgenommen vielleicht der Fall geglückter Liebe – keinen Zutritt. Nicht etwa, weil er ihm aus Scham verwehrt würde, sondern weil das Individuelle nicht in Allgemeinbegriffe einzupacken ist. Es würde sofort verfälscht, weil verallgemeinert. Das heißt nicht, daß über die individuellsten seelischen Vorgänge nicht doch zu sprechen versucht würde. Die Psychologie lebt davon, daß sie das Innenleben des Menschen untersucht und die Ergebnisse verallgemeinert. Aber jede psychologische Erkenntnis ist nur näherungsweise auf ein Individuum anwendbar. Denn da, wo der Mensch ganz er selbst ist, ist er mit Begriffen, die aus der Untersuchung anderer Menschen stammen, nicht exakt beschreibbar. Im Letzten ist jeder Mensch einsam. Was es inhaltlich bedeutet, dieses spezielle Ich zu sein, bleibt dem Mitmenschen immer verschlossen.

Als Gott den Menschen schuf – aus der Sicht des Individuums gesprochen: als er mich schuf –, hat er mit mir etwas im Sinn gehabt. Er hat gewollt, ich solle zu etwas werden, das nicht nur für mich, sondern auch für die Welt etwas Einmaliges und Unersetzbares bedeuten würde und an dem er selbst seine Freude haben könne. Die Bibel nennt es das Gott-Ebenbild. Das gibt es so viel mal, als es Menschen gibt; denn der Mensch ist Bild Gottes nicht im Allgemeinen, sondern hier und jetzt in seiner eigenen, unwiederholbaren Weise.

Religiöse Erfahrung ist die persönlichste und individuellste Erfahrung, die es gibt. Sie ist streng genommen unaussprechbar. Wie aber können Menschen über diese religiösen Erfahrungen reden? Und wie kann ein Mensch sich an den Erfahrungen anderer Menschen orientieren?

Die Bibel ist ein Buch, in dem die ersten Christen ihre Gotteserfahrungen in Form von Bildern, Mythen und Gleichnissen weitergaben. Bilder sagen mehr als Worte, weil sie nämlich oft den Gegensatz von individuell und allgemein zu überbrücken vermögen. Kunst beginnt da, wo die Sprache aufhört. Man kann sagen: Die Pädagogik der Religion bedient sich der Kunst der Bilder, um Menschen von ihrer Robinson-Insel in die Gemeinschaft der Glaubenden heimzuholen. Und dies ist auch die Pädagogik Gottes.

Damit diese Erfahrungen und die sie repräsentierenden und evozierenden Bilder eine über die Jahrtausende reichende Gemeinschaft stiften können, werden sie in Dogmen formuliert. Ein Dogma ist eine Aussage über die Wirklichkeit, die jenseits dessen liegt, was sprachlich erreichbar ist. Es ist nur eine Annäherung und eine Hilfe, denn es beinhaltet die Feststellung: *»Dieser spezielle Punkt der Lehre wurde gründlich geprüft und dann genau festgelegt. Deshalb wollen wir unsere Energie nicht weiter darauf verschwenden.«*[24]

Da aber jedes Dogma in der Sprache einer bestimmten Zeit abgefaßt wurde, kann es trotzdem von Zeit zu Zeit notwendig werden, es dem modernen Denken und Sprechen anzupassen. In der neueren katholischen Theologie spricht man deshalb von Dogmen als Modellen, die ähnlich den naturwissenschaftlichen Modellen der Wirklichkeit immer neu abgerungen werden. Dabei kann es auch passieren, daß alte Modelle überflüssig werden. So spielen, wie Hans Küng gezeigt hat[25], heute die Dogmen von Hölle und Teufel kaum mehr eine Rolle.

In den christlichen Kirchen wird der Umgang mit den Dogmen sehr verschieden praktiziert. In der katholischen Kirche etwa wird ihre gemeinschaftsstiftende Funktion unterstrichen. So schreibt der konservative Theologe Hubert Hack: *»Bei einer als letztgültig und unfehlbar verkündeten Lehrentscheidung ist es keinem Gläubigen, auch keinem Theologen, gestattet, einer eigenen entgegengesetzten Meinung zu folgen, ja nicht einmal eine entgegengesetzte Meinung zu haben. Denn die Tatsache, daß Papst oder Bischofskollegium für ihre Lehraussage die echte Glaubenszustimmung der Gläubigen verlangen, zeigt an, daß hier eine objektive und unfehlbar richtige Lehre vorgetragen wurde, so daß jede entgegengesetzte Meinung objektiv irrig ist.«*[26]

Hier wird die religiöse Wahrheit analog zu einer objektiven Tatsachenwahrheit verstanden. Die Gemeinschaft der Kirche soll durch ihre Einheitlichkeit in dogmatischen Fragen gestärkt werden.

Der Saarbrückener Dogmatiker Gotthold Hasenhüttl versucht Raum zu schaffen für eine kritische Auseinandersetzung mit der Tradition: *»Ein philosophisch erarbeiteter Erfahrungsbegriff könnte m. E. tatsächlich aufweisen, daß jedes Dogma, jeder Glaubenssatz, ja jedes Bekenntnis nichts anderes sein kann als Ausdruck menschlicher Erfahrung.«*[27]

Hasenhüttls Position schlägt eine Brücke zum protestantischen Verständnis religiöser Lehrsätze. Die reformatorische Tradition geht vom Gewissen des einzelnen als letzte Instanz in der Anerkennung von Dogmen aus, ganz unabhängig davon, welchen logischen Charakter ihnen zuerkannt werden kann. Das ermöglicht zwar die evangelische Freiheit, beinhaltet aber auch die Gefahr, daß von jeder Kanzel eine andere Theologie gepredigt wird.

Die orthodoxe Kirche geht einen Mittelweg. Sie verneint die Möglichkeit eines unfehlbaren Lehramtes. Würdenträger, Gelehrte und Konzilien sind berufen, über Lehrfragen Vorschläge zu machen, aber die Entscheidung einer Ablehnung oder Zustimmung geschieht durch den Vorgang der Rezeption, durch den ein formulierter Satz in der gesamten Kirche an Leben gewinnt. Ohne diese Rezeption bleiben Lehrentscheidungen tot.

Das Dogmenverständnis ist Dreh-und Angelpunkt eines positiven Dialoges mit anderen Religionen in einer zusammenwachsenden Welt. Wer religiöse Wahrheiten wie Sachwahrheiten versteht, ist zu einem toleranten Umgang mit Andersgläubigen nur schwer zu motivieren. Wahrheit und Unwahrheit sind dann klar verteilt. Toleranz bedeutet dann vielleicht noch soviel wie Geltenlassen nach dem Motto: »Ich will nichts von dir, wenn du nichts von mir willst.«

Dem Christentum wurde teilweise mit Recht vorgeworfen, daß es im Laufe seiner Geschichte sehr intolerante Züge aufgewiesen habe. Im Alten Testament gibt es Stellen, die einer intoleranten Religionsausübung Vorschub leisten.

Was aber oft vergessen wird: Es gibt dort in gleicher Weise auch sehr toleranzorientierte Anweisungen. Gipfelpunkt einer solchen Haltung im Alten Testament ist Tritojesaja, der das

Heil nicht nur allen Völkern zuspricht, sondern Heiden sogar die Möglichkeit einräumt, Priester zu werden.[28] Und sicher nicht folgenlos bleibt es, wenn modernes Christentum sich im Umgang mit Andersgläubigen am Hohen Lied der Liebe (1 Kor 13) orientiert, wie es von Paulus formuliert wurde: »*Die Liebe ist langmütig und freundlich, die Liebe eifert nicht, die Liebe treibt nicht Mutwillen, sie bläht sich nicht auf, sie sucht nicht das Ihre, sie läßt sich nicht erbittern, sie rechnet das Böse nicht zu, sie freut sich nicht der Ungerechtigkeit, sie freut sich aber der Wahrheit; sie verträgt alles, sie glaubt alles, sie hofft alles, sie duldet alles ... Nun aber bleiben Glaube, Hoffnung, Liebe, diese drei; aber die Liebe ist die größte unter ihnen.*«

Das heißt unter anderem: Die Liebe steht höher als der Glaube. Die Liebe läßt Raum auch für einen anderen Glauben. Weiter: Die Aussage, daß die Liebe alles glaubt, ist eine so positive Bewertung alles Fremden und Abweichenden, daß eine christliche Theologie der Toleranz hier anknüpfen muß.

Es ist der Apostel Paulus selbst, der sagt, daß der Christ seinen Glauben nur in irdenen Gefäßen trägt (2 Kor 4,7), daß dieser also gefährdet ist und bleibt. Aus heutiger Sicht würden wir fortfahren: Nicht weil er vielleicht falsch ist (was gar nicht sein kann, wenn ihm eine profunde Erfahrung zugrundeliegt), sondern weil er das Göttliche immer nur unvollständig und unangemessen erfassen kann.

Andere Religionen können durchaus einen genuinen Zugang zum Göttlichen haben. Deshalb kann das Christentum im Dialog mit ihnen andere oder neue Aspekte Gottes entdekken. Man denke nur an den riesigen Erfahrungsschatz, den der Buddhismus zum Thema Meditation zur Verfügung stellen kann.

Dialog darf allerdings nicht zur Auslöschung, Verwischung oder Verwässerung der eigenen Erfahrungen führen. Bei aller Öffnung gegenüber anderen religiösen Traditionen bleibt eines der unverfügbare Kern der christlichen Botschaft: die Liebe Gottes, wie sie sich in Jesus Christus, der unüberbietbaren Manifestation Gottes, offenbart hat.

Sören Kierkegaard hat sich einmal in seinem Tagebuch die Frage gestellt, warum er eigentlich Christ geworden sei. Die

Antwort: »*Weil mein Vater es mich so gelehrt hat.*«[29] Wäre er in einer anderen Kultur zur Welt gekommen, hätte er wahrscheinlich ein anderes Gottesbild gehabt. Ihm wäre es dann zustatten gekommen, wenn ihm seine Religion die Begegnung mit der christlichen Gotteserfahrung erlaubt hätte. Er hätte sich dann fragen müssen, ob die christliche Religion eine Bereicherung seiner Gotteserfahrung sein könne. Ähnlich müssen wir uns heute fragen, ob andere Religionen nicht auch zu einer Bereicherung unserer Gotteserfahrung beitragen können. Voraussetzung ist natürlich, daß die Religionen kompatibel sind. Kompatibilität ist aber nicht gleichbedeutend mit Austauschbarkeit. Für den Fall, daß sie nicht kompatibel sind, muß dann freilich die Frage nach Wahrheit und Irrtum gestellt werden dürfen. Eine religiöse Wahrheit kann vielleicht mit anderen religiösen Wahrheiten zusammengehen, niemals aber mit Irrtum oder Unwahrheit.

Carl Friedrich von Weizsäcker hat in einem Beitrag zum Parlament der Weltreligionen in Chicago 1993 einen interessanten Aspekt ausgeführt: »*Was begegnet uns auf jener höchsten Stufe der Erfahrung? Die Christen sagen: hier begegnet dir das ganz Andere, nämlich Gott. Die Buddhisten sagen: hier begegnet dir dein wahres Selbst. Aber wo die Erfahrung in den Texten andeutend beschrieben war, konnte der Leser schwerlich einen aussagbaren Unterschied wahrnehmen. Und die christlich-traditionelle Formel ›Unio Mystica‹ deutet diese Ununterscheidung an.*«[30]

Weizsäcker hat an einer anderen Stelle ausgeführt, die Religion sei genausowenig vollendet wie die Philosophie oder die Wissenschaft.[31] Vielleicht ist es hilfreich, sich auf diese Gedanken einzulassen. Dann kann der Christ, ohne den eigenen Glauben in Frage stellen zu müssen, die Neugierde wachhalten, ob Gott noch viele weitere Spuren seines Waltens in der Welt hinterlassen hat. Im Dialog mit anderen Religionen können hierfür vielleicht zusätzliche Antennen wachsen.

Solange die Religionen unvollendet sind, können Christen nach dem Grundsatz handeln: »Gott ist die Liebe, also lebe diese Liebe. Durch sie bezeugst du die unverbrüchliche Wahrheit deiner Erfahrung Gottes, und durch sie gibst du diese Erfahrung weiter.«

Wenn die Christen diese Liebe praktizieren, wird ihre Botschaft von der Welt aufgesogen wie frisches Wasser von einem trockenen Schwamm. Wenn sie sich weiter in kleinbürgerlicher Moral und unverbindlichen sonntäglichen Kulturveranstaltungen üben, werden sich die religiösen Erfahrungen einen anderen Raum suchen.

Der Religionswissenschaftler Mircea Eliade suchte nach den Gründen, warum die Christen den Sieg über die alten Religionen der Antike errungen hatten. Seine Antwort: »*Zunächst der unerschütterliche Glaube und die moralische Kraft der Christen, ihr Mut vor der Folter und dem Tod, der selbst von ihren größten Gegnern ... bewundert wurde. Andererseits war die Solidarität der Christen beispiellos; die Gemeinde sorgte für die Witwen, Waisen und Greise und kaufte Gefangene von Piraten frei. Bei Epidemien und Belagerungen von Städten waren die Christen die einzigen, die Verwundete versorgten und Tote begruben. Für alle Entwurzelten des Reiches, für die Opfer kultureller und sozialer Entfremdung war die Kirche die einzige Hoffnung, Identität zu erlangen und einen Sinn für die Existenz zu finden oder wiederzufinden. Da keine Schranken sozialer, rassischer oder intellektueller Art existierten, konnte jedermann Mitglied dieser optimistischen, paradoxen Gemeinschaft werden, wo ein mächtiger Bürger, Kammerherr des Kaisers, sich vor einem Bischof, seinem ehemaligen Sklaven, niederwarf. Sehr wahrscheinlich hat keine Gesellschaft in der Geschichte, weder vorher noch nachher, eine gleich große Egalität, Caritas und Bruderliebe gekannt, wie sie in den christlichen Gemeinden der vier ersten Jahrhunderte gelebt wurde.*«[32]

Keine Frage, Lebenspraxis dieses Kalibers führt rascher als jedes theoretische Argumentieren zur Erkenntnis: Leben ohne Religion ist ein Mißverständnis.

Achter Dialog

Sokrates: Was passiert, lieber Aurelius, wenn ich diese Leine hier löse?

Aurelius: Dann kommt das Großsegel herunter, unser Boot verliert seine Stabilität, und wir kentern, lieber Sokrates.

Sokrates: Schöne Aussichten.

Aurelius: Habe ich versäumt, bei der Einladung darauf hinzuweisen, daß das Segeln auf dem Meer eines der letzten großen Abenteuer ist, die noch möglich sind?

Sokrates: Hätte ich mir ja denken können. Schließlich kann man das Boot im Falle von Schwierigkeiten nicht einfach abstellen und zu Fuß weitergehen. Obwohl du das ja vielleicht sogar kannst. Ich kann es nicht.

Aurelius: Vielleicht doch. Jedes Lebewesen ist ein noch unwahrscheinlicheres Wunder als das Laufen auf dem Wasser, denn es ist der Sieg eines höchst unwahrscheinlichen Konstruktionsprinzips über die tote Materie. Nichts hat eine unabdingbare Ursache, so daß es selbstverständlich da sein müßte oder aus Notwendigkeit existierte.

Sokrates: Richtig. Wenn es dieses Boot nicht gäbe, käme ich niemals darauf, daß es existieren müßte.

Aurelius: Spricht man so mit seinem Kapitän?

Sokrates: Was macht man eigentlich, wenn man seekrank wird? Ich bin nicht sicher, ob Poseidon in diesen Gewässern eine Niederlassung hat.

Aurelius: Man schaut auf den Horizont, und man fühlt sich wieder wohl. Wie auch sonst im Leben, wenn alles drunter und drüber geht: Man findet seinen Seelenfrieden erst in dem, was jenseits aller Bewegung ruhig und fest und unverrückbar steht.

Sokrates: Also in Gott.

Aurelius: Es ist wie vor einem Konzert. Erst quietschen alle Instrumente durcheinander. Wenn aber der Dirigent kommt, wird aus dem Chaos Harmonie.

Sokrates: Meine asiatischen Freunde haben da eine andere Methode. Sie verkriechen sich ins Ich und lassen die Welt um sich herum verblassen.

Aurelius: Nach christlicher Anschauung ist der Mensch keine Insel. Er ist eher ein Segelboot, das vom Wasser getragen und von den Kräften des Himmels geschoben wird. Also ist es klug, auf die Zeichen des Himmels zu achten.

Sokrates: Das mag bei Windstärke fünf ausreichen. Bei Windstärke zwölf sehe ich da einige Schwierigkeiten voraus. Es soll Matrosen gegeben haben, die über Bord gegangen sind.

Aurelius: Zehn Meter unter der Wasseroberfläche spürst du nichts mehr von Sturm und Wellen.

Sokrates: Capitano, ist das eine christliche Art, eine seekranke Landratte mit Scherzen zu trösten?

Aurelius: Ich meine das ganz ernst. Angstfrei leben, ist das nicht ein schönes Ziel? Und wie erreichst du das? Indem du den Tod nicht fürchtest. Vertrauen wir auf Gott. Nehmen wir alles aus seiner Hand. Und wenn wir die Welt verlassen, wird sich für uns noch eine andere Seinsweise in dieser unendlichen Wirklichkeit finden lassen.

Sokrates: Auch wenn ich dir zustimme, so wäre doch die von mir bevorzugte Seinsweise jetzt ein Platz im Hafenlokal mit Blick auf das weite Meer. Außerdem hatte ich vor, in meinem Leben noch einige Dinge zu erledigen. Ich schulde dem Asklepios zumindest noch eine Einladung zum Hähnchenessen.

Aurelius: Dann ändern wir unseren Kurs und segeln in den nächsten Hafen. Klar zur Wende?

Sokrates: Ist klar.

Aurelius: Ree!

Sokrates: Als Anhänger einer Religion, die aus der Wüste kommt, hast du das Leben auf dem Wasser gut im Griff.

Aurelius: Vielleicht ist das die beste Umgebung, um den Gottesgedanken zu verstehen.

Sokrates: Die Größe, die Weite, die Leere … Überall Spuren Gottes.

Aurelius: Wenn man Gott so versteht, besteht dann nicht die Gefahr, ihn sich vorzustellen wie einen riesigen Superman? Dem Skeptiker müßte man zeigen, wo er die Spuren Gottes finden kann. Und wird Gott dann nicht auf eine Ebene mit dem Schneemenschen im Himalaya gestellt? Auch da soll es ja Spuren geben, man bekommt ihn aber nie zu Gesicht.

Sokrates: Hast du ein besseres Bild?

Aurelius: In der Bibel heißt es: Gott ist alles in allem. Nimm ein Computerspiel. Die Graphik zeichnet dir eine realistische Wirklichkeit. Und doch ist alles von Gnaden des Computers und seiner Chips.

Sokrates: Du meinst, Gott ist der Programmierer.

Aurelius: Und der Computer. Und die Chips. Und der Spieler.

Sokrates: Wo bleiben wir in diesem Spiel?

Aurelius: Auch wir sind ein Produkt seiner Programmierkunst. Wir sind als Mitspieler die kleinen Männchen auf dem Monitor. Im Unterschied zur Welt um uns herum hat er uns die Freiheit verliehen, ihm als Co-Programmierer kleinere Entscheidungen abzunehmen.

Sokrates: Und was ist, wenn ich den Stecker des Computers aus der Steckdose ziehe?

Aurelius: Jetzt bist du aus dem Bild herausgestiegen. Solange du im Computerspiel deine Existenz hast, kannst du nicht von dort aus die Energiezufuhr verändern.

Sokrates: Vielleicht ist Gott selbst Energie. Dann könnte ich ihn mit einer Steckdose gar nicht ärgern.

Aurelius: In der Schule haben wir gelernt, daß Materie nur ein bestimmter Zustand von Energie ist. Vielleicht ist Energie ein bestimmter Zustand von Gott.

Sokrates: Wenn wir unsere Energie weiter so wenig auf den Kurs verwenden, werden wir den Hafen wohl nie erreichen.

Aurelius: So ergeht es einem, wenn man sich auf Philosophie einläßt, lieber Sokrates. Thales von Milet soll sogar in einen Brunnen gefallen sein.

Sokrates: Und Empedokles in den Krater des Vesuv. Ich fühle mich dem Göttlichen lieber in einem Zypressenhain nahe. Übrigens: Kann man zu dieser unendlichen göttlichen Energie auch beten, oder ist sie taub für unsere Bitten?

Aurelius: Gott ist das Ganze, von dem unsere Welt ein Teil ist. Das

Ganze ist immer mehr als seine Teile. Folglich kann es mit Begriffen aus unserer Welt nur indirekt beschrieben werden.

Sokrates: Und trotzdem beten wir. Wir setzen also voraus, daß er ein Ohr für uns hat.

Aurelius: Die Antwort kann doch nur so lauten: In dieser Welt gibt es Geist und Bewußtsein. Die letzte Ursache für alles, was in der Welt vorkommt, ist das Ganze.

Sokrates: Einverstanden.

Aurelius: In einer Wirkung kann nicht mehr enthalten sein, als in der Ursache vorgegeben ist.

Sokrates: Einverstanden.

Aurelius: Also muß die letzte Ursache für Geist und Bewußtsein diese mitenthalten.

Sokrates: Man kann also sagen: Gott hat teil an Geist und Bewußtsein. Wenn er nicht daran teilhätte, könnte er nicht das Ganze sein.

Aurelius: Also können wir zu ihm beten.

Sokrates: Das werden wir bitter nötig haben, wenn diese kurze Kordel in deiner Hand beim Anlegen ausreichen soll.

Aurelius: Ich gehe davon aus, daß deine Hände schon 100 Meter vor dem Ufer den Steg zu fassen kriegen. Was brauchen wir da noch einen Festmacher?

Sokrates: Wenn du das so lustig findest, kann ich dich ja zum Abschluß noch fragen, warum du so viel Wasser unten in den Kabinen hin und herschwappen läßt?

Aurelius: Wie bitte? Übernimm mal das Ruder! Ich sehe nach. Um Himmels willen. Wir haben vergessen, die Ventile zu schließen.

Sokrates: Du hast vergessen ...

Aurelius: Ran an die Bilgepumpe! Hilf mit zu pumpen! Oder willst du, daß wir untergehen?

Sokrates: Ich weiß nicht, irgendwie gefällt mir die Aussicht von hier einfach nicht so gut wie die aus dem Restaurantfenster. Sag mal, Capitano, das Adventure-Game, in das wir beide geraten sind, ist ja ganz unterhaltsam. Aber gibt es dabei auch eine Escape-Taste?

Die Gottesformel

Ist Gott ein »höheres Wesen«? / Gott als das Umgreifende / Der dreieinige Gott / Zusammenfassung

Ist Gott ein »höheres Wesen«?

Existiert Gott? Für viele moderne Menschen ist die Gottesfrage in der untersten Schublade abgelegt. Der Faktor Gott spielt in ihrem Lebenskonzept keine Rolle. Der Alltag hat seine eigene Plage, warum soll man sich zusätzlichen Streß suchen? An die Stelle metaphysischen Fragens ist das Aufgehen in der Gewöhnlichkeit des Alltags, das Hantieren mit Trivialitäten und Platitüden getreten. Viele Zeitgenossen geben auf die Frage nach der Existenz Gottes keine negative Antwort mehr, sie verstehen die Frage erst gar nicht.

Existiert nun also Gott, oder existiert er nicht?

Wer sich diese Frage genauer anschaut, wird bemerken, daß sie sich eigentlich selbst beantwortet.

Was für ein Gottesverständnis wird dieser Frage zugrundegelegt? Gott wird wie ein »höheres Wesen« oder Ding gesehen, das sich von anderen Wesen oder Dingen dadurch unterscheidet, daß er nicht sinnlich greifbar ist, weil er als eine Art Superding über der Welt steht. Dieses Superding wird dann noch mit dem Begriff des Schöpfers versehen, so daß behauptet wird, daß alle Dinge von ihm erschaffen sind. Man überträgt gewissermaßen die Bewandtnis des Handwerkers, die jedem Menschen geläufig ist, auf diesen Gott mit dem Unterschied, daß der menschliche Handwerker sein Material aus dem Supermarkt holt, während der göttliche Handwerker über weiterreichende Fähigkeiten verfügt und sich sein Material selbst machen kann. Dinge existieren, oder sie existieren nicht. Ein »höheres Wesen« ist so gesehen nicht anders zu betrachten als ein Ding, denn es existiert oder existiert nicht. Wer so nach Gott fragt, stellt ihn auf eine Ebene mit Einhörnern oder dem Mann im Mond.

Wie ist also besser nach Gott zu fragen? Ich möchte die Leser/innen im folgenden mit einigen Modellen bekannt machen, die alle nur eines wollen: sich dem Geheimnis der Seinsweise Gottes zu nähern.

Alle Dinge sind bedingt, sie sind nicht aus sich selbst. Damit ist nicht nur die Frage nach der Ursache gemeint, der sich jedes Ding verdankt, sondern noch etwas viel Grundsätzlicheres. Wenn ich für das Wort Ding das Wort Objekt einsetze, komme ich der Problematik näher. Denn die Entsprechung zum Objekt ist das Subjekt. Objekte gibt es für uns nur, wenn es ein Subjekt gibt, das ihnen gegenübersteht und sie wahrnimmt.

Wenn ein Dachziegel von meinem Dach auf mein Auto fällt, macht er dann ein Geräusch? Wenn ich im Hause bin, mit Sicherheit. Was aber, wenn ich nicht zu Hause bin? Ich könnte meinen Nachbarn fragen. Und wenn der nicht zu Hause war? Ein Geräusch existiert nur, wenn es von jemand wahrgenommen wird. Wer behauptet, daß Geräusche auch unabhängig von ihrer Wahrnehmung entstehen, könnte jetzt irgendeinen technischen Trick einsetzen. Ein Videogerät zum Beispiel könnte den Vorgang aufnehmen. Damit ist das Problem aber nicht gelöst. Denn dann müßte das Videogerät vor einem wahrnehmenden Subjekt abgespielt werden. Der Beweis wäre wieder von Wahrnehmung abhängig, also wären wir keinen Schritt weiter gekommen.

Immanuel Kant hat diese Frage, wir haben oben schon darüber gesprochen, zum Gegenstand seiner »Kritik der reinen Vernunft« gemacht. Die bedeutsame Folgerung, die Kant daraus zieht, ist: Die Wirklichkeit zeigt sich dem Menschen nicht so, wie sie an sich selbst ist, sondern nur so, wie sie ihm aufgrund der besonderen Art seines Erkenntnisvermögens erscheint. Da jedes Ding nur in der Beziehung (Relation) zu einem Subjekt auftritt, das dieses Ding mit seinen Augen wahrnimmt, und zwar so wahrnimmt, wie es die Erkenntnisfähigkeiten des Subjekts eben zulassen, kann man keine Aussage darüber machen, wie das Ding unabhängig von dieser Relation zu einem Subjekt ist. Diesen Zustand jenseits der Subjekt-Objekt-Relation nennt Kant das Ding-an-sich, und er formuliert in der ihm eigenen Sprache: »*Was der Erscheinung an sich zugrundeliegt, das Ding an sich, ist von seiner Erscheinung total verschieden.*«[1]

Es gilt also der Grundsatz: Ein Objekt setzt ein Subjekt voraus. Damit man sinnvollerweise von einem Objekt reden kann, muß ein Subjekt da sein, für das es Objekt ist. Umgekehrt gilt der Satz natürlich auch: Ein Subjekt bedingt ein Objekt. Damit man sinnvollerweise von einem Subjekt reden kann, muß ein Objekt da sein, dem gegenüber es Subjekt ist. Das Subjekt ist am Zustandekommen des Objekts mitbeteiligt und umgekehrt.

Wenn man Gott zu einem Objekt macht, ihn also zum Ding macht, hat man schon behauptet, daß seine Existenz von einem Subjekt mitverursacht ist. Damit ist jedoch der Sinn des Begriffes Gott ins Gegenteil verkehrt worden.

Es zeigt sich, daß die Frage, ob es Gott gibt oder ob er existiert, den Frager auf eine falsche Fährte lockt. Oder wie es der Theologe Paul Tillich sagt: »*Ein Gott, den es gibt, gibt es nicht.*«[2]

Trotzdem ist in der Vergangenheit dieses Gottesmodell eines wie ein Superobjekt existierenden Schöpfergottes in der christlichen Verkündigung erfolgreich eingesetzt worden, weil es dem menschlichen Fragen mit einer Antwort entgegenkommt, die der alltäglichen Erfahrungswelt entnommen ist.

Dieses Gottesmodell wird als das theistische bezeichnet. An die Stelle der antiken Götter, die über der Menschenwelt auf dem Olymp thronen, ist jener Gott getreten, der über dem gesamten Weltall thront.

Man kann davon ausgehen, daß die meisten Menschen, die sich als Atheisten bezeichnen, in Wirklichkeit nur Anti-Theisten sind. Aber mit der Ablehnung eines aus pädagogischen Absichten gewählten Gottesmodells ist das Problem, auf das die Gottesfrage hinweist, natürlich in keiner Weise erledigt. Denn immer dann, wenn grundsätzliche Fragen zur menschlichen Existenz und zur Welt gestellt werden, stehen diese Fragen im Horizont des Metaphysischen. Kein Ding kann isoliert betrachtet werden. Alles steht mit allem in Zusammenhang. So weist jede konkrete Frage, wenn sie ins Grundsätzliche weitergedacht wird, über sich hinaus auf das Ganze, von dem unsere Welt ein Teil ist.

Die Frage nach Gott kann sich überall stellen. *»Hebe den Stein auf, und du wirst mich finden«*, wird in einem der bestbekannten Aussprüche (Logia) Jesu[3] behauptet, *»spalte das Holz, und ich bin da«*. Für viele Menschen stellt sich die Frage nach Gott aber erst in Grenzsituationen. Zum Beispiel in der Erfahrung von Glück und Leid, Geburt und Tod, Sehnsucht und Erfüllung, Alter und Abschied.

Wenn der Mensch älter wird, wird der Ruf Gottes lauter. Nicht nur werden Vergänglichkeit und Vergeblichkeit des Lebens deutlicher, es zeigt sich auch, daß die Jagd nach Glück und Befriedigung dazu führte, daß die Mitte der Person außerhalb von ihr gesucht wurde. Es ist wie bei einer Zugfahrt durch eine schöne Landschaft: Die Bilder jagen vorbei, man versucht möglichst viel davon in sich aufzunehmen. Am Ende der Fahrt aber muß man entdecken, daß man in sich leer geblieben ist. Die Bilder sind verrauscht und irreal, nur die Erinnerung bleibt. Aber was ist in mir real und bleibt mir unmittelbar? Der Mensch spürt, daß er seine Mitte in sich selbst finden muß und nicht in vorbeirauschenden Bildern.

Was erfahre ich, wenn ich in mich steige und die Mitte in mir suche? Die wichtigste Erfahrung ist, daß ich bin. Alle Dinge, die mir als Objekte gegenüberstehen, bleiben mir letztlich fremd. Ich erlebe sie immer nur von ihrer Außenseite. Wenn sie sind, dann immer nur in Bezug auf mich. Ich kann mir keine Vorstellung davon machen, wie ihr Sein zu definieren wäre, wenn sie nicht in Bezug auf mich wären. Ich selbst bin das einzige »Ding«, das ich von innen wahrnehmen kann. Wenn ich mich auf meine Existenz besinne, weiß ich, auch wenn ich es nicht in Worte zu fassen vermag, was es heißt, zu sein. Dieses Sein ist mir unbegreiflich, aber ich nehme es dankbar entgegen. Und ich bin mir seiner absolut sicher. Ich kann an allem in der Welt zweifeln, aber nicht daran, daß ich bin.

Diese unbedingte Seinsgewißheit ist für mich wie ein Fenster ins Absolute, denn hier habe ich in meinem Innersten Zugang zu einer Dimension, die nicht aus vorbeifliegenden Bildern und ungewissen Antworten besteht. Ich erfahre in meinem bedingten Leben, in dem alles so relativ ist, etwas absolut Sicheres. Ich erfahre eine Grenzsituation, in der ich am Absoluten teilhabe.

Es gibt viele mögliche Erfahrungen von Grenzsituationen. Es müssen nicht immer Erfahrungen des Mangels oder einer Grenze sein, an der man sich seine Nase plattdrückt. Es können auch Erfahrungen des Glücks und der Erfüllung zu solchen Grenzsituationen werden. Der Begriff der Grenze beinhaltet, daß es jenseits der Grenze weitergeht. Was ist das, was »hinter« dieser Grenze steht?

Nicht nur im Existentiellen stoßen wir auf Grenzen. Auch in der Wissenschaft. Wie konnte zum Beispiel aus Zufall Leben entstehen? Die Wahrscheinlichkeit dieses Zufalls ist – nach einem bekannten Bild – vergleichbar einem Tornado, der über einen Schrottplatz fegte, die Schrotteile in die Luft wirbelte und am Ende eine Boeing 707 zurückließ. Nach allem, was wir wissen, ist das Leben aus dieser Unwahrscheinlichkeit entstanden. Ohne jetzt diskutieren zu wollen, ob der Begriff des Zufalls überhaupt einen Sinn hat, muß man doch sagen, daß hier ein Vorgang abgelaufen ist, der uns an die Grenze unserer Erkenntnisfähigkeit führt.

In der Philosophie stoßen wir ständig auf Grenzen. Wir erkennen, daß wir viele Fragen prinzipiell nicht beantworten können. Mehr noch: Die meisten Antworten sind in sich paradox, beißen sich an irgendeiner Stelle logisch in den Schwanz. Daraus ableiten zu wollen, daß eben alles relativ sei und der Mensch keinen Zugang zur Wahrheit habe, ist populär, aber falsch. Denn der Satz »Es gibt keine Wahrheit« will doch selbst eine Wahrheit sein und landet damit im Selbstwiderspruch. Wer nämlich etwas behauptet, ist davon überzeugt, daß seine Behauptung zutrifft, ist also der Meinung, daß jeder Mensch die Sache so beurteilen muß. Er setzt also voraus, daß es unbedingt geltende Aussagen, also unbedingte Wahrheiten gibt. Anders ausgedrückt. Wer etwas behauptet, setzt voraus, auch wenn seine Einzelaussage irrtümlich sein sollte, daß Wahrheit und Irrtum sich gegenseitig ausschließen, daß also zwischen ihnen ein nicht relativierbarer Unterschied besteht. Würden »ja« und »nein« sich nicht gegenseitig ausschließen, könnten sie letzten Endes dasselbe bedeuten, und jeder Unsinn wäre erlaubt. Wir erfahren also etwas Unbedingtes und Absolutes in unserem Denken, das als Forderung nach Wahrheit anwesend ist, das sich aber inhaltlich nicht füllen läßt. Will man das Absolute mit Inhalt füllen, ist das Ergebnis, wie die Philosophiegeschichte gezeigt hat, widerlegbar und hat also sein Ziel verfehlt. Wir erfahren das Denken als relativ, erfahren aber auch, daß es am Absoluten teilhat: Es kann den Gegensatz zwischen wahren und falschen Aussagen niemals aufheben.

Halten wir fest: Auf der einen Seite stoßen wir bei der Frage nach Gott an Grenzen, die unserem Denken und unserem Dasein gesetzt sind. Die wichtigste intellektuelle Grenze besteht darin, daß wir die Subjekt-Objekt-Spaltung nicht übersteigen können und damit im Bereich des Relativen, auf unser menschliches Subjektsein Bezogenen, verbleiben müssen. Auf der anderen Seite erfahren wir Absolutes in bestimmten Lebenssituationen, aber vor allem, wenn wir unserer Existenz auf den Grund gehen oder uns vor die Wahrheitsforderung gestellt sehen. Gerade diese Wahrheitsforderung haben bedeutende Denker als Teilhabe am Absoluten gewertet, die wie ein Leuchtturm in der Mitte unseres Denkens steht, damit unsere Aussagen nicht auf das Riff der Sinnlosigkeit auflaufen.

Um nur einige zu nennen: Für Augustinus war das Absolute als logische Forderung Teil seiner Gottesbeweises.[4] Descartes spricht davon, daß es ohne Gott nicht legitim ist, das Prädikat »wahr« zu benutzen.[5] Bei dem Logiker Trendelenburg lesen wir in seinen »Logischen Untersuchungen«: *»Alles Denken wäre ein Spiel des Zufalls oder eine Kühnheit der Verzweiflung, wenn nicht Gott, die Wahrheit, dem Denken und den Dingen als gemeinsamer Ursprung und als gemeinsames Band zugrunde läge.«*[6] Der ehemalige Marxist Leszek Kolakowski schreibt: *»Ich gebe aber zu, daß das Prädikat ›wahr‹ keinen Sinn hat, wenn es nicht auf die allumfassende Wahrheit bezogen wird, die gleichbedeutend ist mit einem absoluten Geist.«*[7] Ob Gott als absoluter Geist bezeichnet werden muß, sei dahingestellt. Er ist mit Sicherheit *auch* Geist, aber nicht *nur* Geist.

Auf alle Fälle findet sich der Mensch in einer Grenzsituation wieder, wenn er über das Denken nachdenkt. Was ist das, was »hinter« dieser Grenze steht?

In den angeführten Beispielen macht der Mensch eine Erfahrung, die über die Grenze hinausweist und zu einem Fenster wird in einen Bereich des Absoluten. Dieses Absolute ist für uns jedoch nicht erhellbar, es wird erfahren als die Nacht unserer Erkenntnis, als das Ufer des Unergründlichen, an dem unser kleines Schiffchen der Erkenntnis strandet.

Daher spricht der Theologe Ernst Jüngel in Übereinstimmung mit der Tradition von Gott als dem Geheimnis der Welt.[8] Dieses Geheimnis darf nicht in einen Topf geworfen werden mit einem Rätsel, denn Rätsel sind prinzipiell lösbar, auch wenn wir zu einer bestimmten Zeit noch nicht die Lösung kennen. Die hier angesprochene Grenze unserer Erkenntnis ist prinzipiell und darf nicht mit den Grenzen unseres wissenschaftlichen Wissens verwechselt werden, die sich im Laufe unseres Erkenntnisfortschrittes verschieben.

Wird Gott als Geheimnis und als die Grenze unserer Erkenntnis definiert, hat diese Definition etwas Vorläufiges an sich: Gott wird vom Menschen her definiert. Gott als Geheimnis der Welt ist eine Chiffre, die aus der Analyse der erkenntnistheoretischen Situation des Menschen gewonnen wird. Sie weist auf prinzipielle Grenzen unserer Erkenntnisfähigkeit hin, an die überall gestoßen wird, wo über das vordergründig Gewisse hinaus weitergefragt wird.

Wenn wir diese Überlegungen zusammenfassen und in eine Formel bringen (die Leser/innen mögen nicht erschrekken), dann sehen sie folgendermaßen aus:

S ⇆ O ↘
G (GW)
A (F, T) ↗

S = Subjekt in der Erkenntnisrelation
O = Objekt in der Erkenntnisrelation

A (F, T) = Absolutes in Form der Forderung (Wahrheitsfrage) und der Teilhabe (existentielle Seinsgewißheit)
G (GW) = Gott als das Geheimnis der Welt

Das besagt:
1. Die Erkenntnisrelation zwischen Subjekt und Objekt relativiert die Dinge der uns umgebenden Welt zu Erscheinungen eines in ihnen erscheinenden unerkennbaren Dinges-an-sich. Die Wahrheit eines Dinges kennen wir nur in seiner Beziehung zum Subjekt, die Wahrheit eines Dinges-an-sich ist unserer Erkenntnis entzogen.
2. Daraus kann nicht der Schluß gezogen werden, es gebe keine Wahrheit, weil alles relativ sei. Jede Aussage steht unter der paradoxen Forderung, die Relativität zu überwinden und sie bestmöglich in Richtung absoluter Wahrheit zu formulieren. Die absolute Wahrheit ist das Ziel jeder Aussage und ist als Forderung schon jetzt anwesend.
3. Eine andere Form der Teilhabe am Absoluten ist die Gewißheit zu sein, die das Ich durch Rückbesinnung auf seine unmittelbare Existenz erschließt.
4. Gott als Geheimnis ist die Klammer, die diese Aussagen zusammenhält. Dieses Geheimnis offenbart sich an der Grenze zum Ding-an-sich; ferner im Denken als Scheitern vor der absoluten Wahrheit sowie in der über allem Denken stehenden Forderung, nach absoluter Wahrheit zu suchen. Letztendlich erschließt sich das Geheimnis Gottes als Sein, das ich bin, das ich nicht verstehe, das ich aber dankbar entgegennehme.

Gott als das Umgreifende

Gibt es einen Weg, Gott von Gott her zu definieren? Wer Gott erkennen will, wird scheitern, denn Gott läßt sich nicht ins Denken zwängen. Aber Gott definieren bedeutet ja etwas anders.

Ich greife nach der blauen Vase auf dem Schrank. Ich schaue sie mir an, bewundere ihre Farbe, spüre ihre Festigkeit und rieche noch einen Rest von Fliederduft. Ich mache mir Gedanken darüber, daß ihre blaue Farbe dadurch besteht, daß sie alle anderen Farben absorbiert und nur die Farbe blau weitergibt. Ich bezeichne die Vase also nach dem, was sie weitergibt, und nicht nach dem, was sie für sich behält. So gesehen, könnte sie ein Vorbild sein für eine moralische Lebensführung. Ich stelle mir weiter vor, wie sie in einer Glasbläserei entstanden sein könnte, und ich stelle Vermutungen an, wie ihre chemische Formel wohl lauten würde. Ich kann also vom unmittelbaren sinnlichen Eindruck ausgehend, sehr viel über die Vase aussagen. Worüber ich nichts aussagen kann, sind ihre wahren Eigenschaften, die unabhängig davon existieren, daß ich sie zum Objekt meiner Betrachtung mache. Im Sinne Kants gesprochen, bleibt die Vase als Ding-an-sich für mich prinzipiell unerkennbar.

Wir haben gesagt, daß das Ding-an-sich eine Grenze markiert, hinter der das Unergründliche steht. Das Unergründliche oder das Geheimnis der Welt ist ein Synonym für Gott. Doch es stellt sich ein Problem:

Was ist mit dem Wissen, das ich über die Vase definitiv weiß? Was ist also mit dem, was sich vor dieser Grenze befindet? Ist dies ein Seinsbereich, der losgelöst von Gott ist?

Das würde uns zu der absurden Folgerung führen, daß es Teile der Wirklichkeit gibt, die Gott gegenüberstehen. Das ist aber völlig unmöglich, denn außer Gott gibt es nichts, Gott ist ein anderes Wort für das Sein. Außerhalb des Seins kann schlechterdings nichts sein. Gäbe es etwas, was nicht Gott wäre, dann müßte es genauso absolut sein wie Gott. Das Absolute kann aber nur ein Einziges sein. Um dieses Problem zu lösen, müssen wir, von der vorläufigen Definition Gottes als das Geheimnis der Welt ausgehend, weiterfragen.

Was ist die Wirklichkeit als Ganzes?

Um diese Frage zu beantworten, bietet Karl Jaspers, wie wir oben schon gesehen haben, die »philosophische Grundoperation« an: Das Ganze der Wirklichkeit kann weder Subjekt noch Objekt sein, denn es spaltet sich erst in der menschlichen Erkenntnisrelation in diese beiden Pole auf. Die Wirklichkeit muß größer sein als das, was als Subjekt oder Objekt erscheint.

Wäre die Wirklichkeit mit dem Objektbegriff zu beschreiben, dann bliebe dabei unberücksichtigt, daß Objekte nur sind, wo mindestens ein Subjekt ist. Wollte man die Wirklichkeit mit dem Subjektbegriff beschreiben, dann bliebe unberücksichtigt, daß Subjekte nicht ohne Objekte sind.

Kann die Wirklichkeit also nicht auf Subjekt oder Objekt reduziert werden, dann muß sie als etwas begriffen werden, das Subjekt und Objekt umgreift. Jaspers nennt es das Umgreifende. Das Umgreifende ist der Ursprung, aus dem alles Sein in der Welt herausgetreten ist. Es ist das, was im Erscheinenden erscheint. Es ist unergründlich und doch anwesend in jedem Ding. Alle Dinge und alles, was in unserer Welt existiert, sind Darstellungen des Umgreifenden, ohne daß das Umgreifende darin zu fassen wäre.

Jaspers: *»Wir nennen das Sein, das weder nur Subjekt, noch nur Objekt ist, das vielmehr in der Subjekt-Objekt-Spaltung auf beiden Seiten ist, das Umgreifende. Obgleich dieses nicht adäquat Gegenstand werden kann, sprechen wir von ihm her und auf es hin im Philosophieren.«*[9]

In allem, was innerhalb der Subjekt-Objekt-Spaltung existiert, materialisiert oder spiritualisiert sich das Umgreifende, es nimmt darin Gestalt an. Die Wirklichkeit-an-sich bzw. die Wirklichkeit als Ganze ist eine ursprüngliche Einheit, die sich in die Subjekt-Objekt-Spaltung öffnet und verströmt und die innerhalb der Polarität von Subjekt und Objekt die Welt und die Vielheit der Dinge entstehen läßt. Aus dem Einen wird das Viele, zu dem auch der Mensch gehört. Jaspers: *»Ich kann mit Hilfe dieser Gedanken mich vergewissern, daß die Welt nicht alles, nicht Sein an sich, nicht das schlechthin Letzte ist.«*[10]

So wie der Baum in den Bereich des Sichtbaren wächst, seinen Ursprung und seine Kraft aber aus den Wurzeln nimmt, die unsichtbar sind, so entfaltet sich die gesamte Welt in Raum und Zeit aus dem Ursprung des Umgreifenden, das unergründlich ist. Dieses Gottesmodell kann im Gegensatz zum theistischen Modell panentheistisch genannt werden. Der Panentheismus (nicht zu verwechseln mit Pantheismus) geht als »All-in-Gott-Lehre« davon aus, daß alles Seiende göttlich ist, ohne selbst Gott zu sein. Alles Seiende partizipiert an Gott, aber

Gott ist mehr als das Seiende, er ist mehr als die Welt und alle Materie. Gott ist das Ganze, von dem die Welt ein Teil ist. Der Theismus dagegen betont stärker die Andersartigkeit Gottes im Verhältnis zur Welt. Gott steht über der Welt und erhält sie von außen. Er ist der Schöpfer der Welt, ohne in sie einzugehen. Er verhält sich zur Welt wie der Künstler zum Kunstwerk, er bleibt ihr äußerlich. Das panentheistische Modell jedoch geht davon aus, daß der Künstler im Kunstwerk anwesend ist und es gleichzeitig prinzipiell übersteigt. Die scheinbar unüberwindbare Kluft zwischen Gott und der Welt ist überwunden, Profanes wird zum Sakralen und umgekehrt.

Das Umgreifende ist alles in allem. Im ersten Korintherbrief des Paulus heißt es entsprechend: Gott ist »alles in allem« (1 Kor 15,28). Es gibt nichts außer ihm. Wo sollte es herkommen? Das Umgreifende ist die Gesamtheit allen Seins. Alles, was ist, ist eine Manifestation des Umgreifenden. Gott ist das Umgreifende. In der Bibel wird Gott auch als der durch nichts Begrenzte (Kg 8,27), der mit nichts Vergleichbare (Ps 139,7–12) und der stets Gegenwärtige (Ex 3,13) bezeichnet.

Denken wir die Welt von Gott her, so ist jede Erscheinungsform in der Welt – auch die des Geheimnisses der Welt, das ja auch als Grenze des Denkens zur Welt gehört – eine Erscheinungsform Gottes, sie hat teil an Gott und Gott hat teil an ihr.

Alles, was existiert, ist ein Beispiel für die Macht des Seins bzw. Gottes, denn durch seine Existenz ist das Nichts überwunden. Alles, was existiert, könnte genauso nicht existieren. Es ist das Wunder aller Wunder, daß etwas ist und nicht vielmehr nichts ist. Und an diesem Wunder hat alles, was existiert, teil. Daher sagen Christen auch: »Die Welt ist die Offenbarung Gottes. Sie ist der Leib Gottes oder die Ikone Gottes.« Die Welt existiert, aber Gott »existiert« strenggenommen nicht. Er ist der Urgrund, der Existenz erst ermöglicht. Er ist, in der Sprache Kants, die Bedingung der Möglichkeit von Existenz. Die Bedingung der Möglichkeit von Existenz kann aber selbst nicht Existenz sein. Gott ist kein Objekt, kein Seiendes, das irgendwo existiert, sondern er ist das umgreifende Ganze, von dem unsere Welt ein Teil ist. Er ist das Sein. Fassen wir den erkenntnisleitenden Gedanken wieder in einer Formel zusammen:

G (GW) ⟶ FWG ⟶ G (U)

G (GW) = Gott als Geheimnis der Welt
FWG = Frage nach der Wirklichkeit als Ganze
G (U) = Gott als Umgreifendes

Das besagt:

Gott als »Geheimnis der Welt« ist eine Definition Gottes, die sich der erkenntnistheoretischen Analyse der Subjekt-Objekt-Spaltung verdankt. Wird darüber hinaus nach der Wirklichkeit als Ganze gefragt, muß Gott als das die Subjekt-Objekt-Spaltung Umgreifende verstanden werden.

Hier könnte die Überlegung eigentlich enden, wenn es da nicht noch einen gewichtigen Einwand gäbe: Das Umgreifende wurde mit der Wurzel eines Baumes verglichen. Baum und Wurzel bilden eine Einheit. Von einem Baum kann man ein Blatt nehmen und zerbröseln. Man kann also einen Teil des Baumes kaputtmachen. Man kann sogar den ganzen Baum ausgraben und vernichten. Aus der Perspektive des Menschen ist eine Vase eine Vase und sonst nichts. Sie ist ein Teil der materiellen Welt. Was geschieht, wenn ich die blaue Vase fallen lasse und sie zerspringt? Ist dann ein Teil Gottes zersprungen? Vielleicht Gott selbst? Aber Gott kann man nicht vernichten, auch nicht einen Teil von ihm. Aus der Perspektive des Menschen gibt es Angst, Verzweiflung, Leid und Tod, es gibt die Suche nach dem Absoluten, die Hoffnung auf Gott. Aus der Perspektive des Menschen ist also die Welt gerade nichts Absolutes, sie ist eher ein Jammertal. Ein Widerspruch?

Wir stoßen hier auf eine paradoxe Dialektik. Gott ist das Ganze, von dem unsere Welt ein Teil ist. Auf der einen Seite wird die Welt zu einem göttlichen Vorgang, durch den und in dem sich Gott materialisiert. Auf der anderen Seite ist Gott in aller Materie der Verborgene und Unbekannte, ohne dessen Eindeutigkeit die Welt vieldeutig und fragwürdig ist. Die Welt ist göttlich, und sie ist es nicht. Sie ist Manifestation Gottes und ist doch fragwürdig. Wie ist dieser Widerspruch aufzulösen?

Die christliche Theologie hat diese Paradoxie im Rahmen des theistischen Gottesmodells mit dem Symbol der Schöpfung aus dem Nichts beantwortet. Die Welt ist nicht aus irgendeinem vorgegebenen Stoff gemacht. Sie ist, weil aus dem Nichts nichts zu erschaffen ist, aus Gott und aus seinem freien Entschluß gemacht bzw. erschaffen. Gott behält in dieser Vorstellung seine Distanz zur Welt. Gott bringt das, was von sich selbst her nicht ist, aus sich hervor ohne irgendeine Voraussetzung. Die Worte »machen« oder »erschaffen« legen die Assoziation eines Handwerkergottes nahe. Das ist aber eine unzureichende Vorstellung der Beziehung zwischen Gott und der Welt. Denn alle Worte, die einen Vorgang in der Welt bezeichnen, lassen sich nur bedingt auf Gott übertragen.

Der theistische Schöpfungsbegriff will die oben gezeigte Paradoxie nicht auflösen, sondern mit ihr Frieden schließen. Er versucht, die Jenseitigkeit, die Transzendenz Gottes zu wahren. Schöpfer und Schöpfung sind verschieden. Die Schöpfung ist von Gott geschaffen, ist aber erlösungsbedürftig. Sie kann als Ort der Gottesferne und des Negativen erfahren werden, denn sie ist bloß ein Produkt Gottes, das von Gott zu unterscheiden ist. Das theistische Schöpfungsmodell ist als Versuch zu werten, die Perspektive Gottes und die Perspektive des Menschen so auseinander zu halten, daß die Jenseitigkeit Gottes unangetastet bleibt. Die Theologie hat dieses theistische Modell immer wieder in verschiedenen Formulierungen beschrieben. Dabei fällt auf, daß sehr oft die Grenze zum panentheistischen Modell überschritten werden.

Der Jesuit und Philosoph Bela Weissmahr schreibt: *»Die Identität des Geschöpfes bedeutet, daß das Geschöpf auf die ihm eigene, nämlich geschöpfliche Weise Gott ist; d. h. es hat so am göttlichen Sein teil, daß dadurch das, was ihm, obwohl nur in begrenztem Maß, zukommt, wirklich das Sein als solches (also etwas Göttliches) ist.«*[11] Und der protestantische Dogmatiker Pöhlmann: *»Gott ist nicht über der Welt und dann gelegentlich auch noch in ihr, sondern wesenhaft in ihr, wenn auch so in ihr, daß er in sie eingeht und nicht in ihr aufgeht, daß er eben in ihr ihr gegenüber bleibt.«*[12]

So wie Berge, Pflanzen, Tiere und Menschen in einer Landschaft sind, die Landschaft aber nicht anfaßbar ist, sondern die einzelnen Objekte umgreift und das Medium ist, in dem sich alles vorfindet, so ist Gott das Medium, in dem sich die Dinge unserer Welt und wir selbst uns vorfinden.

Es zeigt sich, daß der theistische Schöpfungsgedanke ein Versuch ist, die sich gegenseitig ausschließenden Aspekte des Seins aus Gottes Hand und der Erfahrungen der Fragwürdigkeit allen Seins in einem Modell zu vereinen.

Der Vorteil dieses Modells ist, daß auf diese Art und Weise die christliche Botschaft vom liebenden Gott einfacher zu transportieren ist. Das Elend in der Welt, soweit es nicht von Menschen verschuldet ist, kann dann nicht seinen Ursprung in Gott haben. Gott läßt es höchstens zu. Oder es wird einer ihm opponierenden Macht, dem Teufel, zugeschrieben, was allerdings das Problem nur verschiebt, denn Satan ist ein gefallener Engel, und die Engelwelt ist ebenfalls eine Schöpfung Gottes.

Der wichtigste Einwand gegen die Zweckmäßigkeit des theistischen Schöpfungsmodells heute ist die Tatsache, daß damit dem naturwissenschaftlich denkenden Menschen eine Hürde aufgebaut wird. Je mehr die Wissenschaft die Vorgänge in der Welt aus sich selbst erklären kann, desto hinfälliger wird das theistische Modell. Würde die christliche Religion an diesem Modell einseitig festhalten, liefe sie Gefahr, ihre eigentliche Botschaft von der Liebe Gottes nicht mehr zeitgemäß formulieren zu können. Es ist auch nicht notwendig, den Schöpfungsgedanken auf ein bestimmtes Weltentstehungsmodell festzunageln, wie es heutzutage unter Berufung auf die Schöpfungsgeschichte in der Bibel und die wissenschaftliche Theorie des Urknalls hier und dort geschieht. Es ist sinnvoller, die Schöpfungsgeschichte als liturgischen Text zu verstehen, der dem einzigen Zwecke dient, Gott für seine Welt zu loben und zu danken. Die Urknalltheorie ist nur eine von vielen naturwissenschaftlichen Theorien, und an der Nachfolgetheorie, daß die Welt doch schon immer bestanden hat, wird eifrig gebastelt.[13]

Das panentheistische Gottesmodell verzichtet hingegen auf die theistische Schöpfungsvorstellung, obwohl diese in manchen Formulierungen Verwandtschaft aufzeigt. Es greift auf die Metapher der Quelle oder der Sonne zurück, um das Verhältnis von Gott und Welt zu beschreiben. So wie das Wasser oder das Licht sich in den Raum ergießen, so ergießt sich Gott als das ewige Sein in die Endlichkeit des Universums. Das Umgreifende öffnet sich, spaltet sich auf in Subjekt und Objekt, und heraus fließt die Vielheit der Welt. Dieses Emanationsmodell (lat. emanare = herausfließen) wurde in der Vergangenheit u.a. von christlichen Denkern wie Johannes Eriugena, Thomas von Aquin[14], Nikolaus Cusanus und Leibniz benutzt, um Gott nicht losgelöst von der Welt denken zu müssen.

Panentheismus und Emanationsmodell gehören also zusammen. Beide haben jedoch ein spezielles Problem zu lösen: In der Welt ist viel Elend, viel Leid, viel Negativität. Auch dies ist dann Manifestation Gottes in der Welt. Gott ist dann aber nicht mehr nur »der liebe Gott«, wie wir ihn seit unserer Kindheit kennen. Gott ist dann auch der Ursprung von Negativem in der Welt. Der Bibel ist dieses Bild Gottes nicht fremd. Hiob kann in seinem Unglück ein Lied davon singen. Er tröstet sich mit dem Gedanken, daß nicht nur das Gute, sondern auch das Negative aus Gottes liebender Hand stammt. Ist der gute Gott auch ein böser Gott? Um diese Frage zu beantworten, muß die Auslegung Gottes als dreieiniger Gott, als Vater, Sohn und Heiliger Geist, herangezogen werden.

Hiob jedenfalls hätte auch ohne die Klärung dieser Frage mit Gregor von Nazianz singen können:

Jenseits von allem! Wie anders dürfte ich Dich preisen?
Wie soll Dich rühmen ein Wort? Denn Du bist jedem Wort unfaßbar.
Unbenannt Du allein: denn Du schufst jede Benennung.
Alles, was reden und nicht reden kann, preist Dich.
Alles, was einsehen und nicht einsehen kann, ehrt Dich.
Denn das gemeinsame Verlangen aller
richtet sich auf Dich. Zu Dir fleht alles. Einsehend Dein Zeichen
singt Dir alles eine schweigende Hymne.
In Dir Einem bleibt alles; zu Dir drängt alles zugleich.
Du bist das Ziel aller und das Eine und Alles und Niemand.
Allnamiger, wie Dich rufen, einzig Unbenannter?
Welche himmlische Einsicht durchdringt
die über den Wolken liegenden Schleier? Sei Du mir gnädig!
Jenseits von allem! Wie anders dürfte ich Dich preisen?

Der dreieinige Gott

Gott als Umgreifendes hat viele Eigenschaften. Wenn alle Eigenschaften, die es innerhalb von Raum und Zeit gibt, in Gott ihren Urgrund haben, dann muß er auch selbst an diesen Eigenschaften teilhaben. Und das nicht nur an den guten, sondern auch an den schlechten Eigenschaften in unserer Welt. Gott kann unendlich viele Eigenschaften haben. Die christliche Religion fragt nicht nach diesen Eigenschaften, da sie sowieso für unser Erkenntnisvermögen nicht auszuschöpfen sind. Aber die christliche Religion fragt nach den Eigenschaften Gottes *pro me*, das heißt nach den Eigenschaften, die Gott in der Begegnung *mit mir* hat und mir offenbart. Nur diese sind für den Menschen, der Gott begegnet, interessant, denn von ihnen hängt das gesamte gegenwärtige und zukünftige Dasein des Menschen ab. Gott kann *mysterium tremendum* und *mysterium fascinosum* sein: Er kann Schrecken verbreiten und Anziehung ausüben. Er kann z. B. im Alten Testament Kriegsherr sein, er kann aber auch zu einer Menschenseele sagen: Ich liebe dich (Jer. 31,3).

Gottes Verhältnis zum Menschen ist ausschlaggebend für dessen Leben bis in Ewigkeit. Deshalb stellt sich als nächstes die Frage: Gibt es einen Zugang zu diesen Eigenschaften Gottes? Wie kann ich herausfinden, ob sich Gott für mich überhaupt interessiert? In seinen Augen bin ich vielleicht ein Nichts, ein kurzes Räuspern in der Raum-Zeit. Oder soll ich der christlichen Botschaft vertrauen, die Gott als Liebe beschreibt, die sich im Leben und Sterben Jesu Christi offenbart hat? Gibt es eine Möglichkeit, diese Botschaft zu bestätigen?

Die Geschichte der Philosophie hat uns gelehrt, daß wir nicht mit Hilfe der Vernunft unseren eng begrenzten Daseinsraum verlassen können und über einen Bereich jenseits der Erfahrungswelt Aussagen machen können, so als sei dieses Jenseits eine Fortsetzung des Diesseits. Heißt das aber, daß wir auf eine Deutung oder Auslegung des Ganzen verzichten müssen?

Die Vernunft verläßt sich auf die Konstruktion von Begriffen. Wenn Deutung oder Auslegung nur so etwas wie begriffliche Ableitung neuer Begriffe aus vorhergehenden Begriffen bedeutete, dann wäre jeder Versuch, das Ganze zu deuten, vergeblich. Aber Auslegung des Ganzen ist keine begriffliche Leistung, die ein Mensch zu erbringen hat oder auch unterlassen kann. Auslegung des Ganzen ist längst schon Bestandteil des menschlichen Existierens, bevor die philosophischen und metaphysischen Fragen gestellt werden:

Allen Äußerungen des individuellen menschlichen Lebens geht eine Deutung der Welt voraus, eine vielleicht unreflektierte Hintergrundannahme über den Sinn des Lebens und über den Wert der Dinge, die erstrebenswert sind. Ohne ein Urvertrauen (zuweilen auch Urmißtrauen) in die Sinnhaftigkeit und die »Tragekraft« des Seins kann man weder leben noch handeln, wenn damit mehr gemeint ist als der Vollzug biologischer Vorgänge. Diese meist unausgesprochenen Letzturteile über die kosmische und menschliche Gesamtwirklichkeit gehen in unser tägliches Dasein mit ein und bestimmen wie ein unsichtbarer Kompaß unser Verhältnis zur Welt und zu uns selbst. Jeder Mensch lebt aus einer bestimmten Weltanschauung heraus. Diese ist nie ein Resultat rationaler Überlegungen.

Sie ist immer Ergebnis einer vorrationalen Deutung und Auslegung der in der Welt gemachten Erfahrungen. Sie ist niemals experimentell oder wissenschaftlich überprüfbar. Hubertus Mynarek schreibt: »*Wenn einer mehr oder weniger bewußt beziehungsweise – wie es im weit verbreiteten Phänomen heutigen Massenmenschentums der Fall sein dürfte – fast ganz unbewußt nach dem Satz lebt, das Leben sei keinen höheren Werten verpflichtet; oder es habe keinen Sinn; oder es gebe nichts absolut Sicheres; oder alles hänge vom Standpunkt ab, den man einnimmt; oder es lohne sich überhaupt nicht zu leben; oder der Tod sei das absolute Ende; oder man könne nichts wissen, was nach ihm sei – so wird mit jedem dieser Urteile jeweils das Dasein auf seine Totalität hin gedeutet. Wenn einer das Leben in vollen Zügen genießt, ohne sich – wie man ein wenig oberflächlich sagt – irgendwelche Gedanken zu machen, so hat doch praktisch auch er eine Daseinsdeutung vollzogen.*«[15]

Der Philosoph Leszek Kolakowski hat sich angesichts der Ohnmacht der Metaphysik die Frage gestellt, ob nicht doch ein

Zugang zum Absoluten möglich sei: »*Manches spricht dafür, daß verschiedene Aspekte der letzten Wirklichkeit sich am besten im religiösen Kultus und in der Kunst ausdrücken lassen – nicht in dem Sinne, als könne ein Maler das Absolute auf der Leinwand darstellen oder ein Priester es in theoretisch befriedigenden Begriffen erklären: es existiert vielmehr so, daß das Namenlose und nicht Darstellbare zumindest in intensiven religiösen und künstlerischen Akten in einer Weise angedeutet werden kann, daß die Andeutung ein Gefühl des Verstehens vermittelt, eine Art von momentaner Befriedigung, die in kognitiver Hinsicht gerechtfertigt ist und zugleich eine Gewißheit vermittelt, mit dem, was wirklicher als die Wirklichkeit des Alltagslebens ist, ›in Berührung‹ gekommen oder gar ›in‹ ihm zu sein.*«[16] Vor allem in der moralischen Entscheidung zwischen negativen, seinszerstörenden oder positiven, seinserhaltenden Handlungsmöglichkeiten spricht sich nach Kolakowski eine Deutung oder Auslegung des Ganzen aus, die jeder Mensch nur für sich in seiner allerpersönlichsten Begegnung mit dem Ganzen immer schon geleistet hat.[17]

Die christliche Deutung der Eigenschaften des Absoluten – immer in dem eingeschränkten Sinne des *pro me*, wie oben bereits gesagt: nicht der Gesamtheit aller absoluten Eigenschaften, sondern nur jener Eigenschaften, die für ein menschliches Existieren vor dem Absoluten wichtig sind – geht von der Frage aus, ob sich Gott überhaupt für den Menschen interessiert.

Die christliche Antwort auf diese Frage ist die Dreieinigkeit Gottes, auch Trinität genannt: Gott Vater, Gott Sohn und Gott Heiliger Geist. »Trinität« heißt natürlich nicht, daß aus dem einen Gott plötzlich drei Götter werden. Das wäre völliger Unsinn, denn im Absoluten gibt es keinen Plural und keine Vielheit, nichts, was man multiplizieren oder addieren könnte. »*Wer zu zählen beginnt, beginnt zu irren*«, sagt Augustinus.

Mit dem Begriff Sein oder Umgreifendes bezeichnen wir eine Größe, die völlig unabhängig von unserer Bezeichnung existiert. Mit dem Begriff Gott verhält es sich anders. Gott ist nur Gott für das Geschöpf und in Bezug zu ihm. Gott ist nicht Gott für sich selbst. Im Wesen des Gottesbegriffes ist die Idee der Anbetung inbegriffen. Im Alten Testament offenbart sich Gott immer als Gott derjenigen, denen er sich zu erkennen gibt. Er sagt niemals: »*Ich bin mein Gott*«, sondern immer: »*Ich bin euer Gott.*« Gott ist unser Gott. Ohne uns und außerhalb unserer Beziehung zu ihm wäre Gott nicht Gott.

So beschreibt auch der Begriff der Dreieinigkeit eine Art der Beziehung, die der Mensch zu Gott haben kann. Gott ist Vater, Sohn und Heiliger Geist. Anders ausgedrückt: Gott begegnet dem Menschen als Vater, als Sohn und als Heiliger Geist. Dieses trinitarische Symbol erschließt den Weg zur existentiellen Bewahrheitung der wichtigsten Glaubensaussagen.

Wie läßt sich dieser Weg beschreiten?

Augustinus hat in seinem berühmten Werk *Confessiones* darauf hingewiesen, daß auch die Wirklichkeit des Menschen als trinitarisch anzusehen ist. Wir sind, wir lieben und wir erkennen. Wir erfahren uns und die Welt aus der Perspektive der 1. Person (ich bin), aus der Perspektive der 2. Person (ich liebe ein Du) und aus der Perspektive der 3. Person (ich erkenne ein Er, Sie Es).

Man kann sagen, daß die Wirklichkeit für uns wie ein dreibeiniges Stativ ist. Ich finde mich als Ich in der Welt vor, ich begegne dem Du eines anderen Menschen, und das alles spielt sich innerhalb von Raum und Zeit, Strukturen und Dingen ab, die mit den Pronomen er, sie, es beschrieben werden. Unsere Welt baut sich aus Ich, Du und Dingen auf. Diese drei Kategorien sind wie eine Brille, die ich aufsetze, um etwas sehen zu können. Sobald ich die Brille trage, ohne die ich nichts sehe, erscheint mir die Wirklichkeit in dieser Dreieinigkeit. Es ist immer die gleiche eine Welt, aber ich habe einen dreifachen Bezug zu ihr.

Im Rahmen dieser drei Kategorien offenbaren sich mir Gottes Eigenschaften, die für meine Existenz in der Zeit und in der Ewigkeit wegweisend sind und auf die ich vertrauend und zuversichtlich mein Leben ausrichten kann. Im Rahmen dieser drei Kategorien macht der Christ Fundamentalerfahrungen über das innerste Wesen Gottes, die die Kraft besitzen, alle anderen Erfahrungen in der Welt zu deuten.

Wenn ich über meine Existenz nachdenke, dann erkenne ich, daß ich in ihr das Sicherste weiß, was ich überhaupt erkennen kann. Mir wird klar, daß ich genauso auch nicht sein könnte. Ich spüre, wie die ganze Evolution daraufhin gewirkt hat, daß ich auf die Welt kommen kann. Ich erfahre mein Dasein als gewirkt von einer von mir unabhängigen Macht, die mich will. Ich erfahre mein Dasein als Geschenk.

Ich liebe mein Dasein und bejahe mich darin. Betrachte ich mich als Naturwesen, von der Natur hervorgebracht, dann muß ich sagen: Die Natur liebt in mir und durch mich sich selbst. Sie bejaht in mir und durch mich die Tatsache meiner Existenz. Wenn die Natur diese Liebe in mir und durch mich empfindet, dann muß sie neben vielen Eigenschaften auch die Fähigkeit zur Liebe haben. Ich bin ihr dankbar für diese Liebe, denn durch sie bin ich und durch sie kann ich mich selbst bejahen und lieben.

Die Natur ist eine Manifestation Gottes. Wenn die Natur diese Eigenschaften hat, dann hat Gott auch an dieser Liebe teil. Wenn die Natur sich durch mich selbst liebt, dann liebt auch Gott durch mich sich selbst. Wenn also Gott sich selbst liebt, liebt er auch mich. Ich verdanke im Letzten dieser göttlichen Liebe mein Dasein. Bei Luther heißt es: *»Ich glaube, daß mich Gott erschaffen hat samt allen Kreaturen, mir ... Vernunft und alle Sinne gegeben hat und noch erhält ... und das alles aus lauter väterlicher, göttlicher Güte und Barmherzigkeit ohne all mein Verdienst und Würdigkeit.«*

Die Tatsache meiner Existenz lege ich – in der Erfahrung der Absolutheit und Positivität dieser Tatsache – aus als ein Fenster in die Positivität Gottes. Ich begreife Gott als Liebe, als den Urgrund, bildlich gesprochen als den Vater allen Seins, aller Positivität und aller Liebe. Wem das Symbol des Vaters zu patriarchalisch ist, kann selbstverständlich Gott als Mutter bezeichnen. Wichtig ist nur, daß damit aufgezeigt wird, daß mit Hilfe des Symbols Vater oder Mutter eine Fundamentalerfahrung Gottes festgehalten und weitergegeben wird. Die Wörter »Vater« oder »Mutter« können leicht mißverstanden werden, weil die Gefahr besteht, daß man die Erfahrungen mit den eigenen Eltern in diese Wörter projiziert. Sie sind aber Symbole für das Göttliche, aus dem heraus wir unser Leben in all seinen Dimensionen erhielten, und an dessen göttlicher Natur wir Anteil haben. (2 Petr 1,4) Das Wort »unser« im Vater-unser-Gebet zeugt von der Einheit aller Menschen aller Zeiten vor dem Göttlichen: In ihm haben alle Menschen denselben Vater, sie sind Geschwister.

Nun lieben wir aber nicht nur uns selbst, sondern wir lieben genauso andere Menschen und werden von ihnen geliebt. In der Beziehung zu einem Du findet der Mensch seine Erfüllung. Im geliebten Du verliere ich mich und finde mich wieder. Die Liebe eines anderen Menschen wird erfahren als die Befreiung aus dem Gefängnis des Ich, das mit Worten nicht zu überwinden ist. Die Liebe wird empfunden als ein Stück Erinnerung ans Paradies oder als Vorgeschmack auf die ewige Glückseligkeit.

Wenn ich einen Menschen liebe, dann drücke ich damit aus: Ich bin froh, daß es dich gibt. Ich gebe die Positivität, die ich in meiner Existenz erfahren habe, an das geliebte Du weiter. Deshalb ist jede Liebe ein Fenster ins Absolute. Jede große Liebe ist ohne ein Warum. Sie liebt einfach. Und sie gibt damit die Liebe weiter, die in der Tatsache unserer Existenz einbeschlossen ist.

Hegel hat in der Liebe eine Schlüsselstruktur gesehen, die die ganze Wirklichkeit durchzieht, nach deren Muster er das System seiner Dialektik aufgebaut hat: Ausgangspunkt ist ein Mensch, der sich bejaht. Seine Persönlichkeit ruht in sich selbst. In der Liebe zu einem anderen Menschen tritt er aus sich heraus, vergißt sich und gibt sich auf in der totalen Hingabe. Bliebe es dabei, endete die Liebe in Hörigkeit und nähme einen tragischen Ausgang. Aber jetzt passiert etwas Entscheidendes. In der Hingabe an den geliebten Menschen, in der Aufgabe der eigenen Persönlichkeit findet der Liebende zu sich selbst. Er erfährt sich selbst ganz neu. Er bejaht sich selbst auf einer bereicherten Stufe. So sind Liebe zu sich selbst und Liebe zu einem Menschen Formen der Selbstbejahung des Seins.

Betrachten wir den Menschen als Naturwesen, dann liebt in der menschlichen Liebe zu sich selbst und zu einem anderen Menschen die Natur sich selbst. Dann gilt aber auch der Satz: In der menschlichen Liebe zu sich selbst und zu einem anderen Menschen liebt das Sein sich selbst. Das Sein hat die Eigenschaft der Liebe, und alle Menschen werden in den Kreislauf der göttlichen Liebe mit eingeschlossen. Jesus drückt das so aus: »*Was ihr getan habt einem unter diesen meinen geringsten Brüdern, das habt ihr mir getan.*« (Matth. 25, 40) Wo auch immer Liebe geschieht, wird sie durchflutet von der Liebe Gottes. Wer diesen Gedanken einmal verstanden hat, dem ist die Botschaft der christlichen Religion glasklar geworden.

Liebe kann bis zur Selbstopferung gehen. So wie Jesus als der Sohn Gottes sich für jeden Menschen opferte, so kann auch die Liebe zwischen Menschen Selbstaufopferung sein. Bei dem Dichter William Blake lesen wir: Jesus sagt: »*Würdest du jemanden lieben, der niemals für dich starb, oder jemals für jemanden sterben, der nicht schon für dich gestorben ist? Und wenn Gott nicht für den Menschen stürbe und sich nicht ewig hingäbe für den Menschen, dann könnte der Mensch nicht existieren. Denn der Mensch ist Liebe, so wie Gott Liebe ist: Jede Freundlichkeit gegenüber einem anderen ist ein kleiner Tod nach göttlichem Vorbild.*«[18]

Jede selbstlose Liebe ist ein Geheimnis, das das Geheimnis der Liebe und der Positivität Gottes wiederholt. In den Augen des geliebten Menschen oder in der helfenden Hand eines barmherzigen Samariters wiederholt sich das Drama der Weltentstehung von neuem: Die Kräfte des Nichts werden überwunden durch die Macht des Seins.

So erfahren wir Gottes Liebe in der liebevollen Beziehung zu einem anderen Menschen, einem Du, also in der 2. Person. In der Symbolsprache: Gott ist Sohn, er ist in der Person Jesu Christi zum Paradigma der zwischenmenschlichen Liebe geworden. Wer liebt, führt dieses Paradigma weiter. In jeder Liebe zu einem Du erfahre ich etwas von der Göttlichkeit Gottes, seiner Liebe und Unergründlichkeit.

Daß die Liebe Gottes diejenige Qualität des Seins ist, die für das Leben des Christen eine tiefe Bedeutung hat, auf die er sich buchstäblich im Leben und Sterben verlassen kann, wird im Bild und im Leben Jesu Christi vorgelebt.

Gott ist auch Heiliger Geist. Damit ist nicht das merkwürdige Gespenst gemeint, das der Lehrer beschwört: »Wer hat denn schon wieder die Tafel so beschmiert? Vielleicht der Heilige Geist?« Paul Tillich klärt uns auf: Der Heilige Geist ist nicht irgendeine übernatürliche Substanz, die in den Geist des Menschen einfließt, obwohl manche theologischen Formulierungen dieses Mißverständnis nahelegen. Der Heilige Geist ist besser als jener Zustand des menschlichen Geistes zu verstehen, wenn er dem Heiligen begegnet. In dieser Begegnung wird der Geist des Menschen erschüttert und umgewandelt. Es vollzieht sich ein Bruch mit der alltäglichen Sichtweise der Dinge. Der Geist wird von etwas Letztem und Unbedingtem ergriffen. Er ist noch der menschliche Geist, aber zur gleichen Zeit geht er unter dem Eindruck des Göttlichen über sich hinaus.[19]

Damit wird der Heilige Geist nicht zu einer bloßen Gehirnfunktion degradiert. Vielmehr verhält es sich mit dem Heiligen Geist wie mit dem Entstehen der Welt innerhalb der Subjekt-Objekt-Spaltung. Das Subjekt schafft nicht das Objekt, sondern verarbeitet nur das »Material«, das ihm vom Ding-an-sich vorgegeben wird.

Die Erfahrung des Heiligen Geistes geschieht im Rahmen der Kategorie der 3. Person. Ich denke über das Göttliche nach, ich stoße in der Philosophie in den Bereich der Transzendenz vor, ich erlebe etwas Unaussprechliches in einem Kunsterlebnis, ich begegne dem Göttlichen in der Schönheit der Natur, ich spüre das Göttliche in der Liturgie oder in einem Wort der Bibel. Es ist der Geist, der sich auf ein Er, Sie, Es außerhalb seiner selbst einläßt und dort auf das Unergründliche stößt.

Der Christ erlebt auch diese Erfahrung als die Offenbarung der Liebe Gottes. Wie ist das zu verstehen?

Ich höre in einer Symphonie nicht nur Töne und Melodien, sondern ich vernehme darüber hinaus etwas von der grundsätzlichen Güte der Welt. Ich sehe die Blumen auf einer Sommerwiese, und ich spüre in der Atmosphäre eines Sommermittags nicht wie etwa der Skeptiker Wilhelm Weischedel nur die Fragwürdigkeit und Negativität der Welt[20], sondern ich spüre darüber hinaus die grundsätzliche Positivität des Seins *trotz* aller Negativität in der Welt, ich bin im Einklang mit dem Sein und weiß zutiefst, daß es besser ist zu sein als nicht zu sein. Alles, was ist, ist vom Sein gewollt und partizipiert an ihm, andernfalls wäre es nicht. Deshalb bin ich dankbar dafür, daß die Welt und die Dinge sind. Und ich bin dankbar dafür, daß ich sie erleben darf und daß ich in ihnen etwas Göttliches erkennen kann. (Die Frage nach den negativen Dingen in der Welt wird im nächsten Kapitel erörtert.)

Auch im Philosophieren kann sich der Heilige Geist offenbaren: Ich werde mir bewußt, daß alles Nachdenken über die Welt in einer Metaphysik endet. Und jede Widerlegung einer Metaphysik ist selbst wieder Metaphysik.

Alles Denken endet im Unergründlichen. Deshalb ist jedes prinzipielle Nachdenken ein Einstieg ins Göttliche. Der Verzicht auf Metaphysik wäre gleichbedeutend mit dem Verzicht auf Denken. Mit den Worten des Wissenschaftstheoretikers Wolfgang Stegmüller: *»Man kann Metaphysik ablehnen, aber man darf dann nirgends mehr mitreden wollen.«*[21]

Ähnlich ist es in der Wissenschaft. Werner Heisenberg: *»Der erste Schluck aus dem Becher der Wissenschaft macht atheistisch, aber auf dem Grund des Bechers wartet Gott.«*[22] Ob man wie Einstein in den Gesetzen der Natur ein Göttliches walten sieht oder wie Stephen Hawking fragt: *»Wer bläst den Gleichungen den Odem ein und erschafft ihnen ein Universum, das sie beschreiben können?«*[23], immer stößt man in unserem hochunwahrscheinlichen Universum auf einen fundamentalen Faktor, der ein Symbol für das Göttliche ist.

Der Geist des Menschen kann also in den Gegenständen seines Nachdenkens auf eine Dimension stoßen, die wir das Geheimnis der Welt genannt haben. Wenn Goethe davon spricht, daß das Unerforschliche still zu verehren sei, dann ist dies die wichtigste Konsequenz aus der Erfahrung des Heiligen Geistes.

Aus der Verehrung des Heiligen kann eine Öffnung des Lebens für die Werte resultieren, die das Heilige repräsentiert.

Der Mensch, der vom Heiligen Geist verwandelt wird, sucht in allen Erfahrungen des Göttlichen einen Hinweis auf die Positivität und Liebe Gottes. Dies ist die zentrale Botschaft der christlichen Religion: Wer sein Herz öffnet, wird diese Liebe immer wieder finden.

Und das ist eigentlich auch nicht verwunderlich. Denn schon in den Gesetzen des logischen Denkens ist diese Positivität angelegt. Jeder, der denkt oder argumentiert, stützt sich auf den Satz des zu vermeidenden Widerspruchs: »Es ist unmöglich, daß etwas unter derselben Rücksicht und zugleich einem zukomme und nicht zukomme.« Es ist also unmöglich, daß ein Ball rund ist und zugleich nicht rund ist. Es ist unmöglich, daß ein Mensch hier ist und zugleich nicht hier ist. Was sagt dieser Satz über die Liebe Gottes aus?

Dieser Satz formuliert ein Seinsprinzip, das die vollkommene Unversöhnlichkeit von Sein und Nichtsein aussagt. Mehr noch: Damit gesagt werden kann, daß der Ball nicht rund ist, muß der Ball vorhanden sein. Ebenso muß die Qualität des Rundseins prinzipiell vorhanden sein, damit sie negiert werden kann. Über etwas, das nicht existiert, kann ich keine negative Aussage machen und kann mich damit auch in keinem Widerspruch verfangen. Selbst ein Widerspruch muß, um festgestellt zu werden, erst einmal existieren. Es wird also in diesem Grundgesetz des Denkens vorausgesetzt, daß das Sein Vorrang vor dem Nichts hat.

Damit ist in der Sprache der Logik ausgesagt, was in der Theologie mit der Rede von der Positivität und Liebe Gottes gemeint ist: Im Gegensatz zum Augenschein und der Erfahrung im Alltag, wo Negativität und Vergänglichkeit den Blick oft verstellen und wo an der Positivität und Liebe Gottes leicht gezweifelt werden kann, ist in Wahrheit die Welt gar nicht anders zu denken denn als Erscheinung einer grundlegenden Positivität und als Ausdruck des Vorranges des Seins vor dem Nichts. Die christliche Religion expliziert damit nur, was schon grundsätzlich die Logik impliziert. Die Symbolsprache der Religion bringt diese Wahrheit in einem System von Bildern, theologischen Aussagen und praxisbezogenen Anleitungen zur Spiritualität zum Ausdruck. Wer an Gott glaubt, hat sich bewußt gemacht, worin sein Ja zur Wirklichkeit und sein Vertrauen zum Leben gründet trotz aller Negativität in der Welt. Und er hat gute Gründe dafür gefunden, daß dieses Vertrauen mit seiner Vernunft kompatibel ist.

Zusammenfassung

Drücken wir unsere Überlegungen wieder in einer Formel aus (wer vor dem Gedanken eines formalisierten Gottes-Schemas zurückschreckt, kann sich gleich der daran anschließenden ausformulierten Zusammenfassung zuwenden):

$$\begin{array}{ll} S \leftrightarrows O \searrow & \\ & G\ (GW) \longrightarrow FWG \longrightarrow G\ (U) \longleftarrow (A1, A2, A3) \\ A\ (F, T) \nearrow & \end{array}$$

S = Subjekt in der Erkenntnisrelation
O = Objekt in der Erkenntnisrelation
A (F, T) = Absolutes in Form der Forderung (Wahrheitsfrage) und der Teilhabe (existentielle Seinsgewißheit)
G (GW) = Gott als Geheimnis der Welt
FWG = Frage nach der Wirklichkeit als Ganze
G (U) = Gott als Umgreifendes
A1 = Auslegung Gottes in der 1. Person (Vater)
A2 = Auslegung Gottes in der 2. Person (Sohn)
A3 = Auslegung Gottes in der 3. Person (Heiliger Geist)

Die Gottesformel beschreibt nicht das wahre Sein Gottes, das unserem Erkenntnisvermögen unzugänglich bleibt. Sie beschreibt vielmehr die Stationen unseres rationalen und existentialen Nachdenkens über Gott. Sie ist im Gegensatz zur Individualformel des Menschen, die »von oben«, also von Gott gelesen wird, der Versuch, die Schritte einer Annäherung an den Begriff Gott »von unten« zu formalisieren.

Sie besagt:

Die Einsicht in die Subjekt-Objekt-Struktur unserer Erkenntnis führt zum Verständnis Gottes als Geheimnis der Welt, an dessen Absolutheit wir vermittels unserer Seinsgewißheit und der Forderung nach absoluter Wahrheit als Ziel jeder Aussage teilhaben. Um diese Gottesdefinition aus der Abhängigkeit von unserer Erkenntnisstruktur zu befreien, muß nach der Struktur der Wirklichkeit als Ganze weitergefragt werden. Gott wird erkannt als das Umgreifende, das für den menschlichen Verstand unausdenkbar und unergründlich ist und unendliche Eigenschaften besitzt. Durch die Auslegungsmodi »Vater«, »Sohn« und »Heiliger Geist« werden jene Eigenschaften Gottes erschlossen, die für den Menschen von existentieller Bedeutung sind. Der Christ erfährt diese Eigenschaften als Offenbarungen der Liebe und der Heiligkeit Gottes, wie sie im Leben Jesu Christi offenbart und vorgelebt wurden.

Warum läßt Gott die Übel in der Welt zu?

Das Problem des Bösen und der physischen Übel / Das Böse aus der Perspektive Gottes / Der verborgene Gott / Gott als Herr der Geschichte

Das Problem des Bösen und der physischen Übel

Der schwerwiegendste Einwand des Atheismus gegen die christliche Botschaft vom guten und allmächtigen Gott ist der Hinweis auf die Existenz von Leiden, Übel und sinnlosen Schmerzen. Wenn es einen guten und allmächtigen Gott gäbe, so lautet die Argumentation, dann müßte er gegen die Übel einschreiten. Da es aber die Übel gibt, folge daraus, daß er entweder nicht helfen wolle, also nicht gut sei, oder aber nicht helfen könne, also nicht allmächtig sei.

Der Atheismus scheint damit den wunden Punkt im System des christlichen Denkens ausgemacht zu haben, um das Gebäude der christlichen Botschaft auszuhebeln und zum Einsturz zu bringen.

Moderne Atheisten wie etwa Hans Albert oder Walter Kaufmann halten es für intellektuell redlicher, auf die Frage, warum es in der Welt Übel gibt, erst gar keine Antwort zu geben. Durch diesen Verzicht auf Erklärung sei eine vernünftigere, weil realistischere Weltsicht möglich ohne Gefahr des Abgleitens in Wunschvorstellungen und Illusionen. Die Welt ist so, wie sie ist. Die Naturgesetze sind so, wie sie sind. Punktum.

Doch diese Position hat einen schwerwiegenden Nachteil: Sie ist nur auf den ersten Blick vernünftig.

Fragt zum Beispiel jemand, warum die Blätter eines Baumes grün sind, dann wird die Antwort lauten: Weil das Chlorophyll nur die Farbe grün reflektiert. Wir hätten dann das gute Gewissen, eine vernünftige Antwort gegeben zu haben. Würde die Antwort lauten, die Blätter des Baumes sind grün, weil sie grün sind, dann wäre dies keine besonders vernünftige Antwort.

Genau so argumentiert aber der Atheist. Die Welt ist so, wie sie ist, weil sie so ist, wie sie ist. Es gibt Übel in der Welt, weil es in der Welt Übel gibt. Würde jemand auf die Baumfrage antworten, daß grüne Männchen die Blätter des Baumes nachts grün färben, dann hätte er eine sehr fragwürdige Antwort gegeben, denn die Existenz dieser grünen Männchen ist in höchstem Maße unwahrscheinlich. Sie ist aber nicht prinzipiell ausgeschlossen, denn wir haben noch nicht jeden Winkel des Universums durchstöbert. So unwahrscheinlich die Annahme dieser grünen Nachtarbeiter auch ist, sie ist immer noch sinnvoller als die Behauptung, die Bäume seien grün, weil sie grün sind.

Es ist also immer noch vernünftiger, eine – zugegebenermaßen höchst unwahrscheinliche, aber nicht prinzipiell ausgeschlossene – Erklärung zu geben als überhaupt keine Erklärung. Oder anders ausgedrückt: Jede noch so unwahrscheinliche Erklärung der Übel in der Welt ist besser als keine Erklärung.

Darüber hinaus ist das atheistische Argument durchaus inkonsequent. Denn wer behauptet, die Existenz der Übel in der Welt sei der Beweis der Nichtexistenz Gottes, geht ja davon aus, daß er gewissermaßen das selbstverständliche Recht habe, in einer absolut positiven Welt zu leben im Sinne von: »Das Gute versteht sich von selbst, nur das Übel ist das Problem.« Damit wird aber vorausgesetzt, daß das Sein fraglos, selbstverständlich und prinzipiell positiv ist. Genau das aber ist die Botschaft des Christentums, der Inhalt der christlichen Gottesidee: daß das Sein gut ist. Wer also, wie oben geschildert, unter Berufung auf die Übel in der Welt gegen die Gottesidee argumentiert, kann das nur, wenn er den Inhalt der christlichen Gottesidee im Vorfeld schon akzeptiert hat. Denn man könnte ja auch genausogut fragen: Warum gibt es Gutes, wo doch Welt und Sein nur Blähungen eines fundamental sinnlosen Nichts sind? Wieso sind Glück und Zufriedenheit möglich, wo doch eine vollkommen chaotische Welt viel einfacher und eher zu erwarten wäre, denn sie müßte nicht erst Ordnung und Naturgesetze hervorbringen?

Die christliche Religion hat den Vorteil, auf die Frage, warum Gott die Übel in der Welt zuläßt, über eine plausible Antwort zu verfügen. Deshalb ist es sinnvoller weiterzufragen, welche Bedeutung die Übel in der Welt haben und welche Erkenntnis über das Wesen Gottes daraus abzuleiten ist.

Eine erste Annäherung an die christliche Antwort lautet: Wir müssen unterscheiden zwischen den moralischen Übeln und den physischen Übeln. Zu den moralischen Übeln gehören alle Folgen aus unmoralischen Handlungen, z. B. Mord, Folter und alle Arten der Menschenverachtung. Zu den physischen Übeln gehören alle Folgen aus Naturvorgängen, die der Mensch nicht zu verantworten hat, z. B. Naturkatastrophen, Krankheiten und Hungersnöte.

Die moralischen Übel resultieren daraus, daß Gott dem Menschen einen freien Willen zugestehen wollte. Der Mensch soll nicht eine Marionette sein, sondern zwischen Gutem und Bösem wählen können mit allen Konsequenzen. Nur so können menschliche Werte wie z. B. Hilfsbereitschaft, Liebe und Selbstaufopferung verwirklicht werden. Damit also eine sittliche Werteordnung möglich ist, muß auch deren Gegenteil zur Wahl stehen können. Wo keine böse Tat möglich ist, ist auch keine gute Tat möglich. Nur so kann der Mensch zu einer sittlichen Reifung geführt werden, indem er immer wieder vor die Herausforderung gestellt wird, sich für das Gute und gegen das Böse zu entscheiden. Nur so kann er auch Verantwortung für sich und die Welt übernehmen. Die Möglichkeiten des Guten wie des Bösen sind demnach konstitutiv für das Humanum. Auschwitz und Archipel Gulag sind ebenso Ergebnisse dieser Willensfreiheit wie das Rote Kreuz oder Lambarene.

Allerdings kann man die Fragen stellen: Ist die Freiheit des Menschen so viel Leid wert? Ist die Entfaltung der menschlichen Persönlichkeit ein so hohes Gut, daß die negativen Folgen zu tolerieren sind? Und warum muß das Ausmaß des Leides so groß sein?

Ohne die Freiheit der Wahl gibt es kein Ich und kein Selbstbewußtsein. Gott wollte keine Roboter, sondern verantwortliche Wesen, die Gott ein Gegenüber bieten können. Da Gott die Liebe ist, will er personalen Wesen gegenüber stehen, die seine Liebe erwidern können.

Das Ausmaß des Leides ist erschreckend, aber es ist begrenzt durch den Tod. Der Tod stellt so etwas wie eine Sicherheitsschranke dar, damit der Mensch den Menschen nicht ewig quälen kann. Der Tod bestätigt die Einsicht aus der Erkenntnistheorie, daß die Welt, wie sie sich in der Subjekt-Objekt-Spaltung entfaltet, nicht etwas Letztgültiges ist. Die Überlegungen in der Seinstheorie haben gezeigt, daß das Negative gegenüber dem Sein nur etwas Sekundäres ist, daß alles Vergängliche nur ein Gleichnis für etwas Ewiges ist. Der Christ geht davon aus, daß der erste Hauptsatz der Thermodynamik in der Physik, der besagt, daß Energie nicht vernichtet, sondern nur verwandelt werden kann, in ähnlicher Form in allen Seinsbereichen gültig ist. Wer also glaubt, daß sein Leben nach dem Tode aufgehoben ist in einem Umfassenderen, wird davor bewahrt, das Leid im Leben zu verabsolutieren.

Wir können also als erstes Ergebnis unserer Überlegungen festhalten (wir greifen der Einfachheit halber auf das theistische Modell zurück):

- Gott läßt das Leid, das sich die Menschen gegenseitig zufügen, zu, um die moralische Existenz der Menschen überhaupt zu ermöglichen.
- Der Mensch ist verantwortlich für sein Tun. Nur so kann er Mitarbeiter an der Evolution unserer Erde werden.
- Das Ausmaß des Leides wird begrenzt durch den Tod und relativiert durch den Glauben an ein nachtodliches Sein.

Soweit zu den moralischen Übeln. Wie verhält es sich aber mit den physischen Übeln? Warum läßt Gott es zu, daß unschuldige Menschen z. B. Opfer von Unfällen und Naturkatastrophen werden?

Eine Grundlage unserer Willensfreiheit ist die Zuverlässigkeit und Gleichförmigkeit der uns umgebenden Welt und der sie steuernden Naturgesetze.[24] Wenn ich einen Menschen aus einem brennenden Auto retten will, muß ich mich darauf verlassen können, daß mein Feuerlöscher nicht selbst Feuer fängt. Ich muß mich weiter darauf verlassen können, daß mein Feuerlöscher auch beim nächsten Einsatz diese Zurückhaltung an den Tag legt und nicht plötzlich doch zu brennen anfängt oder sogar explodiert. Wenn also Gott den Menschen als willensfrei und verantwortlich geschaffen hat, muß er auch wollen, daß seine Welt gleichförmig und berechenbar ist. In einer vollkommen chaotischen Welt gibt es keine Verantwortung, denn es bleibt immer offen, was aus einer Handlung folgt. In einer vollkommen chaotischen Welt kann kein Arzt einem Kranken helfen, denn die Wirkung der Medizin ist nicht vorhersagbar. Also muß man feststellen, daß zu den Voraussetzungen moralischen Handelns die Gleichförmigkeit der Naturgesetze gehört. Würde man zum Beispiel immer erwarten, daß Gott einem Autofahrer, der aufgrund unverantwortlich überhöhter Geschwindigkeit aus einer Kurve fliegt, rechtzeitig ins Steuer greift, würde Gott die Handlungsgrundlagen für den verantwortlichen Fahrer, der nämlich mit der Verläßlichkeit der Schwerkraftgesetze rechnet, aufkündigen. Wenn Gott eingreift und den Handlungsspielraum einschränkt, kann der Mensch nicht mehr entscheiden. Wer einen Menschen mit einem Hammer erschlagen will, wird um seine Verantwortlichkeit gebracht, wenn aus einem Hammer plötzlich ein Gummispielzeug würde. Wenn einem Giftmörder unter der Hand das Arsen zu Vitamin-C-Pulver würde, könnte er nicht wirklich böse handeln und wäre damit um seine Willensfreiheit gebracht.

Und wie steht es bei Naturkatastrophen, auf die der Mensch keinen Einfluß hat? Warum hat Gott die Welt nicht ohne sie eingerichtet?

Naturkatastrophen, wie Epidemien und Hungersnöte etwa, sind Auswirkungen von Naturgesetzen und haben die Gleichförmigkeit der Naturgesetze zur Grundlage. Ein Erdbeben basiert auf den gleichen Hebelgesetzen, die wir auch beim Ausheben einer Tür voraussetzen. Der Angriff eines Bazillus auf das Immunsystem setzt dieselbe chemophysikalische Gesetzmäßigkeit voraus wie dessen Abwehr.

Es gibt Überlegungen, die darauf verweisen, daß physische Übel darüber hinaus als Sekundäreffekt die Verwirklichung menschlicher Werte ermöglichen, wie z. B. Mitleid und Hilfsbereitschaft. Auch wenn das auf den ersten Blick reichlich zynisch klingt, so ist daran doch eines bedenkenswert: Es sieht ganz danach aus, als ob der Preis für eine Welt ohne physische Übel eine Welt wäre, in der keine Verantwortung, kein freier Wille und keine Verwirklichung menschlicher Werte möglich wären.[25]

Die hier anschließende Frage lautet oft: Hilft Gott dem bedrängten Menschen?

Zunächst einmal muß wiederholt werden, daß Gott nicht ohne weiteres die Naturgesetzen außer Kraft setzen darf, damit unser Vertrauen in die Regelmäßigkeit und Gleichförmigkeit der Naturgesetze nicht erschüttert wird. Für uns *müssen,* wie gesagt, naturgesetzliche Abläufe gleichförmig sein, damit wir sie als Instrument unseres verantwortlichen Handelns einsetzen können.

Eine andere Frage ist, ob Gott helfen *kann.*

Die Antwort darauf kann nur positiv sein. Der allmächtige Gott wäre arm dran, wenn er dies nicht könnte. Will er helfen, dann wird er das dort tun, wo diese Hilfe unbemerkt stattfinden kann, wo also aus der Sicht des Menschen die Gleichförmigkeit der Naturgesetze nicht verletzt wird.

Nach heutiger Vorstellung entstehen Vorgänge, die von Naturgesetzen gesteuert werden, aus Zuständen, die im Vorfeld regellos und zufällig sind. Schon der Nobelpreisträger Erwin Schrödinger lehrte in seiner Antrittsvorlesung an der Universität Zürich 1922: »*Die physikalische Forschung hat klipp und klar bewiesen, daß zumindest für die erdrückende Mehrheit der Erscheinungsabläufe, deren Regelmäßigkeit und Beständigkeit zur Aufstellung des Postulats der allgemeinen Kausalität geführt haben, die gemeinsame Wurzel der beobachteten strengen Gesetzmäßigkeiten – der Zufall ist.*«[26]

Und bei dem Biochemiker und Nobelpreisträger Manfred Eigen lesen wir: »*Als Mikrokosmos bezeichnen wir die Welt der Elementarteilchen, Atome und Moleküle. In ihr spielen sich alle physikalischen Elementarprozesse ab. Der Zufall hat seinen Ursprung in der Unbestimmtheit dieser Elementarereignisse.*«[27]

Es zeigt sich also, daß Gott, will er in einen Naturvorgang

eingreifen (diese Vorstellung sei der Einfachheit halber auch wieder aus dem theistischen Schöpfungsmodell übernommen), die Möglichkeit dazu im Bereich des Mikrokosmos findet, ohne die Erwartungen von Regelmäßigkeit zu stören. Was dort von Gott determiniert wird, erscheint im Makrokosmos als kausalitätskonform.

Die neuesten Denkansätze vor allem in der Biologie laufen auf eine Systemtheorie hinaus, in der die einzelnen Vorgänge nicht nur von empirisch nachweisbaren Ursachen gesteuert werden, sondern von dem jeweiligen Gesamtsystem, ohne daß diese aus dem System entspringenden Ursachen empirisch nachweisbar wären.[28] Das Verhalten einer Ameise hätte dann klar aufzeigbare Ursachen z. B. genetischer Art, würde darüber hinaus aber auch von empirisch nicht lokalisierbaren Ursachen aus dem Gesamtsystem Ameisenhaufen gesteuert.[29] Würde man dieses systemische Denken auf unsere theologische Frage übertragen, käme man zum dem Ergebnis, daß Gott aus der Position des Ganzen in die Vorgänge eingreifen kann, ohne daß die Naturgesetze verletzt würden und ohne daß sein Eingreifen wissenschaftlich-empirisch nachweisbar wäre. Diese Vorstellung käme dem panentheistischen Emanationsmodell am nächsten.

Ob Gott eingreifen *will*, ist freilich eine andere Frage. Es gibt unzählige Beispiele unerwarteter Hilfe, die Menschen aus seiner Hand empfingen, es gibt aber auch unzählige Gegenbeispiele. Gottes Wille bleibt dem Menschen immer ein Geheimnis. Deshalb betet der Christ, auf Gottes Liebe vertrauend: »Nicht mein Wille, sondern dein Wille geschehe.«

Wir können als zweites Ergebnis unserer Überlegungen festhalten:

- Die physischen Übel, die aus der Unerbittlichkeit der Naturgesetze stammen, verdanken sich einer Regelmäßigkeit in der Natur, ohne die moralische Entscheidungen nicht möglich sind.
- Wenn der Christ glaubt, daß Gott eingreifen und dem Menschen helfen kann, steht dies nicht im Widerspruch zu modernen Auffassungen von Naturgesetzen.

Der Christ lebt nach der Glaubensüberzeugung, daß nicht das Böse das letzte Wort im Leben hat, sondern das Gute. Diese Überzeugung ist es, die an zahlreichen Märtyrern so beeindruckt. Sie spricht sich beispielsweise in allen Briefen aus, die Thomas Morus (1478–1535) während seiner Gefangenschaft im Tower von London an seine Tochter Margret schrieb:

»Du darfst dich nicht bedrücken lassen durch das, was mir etwa in dieser Welt noch zustoßen könnte. Nichts geschieht gegen den Willen Gottes. Das Schicksal, das er für mich bereit hält, kann nur das beste sein, mag es nach menschlichen Maßstäben noch so hart erscheinen.«[30] Ähnliche Zeugnisse gab es zu allen Zeiten und finden sich auch in den Texten eines Dietrich Bonhoeffer oder Alfred Delp aus den Konzentrationslagern der Nazis.

Das Böse aus der Perspektive Gottes

Wenn wir die Frage nach den Übeln in der Welt aus der Perspektive Gottes oder genauer aus der Perspektive der christlichen Auslegung Gottes beantworten wollen, so findet unsere Vernunft ihre Grenze an der Tatsache, daß wir inhaltlich über Gott nichts aussagen können, was einen strengen Beweis darstellen könnte. Formal aber läßt sich sagen, daß Gott das Umgreifende ist, das Sein, aus dem die Welt hervorgeht.

Dieses Sein ist die reine Positivität. In ihm ist nichts Negatives, da das Negative keine eigenständige Größe ist und das voraussetzt, was es negiert. In der Sprache der christlichen Religion ausgedrückt: Gott ist das Gute, Gott ist Liebe.

Wenn Gott Liebe ist, dann sucht er ein liebendes Gegenüber. Dieses Gegenüber ist das Universum einschließlich des Menschen. Der Mensch kann Gott zumindest einen Teil der Liebe zurückgeben, die er von Gott empfangen hat.

Damit Gott geliebt werden kann, muß er die Welt des Werdens und der Veränderung schaffen. Er läßt diese Werde-Welt aus seinem göttlichen Sein, das jenseits von Raum und Zeit steht, herausfließen. Gott nimmt die Gestalt der Welt an. Der Unveränderliche wird veränderlich, ohne im Veränderlichen aufzugehen. Der ewige Gott wird zeitlich, ohne im Zeitlichen aufzugehen.

Der Gott des unvergänglichen Seins nimmt teilweise die Gestalt eines Werde-Gottes an. Der ewige Gott wird zu Raum, Zeit und Evolution. Ein kosmisches Abenteuer beginnt, indem der Unbeschränkte sich selbst in einem Universum beschränkt und verendlicht, nur um seiner Liebe Gestalt verleihen zu können. Er »verzeitlicht« sich in der Verwirklichung des Weltprozesses, um im Medium der Raum-Zeit Sein und Liebe zu feiern.

Damit hat Gott einen zweifachen Aspekt angenommen. Einmal ist er der Unveränderliche, Ewige und Eine, der jenseits allen Werdens steht. Er ist der Urgrund des Seins, aus dem alles Sein im Universum sein Sein entliehen bekommt. Er ist aber auch das Werden, in dem sich das Sein innerhalb von Raum und Zeit verändert. Werden heißt aber auch Vernichtung zugunsten eines Neuen. Wo Neues entstehen soll, muß Altes negiert werden. Gott schafft also auch das Negative, das der Motor der Werde-Welt ist. Will der unveränderliche Gott eine Werde-Welt schaffen, muß er auch das Negative zulassen.

Wir begreifen also Gott in Analogie zum Menschen unter zweifachem Aspekt:

Der Mensch ist ebenfalls permanenter Veränderung unterworfen, seine ganze Existenz läuft innerhalb der Zeit ab, und doch bleibt er im Letzten bei aller Veränderung immer derselbe. Damit der Mensch er selbst bleiben kann, von sich selbst »ich« sagen kann, muß er etwas Unveränderliches in sich haben. Wir nennen dieses Unveränderliche Seele, sie garantiert die Identität eines Menschen in der Zeit.

Von dieser Einsicht ausgehend, können wir auch Gott unter zweifachem Aspekt denken: Gott der Ewige, der Gute, der Allmächtige und Gott der Veränderliche, der Werdende, der am Negativen Teilhabende.

Der Philosoph Schelling schrieb in seiner Philosophie der Offenbarung 1841: »*Entweder ist uns das Urwesen ein mit einem Mal Fertiges und unveränderlich Vorhandenes. Dies ist der gewöhnliche Begriff von Gott der sogenannten Vernunftreligion und aller abstrakten Systeme. Allein je mehr wir diesen Begriff von Gott hin-*

aufschrauben, desto mehr verliert Gott für uns an Lebendigkeit, desto weniger ist er als ein wirkliches, persönliches ... Wesen zu begreifen. Verlangen wir einen Gott, den wir als ein lebendiges, persönliches Wesen ansehen können, dann müssen wir ihn eben auch ganz menschlich ansehen, wir müssen annehmen, daß sein Leben die größte Analogie mit dem Menschlichen hat, daß in ihm neben dem ewigen Sein auch ein ewiges Werden ist.«[31]

Gott ist nach Schelling Sein und Potentialität. Potentialität ist die Möglichkeit des Vielen. In Gott dem Einen ist die Möglichkeit des Vielen angelegt. Dieser zweifache Aspekt Gottes ist in der Gestalt Jesu Christi symbolisiert. In Christus hat sich der unveränderliche Gott in die Werde-Welt inkarniert. Christus ist nach dem Glauben der Christen sowohl wahrhafter Mensch als auch wahrhafter Gott. Christus als Mensch leidet am Kreuz, wie alles innerhalb von Raum und Zeit dem Leiden unterworfen ist. Aber Christus als Gott leidet nicht und öffnet dem Menschen ein Fenster der Hoffnung auf ein unvergängliches Sein.

Der verborgene Gott

Wenn die Welt aus Gott ist, dann hat Gott an allen Eigenschaften teil, die in der Welt vorkommen. Er hat also nicht nur an den positiven Eigenschaften, sondern auch an den negativen Eigenschaften teil. Aus der Perspektive des Menschen muß man sagen: Gott läßt das Böse zu. Aus der Perspektive Gottes sieht das anders aus. Gott läßt nicht nur das Böse zu, sondern er ist gezwungen – da er ja die Werde-Welt will – an dem Negativen zu partizipieren, obwohl das seinem Wesen widerspricht, denn seinem Wesen nach ist er das Sein, das Positive und die Liebe.

Im Alten Testament gibt es viele Beispiele für diese Erkenntnis. Zahllos sind die Textstellen, nach denen Gott den Menschen in Furcht und Schrecken versetzt, durch Katastrophen, Pest und Hunger vernichten will, in Kriege verwickelt und dem Verderben preisgibt. Deuterojesaja läßt Gott sprechen: »*Ich bilde Licht und erschaffe Finsternis, ich mache Heil und erschaffe Böses.«* (Jes 45,7) Hiob fragt: *»Das Gute nehmen wir von Gott, und das Böse sollten wir nicht annehmen?«* (Hiob 2,10)

In der Zeit nach dem Exil tauchen im Alten Testament Vorstellungen auf, daß ein gefallener Engel zum Teufel wird und für die Negativität in der Welt verantwortlich ist.[32] Damit wird aber Gott nur teilweise entlastet, denn die Engelwelt ist ja auch von Gott geschaffen. Im Neuen Testament stellt Jesus fest: *»Niemand ist gut außer Gott allein.«* Der Apostel Paulus fordert: *»Laß dich nicht besiegen vom Bösen, sondern besiege das Böse durch das Gute.«*

Es gibt also durchaus unterschiedliche Aussagen über Gottes Verhältnis zum Guten und Bösen. Martin Luther hat dieses Problem erkannt und durchlitten, wie nur wenige vor ihm. Bis er dann die Lösung findet: Gott hat unendlich viele Eigenschaften in der Welt, also positive und negative. Der Theologe Peter Althaus schreibt: *»Luther hat nicht von sich aus ein zwiespältiges Bild Gottes gezeichnet, er sah es schon in der Schrift. Der Gott der Bibel ist nicht eindeutig der Gott des Evangeliums, der Gott aller Gnade, sondern auch der, der, wo er will, verstockt und verwirft.«*[33]

In seiner Schrift »De servo arbitrio« versucht Luther den Gedanken zu ertragen, daß Gott nicht nur Heil im Unheil, sondern auch Heil und Unheil hervorbringt. Er unterscheidet nun den gnädigen Gott des Evangeliums und der Kirche vom verborgenen Gott (deus absconditus), der überall in der Welt am Werke ist, ohne daß man ihn als Gott erkennt. Luther begreift, daß wir unser Gottesbild am Bilde des Jesus Christus gewinnen sollen, denn dieses Bild von dem liebenden Gott als dem Vater alles Guten ist ein Blick in das Innerste Gottes, dem gegenüber Gottes negative Seiten peripher sind. Die »eigentlichen Eigenschaften« Gottes sind seine Liebe und seine Positivität, die »uneigentlichen Eigenschaften« Gottes sind die Negativitäten in der Welt, an denen Gott teilhaben muß, damit die Welt sich entwickeln kann.

Nur mit Jesus Christus kann man den deus absconditus ertragen. Auf sein Beispiel hin wagt der Christ, auf die Liebe und Positivität Gottes zu setzen, die alles Negative in der Welt übersteigt. Vom Gottesbild im Alten Testament zum Gottesbild des Neuen Testamentes stellen wir eine schrittweise Fokussierung von den unendlichen Eigenschaften Gottes auf die Eigenschaften fest, die für die Seele des Menschen die wesentlichen sind und auf die vertrauend er sein Leben getrost gestalten kann.

Vielleicht ist es wichtig, noch auf einen anderen Aspekt Gottes hinzuweisen. Gott ist auch ein leidender Gott. Denn das Negative, an dem Gott teilhaben muß, um die Werde-Welt zu ermöglichen, widerspricht seinem Wesen. Überall, wo auf der Welt gelitten wird, leidet deshalb Gott mit. Er hat teil an jedem Leiden, was dem traditionellen Gottesbild vielleicht widerspricht, dafür aber dem menschlichen Leiden eine andere Bedeutung verleiht. Der japanische Christ Kazoh Kitamori schreibt: *»Aber was wir uns jetzt aufs neue einprägen müssen, ist dies, daß erst der Schmerz Gottes dem menschlichen Schmerz seine Bedeutung und seinen Wert gibt.«*[34] Und bei Jesaja 53,4 heißt es: *»Fürwahr, er trug unsere Krankheit und lud auf sich unsere Schmerzen.«*

Nach Meinung des Philosophen Hans Jonas hat Gott schon vom Augenblick der Schöpfung an gelitten, indem er sich den Gesetzen der Werde-Welt unterwarf.[35] Vielleicht ist das der tiefere Sinn der Noah-Geschichte, daß Gott an der Welt so gelitten hat, daß er sie verwarf, aber um der Liebe zu den Menschen willen dieselbe Welt noch einmal zuließ.

Es könnte jetzt die kritische Frage gestellt werden: Warum schließt die christliche Religion aus den unendlichen, also auch negativen Eigenschaften Gottes, daß Gott in seinem eigentlichen Wesen Liebe und Positivität sei? Kann man nicht auch umgekehrt verfahren und behaupten, daß Gott ein negativer und böser Gott ist und daß alle Positivität nur das Trugbild eines sinnlosen Nichts ist?

In vorhergehenden Kapiteln ist die Antwort darauf schon gegeben worden. Sie soll hier durch zwei Hinweise ergänzt werden: Der grundlegendste Satz der Logik ist der Satz der Identität: Alles ist mit sich identisch und verschieden von anderem. Formal ausgedrückt: A = A und verschieden von Nicht-A.[36] Ein Kreis ist ein Kreis und verschieden von einem Viereck. Wenn ich von der »blauen Mauritius« rede, muß dieser Begriff klar und eindeutig sein, darf sich nicht im Inhalt verändern und muß alles ausschließen, was nicht »blaue Mauritius« ist. Oder wenn ich mich auf einen Stuhl setze, muß ich davon ausgehen können, daß er sich nicht plötzlich in ein Dynamitfaß verwandelt. Dieser Satz garantiert die Eindeutigkeit der Welt und der Urteile.

Dieser Satz besagt aber auch, daß das mit sich unveränderlich identische und positive Sein die Grundlage von allem ist, auch der Veränderung und der Verneinung. Denn um etwas verändern oder verneinen zu können, muß es erst einmal eine positive Identität haben und vorhanden sein. Die Negation, wir haben schon mehrfach darauf hingewiesen, ist immer etwas Sekundäres.

Mit anderen Worten: Die Grundgesetze der Logik (z. B. auch der Satz vom Widerspruch) gehen formal vom Vorrang des Seins vor der Negation aus. Das christliche Gottesbild expliziert also das, was in der Logik impliziert ist.

In der Ethik machen wir ähnliche Erfahrungen. Man kann das Gute allein um des Guten willen wollen, aber man kann das Böse nicht allein um des Bösen willen wollen. Man kann etwas Gutes tun, ohne sich dessen eigentlich bewußt zu sein und ohne daß es einem Freude macht – einfach, weil das Gute recht ist. Aber niemand hat je eine Grausamkeit begangen, einfach weil Grausamkeit schlecht ist, sondern nur, weil sie etwas vermeintlich Gutes, nämlich Vergnügen bereitet oder Nutzen bringt. Mit anderen Worten: Dem Bösen gelingt es nicht einmal, auf gleiche Art und Weise böse zu sein, wie das Gute gut ist. Das Gute ist sozusagen »es selbst«. Das Böse ist nur das verdorbene Gute. Und es muß erst etwas Gutes geben, ehe es verdorben werden kann.

Wenn die christliche Vorstellung vom liebenden Gott rational zu verantworten ist, heißt das jedoch noch nicht, daß der leidende Mensch keine Fragen mehr an Gott hätte. Streng genommen kann das Leid nur zwischen Gott und dem leidenden Menschen verhandelt werden. Hiob hadert mit Gott. Erst nach langen Debatten und Anklagen sieht Hiob ein, daß das Problem, warum ausgerechnet er so viel leiden muß, für seinen Verstand zu hoch ist. *»Darum habe ich geredet in Unverstand, Dinge, die zu wunderlich für mich sind, die ich nicht begriff.«* (Hiob

42, 2 f.) Daß Leiden allgemein in der Werde-Welt einen Platz haben muß, ist eine Sache. Selbst aber leidend zu sein, ist eine andere Sache. Die christliche Religion geht davon aus: Leiden läßt sich nicht verstehen, es läßt sich nur bestehen. Und dabei ist der Glaube eine essentielle Hilfe. Der Glaube verhindert nicht, daß ich falle. Aber er hilft mir, wieder aufzustehen. Denn nur im Vertrauen darauf, daß mein Leid einen Sinn hat (auch wenn ich ihn vielleicht nicht erkennen kann), kann ich im Leid bestehen – wissend, daß Gott den Sinn kennt und meinem Leid einen Sinn gibt.

Gott als Herr der Geschichte

Das Universum befindet sich im Zustand einer unaufhaltsamen Evolution. Die Materie trägt seit den frühesten Zeiten die erforderlichen Eigenschaften in sich, um den Aufstieg auf den Stufen der Komplexität bis hin zum Menschen und seinem bewunderungswürdigen Gehirn organisieren zu können. Die Materie zeigt sich uns in vielfältigen Formen, die man auf einer Stufenleiter der Komplexität darstellen kann. Dort begegnet man nacheinander den elementaren Teilchen (Quarks, Elektronen, Photonen), den Nukleonen (Protonen, Neutronen), den Atomkernen, den Atomen, den Molekülen, den Zellen und den Organismen.

Es gibt deshalb keinen Grund anzunehmen, der Mensch stelle den Höhepunkt der Stufenleiter dar. Das menschliche Gehirn mit seinen Milliarden von Neuronen ist zwar die am höchsten organisierte Materieprobe, die wir kennen. Das bedeutet aber nicht, daß es nicht in Zukunft noch komplexere Materie geben kann.

Die Wissenschaft geht davon aus, daß zu ihrem Werkzeuginventar nur die Kausalität gehört. Zielgerichtetheit (Finalität) eines Vorganges ist für sie kein Erklärungsmuster. Die Religion ist an diese Beschränkung nicht gebunden. Das Universum hat – wie die Physiker berechnen – erst wenige Prozent seines Energievorrates verbraucht. Wenn die Entwicklungsrichtung in der Evolution von einfachen Mustern zu immer komplexeren Mustern anhält – und was sollte dagegen sprechen? – wird das Universum immer weitere Komplexität und damit auch immer mehr informationsverarbeitenden Geist hervorbringen. Ob sich diese Entwicklung in komplexeren Gehirnen, in der Intelligenz vernetzter Computersysteme oder wie auch immer darstellen wird, bleibt offen.

Nach christlicher Anschauung ist das Ziel der Natur- und Menschheitsgeschichte die Wiederkehr Christi. Im theistischen Modell gesprochen: Gott steht am Anfang als ihr Schöpfer, in der Mitte als ihr Erhalter und am Ende als ihr Ziel. Die Geschichte hat ihr Ziel erreicht, wenn alles Gewordene vor Gottes Antlitz tritt. Was folgt, ist das Weltende.

Mit anderen Worten: Die Evolution Gottes in der Welt, deren Triebfeder Gottes Liebe ist und seine Sehnsucht, geliebt zu werden, produziert im Laufe der Entwicklung immer komplexere Muster, die sich vernetzen und auf diese Weise die Komplexität des menschlichen Denkens und der menschlichen Persönlichkeit weit übertreffen. Gottes Liebe schafft sich ein immer ebenbürtigeres Gegenüber, das seine Liebe auf gebührende Weise erwidern kann. Am Endpunkt der Entwicklung fällt dieses Gegenüber mit der Liebe Gottes zusammen und ist von ihr nicht mehr zu unterscheiden. Gott ist an seinen Ausgangspunkt zurückgekehrt: Alles ist und bleibt bei Gott. Und alles Leiden in der Welt ist der Preis dafür, an dieser Werde-Welt teilnehmen zu dürfen.

Der Mensch ist eine wichtige Station in dieser Entwicklung. Sein Tun ist sinnvoll, wenn er an dieser Entwicklung mitarbeitet. Deshalb ist alles gut und sinnvoll, was neue Bindungen und Muster schafft, denn es vermehrt die Komplexität der Evolution. Gut und sinnvoll ist die Vermehrung von Wissen und die Vertiefung von Gefühl. Gut und sinnvoll ist alles, was Vertrauen und Toleranz schafft, denn es schafft die Bedingung für Neues. Gut und sinnvoll ist jede Liebe, denn sie ist der äußerste Ausdruck der Bejahung der Evolution. Gut und sinnvoll ist die christliche Religion, denn sie vermag die auseinandertriftenden Erfahrungsbereiche der modernen Welt zusammenzuführen, sie unter die Einheit eines Zieles zu verknüpfen und damit am Kommen Gottes mitzuwirken.

Anmerkungen

Erster Dialog

[1] Paul Tiedemann: Über den Sinn des Lebens, Darmstadt 1993, Seite 306.
[2] Ludwig Wittgenstein: Tractatus logico-philosophicus, Frankfurt 1960, Seite 111.
[3] A. a. O. Seite 112. [4] A. a. O. Seite 113.
[5] Victor E. Frankl: Rundfunkvorträge über Seelenheilkunde, Freiburg 1976, Seite 15.
[6] Derselbe: ... trotzdem Ja zum Leben sagen, München 1977.
[7] Siehe Anm. 1, Seite 7.

Zweiter Dialog

[1] Konrad Lorenz: Die Rückseite des Spiegels, München 1980, Seite 71.
[2] Hoimar v. Ditfurth: Wir sind nicht nur von dieser Welt, Hamburg 1976, Seite 187.
[3] Bernulf Kanitscheider: Im Inneren der Natur, Darmstadt 1996, Seite 9.
[4] Siehe Anm. 2, Seite 189.
[5] A. a. O. [6] A. a. O.
[7] Hans Rohrbach, anwesend: der Autor.
[8] Zit. nach: William Poundstone: Im Labyrinth des Denkens, Hamburg 1994, Seite 21.
[9] Hans Albert: Traktat über kritische Vernunft, Tübingen 1980, Seite 13; Hans Albert: Die Wissenschaft und die Fehlbarkeit der Vernunft, Tübingen 1982, Seite 67.
[10] Immanuel Kant: Kritik der reinen Vernunft, Hamburg 1956, Seite 454.
[11] Karl Jaspers: Von der Wahrheit, München 1958, Seite 231.
[12] Carl Friedrich von Weizsäcker in: Welten im Kopf (Herausgeber Breuer / Leusch / Mersch), Darmstadt 1996, Seite 231.
[13] Manfred Eigen: Das Spiel – Naturgesetze steuern den Zufall, München 1985, Seite 190.
[14] Nicolaus Cusanus: De docta ignorantia, Hamburg 1979, Seite 97.
[15] Siehe Anm. 11.
[16] Georg Scherer: Welt – Natur oder Schöpfung?, Darmstadt 1990, Seite 64.
[17] Zit. nach: Anm. 16, Seite 82.

[18] Karlfried Graf Dürckheim: Japan und die Kultur der Stille, München 1975, Seite 66.
[19] Meister Eckehart: Schriften, Nürnberg 1966.
[20] Albert Einstein: Worte in Raum und Zeit, Sigurd Daecke (Hrsg.), Freiburg 1996, Seite 86.
[21] Hans-Peter Dürr (Hrsg.): Physik und Transzendenz, München 1995, Seite 37.
[22] A. a. O. Seite 39. [23] A. a. O. Seite 102. [24] A. a. O. Seite 102.
[25] A. a. O. Seite 190. [26] A. a. O. Seite 195. [27] A. a. O. Seite 239.
[28] A. a. O. Seite 315. [29] A. a. O. Seite 320. [30] A. a. O. Seite 326.
[31] Rudolf Carnap: Scheinprobleme in der Philosophie, Hamburg 1976, Seite 52.
[32] Siehe auch Wilhelm Weischedel: Die philosophische Hintertreppe, München 1995, Seite 77 ff.
[33] Karl Jaspers: Von der Wahrheit, München 1958, Seite 78.
[34] Paul Tiedemann: Über den Sinn des Lebens, Darmstadt 1993, Seite 276.
[35] Martin Heidegger: Sein und Zeit, Tübingen 1963, Seite 88 ff.

Dritter Dialog

[1] William Poundstone: Im Labyrinth des Denkens, Hamburg 1994, Seite 281.
[2] Karl Jaspers: Allgemeine Psychopathologie, Heidelberg 1965, Seite 641.
[3] Wolfgang Wickler, Uta Seibt: Das Prinzip Eigennutz, Hamburg 1977, Seite 85 ff.
[4] Zit. nach: Edgar Dahl: Am Anfang war der Egoismus, Düsseldorf 1991, Seite 30.
[5] Richard Dawkins: Und es entsprang ein Fluß in Eden, München 1995, Seite 151.
[6] Richard Dawkins in »Focus« 39 /1996.
[7] Siehe Anm. 5, Seite 7.
[8] Eduard Spranger: Gedanken zur Daseinsgestaltung, München 1962.
[9] Max Planck: Vorträge und Erinnerungen, Darmstadt 1965, Seite 164.
[10] Hans Sachsse: Kausalität-Gesetzlichkeit-Wahrscheinlichkeit, Darmstadt 1979, Seite 27.
[11] Richard Löw in: Andreas Knapp: Soziobiologie und Moraltheologie, Weinheim 1989.
[12] Morton Hunt: Das Rätsel der Nächstenliebe, Frankfurt 1992, Seite 19 ff.
[13] A. a. O. [14] A. a. O.
[15] Walter Nigg: Der Mann aus Assisi, Stuttgart 1976, Seite 30.
[16] Meister Eckart: Schriften, Nürnberg 1966.
[17] Emmanuel Jungclaussen: Der Meister in dir – nach Johannes Tauler, Freiburg 1975, Seite 125.
[18] Gerhard Wehr (Hrsg.): Theologia deutsch, Freiburg 1980, Seite 62.

Vierter Dialog

[1] Hans Albert: Die Wissenschaft und die Fehlbarkeit der Vernunft, Tübingen 1982, Seite 38.
[2] Hans Albert in: Gerard Radnitzky, Gunnar Anderson: Fortschritt und Rationalität der Wissenschaft, Tübingen 1980, Seite 228.
[3] Karl R. Popper: Objektive Erkenntnis, Hamburg 1974, Seite 75, 86.
[4] Karl R. Popper: Ausgangspunkte, Hamburg 1979, Seite 68.
[5] Thomas S. Kuhn: Die Struktur wissenschaftlicher Revolutionen, Frankfurt 1981, Seite 89.
[6] Siehe Anm. 4, Seite 327.
[7] Karl R. Popper: Die beiden Grundprobleme der Erkenntnistheorie, Tübingen 1979, Seite XIX; Hans Albert: Traktat über kritische Vernunft, Tübingen 1980, Seite 43.
[8] Siehe Anm. 1, Seite 33.
[9] Karl R. Popper: Logik der Forschung, Tübingen 1976, Seite XXV.
[10] Siehe Anm. 7, S. XXI.
[11] Bernulf Kanitscheider: Im Innern der Natur, Darmstadt 1996, Seite 9.
[12] Herbert Keuth: Realität und Wahrheit, Tübingen 1978, Seite 12.
[13] Paul Feyerabend: Wider den Mehodenzwang, Frankfurt 1976, Seite 198; Weizsäcker, Jauch u. a. in Herbert Pietschmann: Das Ende des naturwissenschaftlichen Zeitalters, Hamburg 1983, Seite 21 ff.
[14] Albert Einstein: Worte in Zeit und Raum, Sigurd Daecke (Hrsg), Bonn 1992, Seite 92.
[15] A. a. O. Seite 97. [16] A. a. O. Seite 87.
[17] Zit. nach: Herbert Pietschmann: Das Ende des naturwissenschaftlichen Zeitalters, Frankfurt/M 1983, Seite 63.
[18] 1. Hans-Peter Dürr: Physik und Transzendenz, München 1995, Seite 120; 2. Kitty Fergueson: Gottes Freiheit und die Gesetze der Schöpfung, Düsseldorf 1996, S. 18.
[19] Wolfgang Stegmüller: Hauptströmungen der Gegenwartsphilosophie, Stuttgart 1987, Band 3, Seite 103.
[20] Hans-Peter Dürr: Das Netz des Physikers, München 1988, Seite 94.
[21] A. a.O, Seite 11.
[22] Fritjof Capra: Wendezeit, München 1982, Seite 83.
[23] John Gribbin: Auf der Suche nach Schrödingers Katze, München 1996, Seite 92.
[24] James Jeans: Physik und Philosophie, Zürich 1944, Seite 274.
[25] Michael Drieschner: Einführung in die Naturphilosophie, Darmstadt 1991, Seite 112.
[26] Siehe Anm. 23, Seite 191. [27] Siehe Anm. 23, Seite 209.
[28] Siehe Anm. 20, Seite 89. [29] Siehe Anm. 19, Seite 91.
[30] Siehe Anm. 19, Seite 110. [31] Siehe Anm. 19, Seite 89.
[32] Fritjof Capra: Das Tao der Physik, München 1983, Seite 48.
[33] Siehe Anm. 19, Seite 100.
[34] Niels Bohr: Atomphysik und menschliche Erkenntnis, Braunschweig 1958, Seite 40.

[35] Werner Heisenberg: Der Teil und das Ganze, München 1969, Seite 163 ff.
[36] Werner Heisenberg: Schritte über Grenzen, München 1973, Seite 115.
[37] Kitty Ferguson: Gottes Freiheit und die Gesetze der Schöpfung, Düsseldorf 1996, Seite 50.
[38] Bernulf Kanitscheider: Von der mechanistischen Welt zum kreativen Universum, Darmstadt 1993, Seite 88.
[39] Hans Sachsse: Kausalität-Gesetzlichkeit-Wahrscheinlichkeit, Darmstadt 1979, Seite 122.
[40] A. a. O., Seite 144. [41] Siehe Anm. 18.1, Seite 225.
[42] Siehe Anm. 25, Seite 39. [43] Siehe Anm. 34, Seite 56.
[44] Zit. nach: Jürgen Audretsch: Die andere Hälfte der Wahrheit, München 1992, Seite 13.
[45] Carl Friedrich von Weizsäcker in: I. Breuer, P. Leusch, D. Mersch: Welten im Kopf, Darmstadt 1996, Seite 212 ff.
[46] Siehe Anm. 25, Seite 5. [47] Siehe Anm. 22, Seite 9.
[48] Wolfgang Breuer: Portraits, Frankfurt 1985, Seite 44.
[49] Siehe Anm. 18.1, Seite 189. [50] Siehe Anm. 32, Seite 8.
[51] Siehe Anm. 32, Seite 15. [52] Siehe Anm. 32, Seite 21.
[53] Siehe Anm. 32, Seite 190. [54] Siehe Anm. 18.1, Seite 19.
[55] Vgl. Anm. 23, Seite 106, 109.
[56] Herbert Pietschmann: Phänomenologie der Naturwissenschaft, Berlin 1996, Seite 209.
[57] Siehe Anm. 23, Seite 133.
[58] Robert Matthews: Und Gott hat doch gewürfelt, München 1992, Seite 210.
[59] John Gibbin: Auf der Suche nach Schrödingers Katze, München 1996, Seite 245.
[60] A. a. O. Seite 246.
[61] Fritjof Capra: Das Tao der Physik, München 1983, Seite 132.
[62] A. a. O. Seite 309.
[63] David Bohm / Donald Factor: Die verborgene Ordnung des Lebens, Grafing 1988, Seite 22.
[64] Carl Friedrich von Weizsäcker: Die Einheit der Natur, München 1974, Seite 199.
[65] Bild der Wissenschaft 8 / 1998.
[66] Siehe Anm. 63, Seite 21. [67] Siehe Anm. 63, Seite 28.
[68] Odo Marquard: Abschied vom Prinzipiellen, Stuttgart 1981, Seite 24.
[69] Friedrich Nietzsche: Jenseits von Gut und Böse, München 1973, Seite 579.
[70] Douglas R. Hofstadter: Gödel, Escher, Bach, Stuttgart 1985.
[71] Hans Albert: Die Wissenschaft und die Fehlbarkeit der Vernunft, Tübingen 1982, Seite 67.
[72] Siehe Anm. 18.1, Seite 13. [73] Siehe Anm. 18.1, Seite 315.
[74] Siehe Anm. 18.1, Seite 319. [75] Siehe Anm. 18.1, Seite 79.
[76] Zit. nach: Herbert Pietschmann: Das Ende des naturwissenschaftlichen Zeitalters, Berlin 1983, Seite 219.
[77] Siehe Anm. 63, Seite 186. [78] Siehe Anm. 18.1, Seite 38.
[79] Siehe Anm. 18.1, Seite 110.
[80] Immanuel Kant: Kritik der reinen Vernunft, Hamburg 1965, Seite A 382.

Fünfter Dialog

[1] Paul Tillich: Systematische Theologie Band I, Stuttgart 1956, Seite 76.
[2] Martin Heidegger: Was ist Metaphysik?, Frankfurt 1960, Seite 33.
[3] A. a. O. Seite 38.
[4] Siehe Anm. 1, Seite 273. [5] Siehe Anm. 1, Seite 275.
[6] Karl Jaspers: Kleine Schule der Philosophie, Tübingen 1963, Seite 44.
[7] Ernst Bloch: Ergänzungsband zur Gesamtausgabe, Frankfurt 1978, Seite 312.
[8] Th. W. Adorno: Negative Dialektik, Frankfurt 1960, Seite 362.
[9] Zit. nach: Georg Scherer: Das Problem des Todes in der Philosophie, Darmstadt 1988, Seite 202.
[10] Martin Heidegger: Was ist Metaphysik?, Frankfurt 1960.
[11] Paul Tillich: Der Mut zum Sein, in K. H. Haag: Die Lehre vom Sein in der modernen Philosophie, Frankfurt 1963, Seite 190.
[12] Paul Tillich: Systematische Theologie Band III, Stuttgart 1966, Seite 451.
[13] Zit. nach: Wunibald Müller: Von der Sehnsucht heimzukehren, Mainz 1996, Seite 123.
[14] Ausgabe der Frankfurter Rundschau vom 3. 1. 97, Seite 3.
[15] Zit. nach: Karl Jaspers, Heinz Zahrnt: Philosophie und Offenbarungsglaube, Hamburg 1963, Seite 18.
[16] Paul Tillich: Systematische Theologie, Band I, Stuttgart 1956, Seite 78.
[17] Thomas Nagel: Letzte Fragen, Darmstadt 1996, Seite 35.
[18] A. a. O. Seite 44.
[19] Pinchas Lapide: Auferstehung, München 1977, Seite 15.
[20] Gerd Theisen, Annette Merz: Der historische Jesus, Göttingen 1996, Seite 440.
[21] Klaus Berger in: Alexander Bommarius: Fand die Auferstehung wirklich statt?, Düsseldorf 1995, Seite 42.
[22] Siehe Anm. 20, Synopse S. 430. [23] Siehe Anm. 19, Seite 16.
[24] Siehe Anm. 20, Seite 438. [25] Siehe Anm. 19, Seite 75.
[26] Hans Küng: Ewiges Leben?, München 1996, Seite 137–139.
[27] Frank J. Tipler: Die Physik der Unsterblichkeit, München 1996.
[28] William Poundstone: Im Labyrinth des Denkens, Hamburg 1992, Seite 149.
[29] Siehe Anm. 27, Seite 284.
[30] Siehe Anm. 27, Seite 290.
[31] Alfred Gierer: Die Physik, das Leben und die Seele, München 1991, Seite 53.
[32] A. a. O. Seite 54 ff. [33] A. a. O. Seite 57. [34] A. a. O. Seite 15.
[35] Wolfhart Pannenberg: Was ist der Mensch?, Göttingen 1962, Seite 86.
[36] Zit. nach: Karl Jaspers: Nikolaus Cusanus, München 1968, Seite 121.
[37] A. a. O. Seite 121.
[38] Nikolaus Cusanus: De docta ignorantia, Hamburg 1979, Seite 9.
[39] A. a. O. Seite 15. [40] A. a. O. Seite 19. [41] A. a. O. Seite 41.
[42] A. a. O. Seite 47. [43] A. a. O. Seite 89.
[44] Zit. nach: Wilhelm Weischedel: Die philosophische Hintertreppe, München 1995, Seite 113.
[45] Hans Jonas: Philosophische Untersuchungen und metaphysische Vermutungen, Leipzig 1992, Seite 199.

[46] Robert Spaemann: Personen / Versuche über den Unterschied zwischen »etwas« und »jemand«, Stuttgart 1996, Seite 130.
[47] Erwin Tegtmeier: Zeit und Existenz, Tübingen 1997.
[48] Meister Eckehart: Vom Wunder der Seele, Stuttgart 1981, Seite 69.
[49] Hoimar von Ditfurth: Wir sind nicht nur von dieser Welt, München 1994, Seite 264.
[50] Hoimar von Ditfurth: Der Geist fiel nicht vom Himmel, Hamburg 1976, Seite 48.
[51] Ruppert Riedl: Evolution und Erkenntnis, München 1987, Seite 48.
[52] Francisco J. Varela in: Gewagte Denkwege, München 1996, Seite 305.
[53] Siehe Anm. 51.
[54] Hubert Reeves: Die kosmische Uhr, Düsseldorf 1989, Seite 156.
[55] Zit. nach: John C. Eccles: Die Evolution des Gehirns, München 1993, Seite 349.
[56] A. a. O. Seite 350.
[57] Michael Drieschner: Einführung in die Naturphilosophie, Darmstadt 1991, Seite 129.
[58] Walter Schulz: Philosophie der Subjektivität, Pfullingen 1979, Seite 17.
[59] Erhard Oeser und Franz Seitelberger: Gehirn, Bewußtsein und Erkenntnis, Darmstadt 1995, Seite 138.
[60] Douglas R. Hofstadter: Gödel, Escher, Bach, Stuttgart 1985, Seite 743.
[61] Douglas R. Hofstadter, Daniel C. Dennett: Einsicht ins Ich, Stuttgart 1987, Seite 40.
[62] Siehe Anm. 59, Seite 149.
[63] Gerald Wolf: Das Gehirn, München 1992, Seite 38.
[64] A. a. O. Seite 59.
[65] Siehe Anm. 55.
[66] Gerhard Roth: Das Gehirn und seine Wirklichkeit, Frankfurt a. M. 1998, Seite 290.
[67] Bernulf Kanitscheider: Im Inneren der Natur, Darmstadt 1996, Seite 23.
[68] John C. Eccles, Hans Zeier: Gehirn und Geist, München 1980, Seite 187.
[69] Siehe Anm. 67, Seite 11.
[70] Wolfgang Stegmüller: Hauptströmungen der Gegenwartsphilosophie, Bd. III, Stuttgart 1987, Seite 170.
[71] Siehe Anm. 55, Seite 390. [72] Siehe Anm. 55, Seite 381.
[73] Siehe Anm. 55, Seite 389. [74] Siehe Anm. 55, Seite 194.
[75] John C. Eccles: Wie das Selbst sein Gehirn steuert, Heidelberg 1996, Seite 218.
[76] A. a. O. Seite 215. [77] Vgl. Anm. 59, Seite 124.
[78] Siehe auch: Stefan Niklaus Bosshard: Erschafft die Welt sich selbst?, Freiburg 1985.
[79] Siehe Anm. 55, Seite 284.
[80] Zit. nach Harald von Sprockhoff: Bewußtsein, Geist und Seele, Frankfurt 1996, Seite 108.
[81] Siehe Anm. 75, Seite 86. [82] Siehe Anm. 75, Seite 86.
[83] Siehe Anm. 80, Seite 108.
[84] Volker Ardenne: Qualia ohne kausale Wirksamkeit, in: Logos 1/1997.
[85] Siehe Anm. 66, Seite 301. [86] Vgl. Anm. 75, Seite 88.

[87] Dürr, Meyer-Abich, Mutschler, Pannenberg, Wuketits: Gott, der Mensch und die Wissenschaft, Augsburg 1997, Seite 138.
[88] A. a. O.Seite 138. [89] Siehe Anm. 50, Seite 254.
[90] Siehe Anm. 87, Seite 146.
[91] Alfred Gierer: Die Physik, das Leben und die Seele, München 1991.

Sechster Dialog

[1] Reimer Gronemeyer in einem Interview im Saarländischen Rundfunk am 18. 1. 94.
[2] Reader's Digest, Jahrgang 49, Juli 96, Seite 33 ff.
[3] Wolfgang Wickler: Die Biologie der 10 Gebote, München 1971, Seite 105.
[4] A. a. O. Seite 157. [5] A. a. O. Seite 160. [6] A. a. O. Seite 167.
[7] A. a. O. Seite 168. [8] A. a. O. Seite 30.
[9] Mirjam und Ruben Zimmermann: Präferenz-Utilitarismus, Gütersloh 1996, Zeitschrift für Evangelische Ethik, Seite 295 ff.
[10] Immanuel Kant, Kritik der praktischen Vernunft, Bd.V, Seite 30.
[11] Leszek Kolakowski: Falls es keinen Gott gibt, Freiburg 1992, Seite 176.
[12] Karl-Otto Apel: Sprachpragmatik und Philosophie, Frankfurt a/M 1976; J. Habermas / N. Luhmann: Theorie der Gesellschaft oder Sozialtechnologie. Was leistet die Systemforschung? Frankfurt 1971.
[13] Nicolai Hartmann: Ethik, Berlin 1962, Seite 149.
[14] A. a. O. Seite 255. [15] A. a. O. Seite 385. [16] A. a. O. Seite 270.
[17] A. a. O. Seite 287. [18] A. a. O. Seite 286.
[19] Herlinde Pauer-Stuuder: Das Andere der Gerechtigkeit, Berlin 1996.
[20] Arthur Schopenhauer: Die beiden Grundprobleme der Ethik,Wiesbaden 1950, Seite 208.
[21] A. a. O. Seite 212.
[22] E. Levinas in Breuer/Leusch/Mersch: Welten im Kopf, Darmstadt 1996, Seite 188.
[23] J. E. Mackie: Ethik, Stuttgart 1981, siehe auch W. Stegmüller: Hauptströmungen der Gegenwarts-Philosophie, Stuttgart 1989, Seite 335.
[24] Wilhelm Weischedel: Skeptische Ethik, Frankfurt 1976, Seite 181 ff.
[25] Siehe Anm. 11, Seite 181.
[26] Zit. nach: John Passmore: Der vollkommene Mensch, Stuttgart 1975, Seite 94.
[27] Paul Tillich: Liebe, Macht, Gerechtigkeit,Tübingen 1955, Seite 115.
[28] A. a. O.
[29] Gerd Lüdemann: Das Unheilige in der Heiligen Schrift, Stuttgart 1996.

Siebter Dialog

[1] Dürr, Meyer-Abich, Mutschler, Pannenberg, Wuketits: Gott, der Mensch und die Wissenschaft, Augsburg 1997, Seite 143.
[2] Paul Tillich: Wesen und Wandel des Glaubens, Berlin 1975, Seite 90.

[3] Von Foerster, von Glasersfeld, Hejl, Schmidt, Watzlawick: Einführung in den Konstruktivismus, München 1997, Seite 58.
[4] A. a. O. Seite 29.
[5] Hans Lenk: Interpretationskonstrukte, München 1996, Seite 21.
[6] Siehe Anm. 3, Seite 102.
[7] Hans Vaihinger: Die Philosophie des Als Ob, Berlin 1911, Seite 508.
[8] Werner Heisenberg: Das Naturbild der heutigen Physik, rde 8, Seite 26.
[9] Kurt Hübner: Die Wahrheit des Mythos, München 1985, Seite 343.
[10] Anselm Grün: Tiefenpsychologische Schriftauslegung, Münsterschwarzach 1992, Seite 10.
[11] E. Drewermann in: Der Spiegel 52/ 1991, Seite 65.
[12] Paul Tillich: Wesen und Wandel des Glaubens, Ulm 1975, Seite 103.
[13] A. a. O.
[14] Anselm Grün, Meinrad Dufner: Spiritualität von unten, Münsterschwarzach 1994, Seite 31 ff.
[15] A. a. O.
[16] Psychologie heute, Juni 1997, Seite 3 und 24.
[17] Bernulf Kanitscheider: Im Inneren der Natur, Darmstadt 1996, Seite 164.
[18] Anselm Grün: Biblische Bilder von Erlösung, Münsterschwarzach 1993, Seite 24–74.
[19] W. Stegmüller: Metaphysik, Skepsis, Wissenschaft, Berlin 1969, Seite 262 ff.
[20] Zit. nach: Hanns Cornelissen: Die Funktion des Schönen, Frankfurt 1989.
[21] Nicolai Hartmann: Ethik, Berlin 1962, Seite 236.
[22] Raimon Pannikar: Gottes Schweigen, München 1992, Seite 159.
[23] A. a. O. Seite 121.
[24] Fritjof Capra, David Steindl-Rast: Wendezeit im Christentum, München 1991, Seite 176.
[25] Hans Küng: Ewiges Leben, München 1996, Seite 175.
[26] Hubert Hack in einer Ausarbeitung vom 10. 11. 1980, dem Autor vorliegend.
[27] Gotthold Hasenhüttl: Kritische Dogmatik, Köln 1979, Seite 40.
[28] Ingo Broer, Richard Schlüter: Christentum und Toleranz, Darmstadt 1996, Seite 3.
[29] Sören Kierkegaard: Tagebücher 1834–1855, München 1949, Seite 283.
[30] Hans Küng (Hg.): Ja zum Weltethos, München 1995, Seite 101.
[31] A. a. O.
[32] Mircea Eliade: Geschichte der religiösen Ideen, Bd. 2, Freiburg 1994, Seite 349.

Achter Dialog

[1] Rudolf Eisler: Kant-Lexikon, Hildesheim 1979, Seite 142.
[2] Paul Tillich: Systematische Theologie, Stuttgart 1958, Bd. II, Seite 104.
[3] Zit. nach: Aldous Huxley: Die ewige Philosophie, Zürich 1949, Seite 93.
[4] Johannes Hessen: Der augustinische Gottesbeweis, Münster 1920.
[5] Zit nach: Leszek Kolakowski: Falls es keinen Gott gibt, Freiburg 1992.
[6] L. Trendenlenburg: Logische Untersuchungen, Leipzig 1910, Seite 468.

[7] Siehe Anm. 5, Seite 81.
[8] E. Jüngel: Gott als das Geheimnis der Welt, Tübingen 1978.
[9] Karl Jaspers: Vernunft und Freiheit, Stuttgart, Seite 118.
[10] Karl Jaspers: Philosophie I, Heidelberg 1932, Seite 42.
[11] Bela Weissmahr: Philosophische Gotteslehre, Stuttgart 1983, Seite 125.
[12] Horst G. Pöhlmann: Abriß der Dogmatik, Gütersloh 1985, Seite 124.
[13] Bernulf Kanitscheider: Im Inneren der Natur, Darmstadt 1996.
[14] K. Kremer in: Joachim Ritter (Hrsg.): Historisches Wörterbuch der Philosophie, Darmstadt 1972, Band 2, Seite 447.
[15] H. Mynarek: Mystik und Vernunft, Olten 1991, Seite 102.
[16] A. L. Kolakowski: Horror metaphysicus, München 1989, Seite 110.
[17] A. a. O.
[18] William Blake: Jerusalem, London 1951, Seite 23.
[19] Paul Tillich: Systematische Theologie Band III, Stuttgart 1966, Seite 138.
[20] Wilhelm Weischedel: Der Gott der Philosophen, München 1979.
[21] Wolfgang Stegmüller: Metaphysik Skepsis Wissenschaft, Berlin 1969, Seite 454.
[22] Dürr, Meyer-Abich, Mutschler, Pannenberg, Wuketits: Gott, der Mensch und die Wissenschaft, Augsburg 1997.
[23] Zit. nach Kitty Ferguson: Gottes Freiheit und die Gesetze Gottes, Düsseldorf 1996.
[24] John Hick: Evil and the God of Love, Boston 1994.
[25] Walter Brugger: Summe einer philosophischen Gotteslehre, München 1979, Seite 423.
[26] Zit. nach: Manfred Eigen, Ruthild Winkler: Das Spiel, Naturgesetze steuern den Zufall, München 1987, Seite 15.
[27] A. a. O. Seite 35.
[28] Fritjof Capra: Lebensnetz, Darmstadt 1996.
[29] A. a. O.
[30] Zit nach: Herbert Haag: Vor dem Bösen ratlos? München 1978, Seite 273.
[31] Jochen Kirchhoff: Schelling, Marburg 1982, Seite 122.
[32] Vgl. Anm. 30.
[33] Zit. nach: Dietrich Stollberg: Deus absconditus, in: Anstöße, Ev. Akademie Hofgeismar 1/ 1985.
[34] Kazoh Kitamori: Theologie des Schmerzes Gottes, Göttingen 1972, S. 147.
[35] Hans Jonas: Philosophische Untersuchungen, Leipzig 1992, Seite 190 ff.
[36] Herbert Pietschmann: Phänomenologie der Naturwissenschaft, Berlin 1996, Seite 209.